逐條示解 地方稅法
【昭和2年初版】

自治館編輯局 編著

地方自治法研究
復刊大系〔第二五一巻〕

逐條示解 地方税法〔昭和二年初版〕

日本立法資料全集 別巻 1061

信山社

自治館編輯局編著

逐條示解

地方税法

自治館發行

例言

本書ハ實務的ニ編纂シタルモノナレハ理論ヲ避ケ規定ノ精神及取扱例等ヲ説キ努メテ訓令、通牒、行政實例及行政裁判例ノ蒐集ヲ期シタリ。解説ハ第一編總論ニ於テ府縣税及市町村税ニ關スル一般的事項ヲ述ヘ第二編各論ニ於テ地方税制限ニ關スル法律、地方税ニ關スル法律其ノ他附屬法令ニ付之ヲ逐條的ニ説明シタルモノトス。

一、施行勅令又ハ施行規則トハ解説法律ノ施行勅令又ハ施行規則ヲ指シタルモノトス。

二、訓令通牒ハ主務省ヨリ一般的ニ訓令又ハ通牒シタルモノヲ掲ケタリ。

三、行政實例ハ伺照會ニ對スル主務省ノ指令ノ要旨ヲ掲ケタリ。

四、行政裁判例ハ行政裁判所ニ於ケル判決ノ要旨ヲ掲ケタリ。

五、行政實例及行政裁判例ノ括孤内ノ數字ハ其ノ指令又ハ判決アリタル年月日ヲ示シタルモノトス。

逐條示解 地方税法目次

逐條示解地方稅法

第一編　總論

第一章　地方稅ノ意義

地方稅トハ地方公共團體ノ租稅ヲ謂フ即チ地方公共團體カ其ノ團體ノ經費ニ充ツル爲メ團體ノ區域內ニ於ケル人又ハ物若ハ行爲ニ對シ賦課スル租稅ナリ、我國ノ地方自治團體ハ之ヲ分ツテ道府縣、市町村ノ二トスルコトヲ得從テ地方稅ハ道府縣稅ト市町村稅トノ二トナル尤モ地方稅トシテハ其ノ外ニ水利組合費、北海道土功組合費トヲ認ムルコトヲ得

地方稅ハ大別シテ附加稅ト特別稅トノ二種ヨリ成ル附加稅トハ本稅ヲ客體トシ之ニ附加シテ徵收スル地方稅ヲ謂ヒ特別稅トハ地方團體カ自己ノ課稅權內ニ於テ獨立ニ賦課徵收スル租稅ヲ謂フモノナリ而シテ其ノ賦課ハ國家課稅權ノ下位ニアルヲ以テ特別稅ハ國家又ハ上級團體ニ於テ賦課セサル稅源ニ對シテノミ之ヲ認メラル又附加稅ハ他ニ本稅アルカ故ニ過度ナル負擔ヲ避ケンカ爲メ一定ノ課

税ノ制限ヲ必要トスルモノナリ
要スルニ地方團體ニ於テ賦課スル租税ヲ地方税ト稱スルハ其ノ賦課徵收スヘキ主體カ地方團體ナルカ故ニ附セラレタル名稱ニシテ國カ主體トシテ徵收スル租税ヲ國税ト稱スル相對的名稱ナリ
市町村税ノ市町村ニ對スル關係ト府縣税ノ府縣ニ對スル關係トハ其ノ趣ヲ異ニシ即チ府縣ハ府縣ノ經費ハ主トシテ其ノ府縣民ノ納税ニ俟ツモノナルカ市町村ハ相當ノ基本財產ヲ保有シ之カ收益ヲ以テ其ノ市町村ノ所要經費ヲ辨スルヲ原則トシ租税ハ唯其ノ收益ノ不足ヲ告クル分ニ付テ補充的ニ課スルモノナリ

第二章　地方税ノ沿革

一　明治維新後ノ租税制度ハ大體ニ於テ德川幕府ノ租税制度ヲ承繼セリ第一地租、第二小物成、第三課役ノ三種ヨリ成リ地租ニハ正租ノ外口米及小租ト稱スル附加税アリ此ノ附加税ハ地方鄕吏ノ俸給其ノ他ノ費用ニ充テラレタルモノニシテ本邦地方附加税ノ濫觴ナリ、小物成ハ營業税免許税ノ性質ヲ有シ其ノ變形ニ於テ今日尙地方特別税トシテ之ヲ認ムルモノナリ

二　明治維新ニ至リ明治元年八月布告ニ依リ租税ハ一般ニ姑ク舊法ヲ襲用スヘキヲ令シ幕府ノ三種

税ヲ以テ中央及地方官廳ノ財源トナセリ明治四年七月廢藩置縣トナルニ及ヒテ全國劃一ノ制度ヲ布クニ至リタリト雖明治八年ニ至ルマテ舊時ノ税制ノ統一及國税地方税ノ區別ノ如キハ之ヲ見ル能ハサリシナリ當時財源ノ最重キヲ爲セルハ地租ニシテ五公五民ヨリ八公二民ニ至ル各種不同ノ負擔カ各地ニ行ハレタルヲ以テ明治六年七月太政官布告第二七二號ヲ以テ地租改正條例ヲ公布シ根本的ノ整理ヲ行ヒ米納ヲ金納ニ改メ反別制ヲ地價制トシ四公六民ノ原則ニ依リ地價百分ノ三ヲ以テ正租即チ國税トシ地價百分ノ一ヲ以テ地方附加税トスルノ原則ヲ定メ從前官廳竝郡村入費等地所ニ賦課シ來リタルモノハ總テ地價ニ賦課スヘク其ノ金高ハ本税ノ三分ノ一ヲ超過スヘカラスト規定シ土地ニ對スル課税ニ付國税及地方税ノ區別ヲ定メタリ

三　明治七年ニ至リ太政官布告第七號ヲ以テ僕婢、馬車、人車等諸税ノ歩增竝劇場、藝妓等諸税ニシテ各府縣限リ收入セルモノハ自今賦金ト唱フヘシトシ以テ賦金ノ制ヲ定メ超エテ明治八年二月及九月太政官布告ヲ以テ一大改革ヲ斷行セリ即チ從來ノ雜税ハ舊慣ニ因リ區々ノ收税ニテ輕重甚シキニ依リ其ノ税目ノ大部分ヲ廢止シタリ然レトモ尙地方ニ於テ特ニ營業取締上差支アリトスルモノハ例外トシテ府縣限リ收税ヲ爲スコトヲ許シ酒類税、醬油税、船税、牛馬賣買税、蠶種税、銃獵税、鑛山税、碇泊税ノ九種ハ之ヲ國税トシ更ニ國税トシテ專賣特許税、僕婢税、馬車税、人力車稅、駕籠稅、乘馬稅、遊船稅、證券印紙稅、醬麴稅、諸會社稅、車稅、煙草稅、度量衡稅ノ十三種ヲ起セリ尙國稅及地方稅ノ區分ニ關シテハ一定ノ制限ナカリシモ一切ノ租稅及賦金ヲ國稅、府縣稅ニ分チ全國一般ニ賦課シテ大藏省ニ收入シ國費ニ供スルモノヲ國稅トシ從來賦金ト稱シ收入スル諸稅ニシテ地方ノ費用ニ供スルモノヲ府縣稅ト稱シ玆ニ國稅及地方稅ノ區別方針ヲ明ニセリ

四　明治十一年七月地方稅則ヲ發布シ府縣財政ト區町村財政トヲ分離シテ地方稅ハ府縣限リ徵收スヘキモノト定メ其ノ稅目ヲ(一)地租五分ノ一以內(二)營業稅並雜種稅(三)戶數割ノ三種ニ限定シ區町村稅ニ付テハ種目及制限ヲ設ケス區町村ノ費用ハ地方稅ヲ以テ支辨スルノ限ニアラサルコトヲ明ニシ其ノ費用ハ區町村內人民ノ協議費ニ依ルヘキモノトナセリ次テ同年十二月右地方稅中營業稅並雜種稅ノ種類及制限ヲ定メ本邦地方稅ノ大綱及種類稅額ノ制限ヲ爲スニ至リタルヲ以テ府縣稅ノ基礎明確トナルニ至レリ

五　地方稅トシテ一般營業稅及雜種稅ヲ認メタルハ右明治十一年地方稅規則ヲ以テ始トシ當時國稅トシテハ一般的營業稅ナク只酒類稅、醬油稅、船車稅ノ如キ個々ノ營業稅的ノ租稅アルニ過キサルヲ以テ地方稅トシテノ營業稅及雜種稅ハ此等國稅ノ課稅ヲ受クルモノヲ除キ廣ク一般ノ營業ニ

對シ課税スルコトトナリタリ然レトモ商業ノミニ課税シ工業ニ課税セサルハ不均衡ナルヲ以テ明治十三年營業税ヲ課スル營業ヲ商業ト工業ノ二種ニ改メ廣ク商業工業ニ對シ課税スルコトト爲セリ越ヘテ明治十五年營業税、雜種税ノ税額ノ制限ヲ撤廢シ及種類ノ改正ヲ行ヒ尙一定ノ税目ノ外特別ニ課税セムトスルトキハ内務大藏兩大臣ノ許可ヲ受ケ特別税ヲ設クルコトヲ得セシメタリ又戸數割ノ制度ヲ認メタルモ明治十一年ノ地方税規則ヲ以テ始トス本税ハ當時法令上其ノ性質ヲ明ニセサルモ舊慣ニ依リ民費及雜税ノ名稱ノ下ニ戸別人頭等ニ賦課シタル地方税ノ別稱ノ如キモノニシテ本籍寄留ト戸主家族ノ別ナク竈ヲ異ニシ居ヲ占ムルモノニ賦課スルコトトセリ

六　明治十七年五月區町村費ノ徴收科目ヲ地價割又ハ段別割、營業割、戸別割ト爲シ各區町村ノ情況ニ依リ區町村會ノ議決ニ依リ之ヲ取捨スルコトトシ尙現品又ハ夫役ヲ以テスルモ妨ケナシトセリ明治十八年ニ至リ區町村ノ地價割ハ地租七分ノ一ヲ超ユヘカラサルノ原則ヲ定メタリ次テ明治二十一年四月ニ至リ法律第一號ヲ以テ市町村制ヲ公布シ法律上之ヲ自治法人トスルト同時ニ市町村ニ課税權ヲ認メ市町村税トシテ賦課シ得ヘキ種類ヲ定メタリ

七　明治二十七、八年日清戰後國費ノ膨脹ニ依リ國費トシテ營業税ヲ設クルノ必要起リ從來國税タル船車税以下各種ノ雜税ヲ整理スルト同時ニ明治二十九年法律第三十三號ヲ以テ營業税ヲ施行セ

リ地方税規則ニハ何等改正ヲ爲サザリシト雖其ノ結果ハ國税營業税ノ課税ヲ受ケサル小營業者ニ對シテノミ課税ヲ爲スニ至レルモノトス此ノ改正ハ地方課税ノ範圍ヲ縮少シタルヲ以テ地方財源ニ及ホス影響少ナカラス故ニ之ト同時ニ營業税ニ附加税ヲ認ムルコトトセリ共他國税附加税ニ付テハ明治三十八年鑛業法ノ制定ト共ニ鑛業税附加税ヲ明治四十一年法律第三十七號地方税制限法ノ制定ト共ニ所得税附加税（市町村ハ明治二十一年市町村制ノ制定ニ依リ認メラレタリ）ヲ大正三年取引所税法ノ制定ト共ニ取引所附加税ヲ認メタリ爾後國税附加税タル地租附加税、所得税附加税、營業税附加税ノ制限率ニ付テハ數次ノ改正ヲ加ヘラレタリ

八　大正十五年地方税整理ノ際地方税法ヲ以テ國税附加税ノ外道府縣税、市町村税ニ關スル根本法ヲ制定セリ即チ特別地税、家屋税、營業税、雜種税及之等ノ附加税並市町村ニ於ケル戶數割賦課ニ關スル要項ヲ定メラレタリ又國税附加税ニ付テモ國税整理ノ結果營業税附加税カ營業收益税附加税トナレリ所得税附加税ニ付テハ殆ト根本的ニ改正セラレタリ即チ從來ハ道府縣及市町村ノ何レモ課税シ得タルニ府縣税タル戶數割ヲ廢止シ新ニ市町村税トシテ戶數割ヲ設定スルコトトナリタル爲メ原則トシテ市町村ニ於ケル所得税附加税ハ之ヲ廢止シ道府縣ニ於ケル所得税附加税ハ著シク共ノ制限率ヲ引上ケラレタリ

第三章　地方税ノ制度

一　道府縣税

道府縣ニ於テ賦課シ得ヘキ租税ハ國税附加税ト特別税ノ二種トス

（一）　附加税

道府縣税トシテノ附加税ハ直接國税ニ附加徴收スル租税ニシテ即チ地租、所得税、營業收益税鑛業税、砂鑛區税、取引所營業税ニ對スル附加税ナリ

（二）　特別税

道府縣ノ特別税ハ大正十五年法律第二十四號地方税ニ關スル法律ニ依リ定メラレ其ノ種目ハ特別地税、家屋税、營業税、雜種税ノ四種ヨリ成ル

（イ）　特別地税トハ自作農ノ創設維持ニ資セントスル政策上ノ見地ヨリ地價二百圓未滿ヲ以テ課税最低限ト定メ其ノ最低限以下ノ地租ヲ免除セラレタル土地ニ對シ賦課スル收益税ナリ

（ロ）　家屋税ハ直接税ノ體系ヲ整ヘルカ爲メ國税タル地租、營業收益税、資本利子税ト對立シ所得税ノ補充税トシテ之ヲ設クルノ必要ト府縣税タル戸數割ヲ廢止スル財源ヲ得ルノ必要上設

ケラレタルモノニシテ家屋ノ賃貸價格ヲ標準トシテ課税スルモノナリ但シ昭和四年度マテハ賃貸價格ニ依ラス課税スルコトヲ得ルモノナリ

（ハ）營業税ハ國税タル營業收益税ノ課税ヲ受ケサル營業者及營業收益税ヲ賦課セサル營業ヲ爲ス者ニ賦課スル租税ナリ

（ニ）雜種税ハ種々雜多ナル物件又ハ行爲ヲ促ヘテ課スル税ニシテ大正十五年法律第二十四號地方税ニ關スル法律施行ニ關スル勅令第十七條ニ於テ船外十四種ニ付課税ヲ認ム而シテ府縣ニ於テ之ノ以外ニ種目ヲ增加スルトキハ內務大藏兩大臣ノ許可ヲ要ス

二　市町村税

市町村税ノ制度ハ道府縣税ノ制度ト大差ナク附加税ト特別税トヨリ成ル市町村税タル附加税ハ國税ニ對スルモノト道府縣税ニ對スルモノトニ區別セラル

（一）附加税

市町村税タル國税附加税ハ地租、營業收益税、鑛業税、砂鑛區税及取引所營業税トヨリ成ル例外トシテ戶數割ヲ賦課シ難キ市町村ニ於テハ內務大藏兩大臣ノ許可ヲ受ケ所得税附加税ヲ課スルコトヲ得尙市町村税タル附加税ハ道府縣税ノ場合ニ於ケルト同シク直接國税ニ對スル附加税

ヲ原則トスルモ例外トシテ間接國税ニ對スル附加税ヲ認メラル

道府縣税ニ對スル附加税ハ即チ特別地税附加税、府縣税營業税附加税、雜種税附加税及家屋税附加税ノ四種ヨリ成ル

（二）特別税

（イ）戸數割ハ從來ノ府縣税タル戸數割ヲ大正十五年度分限リ廢止シ昭和二年度ヨリ市町村税トシテ新ニ戸數割ヲ市町村ニ認メラルルコトトナレリ而シテ此ノ改正ヲ必要トシタルハ現行戸數割ハ納税義務者ノ資力ヲ標準トシテ賦課セルモ府縣ノ如キ區域ノ廣大ナル團體ニ於テハ能ク各人ノ資力ヲ個々ニ付調査シ公正ナル課税ヲ爲スコト到底不可能ナルヲ以テ寧ロ之ヲ市町村ノ如キ小團體ニ移讓スルトキハ能ク各人ノ資力ヲ調査シ公正ナル負擔ヲ爲サシムルコトヲ得ヘキカ故ナリ而シテ戸數割ノ課税標準ハ納税義務者ノ資力ヲ算定シテ課税スルモノニシテ其ノ算定標準中住家坪數ハ家屋税トノ關係上之ヲ除クコトトセリ

（ロ）其ノ他ノ特別税ハ道府縣ニ於テ賦課セサル以外ノモノニ對シ市町村條例ヲ設定シテ賦課スル特別税ナリ

地方税ノ組織一覽

制限法……明治四一年法律第三七號地方税制限ニ關スル法律
地方税法……大正一五年法律第二四號地方税ニ關スル法律
勅令……大正一五年勅令第三三九號同上施行ニ關スル件
省令……大正一五年内務、大藏省令同上施行規則

- 府縣税
  - 國税附加税
    - 1 地租　制限法一、五、七條
    - 2 營業收益税　制限法二、五、七條
    - 3 所得税　制限法三、五、七條
    - 4 鑛業税　鑛業法八八條
    - 5 砂鑛區税　砂鑛區税法三條
    - 6 取引所營業税　取引所税法二二條
  - 特別税
    - 1 特別地税　地方税法一、二、三、五、六、七、八條
    - 2 家屋税　地方税法九、一〇、一一、一三條及附則四項 勅令一乃至六、八條、省令一條
    - 3 營業税　地方税法一四、一五、一七、一八條 勅令一二乃至一五條、省令二、三條
    - 4 雜種税　地方税法一九、二〇、二一條 勅令一七、一八、一九條、省令四乃至一九條

- 1 地租　制限法一、四、五、六、七條 大正九年勅令第二八二號

- 地方税
  - 市町村税
    - 附加税
      - 國税附加税
        - 2 營業收益税　制限法二、四、五、六、七條　大正九年勅令第二八二號
        - 3 所得税　制限法三、四、五、六、七條　大正九年勅令第二八二號
        - 4 鑛業税　鑛業法八八條
        - 5 砂鑛區税　砂鑛區税法三條
        - 6 取引所營業税　取引所税法二二條
      - 府縣税附加税
        - 1 特別地税　地方税法三乃至八、二八條　大正一五年勅令第一四三條
        - 2 家屋税　地方税法一二、一三條　勅令一〇一、一二八條。省令二八條
        - 3 營業税　地方税法一六、一八條　勅令一六條
        - 4 雜種税　地方税法二一條　勅令二〇條
    - 特別税
      - 戸數割　地方税法二二乃至二七條　勅令二一乃至二六、三〇條及附則六項。省令二〇乃至二八條　市制一一七、一二九、一六六、一六九條。町村制九七、一〇九、一四六
      - 其ノ他　一四九條。市制町村制施行令五九、六〇條。地方税法四、一二、一六條。　勅令七九條

第四章　納税義務者

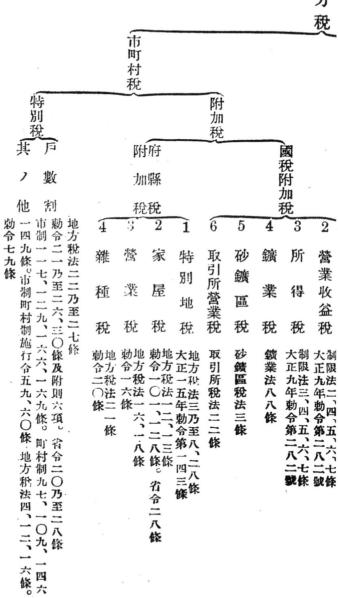

納稅義務者トハ法律上租稅ヲ納付スヘキ義務アル者ヲ謂フ地方稅ニ於テハ如何ナル租稅ヲ如何ニ徵收スヘキヤハ地方團體ノ自由ニ任セタル所ナルヲ以テ納稅義務者ニ付テモ自然其ノ範圍ヲ限定スルニ止マレリ而シテ其ノ納稅義務者ニ關シテハ府縣制、市制及町村制ニ於テ規定スル所ニシテ即チ左ニ擧クル者ヲ以テ納稅ノ義務ヲ負フヘキ者ト爲セリ

一　府縣內（府縣稅ニ付テ謂フ以下同シ）市町村內（市町村稅ニ付テ謂フ以下同シ）ニ住所ヲ有スル者（府縣制第一〇四條　市制町村制第八六條）

住所トハ民法ニ所謂住所ト同意義ニシテ各人ノ生活ノ本據ヲ指スモノナリ即チ生活ノ中心點ト認メラルヘキ所トス從ツテ同一人ニシテ同時ニ二以上ノ住所アルコトナシ住所ト住宅トハ之ヲ區別スルコトヲ要ス住宅カ二市町村以上ノ境界ニ跨ル場合ニ於テモ其ノ住所ハ生活ノ狀態、取引ノ關係其ノ他門戶ノ所在等ヲ綜合シテ何レカ一ノ市町村ニ定メラルヘキモノナリ法人ノ住所ハ主タル事務所又ハ本店ノ所在地ナリ

二　三月以上府縣內市町村內ニ滯在スル者。滯在者ハ滯在ノ初ニ遡リ納稅ノ義務ヲ負フモノトス（府縣制第一〇五條　市制町村制第一一八條九八條）

滯在トハ一身ヲ現存スルコトヲ謂ヒ其ノ一戶ヲ構フルト否トハ問フ所ニ非ス民法ニ所謂居所ト其ノ意義ヲ異ニスレ共之ヲ包含スルコト勿論ナリ三月以上滯在スルトハ繼續シテ三月以上滯在スル

コトナリ然レ共必スシモ同一ノ場所ニ三月以上滯在スルモノナルコトヲ要セス滯在カ府縣…市町村内ナルトキハ屢其ノ場所ヲ轉スルモ通シテ三月以上ニ及フトキハ納稅義務發生ス三月ノ期間ノ計算ニ付テハ別段ノ規定ナシト雖暦ニ從ヒテ計算スヘキモノト解ス滯在地ヲ外ニシ其ノ府縣…市町村外ニ旅行スルコトアルモ其ノ滯在ヲ撤去シタルノ事實ナキ限リ尚依然繼續シテ滯在スルモノト謂フヘシ

三 府縣…市町村内ニ住所ヲ有セス又ハ三月以上滯在スルコトナシト雖左ノ一ニ該當スル者（府縣制第一〇六條 市…町村制第一一九條）

（イ）府縣…市町村内ニ於テ土地、家屋、物件ヲ所有シ使用シ若ハ占有スル者但シ其ノ土地、家屋、物件若ハ其ノ收入ニ對シテノミ納稅ノ義務ヲ負フモノトス

（ロ）府縣…市町村内ニ於テ營業所ヲ設ケテ營業ヲ爲ス者但シ其ノ營業若ハ其ノ收入ニ對シテノミ納稅ノ義務ヲ負フモノトス

（ハ）府縣…市町村内ニ於テ特定ノ行爲ヲ爲ス者但シ其ノ行爲ニ對シテノミ納稅ノ義務ヲ負フモノトス

一 土地トハ御料地、國有地、民有地等一切ノ土地ヲ包含ス家屋トハ住家、事務所、營業所、倉庫工場其ノ他一切ノ建築物ヲ謂ヒ物件トハ一切ノ動產及土地、家屋以外ノ不動產ヲ謂フ所有ノ外使用及占有ノ二字ヲ加ヘタルハ所有權者以外ノ地上權者、永小作權者、質權者、賃借權者等

ニ對シテモ課稅スルコトヲ得セシメタルモノナリ從ツテ土地、家屋、物件等ニ對シ所有權者以外ノモノニ對シテ課稅スル場合ニ於テハ皇室又ハ國ノ所有ニ係ルモノモ課稅物件ト爲ルコトアリ

一　營業トハ收入ヲ得ル爲ニ常業トシテ行フ一定ノ私法的行爲ヲ謂フ農業、漁業、鑛業ノ如キ原始的產業又ハ醫師、藥劑師、辯護士、公證人等勞務ノ給付ヲ主トスル職業的營業ノ如キハ包含セス營業所トハ廣義ノ營業所ニシテ廣ク營業ヲ爲ス場所ヲ謂フ而シテ營業所ニハ營業ニ必要ナル相當ノ設備アルコトヲ要ス從ツテ其ノ設備ハ人的物的ノ兩要素ヲ必要トス

一　特定ノ行爲トハ營業ヲ除外シタル一切ノ行爲ニシテ其ノ範圍甚タ廣汎ナリ然レ共特定セサル行爲ヲ課稅ノ目的トスルコトヲ得ス行爲ハ一時的ノモノタルト繼續的ノモノタルト又營利的ノモノタルト非營利的ノモノタルトヲ問ハサルナリ然レ共課稅ノ目的ニ供セラルヘキモノナルヲ以テ大體ニ於テ經濟的行爲ニ局限サルヘキモノトス

納稅義務アル者ニ對シ納稅義務ナキ者アリ即チ租稅法規ノ適用ナキ爲又ハ一切ノ地方稅ヲ免セラレタルカ爲納稅義務ヲ有セサル者ナリ

一　皇族

皇族ニ對シテハ租稅法規ノ適用ナシ然レ共例外トシテ大正二年七月皇室令第八號ヲ以テ皇族賜邸

ヲ除キ皇室令第二十一條ニ掲ケタル皇族以外ノ皇族ノ所有スル土地ニ對シ地租、地租附加税及段別割ニ關スル法規ヲ適用スルコトヲ規定セラレタリ從ツテ其ノ土地ニ對シテノミ地租附加税及段別割ヲ賦課スルコトヲ得ルモノトス

二　王公族（大正一五年法律第八三號及王公家軌範第八一條）

王公族ニ對シテハ皇族ニ對スルト同樣租税法規ノ適用ナシ然レ共例外トシテ大正十五年十二月皇室令第十八號ヲ以テ王公族ノ殿邸地ヲ除キ王公族ノ所有スル土地ニ對シ地租、地租附加税及段別割ニ關スル法規ヲ適用スルコトヲ規定セラレタリ從ツテ其ノ土地ニ對シテノミ地租附加税及段別割ヲ賦課スルコトヲ得ルモノトス

三　大、公使及其ノ他ノ外交官

大、公使其ノ他ノ外交官ニ對シテハ國際法上一切ノ課税ヲ免セラレタリ然レ共住居用以外ノ土地家屋其ノ他營利事業等ニ對シテハ地方税ヲ賦課シ得ルモノトス

四　國（府縣制第一一〇條第一項　市制第一二一條町村制第一〇一條）

國有ノ土地家屋物件其ノ他國ノ事業又ハ行爲ニ對シテハ國ニ地方税ヲ賦課スルコトヲ得ス然レ共其ノ國有ノ土地家屋物件等ヲ使用收益スル者ニ對シ地方税ヲ賦課スルハ此ノ限ニ在ラス

【關係法令】

◉府縣制

第百四條　府縣内ニ住所ヲ有スル者ハ府縣税ヲ納ムル義務ヲ負フ

第百五條　三月以上府縣内ニ滯在スル者ハ其ノ滯在ノ初ニ遡リ府縣税ヲ納ムル義務ヲ負フ

第百六條　府縣内ニ住所ヲ有セス又ハ三箇月以上滯在スルコトナシト雖府縣内ニ於テ土地家屋物件ヲ所有シ使用シ若ハ占有シ又ハ營業所ヲ定メテ營業ヲ爲シ又ハ府縣内ニ於テ特定ノ行爲ヲ爲ス者ハ其ノ土地家屋物件營業若ハ其ノ收入ニ對シ又ハ行爲ニ對シテ賦課スル府縣税ヲ納ムル義務ヲ負フ

◉市町村制

第八（六）條　市町村内ニ住所ヲ有スル者ハ其ノ市町村住　トス

市町村住民ハ本法ニ從ヒ市町村ノ財産及營造物ヲ共用スル權利ヲ有シ市町村ノ負擔ヲ分任スル義務ヲ負フ

第百十八（九十八）條　三月以上市町村内ニ滯在スル者ハ其ノ滯在ノ初ニ遡リ市町村税ヲ納ムル義務ヲ負フ

第百十九（九十九）條　市町村内ニ住所ヲ有セス又ハ三月以上滯在スルコトナシト雖市町村内ニ於テ土地家屋物件ヲ所有シ使用シ若ハ占有シ市町村内ニ營業所ヲ設ケテ營業ヲ爲シ又ハ市町村内ニ於テ特定ノ行爲ヲ爲ス者ハ其ノ土地家屋物件營業若ハ其ノ收入ニ對シ又ハ其ノ行爲ニ對シテ賦課スル市町村税ヲ納ムル義務ヲ負フ

（參照）

○民法

第二十一條　各人ノ生活ノ本據ヲ以テ其住所トス

○商法

第五十條　法人ノ住所ハ其ノ主タル事務所ノ所在地ニ在ルモノトス

第四十四條(第二項) 會社ノ住所ハ其ノ本店ノ所在地ニ在ルモノトス

●府縣制

第百十條(第一項) 府縣税ヲ賦課スルコトヲ得サルモノニ關シテハ法律勅令ヲ以テ別段ノ規定ヲ設クルモノヲ除ク外市町村税ノ例ニ依ル

●市制 町村制

第百二十一條(第四項) 國ノ事業又ハ行爲及國有ノ土地家屋物件ニ對シテハ國ニ市町村税ヲ賦課スルコトヲ得ス

●皇室典範增補

第八條 法律命令中皇族ニ適用スヘキモノトシタル規定ハ此ノ典範又ハ之ニ基キテ發スル規則ニ別段ノ條規ナキトキニ限リ之ヲ適用ス

●大正二年七月三一日皇室令第八號

地租地租附加税及段別割ニ關スル法規ハ皇族賜邸ヲ除クノ外皇族所有ノ土地ニ之ヲ適用ス但シ皇室財產令第二十一條ニ揭ケタル皇族所有ノ土地ニ付テハ此ノ限ニ在ラス

(參照)

皇室財產令(明治四三年一二月二四日皇室令第三三號)

第二十一條 第二條第三條及第十八條乃至第二十條ノ規定ハ太皇太后、皇太后、皇后、皇太子妃、皇太孫、皇太孫妃未タ婚嫁セサル未成年ノ皇子及皇太子、皇太孫ノ子ニシテ未タ婚嫁セサル未成年者ノ財產ニ關シ之ヲ準用ス

●大正一五年一二月一日法律第八三號

王族及公族ノ權義ニ關シテハ皇室令ヲ以テ別段ノ規定ヲ設クルコトヲ得

王族又ハ公族ト一般臣民トニ渉ル事項ニシテ各適用スヘキ法規ヲ異ニスルトキハ前項ノ規定ニ依ル

第一項ノ命令ハ法律中特ニ王族又ハ公族ニ適用スヘキモノトシタル規定ニ違背スルコトナシ

●王公家軌範（大正一五年一二月一日皇室令第十七號）

第八十一條　租税ニ關スル法令ハ他ノ皇室令ニ別段ノ定アル場合ヲ除クノ外王公族ニ之ヲ適用セス

◎大正一五年一二月一日皇室令第一八號

左ニ掲クル租税ニ關スル法規ハ王公族所有ノ土地ニ之ヲ適用ス但シ王又ハ公ノ殿邸地ニ付テハ此ノ限ニ在ラス

一　地租

二　地租附加税

三　段別割

四　朝鮮ニ於ケル租税ニシテ前各號ニ該當スルモノ

【行政實例】

●屯營病院學校等ノ構內ニ在ル官吏ニシテ其ノ所ニ常住居ヲ構フルモノノ如キハ其ノ町村ノ住民ト看做スヘク兵卒患者生徒ハ滯在人ト看做スヘキモノトス（明治二二、一一、一二）

●納税義務者ノ住所地又ハ滯在地ノ町村ハ其ノ町村內ニ於ケル木材川下ノ行爲ニ對シ縣税木材川下税ノ附加税ヲ賦課シ差支無シ（明治四五、一、二二）

●電車ノ停留場ニシテ別ニ切符等ノ賣捌ヲ爲サヽル場所ハ町村制第九十九條等ノ營業所ニ該當セサルモノトス（大正二、四、一）

●俸給所得ハ町村制第九十九條ニ該當セサルノミナラス本人ハ住所地甲村ヨリ通勤奉職シ勤務地乙村ニハ滯在ノ

事實ナキヲ以テ乙村ニ於テハ所得稅附加稅納付ノ義務ナキモノトス（大正八、一一、一〇）

●甲町所在ノ工場ヨリ排出スル汚水ヲ排泄スル爲設ケタル乙町村ニ至ル專用水路ハ營業所ニ非ス（大正一三、一〇、二五）

●合併後存續スル法人又ハ合併ニ因リ設立シタル法人ヨリ徵收シ得ル合併ニ因リ消滅シタル法人ニ對スル地方稅ハ納稅義務カ法人ノ合併前ニ確定シタルモノニ限ル（大正一四、二、一九）

●賦課期日後營業ヲ繼承シタル者又ハ物件ヲ買受ケタル者ヨリ當該期間ノ縣稅ヲ徵收スルハ不可然（大正一四、二、一九）

【行政裁判例】

●（一）甲町村ハ乙町村ニ居住スル者ノ甲町村ニ有スル土地ヨリ生スル所得ニ對シテ町村稅ヲ賦課スルコトヲ得（二）附加稅ヲ賦課スルハ其ノ主稅納付者居住地ノ町村ニ限ルトノ規定ナシ（明治三二、一二、二五）

●本條ニハ單ニ收入トアリ當該村特別稅條例ニ營業所得總額トアル以上ハ私設鐵道停車場ノ總收入ニ對シテ所得割ヲ賦課スルコトヲ得（明治三四、一二、一三）

●鐵道會社カ荷客ノ引受、運搬及送屆ニ因リテ收得スル運賃ハ列車ノ通過スル各市町村ニ分屬スヘキモノニアラスシテ營業行爲ノ本源タル搭載驛ニ於ケル營業收入ナリトス（明治三四、一二、一三）

●本籍地タル甲村ニ家族ヲ留メ置キ自己ノ名ヲ以テ諸稅ヲ納ムル者ハ單身乙町ニ寄留スルモ依然甲村ニ住所ヲ現有スルモノ即チ住民ナリトス（明治三五、一二、二八）

●町村內ニ住居ヲ構ヘス又ハ三ケ月以上滯在セサル者ノ特定行爲ニ對シ町村稅ヲ賦課スルヲ許ササル精神ナリ（明治四五、二、五）

●町村制第六條第一項ニ所謂住所ハ民法ニ所謂住所ニ同シク生活ノ本據ヲ指稱セルモノトス（明治四五、七、五、大正二、一〇、二）

●主税カ特定行爲税ナルトキハ附加税亦特定行爲税ナリト認メサルヲ得ス故ニ主税タル縣税雜種税漁業税カ特定行爲税ナル場合ニ附加税トシテ町村内ニ住居ヲ構ヘス又ハ滯在セサル者ノ特定行爲ニ對シ市町村税ヲ賦課スルハ違法ナリ

漁業ハ單ニ魚類ノ捕獲ヲ爲ス場合ニシテ本條ニ所謂營業ヲ爲ス場合ニ非サルヲ以テ町村内ニ住居ヲ有セス又ハ三ケ月以上滯在セサル者ニ漁場ノ收益ニ對スル所得税ノ附加税タル村税ヲ賦課スルハ違法ナリ（大正元、三、一七）

●川尻村ニ於テ家族ト寢食ヲ共ニシタル事實アルモ（イ）秋田市ニ於テ縣税戸數割ヲ納付セル事實（ロ）秋田市内ニ多數ノ土地建物ヲ所有セル事實（ハ）秋田市ニ本籍ヲ有シ川尻村ニ寄留ヲナササル事實ニ依リ依然秋田市ニ住所ヲ有スルモノト認ムヘシ（大正二、七、一〇）

●妻子ト共ニ甲府市ニ轉居シ山梨自由新聞主筆編輯長トナリ其後同市ニ住家ヲ新築シテ居住セルハ同市ニ住所ヲ有スルモノナリ（大正三、五、一四）

●甲村ノ地籍内ニ定置漁場ヲ有シ漁業ニ從事スル者ニ對シ甲村カ單獨ニ縣税漁業税附加税ヲ賦課シタルハ適法ナリ（大正三、一二、二五）

●本籍地ニ一定ノ居所ヲモ有セス其ノ家族ト共ニ他ノ地ニ居住セル者ハ本籍地ニ住所ヲ有スル者ニ非ス（大正四、三、一六）

●本條及第百條ハ土地家屋物件ヲ賦課標準ニ加ヘ等級ヲ組立賦課税額ヲ定メタル縣税戸數割ノ附加税タル村税ノ賦課ニ關係ナキモノナリ（大正四、四、一九）

●東京府税賦課ニ關スル法規上府内ニ常置ノ場所アル車輛ニ對シ賦課スルヲ得ルモノナルコトハ當事者間爭ヒナ

キ所ナリ而シテ車輛常置ノ場所ナルモノハ使用セサル場合ニ事實上車輛ヲ駐メ置ク場所ヲ謂フモノニシテ單ニ所有者ノ意思ノミニヨリ定マルモノニ非スト解スヘキナリ（大正五、二、九）

●被告ハ常磐村カ何等法令ノ據ルヘキモノナキニ拘ラス常磐村ニ住所ヲ有セス又滯在セサル者ニ對シ村稅ヲ賦課シタルハ違法ナリト主張スト雖モ前項ノ如ク本條ニ從ヒ常磐村ニ於テ村稅負擔ノ義務アルコト明瞭ナレハ其主張ハ理由ナシ（大正五、一〇、二）

●本條ニ所謂使用スル者ノ中ニハ使用權ヲ有シ他人ヲシテ之ヲ使用セシムル者ヲモ包含スルノ義ト解スルヲ相當トス而シテ常磐村內ニ漁場ノ存在スル鮭鱒網偕定置漁業權ヲ有シ他人ヲシテ其ノ漁場ヲ使用セシメ居ル者ナルコトハ被告モ認ムル所ナルカ故ニ本條ノ適用上常磐村ニ於テ土地ヲ使用スル者ニ該當スルコト明瞭ナリ而シテ本件村稅ノ基本タル縣稅漁業稅ハ茨城縣稅賦課規則第五十條第五十一條ニ依レハ漁場ヲ標準トシテ賦課スル漁業稅ニシテ其ノ漁場區域ノ使用ニ對シ賦課スルモノト解スルヲ相當トス然レハ常磐村ニ在ル漁場ヲ標準トシテ賦課セラレル縣稅漁業稅ヲ納ムル者ニ對シ常磐村カ其ノ附加村稅ヲ賦課シタルハ適法ナリ（大正五、一〇、二）

●常磐村ニ存在スル漁場ヲ標準トシテ賦課シタル縣稅漁業稅ヲ納ムル以上ハ之ヲ何レノ町村ニ於テ徵收スルヲ問ハス其ノ漁場ノ所在地タル常磐村ハ之ニ附加稅ヲ賦課シ得ヘキモノトス（大正五、一〇、二）

●住所ノ移動ニ付テハ現實ニ新ナル住居ヲ以テ生活ノ本據トナシタル客觀的事實ノ存在スルヲ以テ足リ從來ノ住所ニ再歸セサル意思ヲ必要トセス（大正六、三、六）

●官吏カ單身職務地ニ赴任シ他人ノ家ニ寄寓スルハ住所ヲ移轉シタルモノニ非ス（大正七、七、一五）

●本籍地以外ニ家族ト共ニ日常起居寢食スル者ハ本籍地ニ住所ヲ有スル者ニ非ス（大正八、七、一八）

●或地カ或人ノ住所ナリトハ其地ヲ以テ生活ノ本據トナス意思ト其意思ノ實現即チ其地ニ常住スル事實ノ存スルヤ否ニ依リ決スヘキモノニシテ如何ナル狀況ノ存スレハ斯ル意思アリ事實アリト認メラルヘキカハ事實問題ニ

シテ固ヨリ一定ノ具體的標準アルニ非ス（大正九、七、二三）

●寄留ノ屆出ハ必スシモ住所ノ移轉ニ非ス（大正九、一〇、一）

●他ノ地ニ營業所ヲ設ケ家族ト共ニ比較的多ク其ノ地ニ滯留シ且ツ比較的其ノ地ヨリ多額ノ收入ヲ得ルモ住所ヲ移轉シタルモノニ非ス（大正一〇、五、二三）

●官吏ノ住所ハ反證ナキ限リ勤務地ニ在ルモノト認ムヘシ（大正一一、二、二八）

●懲役一年ノ刑ニ處セラレ其ノ執行ヲ受ケタル事實ノミニ因リテ從前ノ住所ヲ失ヒタルモノニ非ス（大正一一、九、一五）

●住所地ノ財產ヲ賣却シテ單身朝鮮ニ移住スルモ住所ヲ移轉シタルモノニ非ス（大正一二、一、三〇）

●官吏カ單身其ノ職務地ニ居住スルハ住所ヲ移轉シタルモノニ非ス（大正一二、六、一）

●出稼ノタメニ一時外國ニ移住スルモ住所ヲ移轉シタルモノニ非ス（大正一三、四、一）

●他ノ地ニ營業所ヲ設ケ比較的多ク其ノ地ニ滯留スルモ依然本籍地ニ住宅ヲ有シ納稅祭祀社交等從前ト異ナル所ナキ者ハ引續キ本籍地ニ住所ヲ有スルモノト認ムヘシ（大正一三、四、二六）

●他ノ地ニ營業所ヲ設ケ從前ノ住所地ノ住宅ヲ引拂ヒ家族ト共ニ營業地ニ轉住スルハ住所ノ移轉ナリ（大正一三、七、一六）

第五章　課稅ノ範圍

地方團體ニ於ケル課稅ヲ無制限ナラシムルトキハ納稅義務者ハ同一物件ニ付二以上ノ地方團體ヨリ重複ニ課稅セラルルコトアルヘシ故ニ其ノ重複課稅ヲ避ケシムル爲ニハ地方團體ニ於ケル課稅ノ範

圍ヲ制限シ以テ課税ノ競合ヲ防止スルノ必要アリ

一　課税範圍

課税ノ範圍トハ換言スレハ納税義務ノ範圍ニシテ府縣制……市制、町村制ニ於テハ之ニ付左ノ如ク規定セリ

(一) 府縣内(府縣税ニ付テ謂フ以下同シ)市町村内(市町村税ニ付テ謂フ以下同シ)ニ住所ヲ有シ又ハ三月以上滯在スル者ニ對シテ課税スル場合(府縣制第一〇七條 市……町村制第一二〇 一〇〇條)

住所ヲ有シ又ハ三月以上滯在スル者ニ對シテハ左ニ掲クルモノニ付課税シ得サルニ止マリ其ノ他ニ付テハ總テ課税シ得ルモノトス

(イ) 府縣……市町村外ニ於テ所有シ使用シ占有スル土地家屋物件若ハ其ノ收入

(ロ) 府縣……市町村外ニ於テ營業所ヲ設ケテ爲ス營業若ハ其ノ收入

(二) 府縣……市町村内ニ住所ヲ有セス又ハ三月以上滯在セサル者ニ對シテ課税スル場合(府縣制第一〇六條 市……町村制第一一九 九九條)

住所ヲ有セス又ハ三月以上滯在セサル者ニシテ納税義務ヲ負フヘキ場合ハ前述ノ如ク特定セラレ從ツテ其ノ範圍モ限定セラレタリ即チ左ノ如クニシテ其ノ他ニ付テハ全ク課税シ得サルモノナリ

(イ) 府縣……市町村内ニ於テ土地家屋物件ヲ所有シ使用シ若ハ占有スルカ爲納税義務アル者ニ對シテハ其ノ土地家屋物件若ハ其ノ收入

（ロ）府縣／市町村內ニ於テ營業所ヲ設ケテ營業ヲ爲スカ爲納税義務アル者ニ對シテハ其ノ營業若ハ其ノ收入

（ハ）府縣／市町村內ニ於テ特定ノ行爲ヲ爲スカ爲納税義務アル者ニ對シテハ其ノ特定ノ行爲

二　課税範圍ノ決定

課税ノ範圍ニ付一定ノ制限アルコト前述シタル如シト雖課税物件タル行爲カ二以上ノ地方團體ニ渉ル場合等ノ如キ其ノ範圍ノ明確ナラサルモノアリ如斯場合ニ於テハ即チ左ノ如キ方法ニ依リ課税ノ範圍ヲ決定スヘキモノト爲セリ

（一）府縣／市町村ノ內外ニ於テ營業所ヲ設ケテ營業ヲ爲ス者ニシテ其ノ營業又ハ收入ニ對スル本税ヲ分別シテ納メサルモノニ對シ附加税ヲ賦課スル場合（府縣制第一〇八條及同施行令第三〇條／市町村制第一二〇條及同施行令第四條）

1　關係府縣知事／市町村長ノ協議ヲ以テ本税額ノ歩合ヲ定ムルモノトス若シ協議調ハサルトキハ內務大藏兩大臣……／府縣知事又ハ內務大藏兩大臣ニ於テ本税額ノ歩合ヲ定ム

一　府縣／市町村ノ內外ニ於テ營業所ヲ設ケテ爲ス營業若ハ其ノ收入ニ對シ賦課スル國税ハ現在ニ於テハ之ヲ分別セス總テ綜合シテ課税スルヲ以テ國税ニ付テハ『本税ヲ分別シテ納メサルモノ』ノ字句ハ不必要ナリ

二　市町村税ニ付内務大藏兩大臣ニ於テ本税額ノ歩合ヲ定ムルハ其ノ協議調ハサルモノカ數府縣ニ渉ルモノナルトキニ限ルモノトス

2　本税額ノ歩合ヲ定ムルニ當リ直接ニ收入ヲ生スルコトナキ營業所アルトキト雖其ノ營業所ハ他ノ營業所ト收入ヲ共通スルモノト認メラレ其ノ歩合ノ決定ニ預ルモノトス

直接ニ收入ヲ生スルコトナキ營業所トハ例ヘハ製造業ニ於ケル單純ナル製造工場ノ如キ物品ノ製造加工ニ止マル營業所又ハ現實ニ損失ヲ生セル營業所ノ如キヲ謂フ然レ共課税營業ト非課税營業トヲ兼ヌルモノカ一ノ府縣（市町村）ニ於テハ課税營業ヲ爲シ他ノ府縣（市町村）ニ於テハ非課税營業ノミヲ爲ス場合ニ於テハ非課税營業ノミヲ爲ス府縣（市町村）ニ於テハ本税額ノ歩合決定ニ預ルコトヲ得サルモノトス

3　府縣ニ於テ數府縣ニ渉ル營業又ハ其ノ收入ニ對シ營業收益税附加税又ハ所得税附加税賦課ノ歩合ヲ定メタルモノアルトキハ市町村税附加税ノ賦課ニ付テモ其ノ歩合ニ依ル本税額ヲ以テ其ノ府縣ニ於ケル本税額ト看做スヘキモノトス

同一ノ税ニ對スル課税ノ範圍ハ其ノ府縣税タルト市町村税タルトニ依リ相違スヘキ理由ナキヲ以テ之ヲ同一ナラシムルト共ニ事務ノ簡捷ヲ圖ルカ爲如斯方法ヲ認メラレタルモノナリ而シテ其ノ本税額ニシテ數市町村ニ關係アル場合ニ於テハ前二號ニ依リ更ニ其ノ市町村ニ於ケ

ル本稅額ノ步合ヲ決定スヘキコト勿論ナリ

(二) 鑛區カ府縣・市町村ノ內外ニ涉ルモノニ付テ鑛區稅ノ附加稅ヲ賦課スル場合砂鑛區稅ニ付テモ亦同シ（府縣制第一〇八條 市・町村制第一二〇・一〇〇條及同施行令第四一條）

鑛區ノ屬スル地表ノ面積ニ依リ其ノ本稅ヲ分別スルモノトス

(三) 府縣・市町村ノ內外ニ於テ鑛業ニ關スル事務所其ノ他ノ營業所ヲ設ケタルトキ鑛區カ營業所所在ノ市町村ノ內外ニ涉ルトキニ於テ鑛產稅ノ附加稅ヲ賦課スル場合（同上）

(一)ニ述タル方法ノ例ニ依リ其ノ本稅額ノ步合ヲ決定スヘキモノトス

府縣稅ト市町村稅トノ規定方法相違スルモ兩者同一ノ趣旨ト解スヘキモノニシテ只市町村稅ノ分ハ詳細ニ涉リ規定シタルニ過キサルナリ而シテ鑛區カ營業所所在ノ市町村ノ內外ニ涉ル場合トハ例ヘハ甲村ニ營業所、乙村ニ鑛區ノ存在スル場合又ハ甲村ニ營業所及鑛區、乙村ニ鑛區ノ存在スル場合ノ如キ之レナリ

(四) 住所滯在カ同時ニ府縣・市町村ノ內外ニ涉ル者ノ收入ニシテ土地家屋物件又ハ營業所ヲ設ケタル營業ヨリ生スル收入ニ非サルモノニ對シ賦課スル場合（府縣制第一〇七條 市・町村制第一二〇・一〇〇條及同施行令第四二條）

其ノ收入ヲ等分シ其ノ一部ニノミ賦課スヘキモノトス

住所滞在カ同時ニ府縣…市町村ノ内外ニ渉ル者トハ例ヘハ甲府縣…市町村ニ住所ヲ有シ、乙府縣…市町村ニ滞在スル者又ハ甲府縣…市町村ト乙府縣…市町村トニ滞在スル者ノ如キヲ謂フ

土地家屋物件又ハ營業所ヲ設ケタル營業ヨリ生スル收入ニ非サルモノトハ俸給賞與歳費恩給株式ノ配當營業ニ非サル貸金ノ利子預金ノ利子又ハ公社債ノ利子等ノ如キ營業又ハ有體物ニ係ハラサル收入ヲ謂フ

（五）住所又ハ滞在カ時ヲ異ニシ市町村ノ内外ニ渉ル者ノ收入ニシテ土地家屋物件又ハ營業所ヲ設ケテ為ス營業ヨリ生スル收入ニ非サルモノニ對シ市町村税ヲ賦課スル場合（同上）

納税義務ノ發生シタル翌月ノ初メヨリ其ノ消滅シタル月ノ終迄月割ヲ以テ賦課ス但シ賦課後納税義務者ノ住所又ハ滞在ニ異動ヲ生シタルトキニ於テハ其ノ賦課額ハ之ヲ變更セサルモノトス從ツテ其ノ新ニ住所ヲ有シ又ハ滞在シタル市町村ニ於テハ其ノ賦課ナキ部分ニ付テノミ賦課スヘキモノナリ

一　住所又ハ滞在カ時ヲ異ニシ市町村ノ内外ニ渉ル者トハ例ヘハ一會計年度間ノ中或期間ハ甲町ニ其ノ他ノ期間ハ乙村ニ住所ヲ有スル者又ハ或期間ハ甲村ニ其ノ他ノ期間ハ乙町ニ滞在スル者ノ如キヲ謂フ

府縣税ニ付テハ如斯規定ヲ闕クモ之又同樣ニ取扱フヘキモノト解ス

二　賦課後トハ徴税令書發布後ト解スヘク又賦課ナキ部分トハ徴税令書ヲ發セラレサル部分ト解スヘキモノナリ賦課後ハ納税義務者ノ住所又ハ滯在ニ異動ヲ生スルモ其ノ賦課額ヲ變更セサルコトトナシタルハ月割賦課ノ原則ニ依ル手數ノ煩雜ヲ防キ事務ノ簡捷ヲ圖リタルモノトス

【關係法令】

●府縣制

第百六條　府縣內ニ住所ヲ有セス又ハ三ケ月以上滯在スルコトナシト雖府縣內ニ於テ土地家屋物件ヲ所有シ使用シ若ハ占有シ又ハ營業所ヲ定メテ營業ヲ爲シ又ハ府縣內ニ於テ特定ノ行爲ヲ爲ス者ハ其ノ土地家屋物件營業若ハ其ノ收入ニ對シ又ハ行爲ニ對シテ賦課スル府縣税ヲ收ムル義務ヲ負フ

第百七條　納税者ノ府縣外ニ於テ所有シ使用シ占有スル土地家屋物件若ハ其ノ收入又ハ府縣外ニ於テ營業所ヲ定メタル營業若ハ其ノ收入ニ對シテハ府縣税ヲ賦課スルコトヲ得ス

住所滯在同時ニ府縣ノ內外ニ渉ル者ノ前項以外ノ收入ニ對シ府縣税ヲ賦課スルトキハ其ノ收入ヲ各府縣ニ平分シ其ノ一部ニノミ賦課スヘシ

第百八條　府縣ノ內外ニ渉リ營業所ヲ定メテ爲ス營業又ハ其ノ收入ニ對シ本税ヲ分別シテ納メサル者ニ對シ關係府縣ニ於テ營業税附加税所得税附加税又ハ鑛產税附加税ヲ賦課スルトキハ關係府縣知事協議ノ上其ノ步合ヲ定ム若シ協議調ハサルトキハ內務大臣及大藏大臣之ヲ定ム

鑛區又ハ砂鑛區カ府縣ノ內外ニ渉ル場合ニ於テ鑛區税又ハ砂鑛區税ノ附加税ヲ賦課スルトキハ鑛區又ハ砂鑛

區ノ屬スル地表ノ面積ニ依リ本税額ヲ分割シ其ノ一部ニノミ賦課スヘシ

●府縣制施行令

第三十條　府縣ノ内外ニ渉リ營業所ヲ定メテ爲ス營業ニ付營業收益税ヲ分別シテ納メザル者ニ對スル營業收益税附加税ノ賦課ニ關シテハ府縣制第百八條第一項ノ例ニ依ル

●市／町村制

第百十九／九十九條　市／町村内ニ住所ヲ有セス又ハ三月以上滯在スルコトナシト雖市／町村内ニ於テ土地家屋物件ヲ所有シ使用シ若ハ占有シ市／町村内ニ營業所ヲ設ケテ營業ヲ爲シ又ハ市／町村内ニ於テ特定ノ行爲ヲ爲ス者ハ其ノ土地家屋物件營業若ハ其ノ收入ニ對シ又ハ其ノ行爲ニ對シテ賦課スル市／町村税ヲ納ムル義務ヲ負フ

第百二十條　納税者ノ市／町村外ニ於テ所有シ使用シ占有スル土地家屋物件若ハ其ノ收入又ハ市／町村外ニ於テ營業所ヲ設ケタル營業若ハ其ノ收入ニ對シテハ市／町村税ヲ賦課スルコトヲ得ス

市／町村ノ内外ニ於テ營業ヲ爲ス者ニシテ其ノ營業又ハ收入ニ對スル本税ヲ分別シテ納メサルモノニ對シ附加税ヲ賦課スル場合及住所滯在市／町村ノ内外ニ渉ル者ノ收入ニシテ土地家屋物件又ハ營業所ヲ設ケタル營業ヨリ生スル收入ニ非サルモノニ對シ市／町村税ヲ賦課スル場合ニ付テハ勅令ヲ以テ之ヲ定ム

●市制町村制施行令

第四十條　市町村ノ内外ニ於テ營業所ヲ設ケ營業ヲ爲ス者ニシテ其ノ營業又ハ收入ニ對スル本税ヲ分別シテ納メザル者ニ對シ附加税ヲ賦課セントスルトキハ市町村長ハ關係市長又ハ町村長(町村長ニ準ズヘキ者ヲ含ム)ト協議ノ上其ノ本税額ノ歩合ヲ定ムベシ前項ノ協議調ハザルトキハ府縣知事之ヲ定メ其ノ數府縣ニ渉ルモノハ内務大臣及大藏大臣之ヲ定ムベシ

第一項ノ場合ニ於テ直接ニ收入ヲ生ズルコトナキ營業所アルトキハ他ノ營業所ト收入ヲ共通スルモノト認メ

前二項ノ規定ニ依リ本稅額ノ步合ヲ定ムヘシ府縣ニ於テ數府縣ニ渉ル營業又ハ其ノ收入ニ對シ營業稅附加稅營業收益稅附加稅又ハ所得稅附加稅賦課ノ步合ヲ定メタルモノアルトキハ其ノ步合ニ依ル本稅額ヲ以テ其ノ府縣ニ於ケル本稅額ト看做ス

第四十一條　鑛區(砂鑛區域ヲ含ム以下之ニ同ジ)ガ市町村ノ內外ニ渉ル場合ニ於テ鑛區稅(砂鑛區稅ヲ含ム)ノ附加稅ヲ賦課セントスルトキハ鑛區ノ屬スル地表ノ面積ニ依リ其ノ本稅額ヲ分割シ其ノ一部ニノミ賦課スヘシ

市町村ノ內外ニ於テ鑛業ニ關スル事務所其ノ他ノ營業所ヲ設ケタル場合ニ於テ鑛產稅ノ附加稅ヲ賦課セントスルトキハ前條ノ例ニ依ル、鑛區ガ營業所所在ノ市町村ノ內外ニ渉ル場合亦同ジ

第四十二條　住所滯在ガ市町村ノ內外ニ渉ル者ノ收入ニシテ土地家屋物件又ハ營業所ヲ設ケタル營業ヨリ生ズル收入ニ非ザルモノニ對シ市町村稅ヲ賦課セントスルトキハ其ノ收入ヲ平分シ其ノ一部ニノミ賦課スヘシ

前項ノ住所又ハ滯在ガ其ノ時ヲ異ニシタルトキハ納稅義務ノ發生シタル翌月ノ初メヨリ其ノ消滅シタル月ノ終迄月割ヲ以テ賦課スヘシ但シ賦課後納稅義務者ノ住所又ハ滯在ニ異動ヲ生ズルモ賦課額ハ變更セズ其ノ新ニ住所ヲ有シ又ハ滯在スル市町村ニ於テハ賦課ナキ部分ニノミ賦課スヘシ

住所滯在ガ同一府縣內ノ市町村ノ內外ニ渉ル者其ノ住所又ハ滯在ノ時ヲ異ニシタル場合ニ於テ其ノ者ニ對シ戶數割附加稅ヲ賦課セントスルトキハ前項ノ規定ヲ準用ス

【訓令通牒】

◎鑛業稅附加稅賦課方ノ件(大正元、一〇、二五、地第七三五號地方局長通牒)

鑛業稅附加稅賦課方ニ關シ德島縣ニ左ノ通回答候條爲御心得此段及通牒候也

内務省地第七三五號

八月三日内地第二六一五號ノ三ヲ以テ鑛業稅附加稅賦課ノ件ニ關シ御照會ノ趣了承右ハ左ノ通リ御了知相成度此段及回答候也

大正元年十月二十五日

地方局長

德島縣知事宛

一　鑛區稅ニ就テハ鑛業法第九條ニ依ル地表ノ坪數ニ應シ本稅ヲ分別シ附加稅ヲ課セラレ可然ト存候

二　鑛產稅ノ內鑛物ノ價格ニ依リ本稅ヲ賦課セラルル場合ハ右鑛物ノ產出高ニ應シ本稅ヲ分別シ可然尙又精鍊シタル產物ノ價格ニ依リ本稅ヲ賦課セラルル場合ハ先ツ以テ精鍊ニ依ル增加價格ト鑛物ノ價格ニ依ル增加價格ニ對スル本稅ニ對シテハ精鍊地タル府縣ニ於テ附加稅ヲ賦課シ鑛物ノ價格ニ對スル本稅ハ鑛物ノ產出高ニ應シ關係府縣ニ分別シ附加稅ヲ課セラレ可然ト存候

三　鑛業法第八十一條第三項但書ノ場合ニ依ル鑛產稅ニ對シテハ精鍊地タル府縣ニ於テ賦課相成可然尤モ他人ヨリ取得シタル鑛物ニ對シテハ採掘地ニ於テモ鑛產稅ヲ賦課セラルルモ之ニ對シ精鍊地ニ於テ之カ附加稅ヲ課スルヲ得サルハ當然ノ義ニ有之候

【行政實例】

●數市町村ニ住居ヲ構ヘ又ハ滯在スル者ノ所得ハ舊市制町村制第九十五條但書ニ該當セサルモノハ總テ同條本文ニ依リ平分スヘキ義ニシテ官私ヨリ受クル俸給ニシテ其ノ受クル市町村判明スル場合ト雖平分ヲ要スルモノトス（明治二二、一〇、四）

●甲町村ニ勤務ノ官吏ニシテ乙町村ニ住宅ヲ構ヘ甲町村ニ住居又ハ下宿シ時々乙町村ヘ歸來スル者ノ如キハ舊町村制第九十五條ニ該當スルモノトス（明治三二、一一、一一）

●縣稅雜種稅ニ筏網場稅ナル行爲稅アリ河川ニ於テ木材ヲ筏ニ組立ツル行爲ニ對シ其ノ筏ヲ標準トシテ平坪一坪ニ付十錢ヲ賦課スルモノナルニ該行爲カ川ノ兩岸ナル二町村ニ涉ル場合ニ於テ筏網場稅ヲ各町村ニ分別シテ納メサル者ニ對シ町村ニ於テ其附加稅ヲ賦課セムトスルトキハ本稅ヲ區分シ得ルモノハ區分ノ上賦課シ區分シ難キ場合ニハ關係町村長ノ協議ニ依ラシムルカ又ハ本人ノ屆出等ニ依リ賦課ノ方法ヲ講セシムルノ外ナシ（明治四五、一、九）

●縣稅木材川下稅ハ特定ノ行爲ニ對スル課稅ナレハ木材ヲ流下スル河川ノ流域カ沿岸町村ノ地域ニ屬スル場合ニハ其ノ町村內ニ特定ノ行爲アルモノナルヲ以テ町村制第九十九條ニ依リ關係町村ハ其ノ附加稅ヲ賦課スルコトヲ得ルモノトス（明治四五、一、二二）

●納稅義務者ノ住所地及滯在地ノ町村ハ其ノ町村內ニ於ケル木材流下ノ行爲ニ對スル府縣稅木材川下稅ノ附加稅ヲ賦課シ差支ナシ（明治四五、一、二二）

●前二項ノ場合ニ於テハ關係市町村カ各本稅額ノ全部ヲ標準トシテ課稅スルヲ得ス即チ本稅額ヲ區分シ得ルトキハ區分ノ上附加稅ヲ賦課シ區分シ難キ場合ハ關係町村長ノ協議ニ依リ又ハ本人ノ屆出等ニ依リ賦課ノ方法ヲ講セシムルノ外ナシ（明治四五、一、二二）

●國稅所得稅ニ對スル附加稅タル市町村稅ハ甲市町村ヨリ乙市町村ニ明治四十四年十二月轉住シ大正元年八月丙市町村ニ移轉シタル者ニ對シテ乙市町村ハ明治四十五年一月ヨリ三月迄ハ四十四年度ノ所得稅額ヲ同年四月ヨリ八月迄ハ大正元年度ノ所得稅額ノ月割計算ニ依リ附加稅ヲ賦課徵收スヘキモノトス（大正二、三、四）

●木材川下稅附加稅ハ筏組ヲナシ又ハ木材川下ヲナス地ト木材陸揚ヲナス地トノ町村ノミ特定ノ行爲アルモノト

シテ取扱フハ然ルヘカラス（大正二、四、一）

●明治四十四年勅令第二百四十一號第二條第二項ニ所謂營業所ノ中ニハ直接鑛物ノ採掘精錬等ノ事務ヲ管理スル事務所ハ勿論是等ヲ總轄スル營業事務所ヲ包含スルモノトス（大正三、一、一二）

●事務所ヲ市内ニ有シ營業所ヲ朝鮮ニ設クル會社ニ對シ國ハソノ營業ヨリ生スル收入ニ所得稅ヲ賦課シタリ此ノ場合市内ニ所在ノ會社事務所ニ對シ會社ノ納ムヘキ本稅ノ全部ニ附加稅ヲ賦課スルコトヲ得サルモ市内ノ營業所ノ所得ニ對シ所得稅附加稅ヲ賦課スルヲ妨ケス此ノ場合明治四十四年勅令第二百四十一號ノ適用若ハ準用ナキカ故ニ市内ノ收入額及之ニ對スル所得稅額ノ歩合ヲ定ムルニハ市ニ於テ適當ノ方法ニ依ルノ外ナシ（大正六、六、五）

●府縣ニ於テ府縣稅ヲ賦課セス明治三十二年勅令第三百十六號第二條ノ規定ニ依リ市ニ分賦スル方法ニ依ル市ノ間ノミニ於ケル營業稅賦課歩合ノ協定ハ明治四十四年勅令第二百四十一號ニ依ルヘキモノトス（大正八、一一、二九）

●甲所在ノ工場ヨリ排出スル汚水ヲ排泄スルタメ設ケタル專用水路ハ明治四十四年勅令第二百四十一號第一條ノ所謂市町村ノ内外ニ於テ營業所ヲ設ケ營業ヲナスモノニ該當セス（大正一三、一〇、二五）

●町村ノ内外ニ於テ營業所ヲ設ケ本稅ヲ分別シテ納メサル電氣株式會社カ解散シタル場合同會社ノ淸算所得ニ對シ賦課スル所得稅ハ會社淸算ノ結果生シタル所得ニ對シ賦課スルモノニシテ營業所ヲ設ケテ營業ヲナス營業收入ニ對シテ賦課スル所得稅トハ全ク課稅ノ根據ヲ異ニスルモノナレハ明治四十四年勅令第二百四十一號第一條ニ所得營業收入ニ對スル本稅ニ該當セサルモノナレハ單ニ本店所在地町村ニ於テノミ右淸算所得ニ對シ附加稅ヲ賦課シ得ヘキモノトス（大正一四、一〇、一二）

●營業稅ノ課稅標準カ其ノ府縣内ノ支店其ノ他ノ營業所ニ就テモ之ヲ併セ決定セラレタルモノナルニ於ハテ府縣

制第百八條ノ手續ヲ經テ課税スルヲ得ルモ之ヲ除外シテ決定セラレタルモノナルニ於テハ賦課步合ノ協議ニ關與シ得サルモノトス（大正一五、九、三〇）

【行政裁判例】

●納税者ノ居住町村外ニ於ケル所得ニ對シ其ノ居住地ニ於テ町村税ヲ賦課スルヲ得ス（明治三五、一二、二五）

●本條ニ所謂營業トハ現實ノ營業行爲ヲ指稱シ其ノ行爲ノ基ク契約カ何地ニ於テ成立シタルヤ又其ノ報償カ何地ニ於テ支拂ハルルヤハ問フ所ニアラス（明治四五、一一、二五）

●鐵道運送業者ニ在テハ連帶運送タルト郵便物運送タルトヲ論セス其ノ營業地ハ普通ノ場合ニ於ケル旅客貨物ノ運輸ト同シク旅客又ハ運送物ヲ引取リタル各停車場ナリトス（明治四五、一一、二五）

●府縣制第百七條ニ『所謂府縣外ニ於テ所有スル物件』ナル文詞ニ於ケル所有ノ場所ノ意義ハ所有物件ノ存在スル場所ヲ指スモノニシテ船舶ノ所有場所ニ付テモ之ト異ル解釋ヲ爲スヘキ理由ナキニ依リ單ニ船籍港ナルノ故ヲ以テ其ノ所有ノ場所ト爲スヘキモノニアラス（大正三、六、一九）

第六章　非課税物件

地方税ニ於テハ一般的ニ其ノ課税物件ヲ限定セス從ツテ課税ノ範圍内ニ於テハ如何ナルモノヲ課税物件トスルモ全ク地方團體ノ自由ニ屬ス然レ共公益上、産業政策上、物件ノ性質上其ノ他ノ理由ニ因リ法律ニ於テ課税ヲ禁止セルモノト公益上其ノ他ノ理由ニ因リ課税ヲ不適當トシ課税セサルモノ

トアリ

一　課税ヲ禁止シタルモノ（地方税ニ關スル法律ニ依ルモノハ後編ニ讓ル）

（一）所得税法第十八條ニ揭クル所得（府縣制第一一〇條 市制第一二一條 町村制第一〇一條）

所得税法第十八條ニ揭クル所得ニ對シテハ課税スルコトヲ得ス其ノ所得トハ即チ左ノ如シ

1　軍人從軍中ノ俸給及手當

軍人トハ將校同相當官下士卒等苟モ兵籍ニ在ル者ハ總テ之ヲ包含ス然レ共理事、錄事其ノ他ノ軍屬ハ軍人ニ非サルヲ以テ包含セス從軍中トハ戰時勤務ニ服スルヲ以テ足レリトセス戰爭狀態ノ地域ニ出動スル行爲アルコトヲ要ス而シテ其ノ限界ハ陸軍戰時給與規則（明治二七年八月勅令第一三三號）又ハ海軍戰時給與規則（明治二七年八月勅令第一三六號）ニ依リ增給ヲ受クル期間ニ據ルヘキモノトス文官カ陸海軍ニ召集セラレタル場合ニ於テ文官俸給ヨリ受クル補給金額ハ本號ニ包含セラレサルモノナリ

2　扶助料及傷痍疾病者ノ恩給又ハ退隱料

恩給又ハ退隱料ハ國又ハ地方團體ノ公務ニ從事シ一定ノ要件ヲ備ヘタル者ニ終身支給スル給與ニシテ扶助料ハ是等ノ者ノ遺族ニ支給スル給與ナリ而シテ傷痍疾病者ノ恩給又ハ退隱料トハ公

務ノ爲メ傷痍ヲ受ケ又ハ疾病ニ罹リ職務ニ堪ヘスシテ退官又ハ退職シタル者ノ受クル恩給又ハ退隱料ナリ恩給退隱料又ハ扶助料ト同一ノ性質ヲ有スル給與ハ名稱ノ何タルヲ問ハス又私法人等ヨリ受クルモノタルトヲ問ハス之ニ該當スルモノトス

3　旅費、學資金及法定扶養料

旅費ハ旅行ノ爲、學資金ハ修學ノ爲ノ必要ナル實需ノ經費ナリ法定扶養料トハ民法第九百五十九條ノ規定ニ依リ生活ヲ爲スコト能ハサル者又ハ教育ヲ受クルコト能ハサル者カ受クル所ノ給與ナリ學資金ハ其ノ父兄ヨリ受クルモノハ勿論國庫其ノ他ノ者ヨリ受クル一切ノモノヲ包含ス

4　郵便貯金、産業組合貯金及銀行貯蓄預金ノ利子

銀行貯蓄預金ト稱スルハ貯蓄銀行法第一條ノ預金ヲ指スモノトス産業組合ヨリ受ケタル剰餘金ノ配當ハ貯金ノ利子ニ準シ課税セサル取扱例ナリ

5　營利ノ事業ニ屬セサル一時ノ所得

營利ノ事業トハ商業又ハ工業ト稱スル事業ニ限ラス苟モ收入ヲ得ル目的ヲ以テ繼續的ニ行フモノハ總テ之ヲ包含スルモノト解セサルヲ得ス一時ノ所得トハ偶然ノ機會ニ依リ得タル利益ヲ謂フ定期取引ノ結果引取リタル現物ヲ處分シタル爲ニ偶マ得タル所得ハ一時ノ所得ト認ムヘキモ

ノトス但シ其ノ所得者カ當該物品ノ販賣ヲ營業トスルモノナルトキハ其ノ所得ハ一時ノ所得ニ非サルナリ

6 日本ノ國籍ヲ有セサル者ノ税法施行地外ニ於ケル資産、營業又ハ職業ヨリ生スル所得

（二） 神社寺院祠宇佛堂ノ用ニ供スル建物及其ノ境內地但シ有料ニテ使用セシムル者ニ對シテ課税スルハ此ノ限ニ在ラス（同上）

神社トハ神靈ヲ鎭祭シ公衆ノ參拜ニ供スルモノヲ謂ヒ寺院トハ宗派ニ屬シ住職ニ於テ之ヲ管理シ佛儀ヲ營ムモノヲ謂ヒ祠宇トハ奉齋主神ヲ鎭祭シ神葬式ヲ營ミ兼テ公衆參拜ノ用ニ供スルモノニシテ明治十七年太政官布達第二十五號墓地及埋葬取締規則發布以前ノ建造ニ係ルモノヲ謂ヒ佛堂トハ概ネ宗派ニ屬セス受持僧侶之ヲ管理シ單ニ公衆ノ參拜ニ供スルモノヲ謂フトスルヲ通說トス境內地トハ社寺明細帳ニ登錄セラレタル境內地ヲ謂ヒ、建物トハ其ノ種類數種アリト雖神社ニアリテハ本殿、幣殿、拜殿、神饌所等又寺院ニアリテハ本堂、佛殿、總門、山門、鐘樓、經藏、方丈、堂院、庫裡等ヲ謂フ

（三） 教會所說教所ノ用ニ供スル建物及其ノ構內地但シ有料ニテ之ヲ使用セシムル者及住宅ヲ以テ教會所說教所ノ用ニ充ツル者ニ對シテ課税スルハ此ノ限ニ在ラス（同上）

教師牧師ノ住居ノ爲ニ設ケタル建物ノ如キハ課税スルコトヲ得ヘク又構內地ノ區域ハ實際ニ依リ決スルノ外ナシ

（四）國府縣市町村其ノ他公共團體ニ於テ公用ニ供スル家屋物件及營造物但シ有料ニテ之ヲ使用セシムル者及使用收益者ニ對シテ課税スルコトヲ得（同上）

土地ヲ除外シタルハ地租條例第四條ノ規定ニ依リ之等ノ土地ニハ租税公課ヲ課セサルコトトミタルヲ以テ更ニ之ヲ規定スルノ必要ナキニ由レリ其ノ他ノ公共團體トハ市町村組合、水利組合水利組合聯合會、商業會議所ヲ謂ヒ、公用トハ廣義ノ公用ニシテ公共ノ用ニ供スルモノヲ包含ス、公用ニ供スルモノ及營造物等ナルニ於テハ其ノ所有權カ一私人ニ在ルト國ニ在ルトヲ問ハサルナリ

（五）相續税（相續税法第二六條）

府縣市町村其ノ他ノ公共團體ハ相續税ニ對シ附加税ヲ課スルコトヲ得サルモノトス

（六）造石税ヲ課スル酒類及造石税（酒造税法第三五條）

府縣及市町村ハ酒造税法ニ依リ造石税ヲ課スル酒類ニ對シテ課税シ得サルハ勿論其ノ酒類ノ造石數若ハ造石税ヲ標準トスルモノハ其ノ何種ノ租税公課タルトヲ問ハス總テ課スルコトヲ得サ

ルモノトス

（七）第二種ノ所得（地方税制限ニ關スル法律第三條第五項）

府縣市町村其ノ他ノ公共團體ハ第二種ノ所得ニ對シテハ附加税ヲ課スルコトヲ得サルモノトス

（八）資本利子税（資本利子税法第二二條）

府縣市町村其ノ他ノ公共團體ハ資本利子税ノ附加税ヲ課スルコトヲ得サルモノトス

（九）國税ノ附加税タル府縣税（市制第一一七、町村制第九七條第三項）

市町村ハ國税ノ附加税タル府縣税ニ對シテハ附加税ヲ賦課スルコトヲ得ス

（一〇）鑛産物其ノ他鑛業用物件（鑛業法第八八條砂鑛法第二三條）

北海道、府縣及市町村ハ鑛夫、鑛産物、鑛區若ハ直接鑛業用ノ工作物、器具、機械ヲ標準トスルモノハ其ノ何種ノ租税公課タルヲ問ハス總テ課スルコトヲ得サルモノトス但シ鑛業税ニ對シ法定制限以內ノ附加税ヲ課スルコトヲ得ルハ勿論トス

（一一）製鐵事業（製鐵業奬勵法第七條）

北海道、府縣及市町村其ノ他之ニ準スヘキモノハ製鐵業奬勵法ニ依リ營業收益税及所得税ヲ免除セラレタル製鐵業者ニ對シ其ノ免除セラレタル部分ニ相當スル資本金額、從業者營業用ノ工

作物若ハ物件、使用動力又ハ收入ヲ標準トシテ課税スルコトヲ得サルモノトス然レ共市町村其ノ他之ニ準スヘキモノニ於テ特別ノ事情ニ基キ主務官廳ノ認可ヲ受ケタル場合ハ課税スルコトヲ得ルモノトス

（一二）免租地（地租條例第四條第一項及明治三八年勅令第一五九號）

府縣市町村其ノ他ノ公共團體ハ左ニ揭クル免租地ニ對シ課税スルコトヲ得サルモノトス但シ(1)及(2)ノ土地ニ付所有者以外ノ者ニ於テ之ヲ使用收益スル場合其ノ土地ニ對シ使用者ニ課税スルハ此ノ限ニ在ラス

1　國府縣市町村其ノ他別記ノ公共團體ニ於テ公用又ハ公共ノ用ニ供スル土地但シ有料借地ハ此ノ限ニ在ラス

2　府縣市町村其ノ他別記ノ公共團體カ公用又ハ公共ノ用ニ供スヘキモノト定メタル其ノ所有地但シ其ノ公用又ハ公共ノ用ニ供スヘキモノト定メタルトキヨリ一箇年以内ニ公用又ハ公共ノ用ニ供セサルトキハ此ノ限ニ在ラス

3　府縣社地、鄕村社地、招魂社地但シ有料借地ハ此ノ限ニ在ラス

4　墳墓地

5　用悪水路、溜池、隄塘、井溝

6　鐵道用地、軌道用地、運河用地

7　保安林

8　公衆ノ用ニ供スル道路

（別記）

(1)及(2)ノ公共團體左ノ如シ

府縣組合、水利組合、水利組合聯合會、市町村組合、町村組合、市町村學校組合及町村學校組合、市町村內ノ區、學區、北海道地方費、北海道ノ町村內ノ部、北海道土功組合

（一三）水道用地（水道條例第五條）

（一四）私立學校用地免租地（大正八年法律第三八號）

（一五）造林免租年期地（森林法第一二條）

（一六）砂防免租地（砂防法第一一條及明治三二年勅令第三七四號第二條）

（一七）郵便專用ノ物件（郵便法第七條）

（一八）電信若ハ電話專用ノ物件（電信法第一一條）

（一九）　無線電信電話專用ノ物件（無線電信法第二八條）

（一七）乃至（一九）ニ所謂物件ニハ土地家屋等ノ不動産ヲ包含スルモノト解スヘキモノトス

（二〇）　軍事救護金品（軍事救護法第一七條）

軍事救護法ニ依リ給與ヲ受ケタル救護金品ヲ標準トスルモノハ其ノ何種ノ租稅公課タルトヲ問ハス總テ課スルコトヲ得サルモノトス

（二一）　健康保險ノ給付金品（健康保險法第六九條）

健康保險法ノ保險給付トシテ支給ヲ受ケタル金品ヲ標準トスルモノハ其ノ何種ノ租稅公課タルトヲ問ハス總テ課スルコトヲ得サルモノトス

（二二）　住宅組合ノ住宅又ハ其ノ用地ノ取得（住宅組合法第一一條）

住宅組合ノ住宅ノ建設、購入若ハ住宅用地ノ取得又ハ組合ト組合員トノ間ニ於ケル住宅若ハ其ノ用地ノ所有權ノ移轉ニ關シテハ課稅スルコトヲ得サルモノトス

（二三）　農業倉庫業者ノ農業倉庫又ハ其ノ敷地ニ關スル權利ノ取得（農業倉庫業法第一四條ノ二）

（二四）　産業組合ノ住宅又ハ其ノ用地ノ取得（産業組合法第六條ノ二及同施行規則第一條ノ八、第一條ノ九）

産業組合ノ住宅ノ建設、購入若ハ住宅用地ノ取得又ハ組合ト組合員トノ間ニ於ケル左記條件ニ

適合スル住宅若ハ其ノ用地ノ所有權ノ移轉ニ關シテハ課税スルコトヲ得サルモノトス

1 住宅ハ一組合員ニ付一戸ニ限ル

2 前號ノ住宅ハ一戸ニ付家屋各階ノ床面積合計五十坪ヲ超過スルコトヲ得ス但シ地方長官ノ許可ヲ受ケタルトキハ此ノ限ニ在ラス

3 住宅用地ハ住宅ニ相應スルモノナルコトヲ要ス

住宅ト稱スルハ主トシテ住居ノ用ニ供スル家屋及之ニ相應スル門、塀、物置、井戸、其ノ他居住ノ爲必要ナル附屬設備ヲ謂フ

以上ノ外地方税制限ニ關スル法律第一條乃至第三條ニ於テハ(一)土地ニ對シテハ地租附加税又ハ段別割ヲ、(二)營業收益税ヲ納ムル者ノ營業ニ對シテハ營業收益税附加税ヲ、(三)所得税ヲ納ムル者ノ所得ニ對シテハ所得税附加税ヲ、又取引所税法第二十二條ニ於テハ取引所ノ營業ニ對シ取引所營業税附加税ヲ次テ鑛業法第八十八條及砂鑛法第二十三條ニ於テハ鑛業及砂鑛業ニ對シ鑛業税及砂鑛區税ノ附加税ヲ課スルノ外之等ニ對シ別段ノ課税ヲ爲スヲ得サルコトヲ規定セリ

二 課税ヲ不適當トシ課税セザルモノ(地方税ニ關スル法律ニ依ルモノハ後編ニ讓ル)

公益上其ノ他ノ事由ニ因リ課税ヲ不適當トスル場合ニ於テハ命令ノ定ムル所ニ依リ地方税ヲ課セ

サルコトヲ得ルモ未タ其ノ命令公布セラレサルヲ以テ實行ニ至ラサルモノナリ（府縣制第一一〇條、市制第一二一條・町村制第一〇一條ノ第二項）

【關係法令】

◉府縣制

第百十條　府縣稅ヲ賦課スルコトヲ得サルモノニ關シテハ法律勅令ヲ以テ別段ノ規定ヲ設クルモノヲ除ク外市町村稅ノ例ニ依ル

府縣ハ公益上其ノ他ノ事由ニ依リ課稅ヲ不適當トスル場合ニ於テハ命令ノ定ムル所ニ依リ府縣稅ヲ課セサルコトヲ得

◉市制・町村制

第百十七條（市制）・第九十七條（町村制）（第三項）　國稅ノ附加稅タル府縣稅ニ對シテハ附加稅ヲ賦課スルコトヲ得ス

第百二十一條（市制）・第百一條（町村制）　所得稅法第十八條ニ揭クル所得ニ對シテハ市制・町村稅ヲ賦課スルコトヲ得ス

神社寺院祠宇佛堂ノ用ニ供スル建物及其ノ境內地竝敎會所說敎所ノ用ニ供スル建物及其ノ構內地ニ對シテハ市・町村稅ヲ賦課スルコトヲ得ス但シ有料ニテ之ヲ使用セシムル者及住宅ヲ以テ敎會所說敎所ノ用ニ充ツル者ニ對シテハ此ノ限ニ在ラス

國府縣市町村其ノ他公共團體ニ於テ公用ニ供スル家屋物件及營造物ニ對シテハ市・町村稅ヲ賦課スルコトヲ得ス但シ有料ニテ之ヲ使用セシムル者及使用收益者ニ對シテハ此ノ限ニ在ラス

國ノ事業又ハ行爲及國有ノ土地家屋物件ニ對シテハ國ニ市・町村稅ヲ賦課スルコトヲ得ス

前四項ノ外市・町村稅ヲ賦課スルコトヲ得サルモノハ別ニ法律勅令ノ定ムル所ニ依ル

第百二十一條ノ二　市町村ハ公益上其ノ他ノ事由ニ因リ課税ヲ不適當トスル場合ニ於テハ命令ノ定ムル所ニ依リ市町村税ヲ課セサルコトヲ得

◉**相續税法**（明治三八年一月一日法律第一〇號）

第二十六條　府縣市町村其ノ他ノ公共團體ハ相續税ノ附加税ヲ課スルコトヲ得ス

◉**郵便法**（明治三三年三月一三日法律第五四號）

第七條第二項　郵便専用ノ物件ハ何等ノ賦課ヲ受クルコトナシ

◉**電信法**（明治三三年三月一四日法律第五九號）

第十一條　電信若ハ電話専用ノ物件又ハ現ニ其ノ用ニ供スル物件ハ之ヲ差押フルコトヲ得ス

前項専用ノ物件ハ何等ノ賦課ヲ受クルコトナシ

◉**無線電信法**（大正四年六月法律第二六號）

第二十八條　電信法第四條、第五條、第十一條乃至第二十一條（中略）ノ規定ハ公衆通信又ハ軍事上必要ナル通信ノ用ニ供スル無線電信又ハ無線電話ニ之ヲ準用ス

◉**製鐵業奬勵法**（大正一五年三月三一日法律第四九號）

第七條　北海道、府縣及市町村其ノ他之ニ準スヘキモノハ本法ニ依リ營業税、營業收益税及所得税ヲ免除セラレタル製鐵事業者ニ對シ其ノ免除セラレタル部分ニ相當スル資本金額、從業者、營業用ノ工作物若ハ物件、使用動力又ハ收入ヲ標準トシテ課税スルコトヲ得ス但シ市町村其ノ他之ニ準スヘキモノニシテ特別ノ事情ニ基キ主務官廳ノ認可ヲ受ケタル場合ハ此ノ限ニ在ラス

◉**酒造税法**（明治二九年三月二八日法律第二八號）

第三十五條　府縣及市町村ハ此ノ法律ニ依リ造石税ヲ課スル酒類ニ對シ又ハ其ノ酒類ノ造石數若ハ造石税ヲ標

準トシテ府縣稅若ハ地方稅及市町村稅其ノ他如何ナル名義ヲ以テスルモ課稅スルコトヲ得ス

●地方稅制限ニ關スル法律（明治四一年三月三一日法律第三七號）

第三條（末項）　第二種ノ所得ニ對シテハ附加稅ヲ課スルコトヲ得ス

●資本利子稅法（大正一五年三月二七日法律第一二號）

第二十二條　府縣市町村其ノ他ノ公共團體ハ資本利子稅ノ附加稅ヲ課スルコトヲ得ス

●鑛業法（明治三八年四月八日法律第四五號）

第八十八條（第一項省略）

前項ノ附加稅ノ外北海道、府縣及市町村ハ鑛業ニ對シ又ハ鑛夫、鑛產物、鑛區若ハ直接鑛業用ノ工作物、器具、機械ヲ標準トシテ課稅スルコトヲ得ス

前二項ノ規定ハ北海道及沖繩縣ノ「區」竝「間切島」其ノ他町村ニ準スヘキモノニ之ヲ準用ス

●砂鑛法（明治四二年三月二五日法律第一三號）

第二十三條　鑛業法（中略）第八十七條乃至第八十九條（中略）ノ規定ハ砂鑛業ニ關シテ之ヲ準用ス

●地租條例（明治一七年三月一五日太政官布告第七號）

第四條　左ニ揭クル土地ニ付テハ其地租ヲ免ス

一　國府縣市町村其他勅令ヲ以テ指定スル公共團體ニ於テ公用又ハ公共ノ用ニ供スル土地但有料借地ハ此限ニ在ラス

二　府縣市町村其他勅令ヲ以テ指定スル公共團體カ公用又ハ公共ノ用ニ供スヘキモノト定メタル其所有地但命令ノ定ムル期間內ニ公用又ハ公共ノ用ニ供セサルトキハ此限ニ在ラス

三　府縣社地、鄕村社地、招魂社地但有料借地ハ此限ニ在ラス

四　墳墓地
五　用惡水路、溜池、隄塘、井溝
六　鐵道用地、軌道用地、運河用地
七　保安林
八　公衆ノ用ニ供スル道路
府縣市町村其他ノ公共團體ハ前項ノ土地ニ租稅其他ノ公課ヲ課スルコトヲ得ス但所有者以外ノ者前項第一號又ハ第二號ノ土地ヲ使用收益スル場合ニ於テ其土地ニ對シ使用者ニ租稅其他ノ公課ヲ課スルハ此限ニ在ラス

● **地租條例第四條第一項第一號及第二號ニ依ル公共團體及期間指定ノ件**（明治三八年五月一日勅令第一五九號）

第一條　地租條例第四條第一項第一號及第二號ニ依リ左ノ公共團體ヲ指定ス

府縣組合、郡組合　水利組合、水利組合聯合
市町村組合、町村組合、市町村學校組合及町村學校組合
市町村內ノ區　學區
沖繩縣ノ區及區內ノ部　北海道地方費
北海道ノ區及區町村內ノ部　北海道土功組合

第二條　地租條例第四條第一項第二號ニ依ル期間ハ公用又ハ公共ノ用ニ供スヘキモノト定メタルトキヨリ一箇年トス

● **私立學校用地免租ニ關スル法律**（大正八年四月五日法律第三八號）

第一條　左ニ掲クルモノノ用ニ供スル土地ニ付テハ納稅義務者ノ申請ニ因リ其ノ地租ヲ免除ス但シ有料借地ハ此ノ限ニ在ラス

一　私立ノ幼稚園、小學校、中學校、高等女學校、實業學校、專門學校、高等學校及大學

二　前號ニ揭ケサル私立學校ニシテ大藏大臣ニ於テ指定シタルモノ

第二條　前條ノ規定ニ依リ地租ヲ免除スヘキ土地ハ校舍及寄宿舍、圖書館其ノ他保育又ハ教育上必要ナル附屬建物ノ敷地竝運動場、實習用地其ノ他直接ニ保育又ハ教育ノ用ニ供スルモノニ限ル但收益ヲ生スル土地ニ付テハ大藏大臣ハ免租スヘキ區域ヲ制限スルコトヲ得

第三條　北海道府縣市區町村其ノ他ノ公共團體ハ本法ニ依リ免租セラレタル土地ニ對シ租稅其ノ他ノ公課ヲ課スルコトヲ得ス

●水道條例（明治二三年二月一三日法律第九號）

第一條　水道トハ市町村ノ住民ノ需要ニ應シ給水ノ目的ヲ以テ布設スル水道ヲ云ヒ水道用地トハ水源地、貯水地、濾水場、喞水場及水道線路ニ要スル地ヲ云フ

第五條　水道用地ハ國稅其ノ他ノ公課ヲ免除ス

●砂防法（明治三〇年三月三一日法律第二九號）

第二條　砂防設備ヲ要スル土地又ハ此ノ法律ニ依リ治水上砂防ノ爲一定ノ行爲ヲ禁止若ハ制限スヘキ土地ハ主務大臣之ヲ指定ス

第十一條　第二條ニ依リ主務大臣ノ指定シタル土地ニ對シテハ勅令ノ定ムル所ニ從ヒ地租其ノ他ノ公課ヲ減免スルコトヲ得

●砂防法第十一條ノ地租其ノ他ノ公課減免ニ關スル件（明治三二年八月一六日勅令第三七四號）

第一條　砂防法ニ依リ一定ノ行爲ヲ禁止又ハ制限シタル土地ニ對シテハ其ノ所有者又ハ納稅義務者ノ申請ニ依リ地租ヲ免除又ハ輕減スルコトヲ得

第二條　前條ニ依リ地租ヲ免除シタル土地ニ對シテハ地租以外ノ公課ヲ免除シ其ノ地租ヲ輕減シタル土地ニ對シテハ同一ノ割合ヲ以テ地租以外ノ公課ヲ輕減ス

第三條　本令ニ依ル地租其ノ他ノ公課ノ免除又ハ輕減ハ免除又ハ輕減ノ申請ノ日以後ニ開始スヘキ納期分ヨリ免除ニ付テハ一定ノ行爲ノ禁止又ハ制限ノ解除ニ因リ地價ヲ設定シタル日輕減ニ付テハ一定ノ行爲ノ禁止又ハ制限ノ解除ノ日以前ニ開始シタル納期分迄トス

◉森林法（明治四〇年四月二三日法律第五三號）

第十二條　本法施行以前ヨリ荒廢ニ屬シタル森林ニ付新ニ造林シタルトキハ其ノ納稅義務者ノ申請ニ依リ其ノ造林シタル部分ニ限リ三十年以內地租ヲ免スルコトヲ得

前項ノ規定ハ原野、山岳又ハ荒蕪地ニ新ニ造林シタル場合ニ之ヲ準用ス

府縣市町村其ノ他ノ公共團體ハ前二項ニ依リ地租ヲ免セラレタル土地ニ對シ租稅其ノ他ノ公課ヲ課スルコトヲ得ス

◉軍事救護法（大正六年七月一九日法律第一號）

第十七條　本法ニ依リ給與ヲ受ケタル救護金品ヲ標準トシテ租稅其ノ他ノ公課ヲ課セス

◉健康保險法（大正一一年四月二二日法律第七〇號）

第六十九條　保險給付トシテ支給ヲ受ケタル金品ヲ標準トシテ租稅其ノ他ノ公課ヲ課セス

◉住宅組合法（大正一〇年四月一二日法律第六六號）

第十一條　住宅組合ノ住宅ノ建設、購入若ハ住宅用地ノ取得又ハ組合ト組合員トノ間ニ於ケル住宅若ハ其ノ用地ノ所有權移轉ニ關シテハ地方稅ヲ課スルコトヲ得ス

◉農業倉庫業法（大正六年七月二一日法律第一五號）

第十四條ノ二　農業倉庫業者ノ農業倉庫又ハ其ノ敷地ニ關スル權利ノ取得ニ關シテハ地方税ヲ課スルコトヲ得ス

◉産業組合法（明治三三年三月七日法律第三四號）

第六條ノ二　命令ノ定ムル所ニ依リ産業組合ノ住宅ノ建設、購入若ハ住宅用地ノ取得又ハ組合ト組合員トノ間ニ於ケル住宅若ハ其ノ用地ノ所有權移轉ニ關シテハ地方税ヲ課スルコトヲ得ス

◉産業組合法施行規則（明治四二年八月二一日農商務省令第二五號）

第一條ノ八　産業組合法第六條ノ二ニ住宅ト稱スルハ主トシテ住居ノ用ニ供スル家屋及之ニ相應スル門、牆塀物置、井戸其ノ他居住ノ爲必要ナル附屬設備ヲ謂フ

第一條ノ九　産業組合法第六條ノ二ノ規定ニ依リ地方税ノ免除ヲ受クヘキ住宅又ハ住宅用地ハ左ノ制限ニ從フコトヲ要ス但シ産業組合ノ住宅ノ建設若ハ購入又ハ住宅用地ノ取得ニ付テハ此ノ限ニ在ラス

一　住宅ハ一組合員ニ付一戸ニ限ル

二　前號ノ住宅ハ一戸ニ付家屋各階ノ床面積合計五十坪ヲ超ユルコトヲ得ス但シ地方長官ノ許可ヲ受ケタルトキハ此ノ限ニ在ラス

三　住宅用地ハ住宅ニ相應スルモノナルコトヲ要ス

【訓令通牒】

◉公共團體ノ意義ノ件（大正二、八、三東地第六七號地方局長通牒）

標記ノ件東京府知事伺出ニ對シ別紙ノ通回答候ニ付爲御心得

○東京府知事　伺（大正一〇年三月四日甲商第二七三九號）

重要物産同業組合法ニ依リ設置セラレタル同業組合ハ公共團體ト認ムヘキヤ否ヤニ關シテハ從來學說立法例等（大正二年六月三〇日行政裁判所判決所得稅法施行規則第十二條、明治三八年五月勅令第百五十九號參照）區々ニ別レ適從スル所ヲ知ラス市制第百二十一條町村制第百一條中ニ於ケル其他ノ公共團體中ニハ該組合ヲ包含スル義ナルヤ否ヤ差掛リタル件有之候ニ付至急何分ノ御指示相煩度此段御伺候也

○地方局長回答

大正十年二月四日甲商第二七三九號伺標記ノ件公共團體中ニ包含スル義ト御了知相成度

【行政實例】

●直接公用ニ供セサル市町村有ノ土地家屋カ自己市町村內ニ存在スル場合ニ於テハ之ニ對シ課稅スヘキモノニアラス（明治二二、二、一五）

●民有地第一種ニ屬スルモ社寺ノ用ニ供スル土地ハ免稅スヘキモノトス（明治二二、七、一五）

●官舍ニ對シテ家屋稅等ヲ賦課スルコトヲ得ス尤モ官舍ニ住居スルモノニ對シ課稅スルハ妨ケナシ（明治二四、五、八）

●娼妓貸座敷ニハ市町村稅ヲ賦課スルコトヲ得サルモノトス（明治二六、八、一六）

●商業會議所ハ舊市制町村制第九十七條第一項第一號ニ所謂公共組合ニ該當スルモノトス（明治三三、一、一三）

●鑛業用ノ事務所、倉庫、納屋等ハ鑛業法第八十八條ノ直接鑛業用ノ工作物ニ該當スルモノトス（納屋ハ鑛夫收容所或ハ鑛業用物品等ノ藏置場ヲ指シタルモノナリ）（明治三九、六、一）

●單ニ製油ヲ以テ營業ノ目的トスルモノニ對シテハ縣稅ヲ賦課シ差支ナキモ自家ノ採掘ニ係ル鑛物ヲ以テ製油ノ用ニ供スル建物ニ付テハ鑛業法第八十八條第二項ニ該當スルヲ以テ縣稅ヲ賦課スルコトヲ得サル義ト存ス（明

治三九、九、一二）

●郵便法第七條ニ所謂郵便專用物件中ニハ船車馬等ノ如キ動産ニ限ラス不動産タル土地建物等モ包含ス然レトモ其ノ土地カ有料借地ナルトキハ土地所有者ハ其ノ收益ヲ得ルヲ目的トシ偶々其ノ土地ヲ郵便用ニ供スルモノナルヲ以テ郵便專用ノ物件ト認ムルヲ得ス地租條例第四條第一項第一號但書ニ該當スルモノトス（明治四〇、一〇、一四）

●教會所ノ構內ニ建築セル宗教教授用ノ建物ニ對シテハ課稅スルコトヲ得ス又教會所ノ構內ニ在リテハ其ノ主監宣教師又ハ番人等ヲ居住セシメ居ル建物ノ如キハ教會所ノ一部又ハ附屬舍ニシテ教會ノ用ニ供スル建物ナレハ宣教師ノ住宅ニ關シテモ同樣課稅スルコトヲ得ス（大正二、四、一）

●郵便局ニ使用スル土地カ有料借地ナル場合ハ土地所有者ノ目的其ノ收益ヲ得ルニアレハ偶々其土地ヲ郵便用ニ供スルモ之ヲ以テ郵便法第七條第二項ニ所謂郵便專用ノ物件ト認ムルヲ得ス從テ土地所有者ニ對シ市町村稅ヲ課スルヲ妨ケス家屋ニ付テモ同樣ナリトス（大正二、一二、二〇）

●取引所稅法第二十二條ニ依リ取引所營業稅ニ對シ賦課スル附加稅ハ北海道府縣市(區)町村各別ニ本稅ノ百分ノ十以內ヲ課スルコトヲ得ル趣旨ナリ（大正三、九、一九）

●鑛山事務所ニ送電スル專用電柱ノ如キハ鑛業法第八十八條ニ所謂直接鑛業用ノ工作物ト認メ可然モ其他ノ工作物ニ付テハ直接鑛業用ノ工作物ナルヤ否ヤ事實ノ認定ニ依リ可否ヲ決定スルノ外ナシ（大正四、八、六）

●左ニ例示ノモノハ大體直接鑛業用工作物ナルカ如キモ直接鑛業用ノ解釋如何ハ專ラ事實ニ依ルヘキモノニ付詳細ハ事實ニ依ルニ非サレハ確定的ノ決定ヲ爲スヲ得サルモノトス（大正八、一、一〇）

一　採掘ノ場所ヨリ販賣ノ目的ヲ以テ輸送ノ爲或ル停車場迄ニ布設セル軌道及同所ヨリ同上ニ關シ架設シタル電話點燈專用ノ電柱

二　倉庫、納屋、貯藏地事務所等ヨリ販賣ノ爲或ル停車場迄輸送ノ必要上布設セル軌道及同所ヨリ同上ニ關シ架設シタル電話點燈用電柱

其ノ他直接鑛業ニ使用スル動力ノ送電配電以外ノ電柱

●鵜飼觀覽ノ旅客誘引ノ目的ヲ以テ市ニ於テ遊覽用ノ川船ヲ買入レ市ハ之ヲ無料ニテ他ノ私設團體ニ貸付シ其ノ私設團體ハ比較的低廉ナル料金ヲ以テ川船ヲ一般遊覽者ニ貸付シアリト雖モ該船ヲ以テ市制第百二十一條ニ所謂公共團體ニ於テ公用ニ供スル物件ト認ムヘキモノニアラス（大正一四、七、一五）

●製鐵業奬勵法第二條ニ依リ營業稅及所得稅ヲ免除セラレタル製鐵業者ニ對シ不動產取得稅ヲ賦課スルハ差支ナシ（大正一四、九、二五）

●甲縣ノ經營スル電氣事業カ假令乙縣ノ需要者ニ電力ヲ供給シ之カ爲ニ特ニ乙縣內ニ變電所及電柱ヲ特設シタリトスルモ右ハ猶甲縣ノ營造物ノ一部ヲ組成スルモノト認メラルルニ付之ニ對シ縣稅ヲ賦課スルハ不可然義ナリ（大正一四、一〇、二八）

●鑛業經營者カ建設シタル所謂役宅ト稱スル職員役宅等ニ對シテハ課稅シ得ルモ鑛夫收容ノ爲ニスル納屋長屋ノ類ニ對シテハ課稅シ得サルモノトス（大正一四、一一、一六）

【行政裁判例】

●寺院ノ用ニ供スル土地營造物及家屋ハ町村稅ヲ免除スルノ規定ニシテ寺院ノ所有タル土地其ノ他ノ財產ニ對シ免稅スヘキ規定ニアラス（明治三六、七、一）

●同業組合ハ同業者ノ共同利益ヲ增進シ弊害ヲ矯正スルノ目的ヲ有スルモ何等公ノ權力ヲ有スルモノニアラサル

ヲ以テ之ヲ公共團體ナリト云フヲ得ス（大正二、六、三〇）

●原告組合ハ重要物產同業組合法及之ニ基キ作成セラレタル定款ニヨリ主務官廳ノ監督ヲ受ケ啻ニ組合自身ノ生存ノ爲ノミナラス國家ニ對シ義務トシテ同業者間ノ營業上ノ弊害ヲ矯正シ蠶絲業ノ改良發達ヲ計ルモノナレハ公共團體タルコト多言ヲ要セスト云フモ義務アレハトテ之ノミヲ以テ公共團體ト斷定スルヲ得ス（大正二、六、三〇）

●營業稅法第二十一條ハ國稅營業稅ヲ徵收セサルニ止マリ此不徵收期間內ニ於テ其ノ營業者ニ對シ地方稅ヲ賦課スルコトヲ禁スル趣旨ニアラス（大正三、六、三〇）

●町村制第百一條第一項ノ規定ハ傷痍疾病者ノ恩給ニ對シテハ町村稅ヲ賦課スルコトヲ得サル旨ヲ規定シタルニ止マリ之ヲ戶數割ノ等差ヲ定ムルカ如キ生活狀態ヲ斟酌スル資料ト爲スコトヲ禁止スルノ法意ニアラス（大正七、四、二九）

●大正八年法律第三十八號第三條ニ所得（土地ニ對シ）トアルハ土地ヲ公課ノ客體トスルヲ意味シ土地ノ所有權ヲ取得スル行爲ノ如キハ之ニ包含セサルモノト解スルヲ相當トス（大正一〇、一一、二〇）

●明治四十一年法律第三十七號第一條ハ大正八年法律第三十八號第三條ト等シク土地ヲ客體トスル課稅ヲ禁シタルニ止マリ土地所有權取得ノ行爲ヲ客體トスル課稅ヲ禁シタルモノニ非スト解スヘキモノトス（大正一〇、一一、二〇）

第七章　府縣稅ノ分賦

府縣税ノ分賦トハ府縣ニ於テ府縣税トシテ賦課スヘキ金額ヲ其ノ部内ノ市町村ニ分賦スルコトヲ謂フモノニシテ府縣制施行令ニ於テハ之ヲ府縣費ノ分賦ト稱セリ而シテ其ノ分賦ヲ爲シ得ヘキ場合ニアリテ其ノ一ハ臨時少額ノ費用ノ爲メ特ニ賦課徴收ヲ爲スヲ要スル場合ニシテ其ノ二ハ市部會及郡部會ヲ設ケタル府縣ニ於テ市部ニ屬スル部分ニ賦課スヘキ額ヲ市ニ分賦スル場合ナリ分賦金ニ付テ納付ノ義務ヲ負フモノハ其ノ分賦ヲ受ケタル市町村ナリ分賦ヲ受ケタル市町村カ其ノ分賦金ヲ市町村税トシテ賦課徴收スヘキヤ又ハ其ノ他如何ナル收入ヲ以テ之ニ充ツヘキヤハ全ク市町村ノ任意ナリ

一 臨時少額ノ費用ノ爲特ニ賦課徴收ヲ爲スヲ要スル場合ノ分賦（府縣制第一〇三條府縣制施行令第二六條、第二七條、第二九條）

臨時少額ノ費用ノ爲特ニ賦課徴收ヲ爲スヲ要スル場合ニ於テ一々直接ニ之ヲ一般ニ賦課スルハ往々復雜ニ過クル嫌アルヲ以テ其ノ金額ヲ市町村ニ分賦スルコトヲ得セシメタルモノナリ

（一）分賦ヲ爲シ得ヘキ場合

多額ノ費用ノ爲特ニ賦課徴收ヲ要スル場合ハ之ヲ一般ニ直接ニ賦課スルヲ相當トスルヲ以テ臨時少額ノ費用ノ爲ニ特ニ賦課徴收ヲ爲スヲ要スル場合ニ於テノミ分賦シ得ヘキモノト爲セリ故ニ其ノ特ニ賦課徴收ヲ爲スヲ要スル金額カ多額ナル場合又ハ定期ノ賦課ト同時ニ賦課徴收シ得

ヘキ場合ニ於テハ分賦ヲ爲シ得サルモノト解スルヲ相當トス

（二）　分賦額ノ限度

分賦ヲ爲シ得ルハ臨時少額ノ費用ノ爲特ニ賦課徴收ヲ爲スヲ要スル場合ナルヲ以テ自ラ其ノ金額ニハ一定ノ制限アルコトヲ要ス即チ其ノ限度ハ府縣税既定豫算額ノ十分ノ一以内ト定メラレタリ府縣税トハ府縣税總額ノ謂ニシテ又既定豫算額トハ通常豫算額ノ義ニ非スシテ追加若ハ更正ヲ爲シタルトキハ之ヲ增減シタル現在ノ豫算額ヲ指スモノトス

（三）　分賦ノ標準

分賦金ヲ市町村ニ分賦スル割合ハ豫算ノ屬スル年度ノ前々年度ニ於ケル市町村ノ直接國税及直接府縣税ノ賦課額ニ依ルヘキモノトス然レ共若シ如斯分賦方法ニ依リ難キ事情アルトキハ府縣知事ハ府縣會ノ議決ヲ經内務大臣ノ許可ヲ受ケ特別ノ分賦方法ヲ設クルコトヲ得ルコトトセリ豫算ノ屬スル年度ノ前々年度トハ例ヘハ昭和三年度豫算ニ於テ分賦ヲ爲ス場合ニ於テハ豫算ノ屬スル年度ハ昭和三年度ナルヲ以テ其ノ前々年度ハ昭和元年度ナリ市町村ノ直接國税又ハ直接府縣税ノ賦課額トハ市町村内ニ存在スル所ノ直接國税又ハ直接府縣税ノ目的物ニ對スル賦課額ノ義ナルヲ以テ例ヘハ甲町村人ノ納税スヘキモノト雖他町村ノ土地家屋又ハ營業所ヨリ生スル

モノニ對スル賦課額ハ他町村ノ賦課額ニ合算シ甲町村ノ賦課額ヨリハ之ヲ除算スヘク又他町村人ノ納税スヘキモノト雖甲町村ノ土地家屋又ハ營業所ヨリ生スルモノニ對スル賦課額ハ甲町村ニ合算シ他町村ノ賦課額ヨリハ之ヲ除算スヘキモノナリ規定ノ分賦方法ニ依リ難キ事情アルトキトハ規定ノ分賦方法ニ依リテ分賦スルトキハ市町村ノ資力ニ應シタル分賦ヲ爲シ得サル場合ヲ謂フ分賦ノ標準タル直接國税及直接府縣税トハ左ノ如シ

直接國税

地租　所得税（所得税法第三條ノ第二種ニ係ル所得税ヲ除ク）　營業税

營業收益税　鑛業税　砂鑛區税　取引所營業税

直接府縣税

特別地税　戸數割　家屋税　營業税　雜種税（遊興税及觀覽税ヲ除ク）

二　市部會及郡部會ヲ設ケタル府縣ニ於ケル市部ニ對スル分賦（府縣制第一〇三條府縣制施行令第二八條）

市部會及郡部會ヲ設ケタル府縣ニ於テハ府縣會ノ議決ヲ經テ其ノ市部ニ屬スル部分ニ賦課スヘキ金額ヲ市ニ分賦スルコトヲ得セシメタリ市部會及郡部會ヲ設ケタル府縣トハ府縣制第百四十條ノ規定ニ基キ特別ノ事情アリテ市部郡部ノ經濟ヲ分別シ市部會郡部會ヲ設ケタル府縣ナリ現在市部

會郡部會ヲ設ケタル府縣ハ左ノ如クニシテ其ノ中市部ニ屬スル部分ニ賦課スヘキ金額ヲ市ニ分賦セサルハ東京府及愛知縣ノミニシテ他ハ分賦ノ方法ヲ採用セリ

○東京府　（東京市ヲ市部トス）
神奈川縣　（橫濱市同）
○愛知縣　（名古屋市同）
京都府　（京都市同）
兵庫縣　（神戶市同）
廣島縣　（廣島市同）

【關係法令】

●府縣制

第百三條（第二項）府縣ハ勅令ノ定ムル所ニ依リ其ノ費用ヲ市町村ニ分賦スルコトヲ得

●府縣制施行令

第二十六條　府縣ハ臨時少額ノ費用ノ爲特ニ賦課徵收ヲ爲スヲ要スル場合ニ於テハ當該年度ノ府縣稅既定豫算額ノ十分ノ一ノ範圍內ニ於テ其ノ費用ヲ府縣內市町村ニ分賦スルコトヲ得

第二十七條　前條分賦ノ割合ハ豫算ノ屬スル年度ノ前前年度ニ於ケル市町村ノ直接國稅及直接府縣稅ノ賦課額ニ依ル但シ本條ノ分賦方法ニ依リ難キ事情アルトキハ府縣知事ハ府縣會ノ議決ヲ經內務大臣ノ許可ヲ受ケ特

別ノ分賦方法ヲ設クルコトヲ得

第二十八條　市部會及郡部會ヲ設ケタル府縣ニ於テハ府縣會ノ議決ヲ經テ其ノ市部ニ屬スル部分ニ賦課スヘキ額ヲ市ニ分賦スルコトヲ得

第二十九條　第二十七條ニ規定スル直接國稅及直接府縣稅ノ種類左ノ如シ

國　稅

地租　所得稅（所得稅法第三條第二種ニ係ル所得稅ヲ除ク）　營業稅、營業收益稅、鑛業稅、砂鑛區稅、取引所營業稅

府縣稅

特別地稅、戶數割、家屋稅、營業稅、雜種稅（遊興稅及觀覽稅ヲ除ク）

第八章　不均一賦課及一部賦課

租稅ハ一般的ニ且各人ニ對シ其ノ資力ニ應シ同樣ニ課稅セラルヘキヲ原則トシ數人又ハ府縣…市町村ノ一部ニ對シテノミ特ニ賦課セラレ又ハ重課セラルヘキモノニ非ス然レ共地方稅ニ於テハ一般的ニ且各人ニ對シ同樣ニ課稅セサルコトヲ以テ却ツテ妥當トスル場合アリ

一　市町村稅タル附加稅ノ不均一賦課（市… 町村制第一一七 九七條）

市町村ニ於テ直接國稅又ハ直接府縣稅ノ附加稅ヲ徵收スルトキハ均一ノ稅率ヲ以テ賦課スルヲ原

則トスルモ地方特別ノ事由存スルニ因リ不均一ノ稅率ニ依リ徴收スルコトカ却ツテ負擔ノ公平ヲ期シ得ラルヘキ場合ニ於テハ地方長官ノ許可ヲ受ケ均一ノ稅率ニ依ラスシテ附加稅ヲ徴收シ得ルコトトセリ

不均一ノ賦課トハ例ヘハ府縣稅雜種稅ノ附加稅ヲ徴收スル場合遊興稅ニ對シテノミ他ノ一般ノモノヨリ高キ課率ニ依リ賦課スルカ如キ又ハ牛馬稅若ハ車稅ニ對シテノミ他ノ一般ノモノヨリ低キ課率ニ依リ賦課スルカ如ク一稅目中ノ或ル一種目又ハ數種目ニ對シテノミ他ノ一般ノモノヨリ或ハ高キ課率ニ依リ或ハ低キ課率ニ依リ賦課スルコトヲ謂フ直接國稅又ハ直接府縣稅トハ市町村制第百七・五十五條ノ規定ニ基キ内務大藏兩大臣ノ定メタル種類ノモノナリ即チ大正十五年五月内務省告示第六十八號ヲ以テ之ヲ定ム其ノ直接國府縣稅左ノ如シ

直接國稅

地租　所得稅（所得稅法第三條第二種ノ所得中無記名債券ノ所得ニ係ル所得稅ヲ除ク）　營業稅　營業收益稅　鑛業稅　砂鑛區稅　取引所營業稅

直接府縣稅

特別地稅　家屋稅　營業稅　雜種稅（遊興稅及觀覽稅ヲ除ク）

二 應益的不均一賦課（府縣制第一一一條 市制第一二四條 町村制第一〇四條）

府縣……市町村ニ於テ處理スヘキ事件ハ府縣……市町村全體ノ利益ヲ目的トスルモノナレ共偶々府縣……數人又ハ市町村ノ一部ニ對シ特ニ利益ヲ與フルモノアリ如斯場合ハ其ノ事件ニ要シタル費用ヲ相當ノ程度ニ於テ特ニ利益ヲ受ケタル府縣……數人又ハ市町村ノ一部ニ對シ負擔セシムルヲ相當トス即チ府縣……數人又ハ市町村ノ一部ニ對シ特ニ利益アル事件ニ關シテハ府縣……市町村ハ不均一ノ賦課ヲ爲シ又ハ府縣……數人若ハ市町村ノ一部ニ對シテノミ賦課スルコトヲ得セシメタリ數人ニ對シ利益アル事件トハ例ヘハ市町村カ製炭業者ノ爲ニ講習會ヲ開キ其ノ改良ヲ期スルカ如キ又ハ畜産改良ノ施設ヲ爲シ之カ爲少數ノ畜産者カ特ニ利益ヲ受クルカ如キ場合是ナリ府縣……市町村ノ一部ニ對シ特ニ利益アル事件トハ地域的ニ府縣……市町村ノ一區域ニ對シ特ニ利益アル道路堤防等ヲ改修スルカ如キ場合ナリ不均一ノ賦課トハ特ニ利益ヲ享クル者ニ對シ其ノ利益ノ厚薄ニ從ヒ均一ノ率ニ依ラスシテ賦課スルコトヲ謂フ一部ニ對シ賦課ストハ特ニ利益ヲ受クル府縣……數人若ハ市町村ノ一部ニ對シテノミ特別ノ賦課ヲ爲シ他ノ府縣……數人若ハ市町村ノ部分ニ對シテハ賦課ヲ爲ササルヲ謂フ

府縣……市町村制ニ依ル不均一賦課又ハ一部賦課ニ對シテハ內務大臣……地方長官ノ許可ヲ要スルモ河川法第三十七條、砂防法第二十一條等ノ如キ特別ノ法律ニ依リ不均一賦課ヲ爲スモノニ付テハ許可ヲ受クルコトヲ

要セサルモノトス

三　市町村ノ營造物又ハ財產ノ費用ニ付テノ一部賦課（市町村制第一〇二條）

數人又ハ市町村ノ一部ヲ利スル營造物又ハ財產ノ設置維持其ノ他ノ必要ナル費用ハ其ノ關係者又ハ其ノ部內ノ市町村稅ヲ納ムル義務アル者ニ負擔セシムルコトヲ得セシメタリ數人又ハ市町村ノ一部ノミヲ利スル營造物又ハ財產ニ關スル費用ヲ他ノ何等利益ヲ受ケサル者ニ對シ負擔セシムルハ當ヲ得サルニ付如斯制度ヲ設ケ以テ實際ニ適應セシメタルモノナリ此ノ費用負擔ノ義務ハ營造物又ハ財產ニ依リテ受クル利益ニ對スルモノナルヲ以テ其ノ性質ハ特別負擔ナルモ實質ハ租稅ト異ナラサルヲ以テ行政實例ハ市町村稅トシテ取扱ヒ居ルモノトス設置維持其ノ他ノ必要ナル費用トハ營造物又ハ財產ノ創設費ハ勿論保存改良修繕其ノ他管理ニ要スル諸費用ヲ謂フ關係者トハ營造物又ハ財產ニ依リテ利益ヲ受クル數人ヲ指スモノトス

【關係法令】

●府縣制

第百十一條　府縣內ノ一部ニ對シ特ニ利益アル事件ニ關シテハ府縣ハ不均一ノ賦課ヲ爲シ又ハ府縣ノ一部ニ對シ賦課ヲ爲スコトヲ得

●市制・町村制

第百……二十二條　數人ヲ利スル營造物ノ設置維持其ノ他ノ必要ナル費用ハ其ノ關係者ニ負擔セシムルコトヲ得

市…町村ノ一部ヲ利スル營造物ノ設置維持其ノ他ノ必要ナル費用ハ其ノ部內ニ於テ市町村税ヲ納ムル義務アル者ニ負擔セシムルコトヲ得

前二項ノ場合ニ於テ營造物ヨリ生スル收入アルトキハ先ツ其ノ收入ヲ以テ其ノ費用ニ充ツヘシ前項ノ場合ニ於テ其ノ一部ノ收入アルトキ亦同シ

數人又ハ市…町村ノ一部ヲ利スル財產ニ付テハ前三項ノ例ニ依ル

第百……二十四條　數人又ハ市町村ノ一部ニ對シ特ニ利益アル事件ニ關シテハ市…町村ハ不均一ノ賦課ヲ爲シ又ハ數人若ハ市…町村ノ一部ニ對シ賦課ヲ爲スコトヲ得

【訓令通牒】

●町村制中疑義ノ件（明治四五、六、三、地第四九八七號ノ內地方局長通牒）

町村制中疑義ニ關シ新潟縣照會ニ對スル左記回答爲御參考及通牒候也

○新潟縣知事照會（明治四五、二、二六、地第三九號）

町村制中左記ノ疑義ニ相涉リ候條御省議相承度此段及照會候也

記

二、町村制第百二條及第百四條ニ依リ賦課スル一部費ハ其ノ部內ニ於テ利益ヲ受クル厚薄ニ依リ不均一ノ賦課ヲ爲シ得ルヤ例ヘハ一部ヲ利スル排水溝ヲ設クル場合土地ノ高低水ノ深淺ニ依リ其ノ受クル所ノ利益自ラ差違アリ斯ル場合ニ於テ均一ニ賦課スルハ穩當ナラスト認ム若シ不均一賦課ヲ爲シ得ルトセハ其ノ據ルヘキ條項御示ヲ乞フ

○地方局長回答（明治四五、六、三、地第四九八七號）

二月十六日發第三九號ヲ以テ御問合相成候町村制中疑義ノ件左記ノ通ト存シ此段及回答候也

記

一　第二項町村制第百四條ノ事件ニ關シテハ同條ニ依リ御問合ノ如キ第百二條ノ營造物ニ關シテハ同條及第九十七條ニ依リ不均一課税ヲ爲シ得

◉**汚物掃除法ヲ町村ノ一部ニ準用スルトキ其ノ施行上必要ナル費用一部賦課ノ件**（明治三三、六、六、衞甲第六一號地方局長通牒）

汚物掃除法第十一條ニ依リ同法ノ全部又ハ一部ヲ町村内ノ一部ニ準用スルトキハ其施行上必要ナル汚物蒐集費監視吏員ノ俸給其ノ他施行ニ要スル一切ノ費用ニ關シテハ町村制第百二十七條第七項ニ依リ掃除法準用區域ト其ノ他トノ間ニ附加税ニ相等ノ等差ヲ設ケ不均一ノ賦課ヲ爲スカ如キ方法ヲ取ラハ略負擔ノ權衡ヲ保チ得ヘシト存候間問合ノ向モ有之候ニ付爲念此段及通牒候也

【行政實例】

◉舊町村制第九十九條（現行町村制第百二條）ニ依リ賦課スル費用ハ町村税ニ包含ス（明治二四、八、六）

◉市制第百二十二條町村制第百二條ノ規定ハ數人又ハ一部ヲ利スル營造物ノ設置維持其ノ他必要費ヲ關係者又ハ市町村内ノ一部ニ負擔セシムル場合ニ處スルモノニシテ本條ハ數人又ハ市町村ノ一部ニ對シ特ニ利益アル事件即チ市町村ノ營造物以外ノ施設經營ニ關スル費用ヲ特ニ利益アル者ニ對シ不均一ノ賦課ヲ爲シ又ハ一部ニ賦課ヲナスノ規定ナリ故ニ例ヘハ市町村營造物及用水路若ハ溜池等ニ關スル費用ヲ關係者又ハ其ノ一部ニ賦課スルニハ市制第百二十二條町村制第百二條ノ規定ヲ適用スヘク國ノ營造物タル道路橋梁ニ關スル費用ヲ特ニ利益ヲ

受クヘキ關係者等ニ賦課スルハ本條ニ依ルヘキモノトス（明治四四、五、一〇）

●本條（町村制第百四條）ノ不均一賦課トハ市町村ノ施行セル事業ノタメニ利益ヲ享受スル關係ノ厚薄ニ從ヒ賦課ノ率ヲ異ニスルモノヲ謂フ（明治四四、五、二〇）

●數人又ハ一部ノタメニスル事業ニ付テ夫役現品ノ賦課ヲ要スルモノアルトキハ本條（町村制第百四條）ニ依リ之ヲ賦課スルヲ得ルモノトス（明治四四、六、一五）

●町村ノ一部ニ尋常小學校設置費ヲ負擔セシムルニハ地方學事通則第二條第三項及小學校令第十一條第二項ノ規定ニ依ルヘク町村制第百二條及第百四條ニ依ルヘキモノニアラス（大正三、一、二八）

●町村カ特別稅段別割ヲ賦課スルニ當リ水利事業ノ爲メ利益ヲ受クルノ厚薄ニ依リ等差ヲ設ケテ費用ヲ賦課スルハ町村制第百四條ノ不均一賦課ニ外ナラス從テ制第百四十七條第八號ノ許可ヲ受クルコトヲ要ス（大正七、八、七）

【行政裁判例】

●町村ノ一部ニ於テ使用スル道路ノ修築費ハ其ノ部落ニ居住スル者ハ之ヲ使用スルコト少キノ故ヲ以テ費用負擔ノ義務ヲ免ルルヲ得サルモノトス（明治三〇、六、三〇）

●道路ノ改修アル場合ニ於テ其ノ道路ノ附近又ハソノ沿道地方ハ之ニ因リ特別ノ利益ヲ享クルモノト認ムルヲ相當トス（大正、七、六、三）

●夫役ニ相當スル寄附金ヲナシタルノ故ヲ以テ法律上賦課スヘキ夫役ヲ賦課セサルハ違法ナリ（大正七、六、三）

第九章　地方稅ノ減免及延納

公益上其ノ他ノ事由ニ依リ不適當ナル場合ニ於テハソレヲ課税部外トシ課税セサルコトヲ得セシメタルコトハ前述シタル如シト雖賦課後天災事變等ノ爲非常ノ損害ヲ蒙リ納税義務者ノ租税負擔力ヲ甚シク減耗シタル場合ハ徵税上別段ニ酌量ヲ要スヘキモノトス即チ特別ノ事情アル者ニ對シテハ府縣・市町村税ノ減免若ハ納税ノ延期ヲ許スコトヲ得セシメタリ、特別ノ事情トハ水火災暴風雨地震等天災事變ノ爲納税者ノ收入ヲ著シク減耗シ或ハ疾病其ノ他ノ事由ニ依リ生計困難ニ遭遇シタルカ如キ爲徵税上特ニ酌量ヲ要スヘキ事情ヲ謂フ

【關係法令】

●府縣制

第百十二條　府縣税ノ減免若ハ納税ノ延期ハ特別ノ事情アル者ニ限リ府縣知事ハ府縣參事會ノ議決ヲ經テ之ヲ許スコトヲ得

●市町村制

第百二十八條　市・町村長ハ納税者中特別ノ事情アル者ニ對シ納税延期ヲ許スコトヲ得其ノ年度ヲ超ユル場合ハ町村會ノ議決ヲ經ヘシ

市・町村ハ特別ノ事情アル者ニ限リ市・町村税ヲ減免スルコトヲ得

【訓令通牒】

●納税免除ニ關シ市町村條例ノ規定ニ付注意方訓令（明治二二、一二、二一訓令第八四六號）

市町村稅ハ其ノ附加稅タルト特別稅タルトヲ問ハス其ノ納稅者中無資力ナル者アルトキハ第百二條第二項ニヨリ其ノ納稅ヲ延期シ得ルハ勿論情狀ニ因リテハ市町村會ノ議決ヲ以テ其ノ納稅額ヲ棄損スルヲ得ト雖モ法律勅令ニ於テ規定スルノ外ハ特ニ其ノ納稅ノ義務ヲ免除スルヲ得サルモノトス但シ特別稅ニ於テハ地方ノ情況ニ依リ其ノ賦課ノ範圍ヲ定メ其ノ範圍外ニ對シテハ納稅ノ義務ヲ負擔セシメサルコトヲ得ヘシ（以下略）

【行政實例】

●營業奬勵上必要ナリトシテ其ノ營業ニ係ル市町村稅ヲ免除スルハ然ルヘカラス（明治二二、九、六）

●町村制第百八條ニ所謂減免トハ課稅部外ニ置キ初ヨリ租稅ヲ賦課セサルノ意義ニアラスシテ其ノ一旦賦課シ又ハ賦課セントスル市町村稅ノ徵收ヲハ特免スルノ意ナリ（明治二四、五、一七）

【行政裁判例】

●各個ノ納稅義務者ニ對シ年度ヲ超エテ市稅ノ納入延期ヲ許可スルニハ本條第一項（町村制第百八條）ニ依リ町村會ノ議決ヲ經サルヘカラス（明治四〇、一〇、二八）

●町村ノ歲入不足ヲ豫見シ得ヘキ場合ニ於テハ年度經過前豫メ其ノ額ヲ推算シ之ニ對スル收入豫算ヲ編制スヘキモノトス從テ本條ニ規定セル町村會ノ議決前其ノ追加豫算ヲ議決スルハ不法ニアラス（明治四〇、一〇、二八）

●町村制第百八條第二項ニ依リ洪水ノ被害者ニ對シ一般的ニ各自ノ所得額ヲ標準トシテ一定ノ割合ヲ減免シ特ニ被害ノ程度著シキ者ニ對シテハ見立ニ依リ減免額ヲ斟酌增加シタル村稅ノ減免方法ハ違法ニ非ス（大正一四、六、二七）

第十章　地方稅ノ徵收

一　府縣稅ノ徵收

府縣稅ノ徵收ニ關シテハ府縣制施行令ニ之ヲ規定セリ即チ市町村ハ其ノ市町村內ノ府縣稅ヲ徵收シ之ヲ府縣ニ納入スルノ義務ヲ負ヒ府縣ハ市町村ニ對シ徵收ノ費用トシテ地租附加稅及特別地稅ニ對シテハ其ノ徵收金額ノ千分ノ七其ノ他ノ府縣稅ニ付キテハ徵收金額ノ百分ノ四ヲ交付スヘキモノトス

府縣稅ノ徵收期ハ府縣知事之ヲ定メ府縣知事又ハ其ノ委任ヲ受ケタル官吏吏員ハ市町村ニ對シ徵稅令書ヲ發シ市町村長ハ徵稅令書ニ依リ徵稅傳令書ヲ調製シ之ヲ納稅人ニ交付スルモノトス市町村長ヲ煩サス直接ニ納稅人ニ對シ徵收令書ヲ發スルハ任意ナリ又內務大臣及大藏大臣ノ許可ヲ得タル場合ニハ其ノ府縣ニ於テ發行スル證紙ヲ以テ府縣稅ヲ納入セシムルコトヲ得遊興稅及觀覽稅ニ付テハ以上ノ例ニ依ラス徵收上便宜ヲ有スル者ヲシテ其ノ稅金徵收ノ義務ヲ負ハシムルコトヲ得ルモノトス此ノ場合ニ於テ徵稅令書又ハ徵稅傳令書等ヲ發スルコトナク徵收義務者ハ納稅者ヨリ直ニ稅金ヲ領收シ府縣知事ノ指定シタル期日迄ニ徵收スヘキ稅金即現實徵收スルト否トニ拘ラ

ス徴收スヘキ税金ノ總額ヲ府縣金庫又ハ郵便官署ニ拂込ムモノトス府縣ハ其ノ徴收義務者ニ對シ徴收ノ費用トシテ拂込金額ノ百分ノ四ヲ交付ス

納税人カ納税ノ義務ヲ完了スル時期ハ府縣カ直接ニ徴税令書ヲ發スル場合ト間接ニ之ヲ發スル場合トニヨリテ異レリ直接ニ徴税令書ヲ受ケタル場合ニハ税金ヲ府縣金庫ニ納入シ其ノ領收證ヲ得タルトキヲ以テ其ノ義務ヲ了ス又徴税傳令書ヲ受ケタル場合ニ於テハ税金ヲ市町村ニ拂込ミ其ノ領收證ヲ得タルトキヲ以テ納税義務ヲ完了ス後者ノ場合ニ於テハ市町村ノ義務ハ其ノ徴收シタル税金ヲ府縣金庫ニ拂込ミ領收證ヲ得タルトキニ於テ完結スルモノトナス但シ郵便振替貯金ノ方法ニ依リタルトキハ何レノ場合ナルヲ問ハス又納税人ナルト市町村タルトヲ問ハス郵便官署ニ拂込ミタルトキヲ以テ其ノ義務ヲ完了スルモノトス又遊興税及觀覽税ニ付徴收義務者ヲシテ徴收セシムル場合ニ於テハ納税人ハ其ノ徴收義務者ニ拂込ムニ依リテ納税ノ義務ヲ了ス

二　市町村税ノ徴收

市町村税ハ市町村長徴税令書ヲ發シ徴收スルモノトス但シ左記各税ニ付テハ徴税令書ニ依ラス市町村ハ徴收ノ便宜ヲ有スル者ヲシテ徴收セシムルコトヲ得ルモノトス

遊興税、觀興税、宴席消費税、特別消費税、觀覽税、入湯税、遊興税附加税、觀覽税附加税

徵稅令書ニ依ラス徵收ノ便宜ヲ有スル者ヲシテ市町村稅ヲ徵收セシムル場合ニ於テハ納稅人ハ其ノ徵收義務者ニ拂込ムニ依リテ納稅義務ヲ完了スルモノトス、徵收義務者ハ徵收スヘキ市町村稅ヲ市町村長ノ指定シタル期日迄ニ市町村ニ拂込ムノ責任ヲ負ヒ其ノ期日迄ニ拂込マサルトキハ市町村長ハ相當ノ期間ヲ定メ督促狀ヲ發スルモノトス

市町村ハ徵收義務者ニ對シ徵收ノ費用トシテ拂込金額ノ百分ノ四ノ金額ヲ交付スヘキモノトス

三　徵收上注意スヘキ事項左ノ如シ

（イ）共有物、共同事業、又ハ共同事業ニ因リテ生シタル物件又ハ共同行爲ニ係ル府縣稅又ハ市町村稅ハ納稅者連帶シテ納付ノ義務ヲ有スルヲ以テ共有者共同事業者若ハ共同行爲者ノ中ニ就キ選擇シテ徵收ヲ爲スコトヲ得ルモノトス

（ロ）同一年度ニ屬スル府縣稅又ハ市町村稅ニシテ既納ノ稅金過納アルトキハ爾後ノ納期ニ於テ徵收スヘキ同一稅目ノ稅金ニ充ツルコトヲ得ルカ故ニ二期以上ニ區分シテ徵收スル稅金ニシテ前期ニ於テ過納金ヲ生シタルトキハ之ヲ後期ノ稅金ニ充當スルコトヲ得ルモノトス稅目ヲ異ニスルトキハ充當シ得サルコトハ勿論トス

（ハ）府縣稅ニ付證紙ヲ以テ納入ヲ爲スハ興行稅、屠畜稅ノ類ニ限ルモノニシテ遊興稅、觀覽稅ノ

徴收義務者ヨリノ拂込ニハ之ヲ許サヽルモノトス

（ニ）遊興税、觀覽税ニ付徴收義務者ヲ定メタルトキハ其ノ徴收義務者ヨリ直ニ府縣金庫又ハ郵便官署ニ拂込マシムルモノニシテ市町村長ヲシテ取纒メ拂込ミヲ爲サシムルコトヲ得サルモノトス

（ホ）國税附加税ヲ徴收スル場合ニ於テ本税ノ徴收猶豫セラレタルモノアルトキハ其ノ附加税タル地方税モ亦徴收ヲ猶豫シ國税ノ納額確定ノ上徴收スルヲ便宜トス

（ヘ）納税市町村ニ住所又ハ居所ヲ有セサル納税義務者ニ對シテハ納税管理人ノ申告ヲ爲サシムルモノトス

（ト）納税義務者カ納税義務ノ履行ヲ困難トスヘキ狀態ニ陷リタル場合ニハ納期前ナルモ徴税令書ヲ交付シタルモノハ總テ之ヲ徴收シ得ヘキモノトス

（チ）相續開始ノ場合ニ於テハ相續財團又ハ相續人ヨリ之ヲ徴收スルモノトス但シ戸主ノ死亡以外ノ原因ニ依リ家督相續ノ開始アリタルトキハ被相續人ヨリモ之ヲ徴收スルコトヲ得ルモノトス法人合併ノ場合ニ於テハ合併ニ因リ消滅シタル法人ノ納付スヘキモノハ合併後存續スル法人又ハ合併ニ因リ設立シタル法人ヨリ徴收スルモノトス

四　地方稅ノ督促及滯納處分

地方稅ノ徵收ハ通常ノ場合ニハ納稅義務者ニ對シ徵稅令書ヲ送達シ指定期間內ニ其ノ納付ヲ受クルヲ以テ之カ終了ヲ告クルモ指定期限內ニ納付セサルモノニ對シテハ更ニ之ヲ强制スルノ方法ヲ必要トス

卽チ指定期限內ニ納付セサル者ニ對シテハ其ノ義務ヲ强制スル手段トシテ督促處分ヲ爲ササルヘカラス督促處分ヲ行フニハ其ノ義務ノ履行ニ付期限ヲ指定スヘク且ツ相當ノ手數料ヲ徵收シ得ヘキモノトス滯納者カ督促ヲ受ケ指定期限內ニ其ノ義務ヲ履行セサルトキハ國稅滯納處分ノ例ニ依リ之ヲ處分スルモノトス

國稅滯納處分ハ國稅徵收法ノ規定スル所ニシテ其ノ要點ヲ擧クレハ滯納者及其ノ同居家族ノ生活上缺クヘカラサルモノ職業、職務ニ必要ナル印章、服裝、祭祀、禮拜、修學上必要ナル物、名譽ノ章票、未タ公ニセサル發明又ハ著作ニ係ル物ノ如キハ絕對ニ差押フルコトヲ許ササルモノトス又關係的ニ差押フルコトヲ得サルモノアリ卽チ農業ニ必要ナル器具、種子、肥料、牛馬及職業ニ必要ナル器具材料ノ如キハ他ノ物件ヲ提供スルトキハ差押ヲ爲スコトヲ得サルモノトス而シテ滯納處分ハ裁判上ノ假差押假處分ノ爲メニ其ノ執行ヲ妨ケラルルコトナキ强キ效力ヲ有ス滞納處分ノ爲メ財產ノ差押ヲ爲ス當該吏員ハ其ノ權限アルコトヲ證スルニ足ルヘキ證票ヲ携帯提示スヘキモノニシテ滞納者ノ家屋、倉庫ニ付搜索ヲ爲シ閉鎖シタル戸扉、筐匣ヲ開クコトヲ得ヘク第三者ノ家屋倉庫等ニ財產ヲ藏匿スル疑アルトキハ第三者ノ占用又ハ所有ノ家屋又ハ倉庫ニ付キテモ同樣ノ搜索等ヲ爲シ得ヘキモノトス

差押ヘタル財產ハ通貨ヲ除ク外之ヲ公賣ニ附スルヲ原則トス

【關係法令】

●**府縣制**

第百三條 府縣稅及其ノ賦課徵收方法ニ關シテハ法律ニ規定アルモノヲ除ク外勅令ノ定ムル所ニ依ル

府縣ハ勅令ノ定ムル所ニ依リ其ノ費用ヲ市町村ニ分賦スルコトヲ得

第百十六條（第一項省略）

府縣稅、使用料、手數料、夫役又ハ現品ニ代フル金錢、過料其ノ他ノ府縣ノ收入ヲ定期內ニ納メサル者アルトキハ期限ヲ指定シテ之ヲ督促スヘシ

急迫ノ場合ニ於テ夫役又ハ現品ノ賦課ヲ受ケタル者其ノ履行ヲ爲ササルトキハ更ニ之ヲ金額ニ換算シ期限ヲ指定シテ其ノ納付ヲ命スヘシ

第二項ノ規定ニ依ル督促又ハ前項ノ規定ニ依ル命令ヲ受ケタル者其ノ指定ノ期限マテニ完納セサルトキハ國稅滞納處分ノ例ニ依リ處分スヘシ

第二項及第三項ニ規定スル府縣ノ徵收金ノ先取特權ノ順位ハ國ノ徵收金ニ次クモノトス

府縣ノ收入金及支拂金ニ關スル時效ニ付テハ國ノ收入金及支拂金ノ例ニ依ル

府縣知事ノ委任ヲ受ケタル官吏吏員カ第四項ノ規定ニ依リ爲シタル處分ニ不服アル者ハ府縣參事會ニ訴願シ其ノ裁決又ハ府縣知事ノ處分ニ不服アル者ハ行政裁判所ニ出訴スルコトヲ得

前項ノ裁決ニ對シテハ府縣知事又ハ其ノ委任ヲ受ケタル官吏吏員ヨリモ亦訴訟ヲ提起スルコトヲ得

第四項ノ規定ニ依ル處分ニ係ル差押物件ノ公賣ハ處分ノ確定ニ至ルマテ執行ヲ停止ス

●府縣制施行令

第三十一條　市町村ハ其ノ市町村内ノ府縣稅ヲ徵收シ之ヲ府縣ニ納入スルノ義務ヲ負フ

府縣ハ前項徵收ノ費用トシテ地租附加稅及特別地稅ニ對シテハ其ノ徵收金額ノ百分ノ七其ノ他ノ府縣稅ニ對シテハ其ノ徵收金額ノ百分ノ四ヲ其ノ市町村ニ交付スヘシ

第三十三條　府縣稅ヲ徵收セントスルトキハ府縣知事又ハ其ノ委任ヲ受ケタル官吏吏員ハ市町村ニ對シ徵稅令書ヲ發シ市町村長ハ徵稅令書ニ依リ徵稅傳令書ヲ調製シ之ヲ納稅人ニ交付スヘシ

府縣知事又ハ其ノ委任ヲ受ケタル官吏吏員ハ直ニ納稅人ニ對シ徵稅令書ヲ發スルコトヲ得

府縣ハ內務大臣及大藏大臣ノ許可ヲ得タル場合ニ限リ前二項ノ規定ニ依ラズ其ノ府縣ニ於テ發行スル證紙ヲ以テ府縣稅ヲ納入セシムルコトヲ得

第三十四條　徵稅傳令書ヲ受ケタル納稅人ハ其ノ稅金ヲ市町村ニ拂込ミ其ノ領收證ヲ得テ納稅ノ義務ヲ了ス

徵稅令書ヲ受ケタル納稅人ハ其ノ稅金ヲ府縣金庫ニ拂込ミ其ノ領收證ヲ得テ納稅ノ義務ヲ了ス但シ府縣知事ハ市町村吏員ヲシテ納稅人ニ對シ徵稅令書ヲ發セシムル場合ニ於テハ前項ノ例ニ依ラシムルコトヲ得

市町村ハ其ノ徵收シタル府縣稅ヲ府縣金庫ニ拂込ミ其ノ領收證ヲ得テ稅金納入ノ義務ヲ了ス

稅金ノ拂込又ハ其ノ拂込金ノ納入ニ付郵便振替貯金ノ方法ニ依リタル場合ニ於テハ納稅人又ハ市町村ハ稅金

ヲ郵便官署ニ拂込ミ又ハ納入スルニ依リテ其ノ義務ヲ了ス

第三十六條 徴税令書又ハ徴税傳令書ヲ受ケタル納税人期限内ニ税金ヲ完納セザルトキハ府縣知事又ハ其ノ委任ヲ受ケタル官吏吏員ハ直ニ督促狀ヲ發スベシ

督促狀ニハ府縣知事ノ定メクル期限内ニ於テ相當ノ期限ヲ指定スベシ

第三十七條 督促狀ヲ發シタルトキハ手數料ヲ徴收ス

手數料ノ額ハ府縣知事之ヲ定ム

市町村吏員ヲシテ督促狀ヲ發セシメタル場合ニ於ケル手數料ハ其ノ市町村ノ收入トス

第三十八條 市制町村制施行令第四十五條乃至第五十二條ノ規定ハ府縣税ノ賦課徴收ニ之ヲ準用ス

第三十九條 府縣ハ内務大臣及大藏大臣ノ指定シタル府縣税ニ付テハ第三十一條第一項ノ規定ニ拘ラズ其ノ徴收ノ便宜ヲ有スル者ヲシテ之ヲ徴收セシムルコトヲ得

前項ノ府縣税ノ徴收ニ付テハ第三十三條ノ規定ニ依ラザルコトヲ得

第四十條 前條第一項ノ規定ニ依リ府縣税ヲ徴收セシムル場合ニ於テハ納税人ハ其ノ税金ヲ徴收義務者ニ拂込ムニ依リテ納税ノ義務ヲ了ス

第四十一條 第三十九條第一項ノ規定ニ依ル徴收義務者ハ徴收スベキ府縣税ヲ府縣知事ノ指定シタル期日迄ニ府縣金庫又ハ郵便官署ニ拂込ムベシ其ノ期日迄ニ拂込マザルトキハ府縣知事ハ相當ノ期限ヲ指定シ督促狀ヲ發スベシ

第四十二條 第三十一條第二項、第三十二條及第三十四條第三項、第四項竝市制町村制施行令第四十五條乃至第四十八條ノ規定ハ第三十九條第一項ノ規定ニ依リ府縣税ヲ徴收セシムル場合ノ拂込金ニ之ヲ準用ス

第四十三條 府縣税ノ徴收期ハ府縣知事之ヲ定ム

◉市町村制

第百二十三條　市町村税及其ノ賦課徴收ニ關シテハ本法其ノ他ノ法律ニ規定アルモノノ外勅令ヲ以テ之ヲ定ムルコトヲ得

第百三十一條　市町村税、使用料、手數料、加入金、過料、過怠金其ノ他ノ市町村ノ收入ヲ定期内ニ納メサル者アルトキハ市町村長ハ期限ヲ指定シテ之ヲ督促スヘシ

夫役現品ノ賦課ヲ受ケタル者定期内ニ其ノ履行ヲ爲サス又ハ夫役現品ニ代フル金錢ヲ納メサルトキハ市町村長ハ期限ヲ指定シテ之ヲ督促スヘシ急迫ノ場合ニ賦課シタル夫役ニ付テハ更ニ金額ニ算出シ期限ヲ指定シテ其ノ納付ヲ命スヘシ

前二項ノ場合ニ於テ市町村條例ノ定ムル處ニ依リ手數料ヲ徴收スルコトヲ得

滯納者第一項又ハ第二項ノ督促又ハ命令ヲ受ケ其ノ指定ノ期限内ニ之ヲ完納セサルトキハ國税滯納處分ノ例ニ依リ之ヲ處分スヘシ

第一項乃至第三項ノ徴收金ハ府縣ノ徴收金ニ次テ先取特權ヲ有シ其ノ追徴還付及時效ニ付テハ國税ノ例ニ依ル前三項ノ處分ニ不服アル者ハ府縣參事會ニ訴願シ其ノ裁決ニ不服アルトキハ行政裁判所ニ出訴スルコトヲ得

前項ノ裁決ニ付テハ府縣知事又ハ市町村長ヨリモ訴訟ヲ提起スルコトヲ得

第四項ノ處分中差押物件ノ公賣ハ處分ノ確定ニ至ルマテ執行ヲ停止ス

◉市制町村制施行令

第四十三條　市町村税ヲ徴收セントスルトキハ市町村長ハ徴收税令書ヲ納税人ニ交付スヘシ

第四十四條　徴税令書ヲ受ケタル納税人納期内ニ税金ヲ完納セザルトキハ市町村長ハ直ニ督促狀ヲ發スヘシ

第四十五條　督促ヲ爲シタル場合ニ於テハ一日ニ付稅金額ノ萬分ノ四以內ニ於テ市町村ノ定ムル割合ヲ以テ納期限ノ翌日ヨリ稅金完納又ハ財產差押ノ日ノ前日迄ノ日數ニ依リ計算シタル延滯金ヲ徵收スベシ但シ左ノ各號ノ一ニ該當スル場合又ハ滯納ニ付市町村長ニ於テ酌量スベキ情狀アリト認ムルトキハ此ノ限ニ在ラズ

一　令書一通ノ稅金額五圓未滿ナルトキ

二　納期ヲ繰上ゲ徵收ヲ爲ストキ

三　納稅者ノ住所及居所ガ帝國內ニ在ラザル爲又ハ共ニ不明ナル爲公示送達ノ方法ニ依リ納稅ノ命令又ハ督促ヲ爲シタルトキ

督促狀ノ指定期限迄ニ稅金及督促手數料ヲ完納シタルトキハ延滯金ハ之ヲ徵收セズ

第四十六條　納稅人左ノ場合ニ該當スルトキハ徵稅令書ヲ交付シタル市町村稅ニ限リ納期前ト雖モ之ヲ徵收スルコトヲ得

一　國稅徵收法ニ依ル滯納處分ヲ受クルトキ

二　强制執行ヲ受クルトキ

三　破產ノ宣告ヲ受ケタルトキ

四　競賣ノ開始アリタルトキ

五　法人ガ解散ヲ爲シタルトキ

六　納稅人脫稅又ハ逋稅ヲ謀ルノ所爲アリト認ムルトキ

第四十七條　相續開始ノ場合ニ於テハ市町村稅、督促手數料、延滯金及滯納處分費ハ相續財團又ハ相續人ヨリ之ヲ徵收スベシ但シ戶主ノ死亡以外ノ原因ニ依リ家督相續ノ開始アリタルトキハ被相續人ヨリモ之ヲ徵收スルコトヲ得國籍喪失ニ因ル相續人又ハ限定承認ヲ爲シタル相續人ハ相續ニ因リテ得タル財産ヲ限度トシテ市町村税、督促手數料、延滯金及滯納處分費ヲ納付スルノ義務ヲ有ス

法人合併ノ場合ニ於テハ合併ニ因リ消滅シタル法人ノ納付スベキ市町村税、督促手數料、延滯金及滯納處分費ハ合併後存續スル法人又ハ合併ニ因リ設立シタル法人ヨリ之ヲ徴收スベシ

第四十八條　共有物、共同事業、共同事業ニ因リ生ジタル物件又ハ共同事業ニ係ル市町村税、督促手數料、延滯金及滯納處分費ハ納税者連帶シテ其ノ義務ヲ負擔ス

第四十九條　同一年度ノ市町村税ニシテ既納ノ税金過納ナルトキハ爾後ノ納期ニ於テ徴收スベキ同一税目ノ税金ニ充ツルコトヲ得

第五十條　納税義務者納税地ニ住所又ハ居所ヲ有セザルトキハ納税ニ關スル事項ヲ處理セシムル爲納税管理人ヲ定メ市町村長ニ申告スベシ其ノ納税管理人ヲ變更シタルトキ亦同ジ

第五十一條　徴税令書、督促狀及滯納處分ニ關スル書類ハ名宛人ノ住所又ハ居所ニ送達ス名宛人ガ相續財團ニシテ財産管理人アルトキハ財産管理人ノ住所又ハ居所ニ送達ス

納税管理人アルトキハ納税ノ告知及督促ニ關スル書類ニ限リ其ノ住所又ハ居所ニ送達ス

第五十二條　書類ノ送達ヲ受クベキ者ガ其ノ住所若ハ居所ニ於テ書類ノ受取ヲ拒ミタルトキ又ハ其ノ者ノ住所及居所ガ帝國内ニ在ラザルトキ若ハ共ニ不明ナルトキハ書類ノ要旨ヲ公告シ公告ノ初日ヨリ七日ヲ經過シタルトキハ書類ノ送達アリタルモノト看做ス

第五十三條　市町村ハ内務大臣及大藏大臣ノ指定シタル市町村税ニ付テハ其ノ徴收ノ便宜ヲ有スル者ヲシテ之ヲ徴收セシムルコトヲ得

前項ノ市町村税ノ徴收ニ付テハ第四十三條ノ規定ニ依ラザルコトヲ得

第五十四條　前條第一項ノ規定ニ依リ市町税村ヲ徴收セシムル場合ニ於テハ納税人ハ其ノ税金ヲ徴收義務者ニ拂込ムニ依リテ納税ノ義務ヲ了ス

第五十五條　第五十三條第一項ノ規定ニ依ル徴收義務者ハ徴收スベキ市町村税ヲ市町村長ノ指定シタル期日迄ニ市町村ニ拂込ムヘシ、其ノ期日迄ニ拂込マザルトキハ市町村長ハ相當ノ期限ヲ指定シ督促狀ヲ發スベシ

第五十六條　市町村ハ前條ノ徴收ノ費用トシテ拂込金額ノ百分ノ四ヲ徴收義務者ニ交付スベシ

●國税徴收法

第三章　滯納處分

第十條　左ノ場合ニ於テハ收税官吏ハ納税者ノ財産ヲ差押フヘシ

一　納税者督促ヲ受ケ其ノ指定ノ期限マテニ督促手數料延滯金及税金ヲ完納セサルトキ

二　第四條ノ一第一號及第七號ノ場合ニ於テ納税者納期ノ到ラサル國税納付ノ告知ヲ受ケ税金ヲ完納セサルトキ

第十一條　收税官吏滯納處分ノ爲財産ノ差押ヲ爲ストキハ其ノ命令ヲ受ケタルノ證票ヲ示スヘシ

第十二條　差押フヘキ財産ノ價格ニシテ督促手數料、延滯金、滯納處分費及第三條ニ依リ控除スヘキ債務額ニ充テ殘餘ヲ得ル見込ナキトキハ滯納處分ノ執行ヲ止ム

第十三條　收税官吏滯納者ノ財産ヲ差押フルニ當リ質權ノ設定セラレタル物件アルトキハ質權設定時期ノ如何ニ拘ラス其ノ質權者ハ質物ヲ收税官吏ニ引渡スヘシ

第十四條　收税官吏財産ノ差押ヲ爲シタル場合ニ於テ第三者其ノ財産ニ就キ所有權ヲ主張シ取戻ヲ請求セムトスルトキハ賣却決行ノ五日前マテニ所有者タルノ證憑ヲ具ヘテ收税官吏ニ申出ヘシ

第十五條　滯納處分ヲ執行スルニ當リ滯納者財産ノ差押ヲ免ルル爲故意ニ其ノ財産ヲ讓渡シ讓受人其ノ情ヲ知リ讓受ケタル場合ニ於テ政府ハ其ノ行爲ノ取消ヲ求ムルコトヲ得

第十六條　左ニ掲クル物件ハ之ヲ差押フルコトヲ得ス

一　滯納者及其ノ同居ノ家族ノ生活上缺クヘカラサル衣服、寢具、家具及廚具
二　滯納者及其ノ同居家族ニ必要ナル一箇月間ノ食料及薪炭
三　實印其ノ他職業ニ必要ナル印
四　祭祀禮拜ニ必要ナリト認ムル物及石碑、墓地
五　系譜其ノ他滯納者ノ家ニ必要ナル日記書付類
六　職務上必要ナル制服、祭服、法衣
七　勳章其ノ他名譽ノ章票
八　滯納者及其ノ同居家族ノ修學上必要ナル書籍器具
九　發明又ハ著作ニ係ル物ニシテ未タ公ニセサルモノ

第十七條　左ニ掲クル物件ハ他ニ督促手數料、延滯金、滯納處分費及税金ヲ償フニ足ルヘキ物件ヲ提供スルトキハ滯納者ノ選擇ニ依リ差押ヲ爲ササルモノトス

一　農業ニ必要ナル器具、種子、肥料及牛馬竝其ノ飼料
二　職業ニ必要ナル器具及材料

第十八條　差押ノ效力ハ差押物ヨリ生スル天然及法定ノ果實ニ及フモノトス

第十九條　滯納處分ハ裁判上ノ假差押又ハ假處分ノ爲ニ其ノ執行ヲ妨ケラルルコトナシ

第二十條　收税官吏財産ノ差押ヲ爲ストキハ滯納者ノ家屋、倉庫及筺匣ヲ搜索シ又ハ閉鎖シタル戸扉、筺匣ヲ

開カシメ若ハ自ラ之ヲ開クコトヲ得滯納者ノ財產ヲ占有スル第三者其ノ財產ノ引渡ヲ拒ミタルトキ亦同シ

第三者ノ家屋、倉庫及筐匣ニ滯納者ノ財產ヲ藏匿スルノ疑アルトキハ收稅官吏ハ前項ニ準シ處分スルコトヲ得

前二項ニ依リ家屋倉庫又ハ筐匣ヲ捜索スルハ日出ヨリ日沒マテニ限ル

第二十一條　收稅官吏前條ノ處分ヲ爲ストキハ滯納者若ハ前條ニ掲ケタル第三者又ハ其ノ家族雇人ヲシテ立會ハシムヘシ若シ立會フヘキ者不在ナルトキ又ハ立會ニ應セサルトキハ成丁者二人以上又ハ市町村吏員市制町村制ヲ施行セサル地ニ在リテハ區戸長及其ノ附屬吏員若ハ警察官吏ヲ證人トシテ立會ハシムヘシ

第二十二條　動產及有價證券ノ差押ハ收稅官吏占有シテ之ヲ爲ス但シ差押物件運搬ヲ爲スニ困難ナルトキハ市町村長滯納者又ハ第三者ヲシテ保管ヲ爲サシムルコトヲ得此ノ場合ニ於テハ封印其ノ他ノ方法ヲ以テ差押ヲ明白ニスヘシ

差押物件ノ保管證ニ關シテハ印紙稅ヲ納ムルコトヲ要セス

第二十三條ノ一　債權ノ差押ヲ爲ストキハ收稅官吏ハ之ヲ債務者ニ通知スヘシ

前項ノ通知ヲ爲シタルトキハ政府ハ督促手數料、延滯金、滯納處分費及稅金額ヲ限度トシテ債權者ニ代位ス

第二十三條ノ二　債權及所有權以外ノ財產權ノ差押ヲ爲ストキハ收稅官吏ハ之ヲ其ノ權利者ニ通知スヘシ

前項ノ財產權ニシテ其ノ移轉ニ付登記又ハ登錄ヲ要スルモノニ在リテハ差押ノ登記又ハ登錄ヲ關係官廳ニ囑託スヘシ其ノ抹消又ハ變更ニ付テモ亦同シ

第二十三條ノ三　不動產又ハ船舶ヲ差押ヘタルトキハ收稅官吏ハ差押ノ登記ヲ所轄登記所ニ囑託スヘシ其ノ抹消又ハ變更ノ登記ニ付テモ亦同シ

差押ノ爲不動產ヲ分割又ハ區分シタルトキハ收稅官吏ハ分割又ハ區分ノ登記ヲ所轄登記所ニ囑託スヘシ其ノ

合併又ハ變更ノ登記ニ付テモ亦同シ

第二十三條ノ四　差押ノ解除ニ關シテハ登錄稅ヲ納ムルコトヲ要セス

第二十四條　差押ヘタル動產、有價證券、不動產及第二十三條ノ一ニ依リ收稅官吏カ第三債務者ヨリ給付ヲ受ケタル物件ハ通貨ヲ除クノ外公賣ニ付ス公賣ノ手續ハ勅令ヲ以テ之ヲ定ム

公賣ニ付スルモ買受人ナキカ又ハ其ノ價格見積價格ニ達セサルトキハ其ノ見積價格ヲ以テ政府ニ買上クルコトヲ得

債權及所有權以外ノ財產權ニ付テハ前二項ノ規定ヲ準用ス

第二十五條　見積價格僅少ニシテ其ノ公賣費用ヲ償フニ足ラサル物件ハ隨意契約ヲ以テ之ヲ賣却スルコトヲ得

第二十六條　滯納者及賣却ヲ爲ス地方ノ稅務ニ關スル官吏、公吏、雇員ハ直接ト間接トヲ問ハス其ノ賣却物件ヲ買受クルコトヲ得ス

第二十七條　滯納處分費ハ財產ノ差押、保管、運搬、公賣ニ關スル費用及通信費トス

第二十八條　物件ノ賣却代金、差押ヘタル通貨及第二十三條ノ一ニ依リ第三債務者ヨリ給付ヲ受ケタル通貨ハ督促手數料、延滯金、滯納處分費及稅金ニ充テ尙殘餘アルトキハ之ヲ滯納者ニ交付ス

賣却シタル物件質權、抵當權ノ目的物タルトキハ其ノ代金ヨリ先ツ督促手數料、延滯金、滯納處分費及稅金ヲ控除シ次ニ其ノ債務額ニ充ツルマテヲ債權者ニ交付シ尙殘餘アルトキハ之ヲ滯納者ニ交付ス但シ第三條ニ掲ケタル質權、抵當權ノ目的タル物件ニ關シテハ其ノ代金ヨリ先ツ督促手數料、延滯金、滯納處分費ヲ徵シ次ニ其ノ債務額ニ充ツルマテヲ債權者ニ交付シ次ニ稅金ヲ控除シ尙殘餘アルトキハ之ヲ滯納者ニ交付ス

第二十九條　會社ニ對シ滯納處分ヲ執行スル場合ニ於テ會社財產ヲ以テ督促手數料、延滯金、滯納處分費及稅金ニ充テ仍不足アルトキハ無限責任社員ニ就キ之ヲ處分スルコトヲ得

第三十條　此ノ法律ニ依リ債權者又ハ滯納者ニ交付スヘキ金錢ハ之ヲ供託スルコトヲ得

第三十一條　滯納處分ヲ結了シ若ハ之ヲ中止シタルトキハ納税義務及督促手數料、延滯金、滯納處分費納付ノ義務ハ消滅ス

●國税徴收法施行規則

第十條　國税徴收法ニ依ル書類ノ送達ハ使丁又ハ郵便ニ依ルヘシ

第十一條　國税徴收法第九條ニ依リ納税ノ督促ヲ爲サムトスルトキハ收税官吏ハ納税者ニ對シ督促狀ヲ發スヘシ

督促狀ヲ發シタルトキハ手數料トシテ金十錢ヲ徴收ス

第十一條ノ二　前條ニ依リ督促ヲ受ケタル場合ニ於テハ税金額百圓ニ付一日金三錢ノ割合ヲ以テ納期限ノ翌日ヨリ税金完納又ハ財産差押ノ日ノ前日迄ノ日數ニ依リ計算シタル延滯金ヲ徴收ス但シ左ノ各號ノ一ニ該當スル場合又ハ滯納ニ付酌量スヘキ情狀アリト認ムルトキハ此ノ限ニ在ラス

一　納税告知書一通ノ税金額二十圓未滿ナルトキ

二　納期ヲ繰上ケ徴收ヲ爲ストキ

三　納税者ノ住所若ハ居所カ帝國内ニ在ラサル爲又ハ其ノ住所居所共ニ不明ナル爲公示送達ノ方法ニ依リ納税ノ告知又ハ督促ヲ爲シタルトキ

督促狀ニ指定シタル期限迄ニ税金及督促手數料ヲ完納シタルトキ又ハ前項ニ依リ計算シタル金額カ十錢未滿ナルトキハ延滯金ヲ徴收セス

第十二條　質權又ハ抵當權ノ設定セラレタル財産ヲ差押フルトキハ收税官吏ハ督促手數料、延滯金、滯納處分費及税金額其ノ他必要ト認ムル事項ヲ其ノ債權者ニ通知スヘシ

國稅ニ對シ先取特權ヲ有スル債權者前項ノ通知ヲ受ケ其ノ權利ヲ行使セムトスルトキハ證憑書類ヲ添ヘ其ノ事實ヲ證明スヘシ

第十三條　民事訴訟法ニ依リ假差押ヲ受ケタル財產ヲ差押フルトキハ之ヲ執行裁判所又ハ執達吏若ハ强制管理人ニ通知スヘシ假處分ヲ受ケタル財產ヲ差押フルトキ亦之ニ準ス

第十四條　差押フヘキ財產管轄區域外ニ在ルトキハ收稅官吏ハ其ノ財產所在地ノ收稅官吏ニ滯納處分ノ引繼ヲ爲スヘシ

第十五條　差押フヘキ財產數人ノ共有ニ係ルトキハ滯納者ニ屬スル持分ニ就キ滯納處分ヲ爲シ其ノ持分ノ定メナキモノハ持分相均シキモノトシテ處分スヘシ

第十六條　收稅官吏財產ヲ差押ヘタルトキハ左ノ事項ヲ記載シタル差押調書ヲ作リ之ニ署名捺印スヘシ

一　滯納者ノ氏名及住所若ハ居所

二　差押財產ノ名稱、數量、性質、所在其ノ他重要ナル事項

三　差押ノ事由

四　調書ヲ作リタル場所、年月日

國稅徵收法第二十一條ノ場合ニ於テハ收稅官吏ハ立會人ト共ニ差押調書ニ署名捺印スヘシ但シ立會人ニ於テ署名捺印ヲ拒ミ又ハ署名捺印スルコト能ハサルトキハ其ノ理由ヲ附記スヘシ

收稅官吏差押調書ヲ作リタルトキハ其ノ謄本ヲ滯納者及立會人ニ交付スヘシ但シ債權及所有權以外ノ財產權ノミヲ差押ヘタルトキハ此ノ限ニ在ラス

第十七條　收稅官吏財產ヲ差押ヘタル場合ニ於テ滯納者又ハ第三者ヨリ督促手數料、延滯金、滯納處分費及稅金ヲ完納シタルトキハ其ノ財產ノ差押ヲ解クヘシ

第十八條　公賣ハ入札又ハ競賣ノ方法ヲ以テ之ヲ爲スヘシ

第十九條　國稅徵收法第二十四條ニ依リ公賣ヲ爲サムトスルトキハ左ノ事項ヲ公告スヘシ（明治四十四年勅令第二百八十二號改正）

一　滯納者ノ氏名及住所若ハ居所
二　公賣財產ノ名稱、數量、性質、所在其ノ他重要ナル事項
三　入札又ハ競賣ノ場所、日時
四　開札ノ場所、日時
五　保證金ヲ徵收スルトキハ其ノ金額
六　代金納付ノ期限

第二十條　財產公賣ノ場合ニ於テ必要ト認ムルトキハ加入保證金又ハ契約保證金ヲ徵スヘシ

加入保證金又ハ契約保證金ハ國債ヲ以テ之ニ代用スルコトヲ得

落札者又ハ買受人義務ヲ履行セサルトキハ其保證金又ハ之ニ代用シタル國債ハ之ヲ政府ノ所得トス

第二十一條　公賣ハ財產所在ノ市區町村內ニ於テ之ヲ爲スヘシ但シ收稅官吏必要ト認ムルトキハ他ノ地方ニ於テ之ヲ爲スコトヲ得

第二十二條　公賣ハ公告ノ初日ヨリ十日ノ期間ヲ過キタル後之ヲ執行スヘシ但シ其ノ物件不相應ノ保存費ヲ要スルモノ又ハ著シク其ノ價格ヲ減損スルノ虞アルモノナルトキハ此ノ限ニ在ラス

第二十三條　財產ヲ公賣セムトスルトキハ收稅官吏ハ其ノ財產ノ價格ヲ見積リ之ヲ封書トシ公賣ノ場所ニ置クヘシ

第二十四條　賣却シタル財產ニ付滯納者ヲシテ權利移轉ノ手續ヲ爲サシムル必要アルトキハ收稅官吏ハ期限ヲ

指定シ其ノ手續ヲ爲サシムヘシ

前項ノ期間內ニ滯納者其ノ手續ヲ爲ササルトキハ收稅官吏ハ滯納者ニ代リ之ヲ爲スコトヲ得

第二十五條　入札ノ方法ヲ以テ公賣ニ付スル場合ニ於テ落札トナルヘキ同價ノ入札ヲ爲シタル者二名以上アルトキハ其ノ同價ノ入札人ヲシテ追加入札ヲ爲サシメ落札者ヲ定ム追加入札ノ價格仍同キトキハ抽籤ヲ以テ落札者ヲ定ム

第二十六條　財產ヲ公賣ニ付スルモ買受望人ナキカ又ハ其ノ價格見積價格ニ達セサルトキハ更ニ公賣ヲ爲スコトアルヘシ

第二十七條　公賣財產ノ買受人代金納付ノ期限マテニ其ノ代金ヲ完納セサルトキハ收稅官吏ハ其ノ賣買ヲ解除シ更ニ之ヲ公賣ニ付スヘシ

第二十八條　前二條ニ依リ再公賣ヲ爲ス場合ニ於テハ第二十二條ノ期間ヲ短縮スルコトヲ得

第二十九條　國稅徵收法第四條ノ一第二號乃至第六號ニ該當スル場合ニ於テハ收稅官吏ハ當該官廳、公共團體、執行裁判所、執達吏、强制管理人、破產主任官又ハ淸算人ニ督促手數料、延滯金、滯納處分費及滯納稅金ノ交付ヲ求ムヘシ但シ他ニ差押フヘキ財產アルトキハ之ヲ差押フルコトヲ妨ケス

第三十條　滯納處分ヲ結了シタルトキハ收稅官吏ハ其ノ處分ニ關スル計算書ヲ作リ之ヲ滯納者ニ交付スヘシ

賣却シタル財產ニ對シ質權又ハ抵當權ヲ有スル者ハ其ノ計算ニ關スル記錄ノ閱覽ヲ收稅官吏ニ求ムルコトヲ得

第三十一條　納稅告知、督促及滯納處分ニ關スル公告ハ稅務署ニ之ヲ爲スヘシ但シ必要ト認ムルトキハ稅務署ノ外適當ノ場所ニ又ハ他ノ方法ヲ以テ之ヲ爲スヘシ

●國稅徵收法施行細則

第三條ノ一　市町村市制町村制ヲ施行セサル地方ニ於テハ戸長前條ノ納額通知書ヲ受ケタルトキハ第三號書式ノ納税告知書ヲ調製シ之ヲ納税人ニ交付スヘシ

(參照)第三號書式備考

六　國税ト同納期タル北海道地方税、府縣税、市(區)町村税ヲ併記セントスルトキハ道廳長官又ハ府縣知事ノ認可ヲ得ルコトヲ要ス

第九條　税務署長ハ國税滯納者ノ財産差押ヲ命シタル收税官吏ニ左ノ證票ヲ交付スヘシ

用紙厚紙　縦二寸五分　横一寸五分

表

第「何」號
國税滯納者
財産差押
證票
税務署印

裏

「何」税務署
「官氏名」

第十條　收税官吏債務者ニ對シ第十號書式、債權及所有權以外ノ財産權ノ差押ヲ爲ストキハ權利者ニ對シ第十一號書式ノ差押通知書ヲ發スヘシ

第十一條　國税徴收法施行規則第十六條ノ差押調書ハ第十二號書式ニ依リ之ヲ調製スヘシ

第十二條　收税官吏財産ヲ賣却セムトスル場合ニ其ノ價格ヲ見積リ難キモノアルトキハ適當ナル鑑定人ヲ選ミ其ノ評價ヲ爲サシムルコトヲ得

第十三條　入札ノ方法ヲ以テ財産ヲ公賣スル場合ニ於テ買受望人ハ其ノ住所氏名買受財産ノ種類員數及入札價

格ヲ記シタル入札書ヲ封緘シテ差出スヘシ

第十四條　入札書ハ公告ニ示シタル開札ノ場所、日時ニ入札人ノ面前ニ於テ之ヲ開クモノトス但シ入札人又ハ其ノ代理人開札ノ場所ニ出席セサルトキハ其ノ立會ヲ要セスシテ開札スルコトヲ得

第十五條　競賣ノ方法ヲ以テ財産ヲ公賣スルトキハ競賣人ヲ選ミ之ヲ取扱ハシムルコトヲ得

第十六條　加入保證金又ハ契約保證金ノ割合ハ買受望人各自ノ公賣財産見積價格百分ノ五以上トシ公賣ノ時々之ヲ定ムルモノトス

第十七條　公賣財産ノ買受人又ハ競賣人ハ納付書ヲ添ヘ其ノ代金ヲ税務署長ニ納付スヘシ

第十八條　督促又ハ滞納處分ニ關シ使丁ヲ以テ書類ノ送達ヲ爲ストキハ第十三號書式ノ送達書ニ受取人ノ署名捺印ヲ求ムヘシ

第十九條　滞納處分ヲ結了シタルトキハ收税官吏ハ第十四號書式ノ計算書ヲ調製シ之ヲ滞納者ニ交付スヘシ

第二十條　收税官吏ハ債權者又ハ滞納者ニ交付スヘキ金錢ヲ供託シタルトキハ其ノ旨債權者又ハ滞納者ニ通知スヘシ

●國庫出納金端數計算法（大正五年一月二十九日法律第二號）

第一條　國庫ノ收入金又ハ仕拂金ニシテ一錢未滿ノ端數アルトキハ其ノ端數ハ之ヲ切捨ツ其ノ全額一錢未滿ナルトキハ之ヲ一錢トス

第二條　國税ノ課税標準額ノ算定ニ付テハ前條ノ規定ヲ準用ス

命令ヲ以テ指定スル國税ノ課税標準額ニシテ一圓未滿ノ端數アルトキハ其ノ端數ハ之ヲ切捨ツ

第三條　分割シテ收入シ又ハ仕拂フ金額ニ在リテハ其ノ總額ニ付第一條ノ規定ヲ準用ス

第四條　分割シテ收入又ハ仕拂ヲ爲ス場合ニ於テ分割金額一錢未滿ナルトキ又ハ之ニ一錢未滿ノ端數ヲ生シタ

ルトキハ其ノ分割金額又ハ端數ハ最初ノ收入金又ハ仕拂金ニ之ヲ合算ス但シ地租ノ分納額ニ付テハ此ノ限ニ在ラス

第五條 賣藥印紙稅及郵便切手ヲ以テ納ムル郵便料金ニ付テハ本法ヲ適用セス

法律ニ別段ノ定アルモノノ外本法ヲ適用セサルモノハ命令ヲ以テ之ヲ定ム

第六條 本法ハ北海道府縣郡市町村其ノ他勅令ヲ以テ指定シタル公共團體ノ收入及仕拂ニ關シテ之ヲ準用ス

附　則

第七條 本法ハ大正五年四月一日ヨリ之ヲ施行ス

第八條 明治四十年法律第三十一號ハ之ヲ廢止ス但シ本法施行前納入ノ告知ヲ爲シ又ハ仕拂ノ命令ヲ發シタルモノニ付テハ仍其ノ效力ヲ有ス

●公共團體ノ收入及仕拂ニ關シ國庫出納金端數計算法準用ノ件（大正五年八月勅令第二〇九號）

第一條 國庫出納金端數計算法第六條ノ規定ニ依リ公共團體ヲ指定スルコト左ノ如シ

市制第六條ノ市ノ區

水利組合

北海道土功組合

（朝鮮臺灣ノ分省略）

第二條 國庫出納金端數計算法第六條ノ公共團體ノ收入及仕拂中左ニ揭クル種目ニハ同法ヲ準用セス

一　法令ニ依リ當然公共團體ニ歸屬スル收入金

二　貨幣交換差金

三　外國貨幣ヲ基礎トスル收入金及仕拂金

四　缺損補塡金

附　則

本令ハ大正五年九月一日ヨリ之ヲ施行ス

◎納稅告知書ニ他稅金ノ併記方ニ關スル件（大正六年五月八日大藏省訓令第九號）

國稅徵收法施行規則第三號書式備考第六號ニ依リ納稅告知書ニ他ノ稅金ノ併記ヲ認可スルハ前三年間各種ノ國稅、北海道地方稅、府縣稅、市區町村稅ヲ通シ各納期限迄ニ完納アリタル市町村ニシテ之カ併記ヲ爲スモ納人ニ納稅上ノ苦痛ヲ與ヘサルモノト認ムル場合ニ限ルヘシ

前項ノ認可ヲ爲シタル後其ノ市町村ニ於テ滯納ノ弊ヲ生シタルトキハ其ノ認可ヲ取消スヘシ

前二項ニ依リ認可又ハ取消ヲ爲シタルトキハ其ノ旨申報スヘシ

◎軍事救護法（大正六年七月法律第一號）

第十八條　本法ニ依ル救護金品ハ既ニ給與ヲ受ケタルト否トニ拘ラス之ヲ差押フルコトヲ得ス

◎健康保險法（大正十一年四月法律第七十號）

第六十八條　保險給付ヲ受クル權利ハ之ヲ讓渡シ又ハ差押フルコトヲ得ス

◎租稅其ノ他收入徵收處分囑託ノ件（明治四十年四月法律第三十四號）

第一條　法令ノ規定ニ依リ國稅ヲ徵收セラルヘキ者又ハ其ノ者ノ財產ニシテ其ノ法令施行地外ニ在ルトキハ當該官吏ハ本人又ハ財產所在地ノ當該官吏又ハ吏員ニ其ノ徵收ヲ囑託スルコトヲ得

前項ノ場合ニ於ケル國稅ノ徵收ハ囑託ヲ受ケタル地ノ當該法令ニ依ル

第二條　前條ノ規定ハ公共團體又ハ之ニ準スヘキモノノ租稅其ノ他ノ收入ヲ徵收セラルヘキ者又ハ其ノ者ノ財產カ其ノ公共團體又ハ之ニ準スヘキモノノ區域外ニ在ル場合ニ之ヲ準用ス

【訓令通牒】

●町村税滯納督促ハ條例ニ定メタル期限ヲ誤テ經過スルモ猶督促シ得ルノ件（明治二七、一、二四地方局長通牒）

町村税ヲ滯納スルモノアルトキハ督促ノ後滯納處分法ニ依リ徴收スヘキコト町村制ノ規定スル處ニ有之然ルニ町村條例中納期ヲ經過シテ完納セサルモノハ若干日以内ニ督促スヘキ旨ノ規定ヲ設ケタル場合ニ於テ若シ誤テ其ノ期限ヲ經過スルトキハ督促權ヲ失ヒタルモノナリトノ見解ヲ取リ執行上困難ヲ感スルモノ往々有之ヤニ相聞へ候處元來督促ハ町村長ノ職務ナルニ付萬一期限ヲ經過スルコトアルモ町村長カ條例違犯ノ責ヲ負フニ止マリ之カ爲メニ督促ノ義務ヲ免ルルヲ得サル義ニ付町村會ニ於テ權利棄却ノ議決ヲ爲スニ於テハ格別然ラサレハ縱令誤テ期限ヲ經過スルモ督促ヲ爲シ往來場合ニ依リ滯納處分ヲ行フヘキモノニ有之候條町村ニ於テ右等ノ誤解ナキ樣御注意相成度依命此段及通牒候也

●府縣郡市町村其ノ他公共團體ニ於ケル徴收金ヲ國税滯納處分ノ例ニ依リ處分シタル場合剩餘金アルモ滯納者所在不明處分ノ件（明治三二、九、二一地方局長通牒）

府縣郡市町村其他公共團體ニ於ケル徴收金ニシテ國税滯納處分ノ例ニ依リ處分シタル場合ニ於テ滯納者ヘ還付スヘキ剩餘金アルモ滯納者所在不明等ノ爲メ還付シ得サルモノハ國税ノ例ニ依リ民法第四百九十四條ニ依リ供託スルコトニ決定相成候條此段及通牒候也

●滯納處分ノ爲差押ヘタル土地買上登記ニ關スル件（大正三、一一、二）

縣税滯納處分ノ爲差押ヘタル土地ヲ公賣ニ付シタルモ買受人ナキカ又ハ其ノ入札價格見積價格ニ達セサル爲該土地ヲ縣ニ買上タル場合其ノ所有權移轉ノ登記手續ハ不動産登記法第二十九條ニ依ルヘキ義ト決定相成候ニ付右樣御承知相成度

追而本件ハ司法省トモ打合濟ニ有之候

【行政實例】

●町村税滞納督促手數料ハ町村制第百六條(舊法)ニ依ルヘク之ヲ徴收スルト否トハ町村ノ任意ナリ(明治二三、三、三一)

●税金ノミヲ完納セムトスルモ督促手數料ヲ納メサルモノナルトキハ之ヲ受領セスシテ財産差押ヲ爲シ可然(明治二三、九、二二)

●小學校令ニ依リ徴收スル授業料ノ滞納ニ關シテハ兒童ノ保護者ニ對シ滞納處分ヲ爲スコトヲ得(明治二四、一、二二)

●收入役ヲシテ督促狀ヲ發セシムルヲ得ス(明治二四、三、五)

●村税滞納ノ爲メ財産ヲ差押ヘ滞納者ニ保管ヲ爲サシメタル場合ニ其ノ物件ヲ竊取セラレタルトキハ更ニ他ノ財産ヲ差押フルコトヲ得ヘキモノトス(明治二八、四、六)

●町村税ノ滞納處分ニ付テハ所謂當該吏員ナキニ付町村長之ヲ執行スヘキモノトス(明治二八、八、二八)

●滞納者ノ財産ヲ差押フルニ際シ滞納者ヨリ滞納處分費及税金ニ充ツヘキ通貨ヲ提供シ完納ヲ申出テタルトキハ領收證ヲ交付シテ之ヲ收入シ差押ノ手續ヲ爲ササルモノトス(明治三〇、一〇、日不詳)

●縣税滞納處分ニ係ル滞納者民事訴訟ニ依リ假差押ヲ受ケタル場合ニ於テ國税徴收法第十九條ニ依リ執行シ該物件ヲ公賣ニ付シ處分費及税金ヲ引去リタル殘餘金ハ滞納者ニ還付スヘキモノトス　明治三一、二、日不詳)

●國税徴收法第二十八條第二項ニ依リ負債金額ヲ債主ニ交付スル場合ニ於テ其ノ利子ヲ計算スルニハ辨濟期限前後トモ總テ約定利率ニ依ルモノトス但シ利率ハ利息制限法ニ超過スルヲ得サルハ勿論トス(明治三一、三、日不詳)

●國稅徵收法第三十三條ノ四ノ規定ハ府縣稅及町村稅等ノ滯納處分差押抹消登記ノ場合ニモ適用シ登錄稅ヲ要セサルモノトス（明治三八、八、五）

●所有權以外ノ財產權ノ差押ノ差押調書ハ滯納者其ノ他ノ立會ヲ要セス國稅徵收法施行細則第十號書式ニ準シ稅務署長名義ニテ調製可然尙右差押調書ヲ以テ權利者ヘ差押ノ通知ヲ爲スモノトス（明治四〇、四、日不詳）

●國稅滯納處分ニ著手シ未タ其ノ執行ヲ了ラサル前破產宣告アリタル場合ニハ滯納處分ノ手續ヲ中止シ破產主任官ニ對シ督促手數料、滯納處分費及滯納稅金ノ交付ヲ求ムルモノトス（明治四一、一一、日不詳）

●國稅滯納處分ノ爲メ不動產ノ差押ニ付國稅徵收法第二十條ノ行爲ヲ必要トセサル場合ニ於テハ立會人ヲ要セス（明治四三、六、日不詳）

●國稅滯納處分ニ因ル差押財產ニ對シ抵當權ヲ設定セラレタル債權ノ利子ヲ其ノ公賣代金ヨリ抵當權者ニ交付スル場合ニ於テハ計算書作成日ノ迄計算シ交付スルコト（明治四四、七、日不詳）

●市町村稅滯納督促ノ手數料ハ滯納金額ニ依リ等差ヲ設クヘキモノトス（明治四四、九、一二）

●國稅滯納處分ノ際滯納者ノ家族又ハ雇人ヲシテ立會ハシメタル場合ニ於テモ取扱ノ周到ヲ期スル爲メ滯納者ニ對シ謄本ヲ送達スルヲ要ス（明治四四、一二、日不詳）

●町村稅ノ滯納處分ヲ爲スニ當リ町村制第七十八條第二項ニ依リ町村ノ書記ヲシテ其ノ事務ヲ臨時代理セシメタルトキ其ノ代理ヲ命セラレタル書記ハ何町村長臨時代理書記何某ト署名シ財產差押調書ヲ作成スヘキモノトス（大正二四、二、五）

●大正三年靜第一七〇號通牒滯納處分ノ爲メ差押ヘタル土地買上登記ニ關スル件ハ市町村稅滯納處分ノ爲メ差押ヘタル土地買上登記ニモ適用スルコトヲ得（大正三、一一、三〇）

●動產ノ競賣ナルトキハ執達吏カ競賣ノ委任ヲ受ケタル日、不動產及登記シタル船舶ノ競賣ナルトキハ區裁判所

ノ競賣手續開始決定ノ日ノ前日迄ノ日數ニ依リ延滯金ヲ徵收スヘキモノトス（大正四、九、一八）

●縣稅滯納ニ付土地ノ差押處分ヲ爲サントスルニ當リ其ノ土地ニ外書墓地アルトキハ之ヲ分割シタル後差押ヲ爲スヘキモノトス（大正五、六、一五）

●滯納處分執行ノ中止ハ國稅徵收法第十二條ニ該當スル場合ニシテ滯納者所在不明ノ故ヲ以テ直ニ缺損處分ト爲スハ適當ナラス（大正七、九、一一）

●市町村稅ノ納付ニ關シ證紙發行ヲ認メタル規定ナシ（大正一〇、七、二六）

●納稅義務者ヨリ拂込ヲ受ケサルモノニ對シテハ遊興稅徵收義務者ニ對シ滯納處分ヲ爲シ難シ（大正一四、七、一四）

●縣稅及市稅ノ滯納處分ニ關スル訴願ニ對シ奈良縣參事會カ爲シタル却下處分ノ取消ヲ爲シ適法ノ處分ヲ爲スヘシトノ裁決ヲ求ムル訴願ハ法令ニ依リ內務大臣ニ提起シ得ヘキモノニ非ス（大正一四、一〇、一四）

【行政裁判例】

●租稅滯納處分ニ關スル事件ハ訴願ヲ經タル後ニ非サレハ出訴スルコトヲ許サス（明治二六、四、一九）

●租稅ノ納期ヲ過キ完納セサル場合ニ於テ其ノ納稅ヲ督促スルハ之ヲ行政上ノ處分ト云フヲ得ヘキモ財產差押ノ手續ヲ爲スニ至ラサル間ハ未タ租稅滯納處分中ト云フヲ得ス（明治二六、五、四）

●差押財產ノ公賣ヲ爲スニ當リ買受望人出場遲刻ノ爲豫定ノ公賣時間ヲ伸長シタルハ違法ニアラス（明治二六、七、五）

●租稅滯納者アル場合ニ於テハ國稅滯納處分法ニ依リテ處分スヘキモノニシテ滯納者カ任意ニ提供シタル物件ヲ公賣ニ付スヘキニアラス（明治二六、一〇、一〇）

●租稅賦課ニ關スル事件ニ附帶シテ督促令狀ノ取消ヲ求ムルコトヲ得ス（明治三〇、三、一六）

●滯納處分ニ於テ財産ノ差押ヲ爲スニハ差押調書ヲ作製スルコトヲ要ス（明治三〇、一〇、一二）

●町村ノ書記ハ町村長ノ指揮ノ下ニ事務ヲ分掌スルモノナレハ其命令ヲ受ケテ租稅滯納處分ヲ爲スモ違法ニアラス（明治三四、四、二〇）

●差押施行者ハ國稅徵收法施行規則第十三條ニ依リ稅金ノ外滯納處分費ニ充ツヘキ金額ヲ見積リ差押ヲ爲スノ責任アルモノナレハ其ノ必要ヲ認メテ爲シタル處分ハ違法ニアラス（明治三四、四、二二）

●國稅徵收法第二十六條ノ稅務ニ關スル官吏公吏トハ現ニ滯納處分ヲ爲ス稅務ニ付テ職務上關係スヘキ者ヲ指シタルモノトス（明治三五、一二、一六）

●酒稅滯納處分ノ爲メ數種ノ物件ヲ一括シテ公賣ニ付シタルトキハ縱令一部開札ノ結果其ノ金額ヲ徵收スヘキ金額ニ充ツルモ其ノ餘ノ開札ヲ中止スヘキモノニ非サレハ全部ノ公賣ヲ決行シタルハ不法ニ非ス（明治三六、三、二九）

●町村制第百十一條ハ租稅ヲ定期内ニ完納セサル者アルニ方リ之ヲ徵收スルノ方法ヲ示シタルニ過キスシテ町村長自ラ財産差押ヲ執行スヘキコトヲ命シタルニアラス（明治三八、四、二九）

●同條所謂國稅滯納處分ノ例ニ依リ之ヲ處分スヘシトハ國稅滯納ノ場合ニ於ケル規定ニ依リ徵收スヘシトノ法意ナルヲ以テ町村長ハ現行國稅滯納處分ノ規定ニ從ヒ之ヲ處分シ得ヘキモノトス（明治三八、五、二七）

●株式會社カ解散ヲ爲シタル後ト雖既ニ納稅義務ノ確定シタル國稅ハ之ヲ徵收シ得ルモノトス（明治三八、一〇、一一）

●租稅滯納處分ノ爲メ財産ヲ差押フル場合ニ於テハ其ノ差押物件ノ不動産タルト否トニ論ナク立會人アルコトヲ要ス（明治三八、一一、八）

●國税徴收法ノ規定中收税官吏ノ處分ニ立會人ヲ必要トスルハ該官吏カ同法第二十條ニ依リ滯納者ノ家屋倉庫及筐匣ヲ捜索シ又ハ閉鎖シタル戸扉筐匣ヲ開カシメ若ハ自ラ之ヲ開ク場合ニ限ルモノトス從テ滯納者ノ不動産ヲ差押フル場合ニハ立會人ヲ要セス（明治三九、三、三一）

●税務署長カ所得税法及國税徴收法ノ規定ニ依リ滯納處分ヲ行フ場合ニ於テハ先ツ納税告知書並督促狀ヲ納税人ノ住所又ハ居所ニ送達シ其ノ住所居所共ニ不明ナルトキハ公告ノ手續ヲ爲ササルヘカラス（明治三九、五、二九）

●本籍地ト寄留地トヲ有スル納税人ニ對シ其ノ寄留地ニ於テ納税告知書及督促狀ノ送達ヲ遂ケ能ハサル一事ニ依リ漫然住所居所共ニ不明ナリトシテ公示送達ヲ爲シ滯納處分ヲ爲シタルハ違法ナリ（明治三八、五、二八）

●收税官吏カ國税又ハ町村税滯納者ノ通貨ヲ差押ヘタルトキハ其ノ通貨ハ當然之ヲ滯納税金及督促手數料ニ充當スヘキモノニシテ滯納處分ハ其ノ金額カ收税官吏ノ占有ニ移リタルトキヲ以テ結了ヲ告クルモノトス而テ當該行政廳カ徴收簿ノ記入ヲ終リタルト否ト又該通貨ノ占有カ強制ノ結果ナルト將タ任意提供ノ結果ナルトハ納税者ノ義務ヲ消滅セシムル上ニ何等ノ影響ナシ（明治三八、六、二五）

●國税徴收法施行規則第二十三條ニ公賣財産ノ見積價格ヲ封書トシテ公賣ノ場所ニ置クヘシトアルハ單ニ公賣當時ニ之ヲ必要トスルノミナラス公賣記錄中ニ編綴シテ之ヲ保存セシムル法意ナリトス（明治三九、七、一〇）

●施行細則第十二條ハ當該官吏カ必要ト認ムル場合ニ鑑定人ヲシテ公賣スヘキ財産ヲ評價セシメ得ル權能ヲ明ニシタルニ止マリ如何ナル場合ニ於テモ鑑定ニ付スヘキコトヲ命シタル規定ニ非ス從テ村長カ自己ノ鑑識ニ基キ公賣スヘキ財産ノ見積價格ヲ定メタルハ不當ニアラス（明治三九、七、一）

●國税徴收法施行規則第十六條ハ立會人アル場合ノ差押ノミニ適用スヘキモノニシテ立會人ナキ場合ノ差押ニ適用スヘキモノニ非ス（明治四〇、六、二四）

●差押調書ニ表示セル滯納金ヲ單ニ徴税ト記シ何種ノ租税ナルヤ明示セサルモ差押ノ效力ニ關係ナシ（明治四〇、

六、二四）

●租税滞納處分ニ依ル土地差押調書中地目ノ表示ニ誤アルモ該土地ヲ表示スルニ充分ナル土地ノ記載アレハ其差押ヲ無效トスヘキ理ナシ（明治四〇、六、二四）

●差押處分前督促ヲ發スヘキハ法律上ノ要件ナルモ之カ手數料ヲ徴收セサル事實ヲ以テ差押處分カ其要件ヲ具備セストハ謂フヲ得ス（明治四〇、六、二四）

●土地差押ノ登記ヲ登記所ニ囑託スルハ差押後ニ爲スヘキ手續ニシテ囑託ヲ爲スト否トハ差押自體ノ效力ニハ何等ノ關係ナシ（明治四〇、六、二四）

●國稅徴收法第二十一條ニ所謂前條ノ處分トハ同法第二十條ニ揭クル收稅官吏カ家屋倉庫及筐匣ヲ搜索シ又ハ開鎖シタル戸扉筐匣ヲ開カシメ若ハ自ラ之ヲ開クコトヲ指稱セルモノトス（明治四〇、六、二四）

●國稅徴收法ニ於テハ差押物件ノ價格ノ認定ニ付キ何等ノ規定ヲ設ケサレハ差押執行者ハ其職權上之ヲ認定スルコトヲ得故ニ滯納處分トシテ納付稅額ニ對シ之ニ超過セル物件ヲ差押フルモ不法ナリト謂フヲ得ス（明治四〇、六、二五）

●滯納者ノ財產差押調書ニ記載スヘキ事項ハ第十六條ノ規定スル所ナレハ收稅官吏カ之ニ則リ作成シタル調書ニ代理立會ノ趣旨記載セラレサルノ故ヲ以テ直ニ其ノ事實ナキモノト斷定スルヲ得ス（舊法）（明治四〇、一二、三）

●國稅滯納處分ニ於ケル差押財產ハ收稅官吏カ該處分ノ爲必要トスルニ依リ自由ニ之ヲ選擇シ得ヘキモノトス（舊法）（明治四〇、一二、二八）

●收稅官吏カ土地ニ對シテ滯納處分ヲ爲スニ當リ滯納者ニ對シテ差押及公賣決行ノ通知ヲ爲スヘキ法規上ノ義務ナシ（舊法）（明治四一、一一、一〇）

●國稅徴收法第十二條ハ差押フヘキ財產ノ價格ニシテ督促手數料滯納處分費及同第三條ニ依ル先取債權ヲ控除シ

殘餘見込額ナキ場合ニ於テハ當該官廳カ滯納處分ヲ遂行スヘキ義務ナキコトヲ規定シタルニ過キスシテ私人ニ權利ヲ付與シ又ハ其權利ヲ保證シタルモノニ非ス（舊法）明治四一、一一、一〇）

●國税徴收法第十二條ノ規定ハ國庫ニ損失ヲ生セサラシメムカ爲無益ノ滯納處分ヲ爲ササラシムル趣意ニ外ナラスシテ殘餘ヲ得ル見込ナキトキハ滯納處分ノ執行ヲ止ムヘキ義務アルコトヲ規定シタルモノニアラス（舊法）（明治四二、四、一七）

●各省大臣ニ訴願シタル事件ニ對シテハ行政訴訟ヲ提起スルコトヲ得ス（明治四四、一、二七）

●村長ノ滯納處分ニ對シテハ地方上級行政廳ニ訴願シ其裁決ヲ經タル後ニアラサレハ出訴スルコトヲ得サルモノトス（明治四四、一二、一）

●祭日ニ於テ滯納處分ヲ爲スモ同日ハ法令ニ依リ其處分ヲ爲スコトヲ禁セラレタル日ニアラサルヲ以テ其處分ハ違法ト云フヲ得ス（明治四四、一二、六）

●電話使用權ハ有償ニ讓渡スルヲ得ヘキ財產權ナルヲ以ヲ之ヲ差押フルコトヲ得ヘシ（明治四四、一二、六）

●所得税滯納者ニ對シ休日ニ之ヲ納付スヘキ督促狀ヲ發スルモ同日税務署ニ於テ執務セサル事實ノ存セサル限リ該督促ハ無效ニ非ス（明治四四、一二、六）

●町村長ノ爲シタル滯納處分ニ對スル訴願期間ハ其ノ事實ヲ確知スルコトヲ得タルトキヨリ起算スヘキモノトス（明治四五、六、一二）

●町村長カ町村税鑛業割金ノ滯納ニ對シ滯納者ニ何等ノ通知ヲ與ヘスシテ其ノ所有ニ屬スル鑛業權採掘權ノ差押ヲ爲シ直ニ其處分ヲ執行シタルハ違法ナリ（明治四五、六、一二）

●村税滯納處分ニ關スル訴願ハ訴願法第八條ニ依リ提起セラルヘキモノニアラスシテ町村制第百十一條及第百四十條ノ規定ニ依ルヘキモノトス（明治四五、七、三）

●改正町村制及明治四十四年勅令第二百四十二號ノ制定以前ニ係ル村税ノ徴收ニ關シテハ舊制第百二條ニ基キ其最後ノ完納ヲ爲サザル場合ニ始メテ國税徴收法ノ例規ヲ適用スルヲ得ヘシ從テ其事前ニ於ケル督促手續ニ關シテハ必スシモ國税徴收法ニ依ルコトヲ要セサルモノトス（明治四五、七、三）

●遺産相續人ハ相續開始ノ時ヨリ被相續人ニ屬スル一切ノ權利義務ヲ承繼スルモノナルヲ以テ假令相續ニ基ク所有權移轉ノ登記ヲ經サルモ相續人ニ對シテ督促狀ヲ送達シ併セテ其所有財産ニ對スル滯納處分ヲ執行スルモ違法ニアラス（明治四五、七、三）

●孰レノ場合ニ於テモ滯納者カ現實ニ當該處分行爲ヲ受ケタル日ヨリ訴願期間ヲ起算スヘキモノトス所謂差押處分ニ付テ之ヲ見ルトキハ滯納者カ現場ニ立會直接ニ處分ヲ受ケタル場合ハ其當日ヨリ起算スヘキハ素ヨリ明カナリト雖モ處分ノ當日不在ニシテ全ク差押ノ事實ヲ知ラサル場合ハ現實ニ其差押調書ヲ受領シタル當時ヲ以テ起算日ト爲スヲ相當トスヘシ（明治四五、七、三）

●滯納處分ハ現ニ徴收法ニ於テ差押及公賣ノ二節ニ別タレ孰レモ特定ノ處分行爲トシテ各詳細ナル執行手續ノ規定アルニ依リ被處分者ハ單ニ差押行爲ノミノ不法ヲ主張シテ其解除ヲ求ムルヲ得ヘク又ハ差押手續ノ違背ヲ理由トシテ之カ無效ヲ訴追シ若ハ滯納處分ノ全部ニ渉リテ其取消ヲ求ムルコトヲ得ヘシ（明治四五、一、一〇）

●國税徴收法並同法施行規則ニ於テハ公賣ノ場合ニ於ケル公告ノ方法ニ關シ別段ノ規定ナキヲ以テ延期ノ都度新聞紙上ニ廣告セサルモ違法ニアラス（大正元、一一、一一）

●公賣物件ノ豫定價格ノ決定ハ税務署長ノ認定ニ屬スルモノトス（大正元、一一、一一）

●滯納處分ハ滯納者カ後日督促手數料滯納處分費及税金ヲ完納スルモ之カ爲ニ既往ニ遡リテ消滅スルモノニ非ス（大正二、一、二三）

●村長ハ滯納者又ハ第三者ヨリ督促手數料滯納處分費及税金ノ完納ナキ以上法律上ノ理由ナクシテ隨意ニ財産ノ

差押ヲ解クヲ得サルモノトス（大正二、一、三〇）

●町村吏員ニ對スル賠償金ノ徵收ニ付不動產ヲ差押ヘタル場合ニ於テ差押カ滯納者ニ對シテ效力ヲ生スルハ差押調書ノ謄本ノ交付ニ依ルモノト解スヘキモノトス（大正二、三、二七）

●租稅滯納處分執行ノ際不正行爲アリタルコトヲ理由トスル損害要償ノ訴ハ行政裁判所ニ之ヲ提起スルコトヲ得ス（大正二、三、二七）

●國稅徵收法施行規則第十九條ニ於テ保證金ヲ徵收スルトキハ其金額ヲ公告スヘキコトヲ規定シアルニ拘ラス公賣處分ヲ爲スニ當リ公告中ニ保證金額ヲ明記セスシテ之ヲ入札人中ヨリ徵收シタルハ違法ナリ（大正二、五、一七）

●公賣ノ目的タルヤ租稅ノ徵收ニアルコトナレハ差押物件中處分シ得ルモノハ督促手數料延滯金滯納處分費及稅金額ヲ收納シ得ル限度ニ止メサルヘカラス然ルニ一筆ノ土地ノ豫定價格カ右等合計ノ金額ニ著シク超過スルニ拘ラス二筆ノ土地ヲ處分シタルハ不當ナリ（大正二、五、一七）

●滯納處分ノ結果滯納者ニ還付スヘキ現金ニ付キ其滯納者ニ對スル他ノ滯納處分ヲ行ヒタルトキ前ノ滯納處分トシテ行ヒタル公賣ヲ取消サルルトキハ後ノ滯納處分ハ取消サルヘキモノトス（大正二、五、二四）

●國稅滯納處分ニ依リ處分シタル物件ニ付キ抵當權ノ設定アルコトヲ事由トシテ其公賣代金ニ付キ先取權ヲ行使セムトスルニハ其物件ニ付キ抵當權ノ設定アルコト及其抵當權ノ設定カ國稅納期限ヨリ一箇年前ニ在ルコトヲ公正證書ヲ以テ證明セサルヘカラス（大正二、一一、二七）

●國稅滯納處分ニ關スル法令ニ於テハ國稅滯納處分ノ爲メ財產差押ヲ爲スニ付其キ徵收額ニ充ツル程度ニ差押シ制限スルモノニ非ス（大正二、一二、三）

●督促ニ一定ノ曆日ヲ示シテ納付期限ヲ定メタル場合ニ於テ督促狀ノ公示送達カ效力ヲ生シタル日ニ既ニ督促狀

ニ指定シタル納付期限ヲ經過シ居ルトキハ期限ヲ指定セサルト何等擇フ所ナキカ故ニ其ノ督促ハ法律上效力ヲ有スヘキモノニアラス（大正三、六、二二）

●納税者ノ住所ニ於テ督促狀送達ノ際之ヲ受領シタル同居家族ハ年齢十三年九ケ月ニシテ送達セラレタル書類カ原告ニ交付ヲ要スヘキ文書タルコトヲ辯知シ得ルモノト認ムヘク而モ未成年者ト雖モ相當智能アル同居ノ家族ニ交付シタルトキハ送達ハ國税徴收法第四條ノ七ノ適用上其ノ效力アルモノト解スヘキニ依リ原告等ニ對シテハ何レモ適法ナル督促アリタルモノトス（大正三、七、一三）

●町村税ノ滯納處分ニ適用スヘキ國税徴收法ニハ特ニ除外シタル物件ノ外差押財産ノ種類若ハ價格ニ付制限スル所ナク同法ノ規定ハ差押財産ノ選擇ヲ收税官吏ノ認定ニ委シタルモノト解スヘキノミナラス本件差押處分ハ原告所有ノ土地各一筆ニ付爲シタルモノナルカ故ニ差押フヘキ物件他ニ存在シ若ハ差押物件ノ價格カ滯納金額ヲ超過シタレハトテ之カ爲メ右處分ヲ違法ナリト謂フコトヲ得ス（大正三、七、一三）

●國税徴收法ニ依リ差押ニ立會人ヲ要スルハ滯納者ノ家屋ヲ捜索スル等同法第二十條ニ規定シタル場合ニ限ルモノニシテ土地ヲ差押フルニ當リテハ立會人ヲ要スルモノニ非ス（大正三、七、一三）

●差押登記囑託ノ規定ハ差押處分成ル後其處分ノ效果ヲ確實ナラシムル爲メ之カ手續ヲ定メタルニ過キサレハ登記囑託ノ手續ヲ缺キタレハトテ差押ノ處分ヲ無效ナリト爲スコトヲ得ス（大正三、七、一三）

●町村税ハ現實ニ納付スルコトヲ要スルモノニシテ他ノ權利ト相殺スルハ町村制ノ許サヽル所ナルヲ以テ村税ヲ區長ニ納付スルノ慣例又ハ區長在職者ノ納付スヘキ村税ヲ區長報酬ト相殺スルノ慣例アレハトテ區長ニ税金ヲ納付シタル者ヲ以テ納税義務ヲ了シタルモノト爲シ又區長タル納税義務者ヲ以テ相殺ニ因リ其義務ヲ免レタルモノト爲スコトヲ得ス然レハ原告ハ村税ヲ滯納シタル者ニシテ組合村長カ原告ニ對シテ滯納處分ヲ爲シタルハ違法ニアラス（大正三、七、一三）

●府縣制第百十六條第二項ニ依リ府縣稅ニ準用スヘキ國稅徵收法第十條ハ納稅者督促ヲ受ケ其指定ノ期限マテニ稅金ヲ完納セサルトキハ納稅者ノ財産ヲ差押フヘキ旨ヲ規定シ督促ヲ以テ差押ノ要件ト爲セルカ故ニ法律上效力ヲ有セサル督促ニ基キテ爲シタル滯納處分ハ適法ニ成立シタルモノト謂フヲ得ス（大正三、七、一六）

●督促狀ニ一定ノ納付期限ヲ定メタル場合ニ於テ督促狀ノ公示送達カ效力ヲ生シタル日ニ已ニ督促狀ニ指定シタル納付期限ヲ經過シ居ルトキハ期限ヲ指定セサルト何等擇フ所ナキヲ以テ其ノ督促ハ法律上效力ヲ有セス（大正三、七、一六）

●國稅徵收法ニ依ル書類ノ送達ニ付テハ國稅徵收法施行規則第十條ニハ單ニ「使丁又ハ郵便ニ依ルヘシ」トアルノミナルヲ以テ書留郵便ニ依ラサルヘカラサルモノト謂フコトヲ得ス（大正三、七、二九）

●國稅徵收法第三條ノ規定ハ債權者カ其先取權ヲ行使センカ爲メ公正證書ヲ以テ抵當權設定ノ事實ヲ證明シタル場合ニ限リ其適用アルモノトス從テ單ニ差押財産ニ付キ抵當權設定ノ登記ヲ了シアリ其事實ヲ知リ得ルモノタルノ故ヲ以テ債權者ハ其債權ニ付キ國稅ニ對シ先取權ヲ有スルモノト謂フコトヲ得ス（大正三、七、二九）

●滯納處分ノ爲メ鑛業權ノ差押ヲ爲ストキハ國稅徵收法第二十三條ノ二ニ依リ之ヲ其權利者ニ通知スヘキモノトス（大正三、一一、二七）

●滯納處分ニ因リ鑛業權ヲ競賣シタル場合ニ於テ競落人カ之ヲ第三者ニ轉賣シ且鑛區ノ合併ニ因リ該鑛業權カ消滅シタル後右滯納處分ヲ違法ナリトスル訴願ヲ受理シ裁決シタルハ不當ニアラス（大正三、一一、二七）

●村稅滯納ニ因ル延滯金ノ徵收ニ關シテハ明治四十四年勅令第二百四十二號及明治三十三年勅令第八十一號第七條ノ二第二項ニ依リ村稅ト等シク滯納處分ヲ爲シ得ルモノトス（大正三、一二、九）

（注意　明治四十四年勅令第二百四十二號ハ大正九年勅令第百六十八號第一條ニテ改正セリ）

●延滯金ヲ算出スヘキ期間ニ付定メタル明治三十二年勅令第八十一號第七條ノ二第一項ノ納期限トハ村稅ノ延滯

金算出ニ付テハ納税告知書ニ指定セル納期限ヲ指スモノトス（大正三、一二、九）

●耕地整理法第七十九條ハ組合員ニシテ組合費ヲ滞納スルトキハ市町村稅ノ例ニ依リ處分スヘキ旨ヲ規定シタルニ止マリ其處分ニ對シテ行政訴訟ヲ許シタルモノニアラス市制第百三十一條及町村制第百十一條ノ第六項ハ其第一項乃至第三項記載ノ徵收金ニ關スル處分ニ對スル救濟規定ナレハ之ヲ他ノ場合ニ準用スルコトヲ得ス（大正三、一二、一四）

●府縣制第百十六條第三項及會計法（第十九條）（第三十二條）ニ依ル府縣稅ニ對スル時效ノ期間ハ（當該年度）經過後五箇年ナルヲ以テ其期間滿了後ニ於ケル府縣稅貸家稅ノ徵收ハ違法ナリトス（大正四、二、五）

●府縣稅納稅義務者各自ノ正當稅額ニ對シ徵收額ニ不足アルトキハ法令ニ別段ノ規定アル場合ノ外其不足額ニ對スル納稅義務ハ仍ホ存續スルモノニシテ時效ニ依ルノ外單ニ年度ヲ經過シタリトノ故ヲ以テ消滅スルモノニアラス（大正四、二、五）

●納稅者ノ負擔スヘキ稅額カ前項ノ如クニシテ確定スルモノナル以上或納稅者ニ對スル稅金ノ徵收カ府縣ノ經費支辨上必要ナキニ至リタレハトテ其納稅義務者ノ其負擔スヘキ稅金額ニ影響ヲ及ホスヘキモノニアラス（大正四、二、五）

●宮城縣縣稅雜種稅貸家稅ノ稅率ハ宮城縣營業稅雜種稅課目課額ニ依リテ定マリ納稅者ノ負擔スヘキ稅額ハ縣稅賦課規則ニ依リ納稅義務アル貸家ノ賃貸價格ニ應シ確定スルモノニシテ歲出歲入豫算調製以後ニ決定セラレ決算ト同時ニ確定セラルルモノニアラス（大正四、二、五）

●四回分ノ村稅ニ付併合シテ滯納處分ヲ爲シタル場合四回ノ滯納事件ハ本來何レモ獨立シテ差押ノ原因ト爲リ得ヘキモノニシテ唯便宜上手續ヲ併合シタルニ過キサレハ之カ爲メ處分ノ原因タル滯納事件相互ノ間ニ分割スヘカラサル關係ヲ生スヘキモノニ非ス從テ其ノ中一件ニ付テハ手續上ノ缺點アリテ差押處分ヲ爲シ得ヘカラサル

モノナリトスルモ之カ爲メ他ノ三件ニ關スル差押處分ノ效力ニ影響ヲ及ホスヘキ理由ナシ（大正四、三、一九）

●國稅徵收法其他關係法令ニハ特ニ除外シタル物件ノ外財產差押ノ種類價格ニ付キ制限アル所ナキカ故ニ差押財產ノ選擇ハ收稅官吏ニ委シタルモノト解スヘキモノトス（大正四、三、一九）

●滯納處分ニ付キ滯納者ノ財產ヲ差押フルニ當リ差押財產價格ノ見積ヲ爲スコトハ其處分ニ缺クヘカラサル手續ナリト云フコトヲ得ス（大正四、三、一九）

●國稅徵收法規ニ依ル公賣ノ公告アリタル場合ニ於テ其公賣ヲ不當ナリトスル者ハ公賣處分ノ結了ヲ俟タス公告ニ付キ行政訴訟ヲ提起シ得ルモノトス（大正四、三、一〇）

●國稅滯納處分トシテ租稅及督促手數料ニ相當スル通貨ヲ差押ヘタルトキハ滯納處分ハ之ニ依リ完了スルモノトス（大正四、三、一三）

●町村其他町村ノ收入ニ付キ滯納處分ヲ爲ス場合ニ於テ差押フヘキ動產アルニ拘ハラス不動產ヲ差押ヘ又其不動產ノ價格カ徵收金額ヲ超過シタリトスルモ之ヲ以テ其差押ヲ違法ナリトスルニ足ラス（大正四、三、二〇）

●數種ノ收入ノ爲メ差押ヲ爲シタルモノナルニ於テハ假令一通ノ差押調書ニ依リ一箇ノ財產ヲ差押ヘタル場合ト雖モ法律上收入每ニ差押アリタルモノト謂フヘク從テ其一種ノ收入ニ關スル差押ニシテ許スヘカラサルモノトスルモ之カ爲メ他ノ收入ニ關スル差押ヲ違法タラシムヘキ限ニアラス（大正四、三、二〇）

●町村稅督促狀ノ送達アリタル後ニ於テ督促手數料ヲ納付セス稅金ノミヲ納付セントスル者アル場合ニ收入役カ稅金ノ受領ヲ拒ミタルハ不當ニアラス（大正四、三、二四）

●訴願裁決書ノ形式ニ缺點アルモ滯納處分カ正當ナルトキハ其取消ヲ求ムル訴願ヲ排斥シタル裁決ハ結局正當ナルヲ以テ取消スヘキモノニアラス（大正四、三、二四）

●町村制第百十一條ハ滯納處分ヲ受ケタル者ニ限リ訴願及行政訴訟ヲ許スノ法意ニシテ他人ニ對スル滯納處分ノ

爲メ自己ノ財産ヲ差押ヘラレタル者ハ滯納處分ヲ受タル本人ニ非ス從テ明治二十三年法律第百六號ニ基キ且訴願法第二條ニ基キ上級行政廳タル郡長及縣知事ニ訴願ヲ爲シタル後行政訴訟ヲ提起スルハ格別町村制ニ基キテハ行政訴訟ヲ提起スルヲ得ス（大正四、六、一一）

●村稅滯納處分ニ付キ爲シタル公賣公告ニ對シ訴願及行政訴訟ヲ提起シタル爲メ公賣期日ヲ經過シタルニ因リ更ニ期日ヲ定メテ爲シタル公賣公告ニ對シ訴願ヲ爲スハ別箇ノ處分ニ屬スルモノニシテ同一事件ニアラス從テ第二ノ訴願ニ對シ訴願法第四條ニ該當スルモノトシテ之ヲ却下シタル裁決ハ失當ナルモ行政訴訟ニ於テ訴願ノ目的タリシ處分取消請求カ成立セサル以上ハ該裁決ヲ取消スノ要ナシ（大正四、七、七）

●過去ノ年度ニ於ケル未收入金ノ金額ヲ揭ケタルモノニアラサル以上ハ右豫算金額ヨリ其年度ニ收入セル決算金額ヲ控除セル殘額即チ減收稅額カ村稅滯納處分ノ金額ヨリ少キ一事ヲ以テ該處分ハ豫算外ノ徵收ヲ爲スモノト云フヲ得ス（大正四、七、七）

●村稅ノ賦課ハ違法ナリトスルモ其ノ違法カ取消ヲ俟テ始テ賦課ノ效力ヲ失ハシムヘキ性質ノモノナル場合ニ於テハ其賦課カ取消サレサル以上例令異議ノ申立アルモ差押處分ヲ爲スヲ妨ケサルモノトス（大正四、七、二八）

●府縣稅ヲ賦課セラレタル者其賦課ニ對シ異議ノ申立ヲ爲スモ之カ滯納處分ヲ爲スコトヲ妨ケサルモノトス（大正四、一〇、一三）

●滯納處分トシテ差押ヘタル砂鑛權ヲ公賣スル以前滯納者ニ對シ公賣ノ豫告ヲ爲ササルモ公賣ハ違法ナリト謂フコトヲ得ス（大正四、一二、八）

●競落價格カ公賣物件ノ價格ヨリ少キノ一事ヲ以テ公賣カ違法ナリト云フコトヲ得ス（大正四、一二、八）

●賦課ヲ爲シタル村稅ヲ滯納シタル以上ハ其金額ニ付キ滯納處分ヲ爲スハ當然ナリ（大正四、一二、一五）

●連帶ノ納稅義務者ノ一人ニ對スル徵稅令書及督促狀ノ送達ハ明治三十三年勅令第八十一號（府縣稅徵收ニ關

スル件）第十條ノ規定ニ於ケル連帶義務ノ性質上他ノ連帶義務者ニ對シテモ當然其效力ヲ有スルモノトス（大正五、二、七）

●郵便物ハ特殊ノ事由ナキ限ハ其名宛人ニ到達シタルモノト認ムルヲ相當トス（大正五、二、七）

●縣税滯納者ニ對スル督促狀ヲ普通郵便ニ依リ葉書ヲ以テ送達シタルハ違法ニ非ス（大正五、二、七）

●會社ニ對シ國税ニ付キ滯納處分ヲ執行スヘキ場合ニ於テ會社財產ナシト認ムヘキ事由アルトキハ別段ノ手續ヲ爲スコトヲ要セスシテ直ニ無限責任社員ニ付キ滯納處分ヲ執行スルコトヲ得ルモノトス（大正五、三、三）

●數個ノ税金ノ爲ニ爲シタル滯納處分ニ依リ數個ノ財產ヲ公賣シタル場合ニ於テ(1)何レノ代金ヲ何レノ税金ニ充ツヘキヤハ滯納處分官吏ノ自由裁量ニ依リ決定シ得ヘキモノトス(2)從テ特別擔保ノ目的ニ非サル財產ノ公賣代金ニ先チ特別擔保ノ目的タル財產ノ公賣代金ヲ税金ニ充ツルモ違法ニ非ス（大正五、三、九）

●村長カ村內ニ戶ヲ構ヘタル者ニ付村税戶數割ヲ賦課シタルハ正當ニシテ右税金ヲ滯納シタル者ニ對シ税金及督促手數料ニ付滯納處分ヲ執行シタルハ不當ニアラス（大正五、七、二一）

●國税徴收法ニハ債權ノ差押ヲ爲ストキハ之ヲ債務者ニ通知スヘシトアルニ止マリ滯納者ニ通知スヘシトノ規定ナク其他ノ法令中ニモ之ヲ滯納者ニ通知スルヲ要スル旨ノ規定ナキニ依リ滯納者ニ對スル通知ハ債權差押ノ要件ニアラス從テ差押通知書ノ形式ニ不完全ノ點アリトスルモ之ヲ以テ差押ハ不當ナリト言フコトヲ得ス（大正五、一〇、一六）

●債權ノ差押ヲ爲スニハ滯納者ニ對シ督促ヲ爲シ其指定ノ期限內ニ滯納税金及督促手數料ヲ完納セサルトキハ何時ト雖モ之ヲ執行シ得ヘキモノナルニ依リ此手續ヲ履ミタル以上ハ村長カ原告ニ何等事情ヲ知ラシメス給料ヲ差押ヘタリトスルモ失當ナリト云フコトヲ得ス（大正五、一〇、一六）

●滯納處分トシテ差押フルヲ得サルモノハ國税徴收法第十六條ニ列記シタルモノニ限ル而シテ該列記中ニハ勞力

ノ爲ニ受クル給料ナク又民事訴訟法第六百十八條ハ滯納處分ノ場合ニ適用ナキモノナルヲ以テ勞力ノ爲ニ受クル給料ヲ差押ヘタルハ不當ナリト云フコトヲ得ス（大正五、一〇、一六）

●法令中滯納處分ノ確定前差押債權ノ取立ヲ禁止スルノ規定ナキヲ以テ村長カ滯納稅金及督促手數料ニ相當スル金額ヲ領收シタルハ不當ニアラス（大正五、一〇、一六）

●停止條件付賣買ノ目的タル淸酒ヲ條件成就前ニ於テ稅務官廳カ其賣主ニ對スル國稅滯納處分トシテ差押ヘタルハ違法ニアラス（大正六、四、一〇）

●右ノ場合ニ於テ差押後停止條件成就スルモ買受人ニ於テ引渡ヲ受ケタルノ事實ナキ以上其所有權ノ取得ハ之ヲ以テ稅務官廳ニ對抗スルコトヲ得サルモノトス（大正六、四、一〇）

●町村條例ニ於テ村稅ノ督促ヲ爲スニハ督促令狀ヲ發スヘキ旨規定シアル場合ニ於テハ口頭督促ヲ爲スモ會計法（第十九條）（第三十二條）ノ時效ヲ中斷スル效力ナキモノトス（大正七、六、三）

●會計法第十九條第三十二條ハ同條所定ノ期間ヲ經過シタルトキハ納稅義務ヲ當然消滅セシムル趣旨ナルヲ以テ假ニ納稅者カ時効完成後ニ於テ納稅義務ヲ承認スルモ何等ノ效力ナキモノトス（大正七、六、三）

●國稅徵收法ニ依ル財產ノ差押ニ付有體動產ヲ先ニスヘキコトヲ同法ノ趣旨ナリト解ス（大正七、六、三）

●國稅徵收法及關係法規中試掘鑛區稅ノ滯納ニ付試掘權ノ差押ヲ爲スコトヲ得サル旨制限シタル規定ナシ（大正七、六、五）

●國稅徵收法ニ依ル財產ノ差押ニ付有體動產ヲ先ニスヘキコトヲ同法ノ趣旨ナリト解スヘキ規定ナシ（大正七、六、五）

●國稅徵收法施行規則第十六條第一項ニ規定スル記載事項ニ缺クル所ナキ差押調書ハ假令收稅官吏ノ捺印ヲ缺クモ差押處分ノアリタルコトヲ認ムルヲ得（大正七、六、二八）

●稅金其他數種ノ收入ニシテ一括シテ滯納處分ヲ爲シタル場合ニ在リテハ其全部ノ完納アルニアラサレハ差押ヲ解除スルコトヲ得サルモノナレハ稅金ノミノ納入アリタル爲差押ヲ解除スルコトハ不法ニシテ租稅滯納處分ハ猶繼續中ナリ（大正七、六、二八）

●延滯金及督促手數料ハ村ノ收入ニシテ本條第一項ニ依リ國稅滯納處分ノ例ニ依リ處分シ得ヘキモノトス（大正八、二、一九）

●差押ハ各滯納稅金ノ爲ニ爲スモノニシテ不可分ノ性質ヲ有スルモノニアラス（大正八、二、一九）

●國稅徵收法施行細則第十八條ノ規定ハ送達ノ證明方法ヲ定メタルモノナルヲ以テ送達ヲ受ケタルコトナキ以上ハ右規定ノ方式欠缺ヲ以テ差押ノ效力ヲ否定スルコトヲ得ス（大正八、二、一九）

●數種ノ收入金ノ爲メニ爲シタル差押ノ一部分カ違法ナリトスルモ他ノ部分カ適法ニシテ且差押全部解除セラレタル後ニ於テハ其違法處分ノ差押處分ヲ取消スモ何等利益ナキヲ以テ其ノ取消請求ハ不當ナリ（大正八、二、一九）

●村役場備付ノ督促發付原簿及郵便電信差立簿ニ依リ原告ニ對シ督促令狀ヲ發送シタルモノト認ムヘキトキハ反證ナキ限リハ該督促狀ハ原告ニ到達シタルモノト認ムルヲ相當トス（大正八、五、一九）

●村書記トシテ採用スル者ノ辭令案及其村吏員就職報告等ニ依リ村書記トシテ任用シタルモノト認ムヘキ場合ニ於テハ該吏員ノ爲シタル滯納處分ハ適法ニシテ其處分中ハ公民權停止ノ效力アリ（大正八、七、二八）

●滯納處分ノ全部カ結了シタルニアラサルニ拘ラス收稅官吏カ其爲シタル滯納處分ノ一部ニ關シ計算書ヲ交付スルモ爲メニ滯納處分結了ノ效力ヲ生スルモノニアラス從テ國稅徵收法第三十一條ニ基ク納稅義務ノ消滅ヲ來タスコトナシ（大正八、一二、四）

●官吏恩給法第十八條ニ所謂負債トハ國稅ノ納付義務ヲ包含セルモノニアラス（大正八、一二、二五）

●恩給ハ國稅滯納ノ場合ニ於テ其徵收ノ爲メ之カ差押ヲ爲スヲ妨ケサルモノトス（大正八、一二、二五）

●共有地ニ付テノ村稅地租附加稅ノ徵收ニ關スル徵稅令書、督促狀及差押調書ノ共有者ノ一人ニ對スル送達ハ他ノ共有者ニ對シテモ亦其效力ヲ有ス（大正一〇、二、一六）

●村稅地租附加稅ノ徵收期ニ付テノ村會ノ議決並ニ之ニ依ル地租附加稅ノ賦課處分カ違法ナリトスルモ其處分カ取消サレサル以上之ニ基ク滯納處分ヲ違法ナリト爲スコトヲ得ス（大正一〇、二、一六）

●書記カ町村組合長ノ命令ヲ受ケ滯納處分ヲ執行シタルモノナル以上假令差押調書ニ其旨ノ記載ナキモ滯納處分ハ適法ニ成立シ有效ナルモノト謂ハサルヘカラス（大正一〇、三、二三）

●土地ヲ差押フル場合ニハ義務者若ハ家族ヲシテ立會ハシメ又ハ吏員タルノ證票ヲ示スノ必要アルモノニアラス（大正一〇、三、二三）

●村稅滯納處分ニ依リ不動產ヲ差押ヘタル場合ニ於テ滯納者ニ差押調書ノ謄本ヲ交付セサリシトキト雖モ差押ノ通知書ヲ交付シテ差押ニ關スル一切ノ事實ヲ知ラシメタルトキハ差押調書ノ謄本ノ交付ナキコトノ爲ニ其後ノ處分ヲ爲スコトヲ妨ケラルヘキモノニ非ス（大正一一、一一、一四）

●差押通知書ノ交付ニ際シ國稅徵收法施行細則第十八條所定ノ手續ヲ踐ミタルコトナシトスルモ他ノ證據ヲ以テモ亦該交付ノ事實ヲ證明シ得ヘキモノトス（大正一一、一一、一四）

●公賣期日及再公賣期日ニ於テ入札者ナク公賣處分ヲ遂行スルヲ得サリシコトノミヲ以テ滯納處分ヲ中止シタリト爲スヘキモノニ非ス（大正一一、一一、一四）

●村條例ニ滯納處分費徵收ニ關スル規定ナシト雖モ村稅滯納ニ關スル滯納處分費ノ徵收ヲ妨クルモノニ非ス（大正一二、四、二）

●滯納處分費ノミ未タ納付ナキニ因リ差押ヲ解カスシテ公賣ヲ遂行スル場合ト雖モ滯納處分費ニ付豫メ通知書ヲ

發シ町村制第百十一條第一項ノ手續ヲ履踐スル要ナシト解スルヲ相當トス（大正一二、四、二）

●租稅滯納者カ財產差押ヲ受ケ滯納稅金及督促手數料ヲ完納スルモ未タ滯納處分費ヲ納付セサルトキハ差押ヲ保持スルヲ妨ケス（大正一二、四、二）

●國稅徵收法ニ依ル動產不動產ノ差押ノ順序ニ付テハ動產ヲ先ニスヘキ旨ノ規定ナシ（大正一二、七、五）

●差押調書ノ謄本ハ差押ノ際直ニ交付セサルモ違法ト云フヲ得ス（大正一二、七、五）

●村稅滯納處分タル差押ノ一部カ違法ナル場合ニ於テハ其違法部分ノ取消ヲ爲スハ利益ナシト云フヲ得ス（大正一二、七、二四）

●差押ハ各滯納金ノ爲ニ爲スモノニシテ不可分ノ性質ヲ有スルモノニ非ス（大正一二、七、二四）

●租稅滯納處分ノ爲滯納者ノ不動產ヲ差押フル處分ハ滯納者ニ對シテハ國稅徵收法施行規則第十六條ニ依リ差押調書ノ謄本ヲ交付スルニ依リ其ノ效力ヲ發生スルモノトス（大正一二、一二、一二）

●町村制第百十條第二項ハ町村有財產ノ存在スルコトヲ前提トシテ其使用スル權利ニ關シ異議アル場合ニ限リ之ヲ適用スヘキモノニシテ町村有財產ノ處分ニ關シ異議アル場合ニ適用スヘキモノニ非ス（大正一三、三、八）

●前記諸證ヲ綜合スレハ原告カ本事件滯納處分ノ差押調書ノ謄本ノ送達ヲ受ケタルコト亦之ヲ認ムルニ十分ナリ而モ督促令狀ヲ滯納者ニ送達スルノ外滯納處分執行前別ニ豫告ヲ爲スヘキ法律上何等ノ規定ナシ（大正一三、四、二五）

●租稅賦課處分ニ對シ法定ノ訴願期間內ニ訴願ノ提起ナク該處分ノ取消ヲ求ムルコトヲ得サルニ至リタル以上ハ該處分カ當然無效ニ非サル限リ之ニ基キ爲シタル滯納處分ヲ失當ナリト云フヲ得ス（大正一三、五、三）

●國稅徵收法施行規則第十五條第三項ノ規定ハ不動產ノ差押ニ付テハ差押調書ノ謄本ヲ滯納者ニ交付スルニ依リ滯納者ニ對シ差押ノ效力ヲ生セシムル趣旨ト解スヘキヲ以テ村稅滯納處分トシテ不動產ノ差押ヲ爲スモ差押調

書ノ謄本ヲ交付セサル限リ滯納者ハ之カ爲メ公民權ヲ停止セラルルコトナシ（大正一三、五、三一）

●市長カ縣知事ノ委任ニ依リ爲シタル縣税ノ滯納處分又ハ市長カ爲シタル市税ノ滯納處分ニ對シ抵當權者ヨリ行政訴訟ヲ提起スルニハ前者ニ付テハ府縣制第百十六條第七項ニ依リ先ツ縣參事會ニ訴願シ其ノ裁決ヲ經ヘク後者ニ付テハ行政裁判法第一條ニ依リ先ツ地方上級行政廳ナル縣知事ニ訴願シ其ノ裁決ヲ經ヘキモノトス（大正一三、一〇、二三）

●國税徴收法施行細則第十八條所定ノ送達書ニ依ルニ非サレハ之ヲ證明スルコト得サル旨主張スルモ國税徴收法施行規則第十八條カ單ニ國税徴收法ニ依ル書類ノ送達ハ使丁又ハ郵便ニ依ルヘシト規定シ郵便ニ依ル場合其配達證明ヲ爲シ得ル特殊ノ方法ニ依ルヘキコトヲ命セサルニ鑑ミレハ細則第十八條ハ准訓示的規定タルニ止マリ同條所定ノ手續ヲ履踐セサル書類ノ送達ヲ無效トスル法意ニ非スト解スルヲ相當トス（大正一三、一二、二）

●國税收徴法ニ於テ收税官吏カ財產ノ差押ヲ爲スニ當リ立會人ヲ要スルハ同法第二十條ノ場合ニ限リ不動產ノ差押ノ場合ニハ立會人ヲ要セサルモノナルヲ以テ市長カ府縣制第百十六條第二項市制第百三十一條第四項ニ依リ縣税市税ノ滯納處分ヲ爲スカ爲メ立會人ナクシテ原告ノ不動產ヲ差押ヘタルハ適法ナリトス（大正一四、一、二三）

●差押執行吏タル資格ナキ者ノ爲シタル差押處分ハ違法ニシテ取消スヘキモノトス（大正一四、三、二七）

●金錢債權ヲ債權差押ノ手續ニ依ラスシテ動產差押ノ手續ニ依リ差押フルハ違法ナリ（大正一四、三、二七）

●租税滯納處分ノ公賣物件ニ付キ質權又ハ抵當權ヲ有セサル一般債權者ハ該處分ニ關シ行政訴訟ヲ提起スルノ權利ヲ有セス（大正一四、四、二八）

●市長ノ爲シタル市税滯納處分ニ對シ該處分ヲ受ケタル者ヨリ行政訴訟ヲ提起スルニハ先ツ市制第百三十一條第六項ニ依リ府縣參事會ニ訴願シ其裁決ヲ經ヘク税務署長ノ爲シタル國税滯納處分ニ對シ該處分ヲ受ケタル者ヨ

リ行政訴訟ヲ提起スルニハ行政裁判法第十七條第一項ニ依リ先ツ地方上級行政廳タル稅務監督局長ニ訴願シ其裁決ヲ經ヘキモノトス（大正一五、三、一八）

●村稅ノ滯納金ト納稅者カ村ヨリ受取ルヘキ實費辨償金トハ相殺スルコトヲ得サルモノトス（大正一五、四、六）

●鑛業稅滯納ニ因ル試掘權ノ公賣處分ニ對シテハ地方上級行政廳タル稅務監督局長ニ訴願シ其裁決ヲ經タル後ニアラサレハ行政訴訟ヲ提起スルコトヲ得ス（大正一五、七、一）

●國稅徵收法施行規則第十四條ニ所謂財產所在地ハ債權ニ付テハ債務者ノ住居地ヲ指稱スルモノト解スヘキモノトス（大正一五、七、一）

●國庫ノ支辨ニ屬スル恩給ノ債權ニ付テハ國稅徵收法ノ適用上債權者ハ貯金局ナリトス（大正一五、七、一〇）

【司法裁判例】

●國稅徵收法第三條ハ虛僞ノ質權又ハ抵當權ノ設定ヲ防遏センカ爲メニ規定シタルニ非スシテ質權者又ハ抵當權者ノ利益ヲ保護セムト欲スル精神ニ出テタル規定ナリトス而シテ其ノ質權又ハ抵當權ノ設定者ハ納稅人タルト否トヲ別ツコトナシ（大、民、明治三六、六、六）

●國稅滯納處分法ニ依リ入札ノ方法ヲ以テ滯納者ノ財產ヲ公賣ニ付スル場合ニ於テハ其財產ノ所有權ハ收稅官吏カ開札ノ上最高入札者ノ何人ナルカヲ知リタルトキ直ニ該入札者ニ移轉スルモノニ非スシテ收稅官吏カ之ヲ落札者ト爲シ財產賣却ノ決定ヲ爲スニ因リ始メテ入札者ニ移轉スルモノトス（大、民、明治三七、五、三〇）

●町村稅ノ徵收處分ヲ受ケタル町村民カ其徵收決議ノ取消アリタルヲ理由ト爲シ町村ヲシテ其納付金ヲ返還セシメントスルハ町村ノ行政處分ノ取消又ハ變更ヲ求ムルモノニ外ナラス從テ法令ノ規定ニ依リ訴願又ハ行政訴訟ヲ提起スルハ格別司法裁判所ニ對シ之カ救濟ヲ請求スルヲ許サス（大、民、明治三八、六、一〇）

●國稅徵收法第十五條ニ依レハ讓受人カ情ヲ知リ乍ラ讓受ケタルコトハ原告タル政府ニ於テ立證ノ法則ニ從ヒ擧證ヲ爲スヘキ法意ナリトス從テ其立證責任ノ問題ニ付テハ民法ノ規定ヲ適用スヘキモノニ非ス（大、民、明治三八、三、一七）

●國稅徵收法第十五條ハ單純ナル賣渡又ハ贈與ナルト將タ代物辨濟ノ結果ヲ得ルトニ論ナク納稅者カ滯納處分執行ヲ受ケムトスルニ際シ差押ヲ免ルルコトヲ目的トシテ故意ニ所有財產ヲ讓渡シ讓受人其情ヲ知リテ之ヲ讓受ケタル場合ニハ政府ハ總テ其行爲ノ取消ヲ求メ得ヘキコトヲ規定シタルモノトス（大、民、明治三九、四、一八）

●國稅徵收法第十四條ハ收稅官吏カ國稅滯納處分トシテ差押ヘタル財產ト雖モ第三者ノ所有ニ屬スルトキハ國ハ之ニ因テ不當ニ利得スヘカラサルニ因リ所有者タル第三者ヲシテ其取戾ヲ得セシムル法意ナリトス故ニ收稅官吏ニ於テ之カ賣却ヲ決行シタルトキハ國ハ其利益ノ存スル限度ニ於テ不當利得返還ノ責ニ任セサルヘカラス（大、民、明治四三、二、二五）

●國稅徵收法第十四條ハ收稅官吏財產ノ差押ヲ爲シタル場合ニ於テ該財產ニ付所有權ヲ主張スル第三者ハ賣却決行ノ五日前迄ニ其申立ヲ爲ササルトキハ後日收稅官吏ニ對シ取消ヲ請求スルコトヲ得サラシムルモ之カ爲ニ第三者ノ有スル民法上ノ權利ヲ喪失セシムルノ旨趣ニ非ス（大、民、明治四三、六、三〇）

●開札調書ハ町村稅等ノ滯納處分上其ノ作成ヲ必要トスルモノナレハ假令此種ノ調書作成ノ權限及方式ニ付テハ法律上特ニ規定スル所ナシト雖當該公務員ノ職務上作成スヘキ文書ナリト云ハサルヲ得ス（大、刑、明治四三、七、一）

●國稅徵收法第十四條ノ規定ハ單ニ公賣實行上定メタル手續ノ一條項ニ過キスシテ同條所定ノ申出ヲ爲ササル第三者ハ後日收稅官吏ニ對シ其差押財產ノ取戾ノ請求ヲ爲スヲ許ササルノ結果ヲ見ルニ止マリ差押財產ニ付第三者ノ所有權ヲ喪失セシムル趣旨ニ非サルモノトス（廣島控民、大正二、四、八）

●收稅官吏カ差押ヲ爲シタルトキハ其ノ差押物件ハ之ニ因リテ直ニ被差押人ノ占有ヲ離レ差押人ノ占有ニ移ルモノニシテ其ノ物件ヲ他ニ移スト否ト又之ヲ他人ニ保管セシムルト否トハ差押ノ效力ニ何等ノ影響ナシ（大、刑、大正三、四、三）

●收稅官吏ノ差押物件ニ對スル封印ハ差押ヲ明ニシ其物件カ差押人ノ占有ニ歸シタルコトヲ知ラシムル方法ニ外ナラサレハ他人ヲシテ之ヲ保管セシメサル場合ニ於テモ亦之ヲ爲スコトヲ得ルモノトス（大、刑、大正三、四、二一）

●國稅徵收法第四條ノ一ハ其第二號乃至第六號ノ事由生シタルトキハ收稅官吏ニ於テ更ニ差押ヲ爲スコトナク當該官廳等ニ督促手數料、滯納處分費及稅金ノ交付ヲ求メシムルヲ以テ手續上便宜ナリトスルノ旨趣ニ出テタル規定ニシテ納期ノ至リタルモノハ勿論其適用ヲ受クルモノトス（民事、大正三、一二、一四）

●苟モ不動産ノ競賣アリタル以上ハ町村長ハ同一ノ不動産ニ付キ滯納處分ノ爲ニ之ヲ差押フルコトヲ得サルモノトス（大、民、大正三、一二、一四）

●國稅徵收法第十五條ニ依ル取消請求權ハ國稅徵收權ヲ保全シ國庫ノ損害ヲ防止セントスルニ在ルモノナレハ之レカ行使ハ其必要ナル限度ニ制限セラレ之ヲ超エテ讓渡行爲ノ取消ヲ請求スルコトヲ得サルモノトス（大、民、大正四、一二、八）

●國稅徵收法第十五條ハ納稅者カ滯納處分ノ執行ヲ受ケムトスルニ際シ差押ヲ免ルルカ爲ニ財産ヲ讓渡シ讓渡人ハ其情ヲ知リタル場合ニ於テ政府ハ滯納處分ヲ執行スルモ完全ニ其目的ヲ達セサルトキハ該讓渡行爲ノ取消ヲ求ムルコトヲ得ヘク其行爲ノ當時讓渡人カ滯納稅金ヲ支拂フニ足ル財産ヲ有シタルト否トヲ問ハサル旨趣ナリトス（大、民、大正五、一一、二一）

●國稅滯納者ノ差押ヲ免ルル爲メニ爲シタル讓渡行爲ノ取消ハ訴ノ方法ニ依リテ之ヲ爲スヘキモノニシテ裁判外

ノ意志表示ニ依リテ爲スヘキモノニ非ス（大、民、大正五、一一、三）

●國稅徵收法第十五條ニ依リ政府カ滯納者ノ讓渡行爲ヲ取消スハ之ニ依リ政府カ讓渡人トノ關係ニ於テ讓渡行爲ノ效力ヲ消滅セシメ滯納者ノ財產上ノ地位ヲ原狀ニ回復シ其擔保ヲ確保スルニ在ルヲ以テ其讓渡行爲ハ讓渡人ト政府トノ間ニ於テハ之ヲ取消スノ必要アリト雖モ讓渡人ト滯納者トノ間ニハ依然之ヲ存在セシムルモ妨ナキヲ以テ滯納者ハ取消訴訟ノ相手方タル適格ヲ有セサルモノトス（大、民、大正五、一一、二四）

●消費貸借ニ依ル債務ノ辨濟ハ辨濟者タル債務者ト辨濟受領者タル債權者間ノ意思ノ合致ニ因リ財產權ヲ債務者ヨリ債權者ニ移轉スルモノナレハ國稅徵收法第十五條ニ所謂讓渡行爲ニ外ナラサルモノトス（大、民、大正五、一一、二四）

●債權讓渡カ國稅滯納處分ノ執行ニ當リ差押ヲ免ルル爲ニ爲サレ讓受人其ノ情ヲ知リタルモノトシテ國稅徵收法第十五條ニ依リ取消サレタル以上ハ取消權者ニ對スル關係ニ於テ讓渡行爲ハ初ヨリ無效ト爲リ債權ハ讓受人ニ移轉セサルコト爲ルヲ以テ讓受人カ其ノ債權ノ辨濟ヲ受ケタルハ法律上ノ原因ナクシテ他人ノ財產ニ因リ利益ヲ受ケタルモノニシテ讓受人ハ讓渡人ニ對シ受ケタル利益ヲ償還スヘキ義務ヲ負フヘキモノトス（大、民、大正六、二、七）

●會計法（第十九條）（第三十二條）本文ノ規定ハ五箇年內ニ上納ノ告知ヲ受クルモノハ永久ニ義務ヲ免レサルモノトセルニ非スシテ告知ニ基キ納ムヘキ時期ノ經過後五箇年內ニ於テ更ニ告知ヲ受ケサルトキハ其ノ義務ヲ免レシムル法意ニシテ同條但書ノ規定ハ時效ノ期間ノミ特別法律ノ定ムル所ニ依ラシムル旨趣ナリトス（大、民、大正六、三、八）

●苟モ納稅義務者カ國稅ノ徵收ヲ免脫シテ國庫ニ損害ヲ與フルコトヲ認識シテ其ノ財產ヲ藏匿脫漏シ又ハ虛僞ノ契約ヲ爲スニ於テハ其ノ行爲ノ時カ滯納者ト爲ル前ナルト否トヲ問ハス納稅義務者カ滯納者ト爲リタルコトヲ

處罰條件トシテ國税徴收法第三十二條第一項ノ犯罪ヲ成立スルモノトス(大、刑、大正八、四、一四)

●國税徴收法第十四條ハ收税官吏財産ノ差押ヲ爲シタル場合ニ於テ其財産ニ付所有權ヲ主張スル第三者ハ賣却決行ノ五日前迄ニ所有者タルノ證憑ヲ具ヘテ收税官吏ニ申出テ取戻ヲ請求スヘキコトヲ規定シタルニ止マリ其申出ナキカ爲メ當然第三者ノ有スル民法上ノ權利ヲ喪失セシムルノ旨趣ヲ以テ定メタルモノニ非ス(大、民、大正九、一〇、一二)

●滯納處分ハ公法上ノ行爲ナリト雖モ之ニ基ク公賣ニ因リ滯納者ノ所有ニ係ル差押物件ニ付落札者又ハ買受人カ其所有權ヲ取得スルハ原始的ニ取得スルニ非スシテ滯納者ヨリ其所有權ノ移轉ヲ受クル承繼取得ナリト解スルヲ相當トスルヲ以テ差押物件カ滯納者ノ所有ニ非スシテ第三者ノ所有ニ屬スルトキハ其所有權ハ公賣ニ因リ當然落札者又ハ買受人カ移轉ヲ受ケ之ヲ取得スルコトヲ得サルモノトス(大、民、大正九、一〇、一二)

●競賣開始決定ノ目的タル不動産ニ付競賣中立ノ登記アリタルトキハ其民事訴訟法ニ依ルモノタルト競賣法ニ依ルモノタルトヲ問ハス其ノ以後ニ於テハ國税徴收法ニ依ル差押登記ハ之ヲ爲スヲ得サルモノトス從テ不動産ノ一部ヲ差押フル爲分割登記ヲ爲スコトモ許ササルモノトス(大、民、大正一三、三、三一)

●町村税滯納處分ハ町村長ノ職務權限ニ屬シ町村長ハ町村吏員ヲシテ其事務ノ一部ヲ臨時代理セシムルコトハ町村制第七十八條第二項ノ規定スル所ナレハ町村長ハ町村書記ニ滯納處分ヲ命スルコトヲ得ルモノトス(大、刑、大正一四、三、一六)

●國税徴收法第十一條ハ訓示的規定ニシテ市吏員カ縣税市税ノ滯納處分トシテ財産ノ差押ヲ爲スニ際シ其資格ヲ證明スヘキ證票ヲ示ササルモ之ニ因リ其處分ヲ無效ナラシムルモノニ非ス(大、刑、大正一四、五、七)

第十一章　課税上ノ臨檢及檢査

一　府縣稅ヲ賦課スル上ニ付必要アルトキハ課稅物件其他納稅義務者ノ財產狀態ヲ調査スル爲メ當該行政廳ハ納稅義務者ノ家宅ニ臨檢シ又ハ帳簿其ノ他ノ物件ノ檢査ヲ爲スコトヲ得ルモノトス其ノ臨檢時間ハ日出ヨリ日沒ニ至ル間ニ於テナスヲ原則トスルモ營業者ニ對シテハ日出日沒ノ前後ヲ問ハス其ノ營業時間內ナルトキハ尙臨檢檢査ヲ爲スコトヲ得ルモノトス

二　市町村稅ニ付テモ府縣稅ト同シク其ノ市町村稅ヲ賦課スルニ當リ之カ調査上必要アル場合ニ於テハ市町村長又ハ助役書記等ハ日出ヨリ日沒ニ至ル間ニ於テ納稅義務者ノ家宅若ハ營業所ニ臨檢シ又ハ帳簿物件ノ檢査ヲ爲スコトヲ得ルモノトス營業者ニ對シテハ營業時間內ナルトキハ尙臨檢檢査ヲ爲スコトヲ得ルモノトス只此場合ニ於テ市町村吏員ハ其ノ身分ヲ證明スヘキ證票ヲ携帶スヘキモノトス而シテ其ノ携帶スヘキ證票ハ市町村ニ於テ適宜之ヲ定ムルモノトス此ノ證票ヲ携帶セスシテ臨檢又ハ檢査ヲ爲サントスルトキハ納稅者ハ之ヲ拒否スルコトヲ得

三　廣ク府縣稅又ハ市町村稅ノ賦課トアルヲ以テ附加稅及特別稅ノ總テヲ指シタルモノナルハ勿論ナルモ府縣稅ニ付テハ國稅附加稅、市町村稅ニ付テハ國稅附加稅及府縣稅附加稅ニ對シテハ國稅又ハ府縣稅ニ附加シテ課稅スルモノナルヲ以テ調査ノ必要ナシ但特別稅ニ付テハ課稅物件ノ有無課稅標準ノ多寡其他一切ノ狀況ヲ知ルノ必要アリ即チ調査ニシテ不十分ナランカ租稅ヲ適確ニ賦

課スルコトヲ得ス負擔ノ公平ヲ得サル場合ナシトセサルヲ以テ之カ規定ヲ爲シタルモノト認メラル

四　家宅トハ單ニ店宅ノミナラス控藏又ハ屋敷内ノ土地等ヲ包含スルハ勿論他人ノ家宅ト雖課稅物件ヲ贓匿セル疑アル場所ハ總テ之ヲ含ムモノトス又帳簿物件トアルカ故ニ苟モ府縣稅又ハ市町村稅ノ賦課ニ付關係アル以上如何ナル物件ト雖之ヲ檢査シ得ルモノト認メラルヘキモノトス

【關係法令】

● 府縣制

第百十六條（第一項）　府縣稅ノ賦課ニ關シ必要アル場合ニ於テハ當該行政廳ハ日出ヨリ日沒マテノ間營業者ニ關シテハ仍其ノ營業時間内家宅若ハ營業所ニ臨檢シ又ハ帳簿物件ノ檢査ヲ爲スコトヲ得

● 市制　町村制

第百二十七條　市町村稅ノ賦課ニ關シ必要アル場合ニ於テハ當該吏員ハ日出ヨリ日沒迄ノ間營業者ニ關シテハ仍其ノ營業時間内家宅若ハ營業所ニ臨檢シ又ハ帳簿物件ノ檢査ヲ爲スコトヲ得

前項ノ場合ニ於テハ當該吏員ハ其ノ身分ヲ證明スヘキ證票ヲ携帶スヘシ

【行政實例】

● 興行場ノ如キハ府縣制及市町村制ニ所謂營業所トアルニ該當スルヲ以テ啻ニ日出ヨリ日沒ノ間ニ止マラス仍其

ノ興行時間中ハ何時ニテモ家宅又ハ興行場ニ臨檢シ帳簿其ノ他ノ物件ノ檢査ヲ爲スコトヲ得ルモトノス（明治四四、八、一〇）

●市町村税ニ付當該吏員トハ市町村長自ラ之ニ當ルト又助役書記等市町村吏員ヲシテ之ニ當ラシムルコトハ適宜ナルモ其ノ何レノ場合ヲ問ハス臨檢ノ際ハ必ス證票ヲ携帶スヘキモノトス（明治四五、三、八）

第十二章　課税上ノ制裁

一　詐僞其ノ他ノ不正ノ行爲ニ依リ府縣税又ハ市町村税ヲ逋脱シタル者ニ對シテハ府縣税ニ付テハ府縣知事ニ於テ府縣會ノ議決ヲ經テ市町村税ニ付テハ市町村條例ヲ以テ其ノ逋脱シタル税金額ノ三倍ニ相當スル金額（其ノ金額五圓未滿ナルトキハ五圓）以下ノ過料ヲ科スルノ規定ヲ設クルコトヲ得ルモノトス

詐僞其ノ他ノ不正行爲ハ積極的ナルコトヲ必要トス單ニ申告スヘキ場合ニ於テ之ヲ申告セサルカ爲メ脱税ノ結果ヲ生シタルカ如キ場合ハ包含セサルモノトス又逋脱シタル者トアルヲ以テ逋脱セントシタル者ハ包含セス要スルニ詐僞其ノ他ノ不正手段ニ依リ課税標準ヲ僞リ若ハ營業又ハ行爲ノ開始時期ヲ僞リ府縣税又ハ市町村税ヲ逋脱スル者ノ如キ是ナリ

二　府縣税又ハ市町村税ノ賦課徴收ニ關シ必要アルトキハ前記ノ例ニ依リ五圓以下ノ過料ヲ科スル

規定ヲ設クルコトヲ得ルモノトス

以上ノ如ク地方税ヲ逋脱シタル者ニ對シ其ノ逋脱シタル金額ノ三倍ニ相當スル金額以下ノ行政罰タル過料ヲ科スルコトヲ得セシメタルハ不正行爲ノ防遏ニ資セントスルニアリ而シテ府縣税又ハ市町村税トアルヲ以テ國税府縣税ノ附加税ニ關シテモ廣ク過料ヲ科シ得ルモノト認メラル

過料處分ヲ爲スハ府縣税ニ付テハ府縣知事、市町村税ニ付テハ市町村長ノ權限ニ屬ス而シテ過料ノ處分ヲ受ケタル者其ノ處分ニ不服アルトキハ府縣税ニ付テハ行政裁判所ニ出訴スルコトヲ得ルモノトス市町村税ニ付テハ府縣參事會ニ訴願シ其ノ裁決ニ不服アルトキハ行政裁判所ニ出訴スルコトヲ得ルモノナリ其ノ提起期間ハ訴願ハ二十一日以内行政訴訟ハ三十日以内トス（市制第百六十條町村制第百四十條府縣制第百十八條）

【關係法令】

(イ)府縣制

第百十四條　詐僞其ノ他ノ不正ノ行爲ニ依リ使用料ノ徴收ヲ免レ又ハ府縣税ヲ逋脱シタル者ニ付テハ府縣知事ハ府縣會ノ議決ヲ經テ其ノ徴收ヲ免レ又ハ逋脱シタル金額ノ三倍ニ相當スル金額（其ノ金額五圓未滿ナルトキハ五圓）以下ノ過料ヲ科スル規定ヲ設クルコトヲ得

前項ニ定ムルモノヲ除ク外使用料、手數料及府縣税ノ賦課徴收ニ關シテハ府縣知事ハ府縣會ノ議決ヲ經テ五

圓以下ノ過料ヲ科スル規定ヲ設クルコトヲ得財産又ハ營造物ノ使用ニ關シ又同シ
過料ヲ科シ及之ヲ徴收スルハ府縣知事之ヲ掌ル其ノ處分ニ不服アル者ハ行政裁判所ニ出訴スルコトヲ得

● 市町村制 第百二十九條 （第一項省略） 詐僞其ノ他ノ不正ノ行爲ニ依リ使用料ノ徴收ヲ免レ又ハ市町村税ヲ逋脱シタル者ニ付テハ市町村ハ條例ヲ以テ其ノ徴收ヲ免レ又ハ逋脱シタル金額ノ三倍ニ相當スル金額（其ノ金額五圓未滿ナルトキハ五圓）以下ノ過料ヲ科スル規定ヲ設クルコトヲ得　モノトス
前項ニ定ムルモノヲ除クノ外使用料手數料及市町村税ノ賦課徴收ニ關シテハ市町村條例ヲ以テ五圓以下ノ過料ヲ科スル規定ヲ設クルコトヲ得財産又ハ營造物ノ使用ニ關シ亦同シ
過料ノ處分ヲ受ケタル者其ノ處分ニ不服アルトキハ府縣參事會ニ訴願シ其ノ裁決ニ不服アルトキハ行政裁判所ニ出訴スルコトヲ得
前項ノ裁決ニ付テハ府縣知事又ハ市町村長ヨリモ訴訟ヲ提起スルコトヲ得

【行政實例】

● 町村制第百九條ニ依リ條例中ニ規定スヘキ過料ハ使用料、手數料及特別税又ハ財産營造物ノ使用ニ關シ人民ニ對スル取締上ノ制裁ナルヲ以テ市町村吏員ノ行爲ニ適用スヘキモノニアラス（明治四五、二、一）

● 舊町村制第九十一條ニ依リ罰則ヲ設クルコトヲ得ルハ逋脱ヲ企圖シタル場合ノミニ限ラサルヘシト雖町村ノ收入ヲ滯納スル者ニ對シテハ國税ノ例ニ依リ滯納處分ヲ爲スノ外罰則ヲ設クルコトヲ得サルモノトス（明治二二、一一、二二）

● 町村條例ニ罰則ヲ附スルコトヲ得ルハ法律ニ明文アル場合ニ限ルヲ以テ共有山林取締ニ關スル條例ニハ罰則ヲ

設クルコトヲ得サルモノトス（明治二四、四、二）

第十三章　課税上ノ救濟

一　異議ノ申立

一、府縣税又ハ市町村税ノ賦課ヲ受ケタル者其ノ賦課ニ付違法若ハ錯誤アリト認ムルトキハ徴税令書又ハ徴税傳令書ノ交付ヲ受ケタル日ヨリ三月以内ニ府縣税ハ府縣知事ニ市町村税ハ市町村長ニ異議ノ申立ヲ爲スコトヲ得ルモノトス而シテ賦課ノ違法トハ例ヘハ法律上賦課シ得ヘカラサル物件ニ對シ賦課ヲ爲シ又ハ法律上許可ヲ要スル場合ニ許可ヲ受ケスシテ賦課ヲ爲シ又ハ府縣會市町村會ノ議決ヲ經ス若ハ其ノ議決ヲ經タル賦課方法ニ依ラスシテ賦課ヲ爲スノ類ナリ、賦課ノ錯誤トハ例ヘハ課税物件ヲ誤リ若ハ課税標準ノ計算ヲ誤リ若ハ税額ノ算出ヲ誤リテ賦課ヲ爲シタルカ如キモノナリ而シテ異議ノ申立ハ賦課ノ違法又ハ錯誤トアルヲ以テ賦課ノ不當ノ場合ハ之ニ包含セサルモノトス

異議申立ノ三月ノ期間ハ徴税令書ノ交付ヲ受ケタル日ハ計算セス其ノ翌日ヨリ起算シ暦ニ從フモノトス

二、異議ノ申立アリタルトキハ七日以内ニ府縣知事又ハ市町村長ハ府縣參事會又ハ市參事會若ハ町村會ノ決定ニ付スヘキモノトス此ノ場合ニ於テ從前ノ規定ニ依レハ異議ノ申立アルモ府縣知事又ハ市町村長カ府縣參事會若ハ市參事會ノ決定ニ付スル期間ニ付テハ何等ノ制限ナカリシ爲メ往々異議申立人ノ利益ヲ阻害スルノ嫌アリタルヲ以テ之ヲ七日以内ニ其ノ決定ニ付スヘキコトヲ定メタリ而シテ府縣參事會若ハ市參事會又ハ町村會ニ於ケル異議ノ決定ノ時期ニ付テハ府縣制第百二十八條ノ二、市制第百六十條ノ二、町村制第百四十條ノ二ノ規定ニ依リ其ノ決定ニ付セラレタル日ヨリ三月以內ニ之ヲ爲ササルヘカラサルモノトス又市町村税ニ付府縣參事會ニ訴願ノ提起アリタルトキハ府縣參事會ハ市制第百六十條ノ二、町村制第百四十條ノ二ノ規定ニ依リ其ノ訴願ヲ受理シタル日ヨリ三月以內ニ之カ裁決ヲ爲スヘキモノトス

三、前項ノ決定ニ不服アル者ハ府縣税ニ在リテハ直ニ行政裁判所ニ訴訟ヲ提起スルコトヲ得ルモノトス市町村税ニ在リテハ市參事會又ハ町村會ノ決定ニ對シ不服アルトキハ府縣參事會ニ訴願シ其ノ裁決ニ對シ不服アルトキハ行政裁判所ニ出訴スルコトヲ得ルモノトス

四、府縣税ノ賦課ニ關スル府縣參事會ノ異議ノ決定ニ關シテハ異議申立者ノ外府縣知事又ハ府縣知事ノ委任ヲ受ケタル官吏、吏員又ハ市町村吏員モ亦訴訟ヲ提起スルコトヲ得ルモノトス

市町村稅ノ賦課ニ關スル市參事會又ハ町村會ニ於テ爲シタル異議ノ決定又ハ府縣參事會ノ爲シタル異議ノ決定ニ對スル訴願ノ裁決ニ對シテハ異議申立者ノ外市町村長ヨリモ訴願又ハ訴訟ヲ提起スルコトヲ得ルモノトス即チ市町村長ニ於テハ市參事會又ハ町村會ノ決定ニ對シ不服アルトキハ府縣參事會ニ訴願シ其ノ裁決ニ對シテ不服アルトキハ行政裁判所ニ出訴スルコトヲ得ルモノトス

市町村稅ノ賦課ニ關スル府縣參事會ノ爲シタル訴願ノ裁決ニ對シテハ府縣知事ヨリモ行政裁判所ニ出訴スルコトヲ得ルモノトス

此ノ如ク行政廳ヨリモ訴願又ハ訴訟ヲ提起シ得ヘキコトヲ認メタルコトハ違法ナル行爲ノ存續ハ國家及公法人ノ利益ニ反スルヲ以テ行政廳ヲシテ公益ノ代表者トシテ違法ナルコトヲ主張スルコトヲ得セシメタルナリ

五、異議ノ申立又ハ之カ決定ニ關シ注意スヘキ事項ヲ擧クレハ左ノ如シ

イ　異議ノ申立ニシテ其ノ期限ヲ經過シタルモノハ之ヲ却下スヘキモノトス

ロ　府縣稅ノ賦課ニ關スル異議申立書ノ府縣知事ニ到著シタル時期カ法定ノ期間經過後ナル以上町村ニ提出シタル時期ノ如何ニ拘ラス該異議申立ハ法定期間ヲ經過シタル不適法ノモノト

ス

ハ　市町村税ノ賦課ニ對スル異議ノ申立ハ當該市町村長ニ爲スヘキモノニシテ府縣知事ニ爲スハ違法ナリトス

ニ　市町村税ノ賦課ニ關スル異議ノ申立ハ賦課ニ違法アリト認ムルカ又ハ錯誤アリト認ムル場合ニ限ルモノニシテ單ニ市町村ノ負擔過重ナリトノ理由ヲ以テハ異議ノ申立ヲ爲スコトヲ得サルモノトス

ホ　異議申立期間經過後ニ於テハ假令賦課ニ錯誤アルコト明瞭ナル場合ト雖異議ノ申立ヲ爲スコトヲ得サルモノトス但シ市町村長ニ於テ明ニ錯誤ナルコトヲ認メ之ヲ訂正シテ過納金ヲ還付スルハ差支ナキモノトス

ヘ　法定期間經過後ニ爲シタル異議ノ申立ト雖市町村會ノ決定ニ付スヘキモノニ付市町村長限リ却下ノ取扱ヲ爲スハ違法ナリトス

二　訴願、訴訟

一　訴願トハ行政處分ヲ受ケタル者カ其ノ處分ヲ爲シタル行政官廳ノ上級ノ官廳ニ其ノ處分ノ變更取消ヲ求ムルヲ謂フ要スルニ訴願ハ行政處分ノ當否ヲ再審シ其ノ處分ノ取消又ハ變更ノ行政

處分ヲ求ムル手段ナリトス行政訴訟トハ行政裁判所ニ請求スル訴訟ナリ即チ行政訴訟ハ行政官吏ノ處分ノ違法ニ因リ權利又ハ利益ヲ侵害セラレタルヲ理由トシテ行政裁判所ニ對シ其ノ處分ノ變更取消ヲ求ムル處ノ一ノ不服申立ナリ

二　地方稅ニ關シ訴願又ハ行政訴訟ヲ爲シ得ル場合左ノ如シ

（イ）　府縣稅ニ付テハ其ノ賦課ニ對スル府縣參事會ノ異議申立ノ決定ニ對シ不服アルトキハ行政訴訟ヲ提起スルコトヲ得而シテ右ノ訴訟ハ異議ノ申立ニ對シ府縣參事會ノ決定アル場合ニアラサレハ提起スルヲ得サルモノトス

（ロ）　市町村稅ニ付テハ市町村稅ノ賦課ニ對スル市參事會又ハ町村會ノ決定ニ對シ府縣參事會ニ對シ訴願ヲ提起スルコトヲ得ルモノトス

右ノ府縣參事會ノ訴願ノ裁決ニ對シ不服アルトキハ行政裁判所ニ訴訟ヲ提起スルコトヲ得ルモノトス行政訴訟ハ府縣參事會ノ訴願ノ裁決ニ對スルニアラサレハ之ヲ提起スルヲ得サルモノトス

三　訴願ノ手續

イ）　訴願セムトスル者ハ處分ヲ爲シタル行政廳ヲ經由シ直接上級行政廳ニ之ヲ提起スヘキモノ

ス例ヘハ市町村税ニ付訴願ヲ提起セムトセハ市町村ヲ經由シテ府縣參事會ニ提起スルモノトス

（ロ）訴願ハ文書ヲ以テ之ヲ提起スヘク侮辱誹毀ニ渉ル事項ヲ記載スルトキハ受理セラレサルコトアルモノトス

（ハ）提出スル期限ハ訴願法ハ六十日ノ期間アルモ市町村税ニ付テハ市制町村制ニ特別ノ規定アリテ處分ノ決定アリタル日ヨリ二十一日以内ニ之ヲ爲スヘキモノトス

四 訴訟ノ手續

（イ）行政訴訟ハ行政廳ニ於テ處分ヲ受ケ又ハ決定書若ハ裁決書ノ交付ヲ受ケタル日ヨリ三十日以内ニ提起スヘキモノトス

（ロ）行政訴訟ハ文書ヲ以テ行政裁判所ニ提起スルモノトス

（ハ）訴狀ニハ左ノ事項ヲ記載スルモノトス

(1) 原告ノ身分、職業、住所、年齡

(2) 被告ノ行政廳又ハ其ノ他ノ被告

(3) 要求ノ事件及其ノ理由

(4) 立證
(5) 年月日

五　訴願、訴訟ニ付注意スヘキ事項左ノ如シ

(イ) 府縣稅ノ賦課ニ對スル府縣參事會ノ決定ニ不服アル場合ニハ行政裁判所ニ出訴シ得ルモ之ヲ內務大臣ニ訴願シ得サルモノトス

(ロ) 市町村稅ノ賦課ニ對シ不服アル者ハ府縣參事會ニ訴願ヲ爲サス直ニ行政訴訟ヲ提起スルヲ得サルモノトス

(ハ) 市參事會及町村會ヲ以テ訴願法第二條ノ行政廳ト看做シ該會ヲ經由スヘキモノトス

(ニ) 訴願期間ノ計算ハ訴願法第十條第二項ニ依リ郵便遞送日數ハ訴願期間ニ算入セサルモノトス

【關係法令】

●府縣制

第百十五條　府縣稅ノ賦課ヲ受ケタル者其ノ賦課ニ付違法若ハ錯誤アリト認ムルトキハ其ノ告知ヲ受ケタル時ヨリ三箇月以內ニ府縣知事ニ異議ノ申立ヲ爲スコトヲ得

第百三條第二項ノ場合ニ於テ市町村ハ府縣費ノ分賦ニ關シ違法若ハ錯誤アリト認ムルトキハ其ノ告知ヲ受ケ

タルトキヨリ三箇月以內ニ府縣知事ニ異議ノ申立ヲ爲スコトヲ得

前二項ノ異議ノ申立アリタルトキハ府縣知事ハ七日以內ニ之ヲ府縣參事會ノ決定ニ付スヘシ其ノ決定ニ不服アル者ハ行政裁判所ニ出訴スルコトヲ得

使用料及手數料ノ徵收竝夫役及現品ノ賦課ニ關シテモ亦第一項及第三項ノ例ニ依ル

本條ノ決定ニ關シテハ府縣知事、其ノ委任ヲ受ケタル官吏吏員又ハ市町村吏員ヨリモ亦訴訟ヲ提起スルコトヲ得

第百二十八條　異議ノ申立又ハ訴願ノ提起ハ處分ヲ受ケ又ハ決定書若ハ裁決書ノ交付ヲ受ケタル日ヨリ二十一日以內ニ之ヲ爲スヘシ但シ本法中別ニ期間ヲ定メタルモノハ此ノ限ニ在ラス

行政訴訟ノ提起ハ處分ヲ受ケ又ハ決定書若ハ裁決書ノ交付ヲ受ケタル日ヨリ三十日以內ニ之ヲ爲スヘシ但シ第八十二條第二項ノ規定ニ依リ告示ヲ爲シタル場合ニ於テハ告示ノ日ヲ以テ處分ヲ受ケタル日ト看做ス

決定書又ハ裁決書ノ交付ヲ受ケサル者ニ關シテハ前二項ノ期間ハ告示ノ日ヨリ起算ス

異議ノ申立ニ關スル期間ノ計算ニ付テハ訴願法ノ規定ニ依ル

異議ノ申立ハ期限經過後ニ於テモ宥恕スヘキ事由アリト認ムルトキハ仍之ヲ受理スルコトヲ得

異議ノ決定ハ文書ヲ以テ之ヲ爲シ其ノ理由ヲ附シ之ヲ申立人ニ交付スヘシ

異議ノ申立アルモ處分ノ執行ハ之ヲ停止セス但シ行政廳ハ其ノ職權ニ依リ又ハ關係者ノ請求ニ依リ必要ト認ムルトキハ之ヲ停止スルコトヲ得

第百二十八條ノ二　異議ノ決定ハ本法中別ニ期間ヲ定メタルモノヲ除ク外其ノ決定ニ付セラレタル日ヨリ三箇月以內ニ之ヲ爲スヘシ

府縣參事會訴願ヲ受理シタルトキハ其ノ日ヨリ三箇月以內ニ之ヲ裁決スヘシ

●市（町村）制

第百三（：）十條　市（町村）税ノ賦課ヲ受ケタル者其ノ賦課ニ付違法又ハ錯誤アリト認ムルトキハ徴税令書ノ交付ヲ受ケタル日ヨリ三月以内ニ市（町村）長ニ異議ノ申立ヲ爲スコトヲ得

財産又ハ營造物ヲ使用スル權利ニ關シ異議アル者ハ之ヲ市（町村）長ニ申立ツルコトヲ得

前二項ノ異議ノ申立アリタルトキハ市（町村）長ハ七日以内ニ之ヲ市參事（町村）會ノ決定ニ付スヘシ決定ヲ受ケタル者其ノ決定ニ不服アルトキハ府縣參事會ニ訴願シ其ノ裁決又ハ第五項ノ裁決ニ不服アルトキハ行政裁判所ニ出訴スルコトヲ得

第一項及前項ノ規定ハ使用料、手數料及加入金ノ徴收竝夫役現品ノ賦課ニ關シ之ヲ準用ス

前二項ノ規定ニ依ル決定及裁決ニ付テハ市（町村）長ヨリモ訴願又ハ訴訟ヲ提起スルコトヲ得

前三項ノ規定ニ依ル裁決ニ付テハ府縣知事ヨリモ訴訟ヲ提起スルコトヲ得

第百五（三）十九條　本法中行政裁判所ニ出訴スルコトヲ得ヘキ場合ニ於テハ内務大臣ニ訴願スルコトヲ得ス

第百六（四）十條　異議ノ申立又ハ訴願ノ提起ハ處分決定又ハ裁決アリタル日ヨリ二十一日以内ニ之ヲ爲スヘシ但シ本法中別ニ期間ヲ定メタルモノハ此ノ限ニ在ラス

行政訴訟ノ提起ハ處分決定裁定又ハ裁決アリタル日ヨリ三十日以内ニ之ヲ爲スヘシ

決定書又ハ裁決書ノ交付ヲ受ケサル者ニ關シテハ前二項ノ期間ハ告示ノ日ヨリ之ヲ起算ス

異議ノ申立ニ關スル期間ノ計算ニ付テハ訴願法ノ規定ニ依ル

異議ノ申立ハ期間經過後ニ於テモ宥恕スヘキ事由アリト認ムルトキハ仍之ヲ受理スルコトヲ得

異議ノ決定ハ文書ヲ以テ之ヲ爲シ其ノ理由ヲ附シ之ヲ申立人ニ交付スヘシ

異議ノ申立アルモ處分ノ執行ハ之ヲ停止セス但シ行政廳ハ其ノ職權ニ依リ又ハ關係者ノ請求ニ依リ必要ト認ムルトキハ之ヲ停止スルコトヲ得

第百六十四條ノ二 異議ノ決定ハ本法中別ニ期間ヲ定メタルモノヲ除クノ外其ノ決定ニ付セラレタル日ヨリ三月以内ニ之ヲ爲スヘシ

府縣參事會訴願ヲ受理シタルトキハ其ノ日ヨリ三月以内ニ之ヲ裁決スヘシ

●**訴願法**

第二條 訴願セントスル者ハ處分ヲナシタル行政廳ヲ經由シ直接上級行政廳ニ之ヲ提起スヘシ

訴願ノ裁決ヲ受ケタル後更ニ上級行政廳ニ訴願スルトキハ其ノ裁決ヲナシタル行政廳ヲ經由スヘシ

國ノ行政ニ付此ノ法律ニ依リ郡參事會又ハ市參事會ノ處分若ハ裁決ニ對シテ訴願セントスル者ハ其處分若ハ裁決ヲ爲シタル郡參事會又ハ市參事會ヲ經由シテ府縣參事會ニ之ヲ提起スヘシ

第五條 訴願ハ文書ニ以テ之ヲ提起スヘシ

訴願書ノ侮辱誹毀ニ涉ルモノハ之ヲ受理セス

第六條 訴願書ハ其ノ不服ノ要點理由要求及訴願人ノ身分職業住所年齡ヲ記載シ之ニ署名捺印スヘシ

訴願書ニハ證據書類ヲ添ヘ並下級行政廳ノ裁決ヲ經タルモノハ其ノ裁決書ヲ添フヘシ

第七條 多數ノ人員共同シテ訴願セントスルトキハ其ノ訴願書ニ各訴願人ノ身分職業住所年齡ヲ記載シ署名捺印シ其ノ中ヨリ三名以下ノ總代人ヲ選ヒ之ニ委任シ總代委任ノ正當ナルコトヲ證明スヘシ

法律ニ依リ法人ト認メラレタル者ハ其名ヲ以テ訴願ヲ提起スルコトヲ得

第八條 行政處分ヲ受ケタル後六十日ヲ經過シタルトキハ其ノ處分ニ對シ訴願スルコトヲ得ス

行政廳ノ裁決ヲ經タル訴願ニシテ其ノ裁決ヲ受ケタル後三十日ヲ經過シタルモノハ更ニ上級行政廳ニ訴願ス

ルコトヲ得ス

行政廳ニ於テ宥恕スヘキ事由アリト認ムルトキハ期限經過後ニ於テモ仍之ヲ受理スルコトヲ得

第十條　訴願書ハ郵便ヲ以テ之ヲ提出スルコトヲ得

郵便遞送ノ日數ハ第八條ノ訴願期限内ニ之ヲ算入セス

第十二條　訴願ハ法律勅令ニ別段ノ規程アルモノヲ除ク外行政處分ノ執行ヲ停止セス但行政廳ハ其ノ職權ニ依リ又ハ訴願人ノ願ニ依リ必要ナリト認ムルトキハ其ノ執行ヲ停止スルコトヲ得

第十四條　訴願ノ裁決ハ文書ヲ以テ之ヲ爲シ其ノ理由ヲ付スヘシ訴願ヲ却下スルトキ亦同シ

第十五條　訴願ノ裁決書ハ其ノ處分ヲ爲シタル行政廳ヲ經由シテ之ヲ訴願人ニ交付スヘシ訴願書ヲ却下スルトキ亦同シ

●行政裁判法

第十七條　行政訴訟ハ法律勅令ニ特別ノ規程アルモノヲ除クノ外地方上級行政廳ニ訴願シ其ノ裁決ヲ經タル後ニ非サレハ之ヲ提起スルコトヲ得ス

各省大臣ノ處分又ハ内閣直轄官廳又ハ地方上級行政廳ノ處分ニ對シテハ直ニ行政訴訟ヲ提起スルコトヲ得

各省又ハ内閣ニ訴願ヲナシタルトキハ行政訴訟ヲ提起スルコトヲ得ス

第二十二條　行政訴訟ハ行政廳ニ於テ處分書若クハ裁決書ヲ交付シ又ハ告知シタル日ヨリ六十日以内ニ提起ヘシ六十日ヲ經過シタルトキハ行政訴訟ヲ爲スコトヲ得ス但法律勅令に特別ノ規程アルモノハ此ノ限ニ在ラス

訴訟提起ノ日限其ノ他此ノ法律ニ依リ行政裁判所ノ指定スル日限ノ計算竝災害事變ノタメ遷延シタル期限ニ關シテハ民事訴訟法ノ規程ヲ適用ス

第二十三條　行政訴訟ハ法律勅令ニ特別ノ規程アルモノヲ除ク外行政廳ノ處分又ハ裁決ノ執行ヲ停止セス但シ行政廳及行政裁判所ハ其ノ職權ニ依リ又ハ原告ノ願ニ依リ必要ト認ムルトキハ其ノ處分又ハ裁決ノ執行ヲ停止スルコトヲ得

第二十四條　行政訴訟ハ文書ヲ以テ行政裁判所ニ提起スヘシ

法律ニ依リ法人ト認メラレタル者ハ其ノ名ヲ以テ行政訴訟ヲ提起スルコトヲ得

第二十五條　訴狀ハ左ノ事項ヲ記載シ原告署名捺印スヘシ

一　原告ノ身分、職業、住所、年齢

二　被告ノ行政廳又ハ其ノ他ノ被告

三　要求ノ事件及其ノ理由

四　立證

五　年月日

訴狀ニハ原告ノ經歷シタル訴願書裁決書竝證據書類ヲ添フヘシ

第三十六條　行政裁判所ノ對審判決ハ之ヲ公開ス

安寧秩序又ハ風俗ヲ害スルノ虞アリ又ハ行政廳ノ要求アルトキハ行政裁判所ノ決議ヲ以テ對審ノ公開ヲ停ムルコトヲ得

第四十三條　行政訴訟手續ニ關シ此ノ法律ニ規程ナキモノハ行政裁判所ノ定ムル所ニ依リ民事訴訟ニ關スル規程ヲ適用スルコトヲ得

【行政實例】

●市制町村制ニ依リ提起スル訴願期間ノ計算ハ訴願法第十條第二項ニ依ルヘキモノトス（明治二三、一一、二七）

●訴願期日ハ休日祭日ハ之ヲ控除スヘキモノニアラス（明治二四、一二、四）

●市制町村制ノ規定スル訴願ノ如キハ市町村會ヲ以テ訴願法第二條ノ行政廳ト看做シ總テ該會ヲ經由スヘキモノトス（明治二四、四、一〇）

●訴願法第八條第三項ハ市制町村制ニ依リ提起スル訴願ニモ適用アルモノトス（明治二五、一一、一〇）

●市制町村制又ハ訴願法ニ依リ提起スル訴願書ハ規定ノ期限內ニ裁決ヲ爲スヘキ行政廳ニ到著セサルモ訴願法第二條ニ依リ經由スヘキ行政廳ニ差出ストキハ有效ナリトス（明治二五、一一、一〇）

●市町村稅ノ賦課ニ關シテハ納稅ノ義務ヲ負擔セル外國人モ亦訴願又ハ訴訟ノ能力アルモノトス（明治三九、三、一二）

●町村長ニ於テ町村稅ノ賦課ニ關スル異議ノ申立ヲ受ケタル場合ハ徵稅令書ノ交付後既ニ三ケ月ノ期間ヲ經過シタルトキト雖町村長ハ必ラス町村會ノ決定ニ付スヘキモノニ付町村長限リ却下スルハ違法ナリ（明治四三、六、一〇）

●市町村稅ノ賦課ニ關シ異議ノ申立ヲ爲スコトヲ得ルハ賦課ニ違法アリト認ムルカ又ハ錯誤アリト認ムル場合ニ限ルカ故ニ市町村稅ヲ苛重ナリトシ賦課ノ輕減ヲ請フカ如キハ異議トシテ之ヲ申立ツルコトヲ得ス（明治四四、四、八）

●市町村稅ノ賦課ヲ受ケタル者徵稅令書ノ交付後三ケ月ヲ經過シ賦課ニ錯誤アリタルコトヲ發見スルモ本條ニ依リ異議ノ申立ヲ爲スコトヲ得サルモノトス然レトモ關係者ニ於テ市町村長ニ還付ヲ申立ツルハ別ニ差支ナク市町村長モ亦其ノ錯誤ナルコトヲ自認シタルトキハ之ヲ還付スルハ固ヨリ妨ナキモノトス（明治四四、五、一八）

●市稅賦課徵收規程ニ每年度豫算ヲ以テ定メタル課率ヲ以テ賦課シ云々トアル其ノ豫算トハ執行シ得ヘキ狀態ニ

達シタル豫算ノ意ト解スルヲ相當トス從テ歳出豫算中補助費ニ付知事ノ許可ヲ受ケサルニ賦課ヲ爲シタルハ違法ノ賦課タルヲ免レス（大正八、六、一〇）

●縣稅戶數割ノ賦課ヲ不當ナリトシ爲サレタル訴願ニ對スル縣參事會ノ決定ニ不服アリトセハ府縣制第百十五條第三項ニ依リ行政裁判所ニ出訴シ得ヘシト雖之ヲ內務大臣ニ訴願シ得ヘキモノニアラス（大正一四、一〇、一四）

●縣稅不動產取得稅ノ賦課額不當ナルヲ以テ之ニ關シ徵稅傳令書ヲ發シタルハ違法ニ付キ減額更訂方縣知事ニ異議申立ヲ爲シタルトコロ縣參事會カ右賦課ハ適法ニシテ減額更訂ノ限ニアラスト決定シタルハ不當ナルヲ以テ之カ救濟ヲ求メムトシテ內務大臣ニ訴願ヲ提起セルモ本件ハ府縣制第百十五條第三項ニ依リ行政裁判所ニ出訴スヘキモノニシテ訴願ヲ提起スヘキモノニアラス（大正一四、一一、五）

【行政裁判例】

●市制町村制又ハ訴願法ニ依リ提起スル訴願書ハ規定ノ期限內ニ裁決ヲ爲スヘキ行政廳ニ到達セサルモ訴願法第二條ニ依リ經由スヘキ行政廳ニ差出ストキハ有效ナリトス（明治二五、一一、一〇）

●三月ノ期間ノ計算ハ徵稅令書ノ交付ヲ受ケタル翌日ヨリ起算スヘキモノトス（明治二九、五、三六）

●市町村稅ノ賦課ニ關スル事件ニ付テハ三月ノ期間ヲ經過スルトキハ全ク其ノ訴權ヲ失フモノトス（明治三二、一〇、三〇）

●市制第百六十條町村制第百四十條ニ所謂二十一日及三十日以內トアルハ滿了ノ日カ公暇日ナルトキハ期間ニ算入セス其ノ翌日ヲ以テ滿了ノ日トスヘキモノトス（明治四一、三、一八）

●市カ納稅者ノ市外ニ於ケル資產ニ付營業稅竝所得稅ノ附加稅ヲ賦課徵收シタルヲ違法トシ其ノ取消及稅金ノ還

付ヲ求ムル異議ノ申立ヲ爲シ得ヘキモノトス（明治四二、六、三）

●府縣參事會ノ決定書ニシテ異議申立人ノ住所ニ於テ未成年者ナルニモセヨ相當ノ年齡ニ達セル家族ニ交付セラレタル以上府縣制ノ解釋トシテ異議申立人ハ其ノ時ヲ以テ其ノ交付ヲ受ケタルモノト爲サヽルヲ得ス（明治四三、五、一五）

●町村制ノ規定ニ基ク行政訴訟ハ町村制第百二十八條ノ規定ニ從ヒ裁決書ヲ交付シ又ハ之ヲ告知シタル日ヨリ三十日以內ニ出訴セサルヘカラス（明治四三、九、二七）

●縣稅附加稅タル戶數割ノミニ對シ異議ヲ申立テタル場合ニ於テ本稅ニ對シ異議ヲ申立テサルカ爲ニ附加稅ノ戶數割ニ對シ異議ヲ申立ツヘキ權利ヲ喪失スルノ理由ナキヲ以テ不適當ト思料スル本稅ニ附加セル戶別割ノ取消ヲ求ムルハ相當ナリ（明治四四、三、二一）

●縣稅又ハ村稅ノ賦課ニ付テハ縣參事會ノ決定又ハ裁決ヲ受ケタル後ニアラサレハ行政訴訟ヲ提起スルヲ得ス（明治四五、一二、九）

●異議又ハ訴願ノ理由ハ決定又ハ裁決アルマテハ何時ニテモ補充スルコトヲ得ルモノトス從テ異議申立人カ異議申立期間經過後ニ至リ異議ノ理由トシテ追加シタル主張ヲ受理シテ裁決ヲ爲シタルハ違法ニ非ス（大正二、四、一六）

●町村制第百十條第三項ノ決定ハ同法第百四十條第五項（現行第六項）ニ依リ異議申立人ニ交付シタルトキヨリ其ノ效力ヲ生スルモノナルヲ以テ同條第一項ノ訴願ノ提起ノ期間ハ右決定書交付ノ日ノ翌日ヨリ起算スヘキモノトス（大正二、七、八）

●期間ヲ計算スルニ日ヲ以テスルモノハ其ノ翌日ヨリ起算スルヲ通則トスルモノニシテ府縣制郡制ノ翌日ナル文字ハ單ニ之ヲ明ニシタルニ止マレハ翌日ノ文字ナキ場合ハ總テ當日ヨリ起算スヘキモノナリト云フヲ得ス（大

正二、七、八）

●市制第百六十條町村制第百四十條第一項ニ所謂處分決定又ハ裁決アリタル日トハ處分決定又ハ裁決カ其ノ者ニ對シ效力ヲ生シタル日ヲ指シタルモノトス（大正二、一二、二七）

●異議ノ決定ハ決定書ヲ異議申立人ニ交付セサル前ニ於テハ效力ヲ生セサルニ依リ町村制第百四十條第一項ノ訴願期間ハ決定書ヲ異議申立人ニ交付ノ日ノ翌日ヨリ起算スヘキモノトス（大正三、六、一七）

●訴願書ノ經由ニ當レル町村會ノ議長タル町村長カ町村會ノ議ニ付スルコトナク且ツ其ノ辯明書ヲモ添付セスシテ上級行政廳ニ進達シタリトスヘキ訴願人ハ經由手續ヲ怠リタルモノト謂フヲ得ス（大正三、一〇、一）

●處分ヲ爲シタル行政廳ヲ經由セスシテ提出シタル訴願ハ法定ノ手續ニ違背スルモノナルヲ以テ假令後日其ノ處分ヲ爲シタル行政廳ヲ經由シテ其ノ補正書ヲ提出スルモ之ニ依リ訴願ヲ適法ト爲シ得ヘキモノニアラス（大正三、一一、三）

●町村稅ノ賦課ニ不服アル者カ府縣參事會ニ訴願ヲ爲サス直ニ行政訴訟ヲ提起セルハ町村制第百十條第三項ノ手續ニ違背セルモノニシテ其ノ訴ヲ却下スヘキモノトス（大正四、四、一九）

●村稅賦課ヲ取消シタル縣參事會ノ裁決自體ニ不服アルニアラスシテ唯其ノ理由ニ不服アルニ過キサルトキハ行政訴訟ヲ提起スルコトヲ得サルモノトス（大正四、七、七）

●村稅ノ賦課ニ對スル異議ノ申立ニ付速ニ決定ヲ爲スヘシトノ判決ヲ求ムル行政訴訟ハ受理スルノ限ニ在ラス（大正四、七、二八）

●市稅賦課ニ關スル行政訴訟ハ行政裁判法第二十二條第一項行政廳ニ於テ裁決書ヲ交付シタル日ヨリ六十日以内ニ提起スヘシトノ規定ヲ適用スヘキモノニアラスシテ同條但書ニ依リ市制第百六十條第二項ノ規定ヲ適用スヘキモノトス（大正四、七、二八）

●町村稅ノ賦課ニ關スル行政訴訟ハ異議ノ申立ニ付町村會ノ決定及之ニ對スル訴願ニ付府縣參事會ノ裁決アリタル場合ニアラサレハ提起スルヲ得サルモノトス（大正八、七、九）

●町村稅ノ賦課ニ對スル異議ノ申立ハ當該町村長ニ爲スヘキモノニシテ府縣知事ニ爲シタルハ違法ナリトス（大正九、六、三〇）

●既ニ納付シタル縣稅戶數割ノ返還ヲ求ムル訴ニ付テハ法律勅令中行政訴訟ヲ許シタル規定ナシ（大正一四、九、一六）

第二編　各論

第一章　國稅附加稅

第一節　地租、營業收益稅及所得稅附加稅

◉地方稅制限ニ關スル法律（明治四一、三、三一法律第三七號）

明治三十七年日露戰時ニ於テ地方費節減ノ必要アリ即チ非常特別稅法ヲ制定シ一般的ニ地方附加稅ヲ制限シタリシカ後同四十一年ニ至リ戰後經營ノ爲經費增大シ地方附加稅ノ制限ヲ緩和スルノ必要ヲ生シ明治四十一年三月三十一日法律第三十七號ヲ以テ地方稅制限ニ關スル法律ヲ施行シ同時ニ非常特別稅法ヲ廢シタリ後國稅ノ改正ニ伴ヒ又ハ制限緩和ノ必要ニ迫ラレ前後五回ノ改正ヲ行ヒタリ

第一條　北海道、府縣其ノ他ノ公共團體ハ左ノ制限以内ノ地租附加稅又ハ段別割ヲ課スルノ外土地ニ對シテ課稅スルコトヲ得ス

一　北海道、府縣

附加稅ノミヲ課スルトキ　宅地地租百分ノ三十四
其ノ他ノ土地地租百分ノ八十三

段別割ノミヲ課スルトキ　一段步ニ付每地目平均金壹圓

附加稅及段別割ヲ併課スル場合ニ於テハ段別割ノ總額ハ其ノ地目ノ地租額宅地ニ在リテハ百分ノ三十四、其ノ他ノ土地ニ在リテハ百分ノ八十三ト附加稅額トノ差額ヲ超ユルコトヲ得ス

二　其ノ他ノ公共團體

附加稅ノミヲ課スルトキ　宅地地租百分ノ二十八
其ノ他ノ土地地租百分ノ六十六

段別割ノミヲ課スルトキ　一段步ニ付每地目平均金壹圓

附加稅及段別割ヲ併課スル場合ニ於テハ段別割ノ總額ハ其ノ地目ノ地租額宅地ニ在リテハ百分ノ二十八　其ノ他ノ土地ニ在リテハ百分ノ六十六ト附加稅額トノ差額ヲ超ユルコトヲ得ス

本條ハ土地ニ對スル地方税賦課ノ制限ニ關スル規定ナリ而シテ其ノ賦課ノ制限ハ北海道府縣ト其ノ他ノ公共團體トニ區分シ之ヲ地租附加税ノミヲ課スル場合ト段別割ノミヲ課スル場合ト地租附加税及段別割ヲ併課スル場合トノ三様ニ規定セラレタルモノナリ『其ノ他ノ公共團體』トハ北海道府縣以外ノ公共團體ニシテ課税權ヲ認メラレタルモノ即チ市、町、村、水利組合（水利組合ハ分チテ普通水利組合及水害豫防組合ノ二種ト爲ス）及北海道土功組合之ナリ『土地』トハ地租ヲ課セラルル土地ハ勿論地租ヲ課セラレサル所謂免租地ヲモ包含スルモノトス、本條ノ規定ニ依レハ『地租附加税又ハ段別割ヲ課スルノ外土地ニ對シテ課税スルコトヲ得ス』トアルヲ以テ地方團體ニ於テ土地ニ對シテ課税スル場合ハ必ス地租附加税又ハ段別割ニ依リテ賦課スヘキモノニシテ土地ノ賃貸價格ヲ標準トシ又ハ其ノ他ノ特別ノ方法ニ依リテ賦課スルコトヲ得サルモノト解スヘキモノナリ而シテ段別割ノミニ依リ賦課シ又ハ地租附加税及段別割ノ併課ヲ爲スハ地租附加税ノミニ依リテ賦課スルトキハ負擔ノ公平ヲ期シ得ラレサル場合ニ限ラルヘキモノトス

地租附加税ノミヲ課スルトキニ付テハ宅地ト其ノ他ノ土地トノ賦課ノ制限率ヲ異ニシ規定セラレタルヲ以テ實際ノ賦課率モ常ニ各其ノ制限率ニ比例シ定ムヘキナリ即チ宅地ト其ノ他ノ土地トノ賦課率ノ割合ハ北海道府縣ニアリテ34：83＝1：2・441餘　其ノ他ノ公共團體ニアリテハ28：66＝1：2・357

餘ノ比ニ依ルヘキモノトス、段別割ノミヲ課スルトキニ付テノ制限『毎地目平均』トハ地租條例第三條ニ規定スル地目即チ宅地、田、畑、山林等ノ各一地目ノ平均ヲ謂フ即チ其ノ制限ハ一地目毎ニ其ノ平均額ヲ以テ計算スルモノトス例ヘハ宅地ニ於テ或ル部分ノモノカ一段歩ニ付金一圓ヲ超過スルモ其ノ宅地全體ヲ平均シタル場合ニ於ケル一段歩ノ課額カ金一圓ヲ超過セサルトキハ制限超過（制限外トモ稱ス）トナラス又全地目ノ一段歩平均ノ課額カ金一圓ヲ超過セサルモ其ノ中ノ宅地ニ對スル平均課額カ一段歩ニ付金一圓ヲ超過セルカ如キ場合ハ其ノ段別割ハ制限ヲ超過シタル課税ナリト謂フヘシ

地租附加税及段別割ヲ併課スル場合ノ制限ハ地租附加税又ハ段別割ノミヲ課スルトキノ如ク課率ニ付テ制限シタルニ非スシテ賦課總額ニ付テ制限シタルモノナリ即チ一地目毎ニ其ノ段別割ノ賦課額ハ地租附加税ノミヲ課スルトキノ制限率ニ依リ算定シタル附加税額ヨリ其ノ賦課スヘキ附加税額ヲ差引タル殘額ヲ超ユルコトヲ得サルコトトセリ

【訓令通牒】

●**地租附加税ノ課率ノ件**（明治四三、四、六地第二〇三四號通牒）

道府縣其ノ他ノ公共團體ニ於ケル地租附加税ノ課率ハ本年法律第二十七號ヲ以テ改正セラレタル地租附加税制限課率ヲ以テ課率ト爲スモノ及其各課率ノ比例ニ從フモノハ均一ノ税率タルコトニ決定相成候間右樣御承知相

成度依命此段及通牒候也

●地租附加税課率ニ關スル件（明治四四、八、八地第六三六七號通牒）
府縣市町村其ノ他ノ公共團體ニ於テ賦課スル地租附加税課率ノ件長崎縣知事ノ問合ニ對シ左ノ通回答候間爲御參考及通牒候也
四十三年訓第二九一號訓令第三號様式凡例ニ課率カ忽位ニ止ラサルトキハ四捨五入ノ法ヲ以テ忽位ニ止ムルトアルモ自今課率ヲ定ムルニ當リ厘位未滿ノ數アルトキハ之ヲ切捨テ又ハ切上クル等便宜課率ヲ厘位ニ止ムルモ差支ヘナキコトニ決定候又縣税地租附加税ノ課率ヲ厘位ニ止ムルハ固ヨリ何等差支ナキ義ニ候

【行政實例】

●地租附加税ハ宅地以外ノ土地ヲ除キ賦課スルヲ得ス（明治四三、六、七）
●明治四十一年法律第三十七號第五條中ノ地目トハ地租條例ニ依ル地目ヲ云フモノトス（明治四三、六、七）
●地租附加税ノ山林ヲ除キタル他ノ地目ニノミ賦課スルハ町村制第百四條ニ該當スル場合ニアラサレハ爲シ得サル義ニ付山林ニ對シテモ地租附加税ヲ課シ尚ホ必要アラハ制限外課税ヲ爲シ得ル費用ヲ限度トシテ段別割ヲ課スルコト可ナリ（大正七、六、一五）
●災害地地租免除法ニ依リ地租ヲ免除セラレタルハ唯地租ノ徴收ヲ免除セラレタルモノナルヲ以テ荒地成ノ如ク地價ノ消滅ヲ來ササレハ地租附加税ヲ賦課シ得ヘク尚地租ヲ免除セラレタル土地ヲ除外シ其ノ他ノ土地ニ對シテノミ地租附加税ヲ賦課スルカ如キ又ハ單ニ災害ニ依リ地租ヲ免除セラレタルノ故ヲ以テ其ノ附加税ヲ免除スルカ如キハ適法ニ非ス（大正一三、一二、一一）

【行政裁判例】

●市町村稅地價割ノ課率ニシテ宅地地租ニ對スルモノト其他ノ地租ニ對スルモノトノ間ニ明治四十一年法律第三十七號（明治四十四年法律第十二號ヲ以テ改正）ニ於ケル附加稅制限課率（宅地地租ニ付テハ本稅ノ百分ノ九其他ノ土地ノ地租ニ付テハ同百分ノ二十二）ノ割合ヲ保テル以上其地價割ハ負擔ノ均衡ヲ保テルモノナレハ舊市制町村制ニ所謂均一ノ稅率ニ據リタルモノトス（大正元、一二、六）

●德島縣縣稅賦課規則第七條「賦課期日後ニ於テ新ニ納稅義務ヲ生シタル」トアルハ地租割ニ付テハ第三條所定ノ賦課期日後ニ於テ該賦課期日ニ賦課シタル地租割ト同一年ノ地租ヲ標準トスル地租割ノ納稅義務カ新ニ發生シタルヲ謂フモノト解スヘキモノトス從テ大正四年一月一日荒地免租年期明ニ因リ大正四年分地租復舊スルモ大正三年分地租ヲ標準トセル大正三年度分縣稅地租割ヲ賦課シタルハ違法ナリ（大正五、一〇、二五）

●災害地租免除法第一條ニ依ル地租ノ免除ハ唯地租ノ徵收ヲ免除スルニ止マリ地租ヲ消滅セシムルモノニアラス地租カ存在スル以上ハ現實ニ之ヲ賦課徵收スルト否トニ拘ハラス附加稅タル縣稅地租割ハ之ヲ賦課シ得ヘキモノトス（大正六、三、五）

第二條　北海道、府縣其ノ他ノ公共團體ハ左ノ制限以內ノ營業收益稅附加稅ヲ課スルノ外營業收益稅ヲ納ムル者ノ營業ニ對シ課稅スルコトヲ得ス

一　北海道、府縣　　營業收益稅百分ノ四十一

二　其ノ他ノ公共團體　　營業收益稅百分ノ六十

營業收益税附加税ノ賦課ニ付テハ營業收益税法第十條第二項ノ規定ニ依ル資本利子税額ノ控除ヲ爲ササルモノヲ以テ營業收益税額ト看做ス

本條ハ營業收益税附加税賦課ノ制限ニ關スル規定ナリ

第一項ハ營業收益税附加税ノ賦課ノ制限率ヲ定メ併テ營業收益税ヲ納ムル者ノ營業ニ對シ營業收益税附加税以外ノ課税ヲ禁シタルモノナリ『營業收益税ヲ納ムル者』トハ營業收益税法第一條ニ規定スル營利法人及同第二條ニ揭クル個人營業者ニシテ純益金額四百圓以上アルカ爲營業收益税ヲ課セラルヘキモノヲ謂フ『營業ニ對シ』トハ營業其ノモノヲ指シタルモノナリ從ツテ營業用物件ニ對シ一般的ナル物件税ヲ賦課スルカ如キハ支障ナシ然レ共假令物件税ナリト雖營業ヲ課税ノ目的トスルモノナルニ於テハ結局營業ニ對シ課税スルコトトナルヲ以テ本條ニ牴觸スルモノト云フヘシ即チ營業用物件ニ對シテノミ特ニ物件税ヲ課スルカ如キハ本條ノ精神ヲ沒却スルニ至ルモノナルヲ以テ然ルヘカラス

第二項ハ法人ニ對スル營業收益税附加税賦課ノ場合ニ於ケル其ノ課税標準ノ特例ヲ規定シタルモノナリ大正十五年ノ税制整理ニ依リ收益税ノ重復課税ヲ囘避スル爲法人ノ營業收益税ハ純益ニ依リ算出シタル營業收益税額ヨリ法人カ其ノ事業年度中ニ納付シタル資本利子税額ヲ控除シタルモノニ依

ルコトトシタリ從ツテ其ノ營業收益稅ハ從前ノ營業稅ヨリ甚シク減少スルモノアルニ至リ其ノ附加稅ニ影響スル所少カラサルモノアリシヲ以テ營業收益稅附加稅ノ賦課ニ付テハ資本利子稅額ノ控除ヲ爲ササルモノヲ以テ其ノ法人ノ營業收益稅ト看做スコトトシタルモノナリ

【訓令通牒】

●**重復課稅ノ場合ニ於ケル府縣稅、營業稅還付ニ關スル件**（大正七、七、一六發地第一五號地方局長通牒）

府縣營業稅ノ納稅者ニシテ國稅營業稅ノ納稅者ト爲リタル場合國稅ハ暦年ニ依リ課稅ヲ爲ス結果其ノ年ノ一月ヨリ三月迄ノ營業ニ對シテハ附加稅ノ課稅ト重復スルコトト相成此ノ場合ニ於テハ明治四十一年法律第三十七號第二條ノ規定ニ牴觸スルモノト被認候ニ付右三ケ月間ノ府縣營業稅ハ月割ヲ以テ還付スルヲ相當ト被認候得共往々還付ヲ爲ササル向モ有之樣被存候ニ付テハ右ハ將來還付スヘキ樣御取扱相成度

【行政實例】

●營業割ヲ賦課スルニ當リ營業ノ種類ニ依リ本稅ニ對シ其ノ稅率ヲ異ニスルモノハ不均一ノ附加稅ナリトス（明治二六、五、三一）

【行政裁判例】

●營業稅法ニ依リ營業稅ノ納稅義務ヲ有スル營業者ノ營業上使用スル物件ニ對シテ賦課スル縣稅ニハ營業稅法第三十六條ノ規定ヲ適用セス（明治三一、四、五）

（參照）營業稅法（明治二九年三月法律第三三號）

第三十六條　府縣ハ此ノ税法ニ依リ納税義務ヲ有スル營業者ノ營業ニ對シ本税十分ノ二以内ノ附加税ヲ課スルコトヲ得此ノ附加税ノ外府縣税又ハ地方税ヲ課スルコトヲ得ス

●營業其ノモノニ營業税ヲ課シ更ニ營業ニ使用スル物件ニ雜種税ヲ課スルハ二重ノ課税ト謂フヲ得ス（明治三三、九、二八）

●營業者ノ使用スル場所ニ對シ市場税ナル縣税ヲ課スルモ營業税法第三十六條ニ牴觸スルモノニ非ス（明治三六四、一）

●屠獸營業者ノ獸肉販賣業ニ對シ國税トシテ營業税ヲ賦課シ又其ノ獸畜ヲ屠殺スル行爲ニ對シ縣税トシテ屠畜税ヲ賦課スルモ彼此其ノ課税ノ目的ヲ異ニスルモノナレハ營業税法第三十六條ニ牴觸スルコトナシ（明治三六、六、二二）

●本支店間ニ資本ヲ區分セサル法人ハ縱令本店所在地ニ於テ營業税又ハ所得税ノ全部ニ對スル附加税ヲ納付シタル場合ト雖モ之ヲ以テ支店所在地ノ町村ニ於ケル附加税ノ賦課ヲ拒ムノ理由ト爲スヲ得ス（明治四一、二、二八）

●水車營業者ノ其ノ營業上使用スル水車ニ對シ府縣税水車税ヲ賦課シタルハ違法ナリト云フヲ得ス（明治四一、四、五）

●營業税法第三十六條ハ同法ニ依リ納税義務ヲ有スル營業者ノ營業上使用スル物件ニ對シテ府縣税ヲ賦課スルコトヲ禁シタルモノニ非ス（明治四二、三、一六）

●營業税法第三十六條又ハ明治四十一年法律第三十七號第二條ハ營業税ヲ納ムルモノノ營業ニ對スル課税ノ制限ヲ規定シタルニ過キスシテ其ノ營業上使用スル所ノ物件ニ對スル課税ヲ制限シタルモノニ非ス（明治四三、一一、五）

●明治四十一年法律第三十七號地方稅制限ニ關スル法律第二條ニ於テ一定ノ制限內ニ於ケル附加稅ノ外國稅營業稅ヲ納ムル者ノ營業ニ對スル課稅ヲ府縣其他ノ公共團體ニ禁シタルハ同一營業ニ對シ國稅營業稅額ノ外多額ノ府縣稅等ヲ負擔セシムルコトヲ防止スルノ趣旨ニシテ所謂國稅營業稅ヲ納ムル者トハ現實之ヲ納ムルノ義務ヲ有スル者ヲ指スモノナリト解スルヲ相當トス而カモ營業稅法第二十一條第二項ニハ『左ニ揭クル營業ヲ開始スル者ニハ開業ノ翌年ヨリ尙ホ三箇年間其ノ營業稅ヲ徵收セス云々』トアリテ同條所定ノ營業ヲ開始スル者ハ開業ノ翌年ヨリ三箇年間現實納稅ノ義務ヲ有セサルモノト解スヘキカ故ニ右國稅營業稅不徵收期間ニ於ケル營業者ノ營業ニ對シ府縣其他ノ公共團體ニ於テ課稅シ爲スモ前示地方稅制限ニ關スル法律ニ違背スル所ナキモノトス明治四十一年法律第三十七號第二條ハ現實國稅營業稅ヲ納ムル義務アル場合ニ關スル制限規定ニシテ同條ニ所謂營業稅ヲ納ムル者ノ中ニハ營業稅法第二十一條第二項不徵收期間內ノ營業者ヲ包含セサルモノト解スヘク之ニ反スル判例ハ之ヲ改ムルヲ相當トス（**判決變更**）（大正七、六、七）

●明治四十一年法律第三十七號第二條ノ『營業稅ヲ納ムル』者トハ現實國稅營業稅ヲ納ムルノ義務ヲ有スルモノヲ指スモノト解スルヲ相當トス　（大正七、六、七）

●獸肉等ノ販賣業ヲ營ミ國稅營業稅ヲ納ムルモノカ其ノ販賣ノ用ニ供スル獸肉ヲ得ンカ爲獸畜ヲ屠殺スル場合ニ於テ其屠畜行爲ニ對シテ縣稅屠畜稅ヲ賦課スルモ明治四十一年法律第三十七號第二條ニ所謂營業稅ヲ納ムル者ノ營業ニ對シ課稅スルモノト謂フコトヲ得ス（大正七、七、二二）

●一ノ府縣ト外國トニ涉リテ營業所ヲ定メテ爲ス營業ノ收入ニ對シ本稅ヲ分別シテ納メサル者ニ對スル附加稅タル府縣稅、賦課ニ關シテハ別段ノ規定ナキカ故ニ府縣制第百八條ノ場合ニ準シ其府縣知事ニ於テ其營業ノ其府縣ニ於ケル狀況ニ應シ賦課ノ步合ヲ定ムルヲ府縣制ノ法意ナリト解スルヲ相當トス斯ノ如キ營業ニ依ル收入ニ

關シテハ其全部ニ對シ府縣税ヲ賦課スヘキモノニ非ス（大正一一、一一、一二）

第三條　北海道、府縣ハ所得税百分ノ二十四以内ノ所得税附加税ヲ課スルノ外所得税ヲ納ムル者ノ所得ニ對シ課税スルコトヲ得ス

北海道　府縣以外ノ公共團體ハ府縣費ノ全部又ハ一部ノ分賦ヲ受ケタル場合ヲ除クノ外所得税ヲ納ムル者ノ所得ニ對シ課税スルコトヲ得ス

戸數割ヲ賦課シ難キ市町村ニ於テハ前項ノ規定ニ拘ラス内務大藏兩大臣ノ許可ヲ受ケ所得税附加税ヲ課スルコトヲ得但シ其ノ賦課率ハ所得税百分ノ七ヲ超ユルコトヲ得ス

所得税附加税ノ賦課ニ付テハ所得税法第二十一條第二項ノ規定ニ依ル第二種ノ所得税額ノ控除ヲ爲ササルモノヲ以テ第一種ノ所得税額ト看做ス

第二種ノ所得ニ對シテハ附加税ヲ課スルコトヲ得ス

本條ハ所得税附加税賦課ノ制限ニ關スル規定ナリ所得税附加税ハ從前北海道府縣ニ對シテハ勿論市及町村ニ對シテモ其ノ賦課ヲ認メタリシモ大正十五年ニ於ケル地方税制整理ニ際シ府縣ノ戸數割ヲ

市町村ニ委讓シ以テ市及町村ニ對シテハ原則トシテ所得稅附加稅ノ賦課ヲ認メサルコトトシタリ地方制度ニ於ケル直接國稅及本條ノ所得稅ニハ殖民地ノ稅法ニ依ル所得稅ヲ包含セス從ツテ其ノ所得稅ニ對シテ府縣稅又ハ市町村稅ヲ附加スルニハ特別稅トシテ內務大藏兩大臣ノ許可ヲ受クルコトヲ要ス即チ殖民地ノ法令ニ依ル所得稅ニ對シ府縣稅又ハ市町村稅ヲ附加スルニ付テハ本條ノ適用ナキモノトス

第一項ハ北海道及府縣ニ於ケル所得稅附加稅ノ賦課ノ制限率ヲ定メ併テ所得稅ヲ納ムル者ノ所得ニ對シ附加稅以外ノ課稅ヲ禁止シタルモノナリ賦課ノ制限率ハ從前百分ノ三・七ナリシモ大正十五年ニ於ケル地方稅制整理ニ際シ戶數割委讓ニ伴フ歲入缺陷補塡ノ爲之ヲ一躍百分ノ二十四ニ引上ケタルモノナリ

第二項ハ北海道及府縣以外ノ公共團體ニ對シ府縣費ノ分賦金額支辨ノ爲ニスル場合ノ外所得稅ヲ納ムル者ノ所得ニ對シ課稅スルコトヲ禁止シタルモノナリ即チ府縣費ノ全部又ハ一部ノ分賦ヲ受ケタル市町村ニ對シテノミ第四條ノ規定ニ依ル課稅ヲ認メ其ノ他ノ市町村ニ對シテハ原則トシテ其ノ所得稅ヲ納ムル者ノ所得ニ對シ一切ノ課稅ヲ禁止セリ

第三項ハ戶數割ヲ賦課シ難キ市町村ニ對シ特ニ所得稅附加稅ヲ賦課スルコトヲ認メタルモノナリ所

得税附加税賦課ノ許可ヲ受ケタルトキハ其ノ許可ノ取消ナキ限リ許可期間内ハ随意ニ所得税附加税ヲ賦課スルコトヲ得ルモノトス尤モ賦課ノ制限率百分ノ七ヲ超過スル課税ニ付テハ其ノ課税ノ都度第五條ノ規定ニ依リ許可ヲ受クルコトヲ要スルハ勿論ナリ『戸數割ヲ賦課シ難キ市町村』トハ地方税ニ關スル法律第二十三條ノ規定ニ依ル戸數割ヲ賦課スルコト困難ナルカ爲之ヲ課税セサル市町村ヲ指スモノナリ

第四項ハ法人ニ對スル所得税附加税ノ課税標準ノ特例ヲ規定シタルモノナリ大正十五年ニ於ケル税制整理ニ依リ法人ノ所得税ハ所得ニ依リ算出シタル所得税額ヨリ法人カ其ノ事業年度ニ於テ納付シタル第二種ノ所得ニ對スル所得税ヲ控除シタルモノニ依ルコトトシタル爲法人ニ在リテハ其ノ所得税額從來ヨリ甚シク減少スルモノアルニ至リ從ツテ其ノ附加税額ニ影響スル所少カラサルモノアリシヲ以テ其ノ所得税附加税ノ賦課ニ付テハ第二種ノ所得税額ノ控除ヲ爲ササルモノヲ以テ其ノ法人ノ所得税ト看做スコトトシタルモノナリ

第五項ハ第二種ノ所得ニ對シ附加税ノ賦課ヲ禁止シタルモノナリ、第二種ノ所得ニ對シ地方税ヲ賦課スルハ不適當ナリトセラレタルニ因ルモノナリ

【訓令通牒】

●所得稅附加稅賦課ニ關シ所得金額及內容等調査ニ關スル件（明治三七、三、九藏第二號通牒）

所得稅附加稅ノ賦課ニ關シ當該市町村ヨリ所得稅納稅者ノ所得金額及內容ニ付問合セアリタルトキハ可成便宜ノ取計ヒヲナスヘキ樣各稅務監督局ヘ通牒致シ置キタル旨大藏省ヨリ通知有之候右ノ趣市町村ヘ可然御示達相成候樣致度此段及通牒候也

【行政實例】

●市町村ニ於テ所得稅附加稅ヲ賦課スルニ當リ其ノ市町村ニ住居ヲ構フルト否トヲ問ハス其ノ市町村內ノ土地家屋又ハ營業ヨリ生スル所得ニ對シテハ假令他市町村ニ於テ本稅ヲ納ムルモ右所得ニ相當スル所得稅ニ對シ附加稅ヲ賦課スルコトヲ得（明治二八、一一、二七）

●艦艇ニ乘組メル軍人軍屬ヲ單ニ軍港所屬ノ海軍艦艇ニ乘組ミ居ルノ事實ノミヲ以テ當該市ニ住所ヲ有シ又ハ三ケ月以上滯在スル者ト云フヲ得サル義ニシテ假令其ノ市ニ於テ所得稅ヲ納付スルモ市ニ住所ヲ有シ又ハ三ケ月以上滯在スルノ事實ナキ者ニ對シテハ其ノ附加稅ヲ賦課シ得ヘキモノニ非ス（大正元、一〇、一二）

●所得稅附加稅ノ賦課期日後所得稅法第四十條ニ依リ所得金額ノ更訂アリタルトキハ本稅ニ伴ヒ附加稅モ更訂スルコトト爲ルヘシ（大正五、三、三）

●戰時利得稅ニハ附加稅特別稅ヲモ課セサルモノトス（大正七、一〇、二四）

●外國營業所ヨリ生スル所得ハ府縣外ノ營業所ヨリ生スル所得ニシテ課稅シ得サルモノトス（大正九、四、一五）

●町村ノ內外ニ於テ營業所ヲ設ケ本稅ヲ分別シテ納メサル電氣株式會社カ解散シタル場合同會社ノ清算所得ニ對シテ賦課スル所得稅ハ營業所ヲ設ケテ營業ヲ爲ス營業收入ニ對シ賦課スル所得稅トハ全ク課稅ノ根據ヲ異ニスルモノナレハ明治四十四年勅令第一號ニ所謂營業收入ニ對スル本稅ニ該當セサルモノトシテ單ニ本店所在地町

村ノミ右清算所得税ニ對シ附加税ヲ賦課スヘキモノトス（大正一四、一〇、一二）

【行政裁判例】

●本支店間ニ資本ヲ區分セサル法人ハ縱令本店所在地ニ於テ營業税又ハ所得税ノ全部ニ對スル附加税ヲ納付シタル場合ト雖モ之ヲ以テ支店所在地ノ町村ニ於ケル附加税ノ賦課ヲ拒ムノ理由ト爲スヲ得ス（明治四一、一二、二八）

●石油會社ノ業務ハ原油ヲ採掘スルノミナラス之ヲ精製販賣スルニ在レハ單ニ原油ヲ採掘シタルノミヲ以テ營業ヲ爲シタルモノト云フヲ得ス從テ原油採掘額ヲ標準トシテ所得税割ヲ賦課スヘキモノニ非ス（明治四四、七、八）

●市町村税賦課ノ見地ヨリスレハ他會社ノ停車場ニ於テ連絡切符ヲ發賣スルニ依リテ生スル收入ハ其ノ基本タル輸送行爲ニ關與スル當該會社所屬各停車場ニ於ケル直接ノ所得ト同一ノ割合ニ於テ此等停車場ニ屬スルモノトナスヲ至當トス連絡切符ノ發賣ニ依リテ生スル收入金及各停車場ノ收入金ニ當該會社ノ營業全體ニ於テ收入シタル總收入金ト總所得金トノ歩合ヲ乘シテ得タル金額ヲ以テ各其收入金ニ對スル所得金トナスヲ相當トス（大正三、七、二〇）

●縣知事ハ其ノ縣ニ於テ縣税所得税附加税ヲ納ムル義務アル者ニシテ所得税ヲ分別シテ納メサル場合ニハ縣税附加税ノ標準タルヘキ所得税額ヲ査定シ縣税所得税附加税ヲ賦課徴收シ得ルモノトス府縣制第百八條ノ改正ハ各府縣ニ府縣税所得税附加税ノ課税標準タルヘキ所得税額ヲ査定スルノ權限アルコトヲ前提トナシタルモノトス（大正四、三、一七）

●府縣制第百七條ニ所謂收入ハ實際收入ヲ指稱シ推算上ノ收入ヲ云フモノニ非ス（大正一一、一〇、二八）

●稅務署長カ營業出張所開設ノ事實ヲ知ラスシテ所得稅ヲ決定シタル場合ニ於テハ出張所所在ノ府縣ハ之カ所得ニ關シ其ノ府縣稅トシテ所得稅ノ附加稅ヲ賦課スルコトヲ得ス（大正一一、三、四）

第四條　府縣費ノ全部ヲ市ニ分賦シタル場合ニ於テハ市ハ前三條ノ市稅制限ノ外其ノ分賦金額以内ニ限リ府縣稅制限ニ達スル迄課稅スルコトヲ得」府縣費ノ一部ヲ市町村ニ分賦シタル場合ニ於テハ市町村ハ前三條ノ市町村稅制限ノ外其ノ分賦金額以内ニ限リ課稅スルコトヲ得但シ府縣ノ賦課額ト市町村ノ賦課額トノ合算額ハ府縣稅ノ制限ヲ超過スルコトヲ得ス

本條ハ府縣費ヲ市町村ニ分賦シタル場合其ノ分賦金額支辨ノ爲ニスル附加稅賦課ノ制限ニ關スル規定ナリ、府縣費ノ分賦金ハ市町村固有ノ費用ニ非スシテ府縣稅トシテ其ノ納稅義務者ヨリ徵收スヘキ金額ヲ便宜上市町村ヲシテ負擔セシムルモノナリ從ツテ之ヲ支辨セシムル爲ニ特別ノ財源ヲ與フルコトヲ要ス之レ本條ノ規定アル所以ナリ

第一項ハ府縣費ノ全部分賦ヲ受ケタル市ニ對シ其ノ分賦金額支辨ノ爲第一條乃至第三條ノ市稅制限ノ外特ニ府縣稅制限迄課稅シ得ルコトヲ認メタル規定ナリ即チ本項ハ分賦金額ヲ限度トシテ府縣稅

制限内ニ於ケル課税ヲ認メタルモノナルモ其ノ制限滿度迄課税シ尚分賦金額ヲ支辨スルニ足ラス而モ其ノ分賦金額ニシテ第五條第一項及同第二項ニ該當セルモノナルニ於テハ同條第四項ノ規定ニ依リ制限外課税ヲ爲シ得ヘキモノトス『府縣費ノ全部ヲ市ニ分賦シタル場合』トハ府縣税トシテ徴收スヘキ金額ノ全部ヲ其ノ市ニ分賦シタル場合ナリ其ノ詳細ニ關シテハ前編第七章ヲ參照セラルヘシ『前三條ノ市税制限』トハ第一條第一項第二號、第二條第一項第二號及第三條第三項ノ制限率又ハ制限額ヲ謂ヒ又『府縣税制限』トハ第一條第一項第一號、第二條第一項第一號及第三條第一項ノ制限率又ハ制限額ヲ謂フ

第二項ハ府縣費ノ一部ノ分賦ヲ受ケタル市町村ニ對シ其ノ分賦金額支辨ノ爲市町村税制限ノ外特ニ一定限度ニ於ケル附加税ノ課税ヲ認メタル規定ナリ即チ府縣費ノ一部ノ分賦ヲ受ケタル市町村ハ市町村税制限ノ外ニ其ノ分賦金額ニ相當スル金額迄ノ附加税ヲ課税スルコトヲ得ルモノトス但シ其ノ市町村ノ賦課額ト府縣ニ於ケル賦課額トノ合算額ハ第一條乃至第三條ノ府縣税ノ制限ヲ超過スルコトヲ得サルナリ而シテ其ノ分賦金額ニ付テハ前項同樣第五條第四項ノ規定ニ依リ制限外課税ヲ爲シ得ヘキモノトス

第五條　特別ノ必要アル場合ニ於テハ内務大藏兩大臣ノ許可ヲ受ケ第一條

乃至第三條ノ制限ヲ超過シ其ノ百分ノ十二以內ニ於テ課稅スルコトヲ得」
左ニ揭クル場合ニ於テハ特ニ內務大藏兩大臣ノ許可ヲ受ケ前項ノ制限ヲ超過シテ課稅スルコトヲ得
一　內務大藏兩大臣ノ許可ヲ受ケテ起シタル負債ノ元利償還ノ爲費用ヲ要スルトキ
二　非常ノ災害ニ因リ復舊工事ノ爲費用ヲ要スルトキ
三　水利ノ爲費用ヲ要スルトキ
四　傳染病豫防ノ爲費用ヲ要スルトキ
前二項ニ依リ制限ヲ超過シテ課稅スルハ第一條乃至第三條ニ定メタル各稅目ニ對スル賦課カ各其ノ制限ニ達シタルトキニ限ル但シ地租附加稅及段別割ヲ倂課シタル場合ニ於テハ一地目ニ對スル賦課カ制限ニ達シタルトキハ附加稅カ制限ニ達シタルモノト看做ス其ノ段別割ノミヲ賦課シタ

ル場合ニ於テ一地目ニ對スル賦課カ制限ニ達シタルトキ亦同シ

前三項ノ規定ハ前條ノ場合ニ之ヲ準用ス

本條ハ本法ニ規定スル各附加税及段別割ノ制限ニ關スル規定ナリ第一條乃至第三條ノ制限ハ府縣及市町村等ノ財政狀態及國税ノ税源ヲ考慮シ定メラレタルモノナルヲ以テ本條ニ依リ制限外課税ヲ爲ス場合ニ於テモ特別ノ事情ナキ限リ其ノ精神ニ則リ各税ニ渉リ同一ノ割合ニ依リ賦課スヘキモノトス

第一項ハ特別ノ必要アル場合ニ付制限外課税ヲ認メタルモノナリ、本項ニ依リ制限外課税ヲ爲ス場合ハ本條第三項ノ規定ノ條件ニ適合スルコトヲ要スルハ勿論内務大藏兩大臣ノ許可ヲ受クルコトヲ要ス但シ北海道府縣以外ノ公共團體ニ於ケル制限外課税許可ノ職權ハ第七條及大正九年八月勅令第二百八十二號ニ依リ北海道廳長官又ハ府縣知事ニ委任セラレタルヲ以テ之等ノ團體即チ市町村又ハ水利組合竝北海道土功組合カ本項ニ依リ第一條乃至第三條ノ制限ノ百分ノ十二迄ノ範圍ニ於テ爲ス制限外課税ニ付テハ地方長官ノ許可ヲ受クヘキモノナリ『特別ノ必要アル場合』トハ本條第二項ニ掲クル場合ハ勿論學校建築ノ爲費用ヲ要スル場合又ハ道路橋梁ノ改修ヲ要スル場合等通常以外特別ニ費用ヲ要スルトキヲ謂フ

第二項ハ特定ノ場合ニ付テノミ制限外課税ヲ認メタルモノナリ本項ニ依ル課税ニ付テハ前項ノ如ク

一定ノ限度ナク內務大藏兩大臣ノ許可ヲ受クルトキハ無制限ニ課稅シ得ルモノトス而シテ本項ニ依リ制限外課稅ヲ爲ス場合ニ於テモ本條第三項ノ規定ノ條件ニ適合スルコトヲ要スヘキハ勿論內務大藏兩大臣ノ許可ヲ受クルコトヲ要ス但シ北海道府縣以外ノ公共團體ニ於ケル制限外課稅許可ノ職權ハ第七條及大正九年勅令第二百八十二號ニ依リ一定ノ限度迄道廳長官又ハ府縣知事ニ委任セラレタルヲ以テ其ノ限度迄ノ之等團體即チ市町村又ハ水利組合等ニ於ケル制限外課稅ニ付テハ地方長官ノ許可ヲ受クヘキモノナリ、本項ニ依ル課稅ハ前項ニ依リ課稅シタル後ニ於テ之ヲ爲スヘシトスル行政實例ナルモ本條第三項ノ規定ヨリ推スルトキハ第一項ニ依ル課稅ヲ爲ササルモ尙本項ニ依リ課稅シ得ルモノト解スルヲ相當トスルカ如シ、第一號ノ內務大藏兩大臣ノ許可ヲ受ケテ起シタル負債ニハ內務大藏兩大臣ノ委任ニ依リ地方長官ニ於テ許可シタルモノモ之ニ包含スルモノナリ、第二號ノ『非常災害ニ因ル復舊工事ノ爲費用ヲ要スルトキ』トハ風水害、震火災其ノ他天災事變ニ因リ地方團體ノ管理ニ屬スル營造物及公用物等カ被害ヲ受ケタルニ依リ之ヲ復舊スル工事ノ爲又ハ之ニ關シ補助金寄附金等ノ支出ヲ要スル爲費用ヲ要スルトキヲ謂フモノトス、第三號ノ『水利ノ爲費用ヲ要スルトキ』トハ河川、溝、池、沼、湖、海等ノ排水、防水又ハ用水ニ關スル施設經營ノ爲又ハ之ニ關シ補助金寄附金等ノ支出ヲ要スル爲費用ヲ要スルトキヲ謂フモノトス、第四號ノ『傳染病豫防ノ爲費用ヲ要スルトキ』トハ傳染病豫防法ニ依ル豫防ハ勿論とらほーむ豫防、家畜傳染病豫防ノ爲又ハ之ニ關シ補助金寄附金等ノ支出ヲ要スル爲費用ヲ要スルトキヲ謂フ而シテ其ノ豫防ハ法令ニ基クモノナルト否トヲ問ハサルナリ又其ノ傳染病ハ家畜若ハ蠶兒其ノ他一切ノモノニ係ルモノヲ包含スルモノトス

第三項ハ制限外課税ヲ爲ス場合ニ於ケル各税目間ノ賦課額ノ關係ヲ規定シタルモノナリ即チ本條第一項及第二項ニ依リ制限外課税ヲ爲ス場合ハ本法ニ規定スル地租營業收益税及所得税ノ附加税又ハ段別割ノ賦課カ各其ノ第一條乃至第三條ニ定メタル制限ニ達シタルトキニ限ルモノトス但シ地租附加税ニ換ヘ段別割ノミヲ課シタル場合又ハ地租附加税及段別割ヲ併課シタル場合ニ於テハ地目ノ何タルヲ問ハス其ノ或ル一地目ニ對スル賦課カ制限ニ達シタルトキハ其ノ附加税又ハ段別割ノ賦課カ第一條ノ制限ニ達シタルモノト看做サルルモノナリ『一地目ニ對スル賦課カ制限ニ達シタルトキ』トハ地租條例中ノ或ル一地目ニ對スル賦課カ制限ニ達シタルトキニシテ其ノ制限ニ付テノ計算ハ第一條ヲ參照セラレタシ

第四項ハ第一項乃至第三項ノ規定ハ府縣費ノ分賦ヲ受ケタル市町村カ其ノ分賦金額支辨ノ爲課税スル場合ニ之ヲ準用スルコトヲ規定シタルモノナリ即チ府縣費ノ分賦ヲ受ケタル市町村ハ其ノ分賦金

額支辨ノ爲前三項ノ規定ニ從ヒ制限外課稅ヲ爲シ得ルモノトス

【訓令通牒】

●市町村其ノ他公共團體ニ於ケル制限外課稅、特別稅新設增額變更等ノ許可稟請書ニ添附スヘキ樣式ノ件（昭和二、三、三一訓令第三三四號、內藏兩大臣連署）

市町村其ノ他ノ公共團體ニ於ケル地租、營業收益稅、所得稅ノ附加稅、特別地稅若ハ其ノ附加稅、段別割及家屋稅附加稅（戶數割ヲ賦課スル市町村ノモノニ限ル）ノ制限外課稅若ハ間接國稅附加稅ノ賦課又ハ特別稅ノ新設增額變更ニ關スル議決ノ許可稟請書ニ添附スヘキ書類ハ別紙樣式ニ準據シ調製セシムヘシ

一　歲入一覽表（別紙第一號樣式）

一　歲出一覽表（別紙第二號樣式）

歲出一覽表ハ經濟ヲ異ニスルモノニ在リテハ各別ニ之ヲ調製スヘシ第二回目以後ノ稟請ニハ前回稟請ノ際ニ添附シタル歲出一覽表ハ之ヲ添附スルヲ要セス

財源ヲ特定シタル費目ニ付テハ摘要欄內ニ其ノ財源ヲ附記スヘシ

一　地租、營業收益稅、所得稅ノ附加稅、特別地稅若ハ其ノ附加稅、段別割及戶數割ヲ賦課スル市町村ニ於ケル家屋稅ノ附加稅ノ制限外課稅若ハ間接國稅附加稅ノ賦課又ハ特別稅ノ新設增額變更ニ關スル議決書ノ謄本及議決ノ理由書

議決書ハ別紙第三號樣式ニ依リ調製シ特別稅ノ新設增額變更ニ在リテハ其ノ旨ヲ明記スヘシ

△印ハ朱書

第一號

何道府縣何郡（市）町村「昭和」何年度歲入一覽表

△第一例

費途		本市町村費	何町村外何ヶ町村組合費	△本町村何區費	△何々	計	
附加稅	地租	〇、〇〇〇円					（甲號）宅地地租金若干地租一圓ニ付金若干內許可濟金若干此賦課金若干
	特別地稅	〇、〇〇〇円					田畑地價若干地價〇・〇三七ノ若干
	家屋稅	〇、〇〇〇円					家屋稅金若干本稅一圓ニ付金若干
	營業收益稅	〇、〇〇〇円					營業收益稅金若干本稅一圓ニ付金若干
	何々	〇、〇〇円					
特別稅	戶數割	〇、〇〇〇円					納稅義務者總數何人一人當金若干
	反別割	〇、〇〇〇円					田何町歩一反歩ニ付金若干此賦課金若干地租金若干地租一圓ニ付金若干・（此例ニ依リ各地
	何々	〇、〇〇〇円					
其ノ他ノ收入		〇、〇〇〇円					財產ヨリ生スル收入金若干使用料及手數料金若干何々金若干縣補助金若干內
合計		〇、〇〇〇円					

其他地租金若干
地租一圓ニ付金若干
內許可濟金若干
此賦課金若干

（乙號）

今回議決ノ分
宅地地租金若干
地租一圓ニ付金若干
此賦課金若干
（其ノ他ハ此ノ例ニ依リ記載スルコト）
從前議決ノ分
宅地地租金若干

目別ニ記載スルコト不均一ノ稅率ナルモノハ其ノ稅率ニ依リ內譯ヲ揭クルモノトス上記ノ各課目モ同例トス）

傳染病豫防費補助金若干
（款ヲ以テ記入シ明治四十一年法律第三十七號第五條第一項第二項大正十五年法律第二十四號第七條第一項第二項大正十五年勅令第三百三十九號第十條第二項第三項ノ費用ニ對スル收入ハ內譯ニ記載スルコト）

地租一圓ニ付金若干
内
許可濟金若干
稟請中金若干
此ノ賦課金若干
（其ノ他ハ此ノ例ニ依リ記載スルコト）

備考

凡例

一 豫算ノ議決二回以上ニ渉リタルトキハ今回議決ニ係ル分ヲ墨書シ從前ノ議決ニ係ル分ヲ朱書スヘシ

一 其ノ他ノ收入欄ニハ課税外一切ノ收入即財産ヨリ生スル收入、使用料及手數料、國税及府縣税交付金、雜收入等ヲ合計シ附記ニ其ノ內譯ヲ記載スヘシ

一 地租附加税ノ附記ハ第一回議決ノトキハ甲號ニ依リ第一回目以後議決ノトキハ乙號ニ依ル但シ從前ノ議決二回以上ニ渉リタル場合ニ於テ前後地租額ヲ異ニスルトキハ附記ヲ各別ニ記載シ其ノ事由ヲ備考ニ記載スヘシ今回ノ議決ト從前ノ議決ト地租額ヲ異ニスル場合其ノ事由ノ記載方ニ付亦同シ

一 營業收益税、所得税、戸數割ヲ賦課スル市町村ニ於ケル家屋税ノ附加税又ハ間接國税附加税ノ附記モ亦地

租附加税ノ例ニ依ル

一　市町村内ノ各部賦課ノ率ヲ異ニシ又ハ負擔ノ區域ヲ異ニスルトキハ歳入一覽表ハ第二例ニ依リ負擔ノ同シキ區域毎ニ調製スヘシ

一　一部賦課及不均一課率ノ賦課ニ付許可ヲ受クルコトヲ要スルモノ及起債ニシテ府縣知事ノ許可ヲ受クルモノニアリテハ其ノ許可ヲ受ケタル旨及其ノ年月日ヲ備考ニ記載スヘシ

第一號

何道府縣何郡(市)何町村昭和何年度歳入一覽表

△(第二例)

費途	附加税 地租	附加税 特別地税	附加税 家屋税	附加税 營業收益税	附加税 何々	特別税 戸數割	特別税 反別割	特別税 何々	其ノ他ノ收入	合計
何費										
△本市町村費										
計										
何區費										
△本市町村費										
計										
何區費										
本市町村費										
計										
合計										

備考

何道…府縣何郡(市)何町村「昭和」何年度歲出一覽表

經常費

費目	金額		摘要
神社費	〇	〇〇〇	神饌幣帛料
會議費			議員實費辨償額、書記給料、印刷料、筆工料、消耗品費、雇給、通信費
役所(役場)費			給料、雜給、需要費、常時修繕費、通信運搬費、備品費、消耗品費
土木費			道路橋梁各修繕費、堤防修繕費何圓、用惡水路修繕費何圓、樋門修繕費何
教育費			圓、教員給料、同恩給金、備品費、消耗品費、修繕費
衛生費			種痘費何圓、傳染病豫防費何圓、何々何圓
勸業費			害虫驅除費、勸業會費
救助費			貧困者救助費、罹災救助費
警備費			消防費、水防費何圓
基本財產造成費			基本財產造成費、小學校(何學校)基本財產造成費
財產費			管理費、何々

諸稅及負擔				地租、地租附加稅、何町村組合費負擔何圓
何々				何々何圓
豫備費				豫算外ノ費用又ハ豫算超過ノ費用ニ充ツヘキ分
計				
臨時費				
教育費				何小學校營繕費、何々
土木費				道路橋梁費、何々何圓
公債費				某年度起債ノ内本年度償還元利金何圓
何々				何々何圓
合計				

凡例

一　明治四十一年法律第三十七號第五條第一項第二項、大正十五年法律第二十四號第七條第一項第二項、大正十五年勅令第三百三十九號第十條第二項第三項ニ依リ制限外課稅ヲ爲シ得ヘキ費目ニ付テハ其ノ豫算ノ金額ヲ摘要欄ニ記載スヘシ

一　追加豫算ノ分ハ別ニ調製スヘシ

第三號

何道府縣何市(何市何區何郡何町(村))(何郡何町(村)何區))會議決書謄本

本市(町村區本市(町村)何區)費支辨ノ爲左ノ課率ヲ以テ(左ノ課率ノ範圍内ニ於テ別ニ議決ノ上)地租附加稅、特別地稅(特別地稅附加稅)、段別割、營業收益稅附加稅、所得稅附加稅及家屋稅附加稅ヲ賦課(追加賦課)スルモノトス

一 地租附加稅　宅地地租金一圓ニ付金若干(以内)
其ノ他地租金一圓ニ付金若干(以内)

一 特別地稅(特別地稅附加稅)　地價○、○三七ノ百分ノ若干(以内)

一 段別割　田(畑)一反歩ニ付金若干(以内)
何々一反歩ニ付金若干(以内)

一 營業收益稅附加稅　本稅一圓ニ付金若干(以内)

一 所得稅附加稅　本稅一圓ニ付金若干(以内)

一 家屋稅附加稅　本稅一圓ニ付金若干(以内)

但シ昭和何年度分(自昭和何年度至何年度何年度分)

昭和何年何月何日議決

凡例

一 課率ハ厘位以下忽位ニ止ラサルトキハ四捨五入ノ法ヲ以テ忽位ニ止ムルモノトス

一 一部賦課ニ在リテハ賦課ノ區域及課率ヲ不均一課率ノ賦課ニ在リテハ其ノ課率ヲ明記スルモノトス

●課稅稟請方ノ件(明治三六、一〇、二七地甲第一二五號地方局長通牒)

市區町村稅ノ賦課ニ關シ議決ノ許可ヲ稟請スル場合ニ於テ他ニ許可未濟ノモノアルモ稟請書添附書類中何等記

載ナキ爲往々調査上ニ渉カラサル手數ヲ要シ爲ニ許可ノ遲延ヲ來シ賦課徵收上時機ノ宜シキヲ得サル等ノ事例乏シカラスト存シ候ニ付自今二種以上ノ議決ニ對シ各別ニ許可稟請ヲ爲ス場合ハ他ノ許可未濟ノモノハ歲入一覽表附記欄內ニ別途稟請ナル旨ヲ明記セシメラレ度將又同時ノ議決ニ付テハ可成同時ニ稟請セシメラレ度

●地方稅制限ニ關スル件（明治三七、四、七地甲第四一號地方局長通牒）

注意（明治四十一年法律第三七號非常特別稅廢止）

今般非常特別稅法發布セラレ候ニ付テハ該法律ニ規定セル地方稅課稅制限ノ義ニ關シ既ニ屢々及通牒置キタル次第モ有之候處尙ホ左記ノ事項御承知相成度

一　地租附加稅其ノ他土地ニ關スル課稅ニ制限シタル所ヲ以テ戶別割其ノ他ノ課目ニ移シ濫ニ增加ヲ爲スヘカラサル義ニ付テハ曩ニ大臣ヨリ訓示セラレタル所アルモ是畢竟名ヲ緊要ニ借リ猥ニ增課スル等ノ擧ニ出ルヲ許ササル趣旨ニシテ眞ニ緊要缺クヘカラサルノ經營ヲ中止若クハ弛廢シ之カ爲メ多大ノ影響ヲ來シ或ハ收入不足ノ爲メ特ニ必要ナル費用ノ支辨ニ應スルコト能ハサルカ如キ等其ノ他特殊ノ事情アル場合ニ於テモ尙ホ絕對ニ其ノ增課ヲ許ササルノ精神ニアラサルヲ以テ事ノ緩急利害ヲ査覈シ豫メ事實ヲ審查シ貴官ニ於テ篤ト周到嚴密ナル監督指示ノ下ニ相當措置セシメラレ度

二　非常特別稅法第二十二條ニ於テ土地ニ關スル附加稅又ハ特別稅ノ賦課ニ付之ヲ同列ニ規定セルヲ以テ團體ニ於テ任意其一ヲ擇フヲ得ルモノト誤解スル向ナキヲ保セスト雖モ多數ノ收入ヲ得ルカ爲妄ニ特別稅ニ據ルカ如キハ法ノ精神ニ非サルカ故右等ノ措置ハ固ク之ヲ戒メ從前ノ通リ附加稅ヲ以テ本則トシ特殊ノ事情アルニ非サレハ容易ニ段別割ヲ賦課セサルノ方針ヲ採ラシメラレ度尤モ水利組合北海道地方費及北海道土功組合等ニ在テハ從前ノ例ニ依リ取扱ハシメラレ可然

三　非常特別稅法第二十二條中ニ水利ノ爲メニ費用ヲ要スル場合ニ於テハ特ニ內、藏兩大臣ノ許可ヲ受ケ制限超過ノ課税ヲ為シ得ルノ規定ヲ設ケラレタルハ主トシテ團體存立ノ必要若ハ他ノ工事ノ為メ附屬ノ工事ヲ要スル等其ノ他特別ノ事情ニ基キ多額ノ費用ヲ要シ到底制限以内ノ課税ニ依リ之カ支辨ヲ為スコト能ハサルカ如キ事實已ムヲ得サル場合ニ處スル趣旨ニ外ナラサルヲ以テ精密ノ注意ヲ加ヘラレ度

四　前項水利ニ關シテハ用悪水等専ラ土地保護ニ關スル事項ハ勿論水害防禦ヲ目的トスル事業ヲモ包含シ且町〔又ハ間切島〕ニシテ郡、町村組合〔又ハ間切島組合〕ヨリ水利ノ為メニ要スル費用ノ分賦ヲ受ケタル場合ニ於テモ亦適用シ得ル義ニ有之

七　特別税段別割ノ許可稟請書附屬記入一覽表中段別割ノ附記欄ニハ平均一段歩當ヲ記載セシメ尚ホ非常特別税法第二十二條第五項中負債ノ元利償還ノ為メニ要スルモノ及其ノ分賦ヲ受ケタル場合ニ要スルモノハ別紙様式ニ依リ調製シタル書類ヲ添附セシメラレ度

（五八廢止、六、八略）

（別紙様式）

何府縣（郡市町村……）負債ニ關スル調書

一　起債ノ要領

議決年月日 ——

許可年月日

起債額
- 借入金額
- 償還額
- 償還未済額

起債ノ目的 ——

募集ノ方法
利息ノ定率
借入年月日
償還ノ方法（明治何年度ヨリ何ケ年賦每年何月何月ノ二期ニ償還ノ類）
償還ノ財源
償還終了ノ期限
備考

二　償還年次表

年次	元金償還額	利子支拂額	計
明治何年			
同何年			
合計			

●制限外課稅許可稟請ニ添附スル負債調書記載方ノ件（明治三七、八、八地發第二三六號地方局長通牒）

本年地甲第四一號通牒第七項ニ依リ制限外課稅許可稟請ノ際添附ノ負債調書中往々不明ノ廉アリ之カ爲メ應答ニ日子ヲ要シ候條爾來左ノ廉御注意相成候樣致度

一　起債ノ目的ヲ村費又ハ敎育費ト云フカ如ク概括ニ記載シ其果シテ成規上起債シ得ヘキ費途ナルヤ否ヤ明カナラサルモノアリ之等ハ仔細ニ其ノ費途ヲ記載セシムル樣致度

一　數口ノ借入金ヲ一表ニ取調ヘ爲メニ其ノ何レノ分ヲ返濟スルモノナルヤ利子ノ計算ハ如何ニシテ算出シタルモノナルヤ明カナラサルモノアリ之等ハ一口每ニ償還年次表ヲ調製シ利子ノ計算方ニ付テハ便宜備考ヲ附

スル等其ノ算出方明瞭スル樣調査セシメラレ度

●制限外課税特別税其ノ他起債等稟請ニ添附ノ議決書ノ件（明治三八、四、五地甲第六一號地方局長通牒）

制限外課税特別税其ノ他起債等ニ關シ許可稟請ヲナス場合ニ於ケル添附ノ議決書ニハ爾來必ス其ノ議決ノ年月日ヲ記入セシメラレ度依命此段及通牒候也

●制限外課税稟請方ニ關スル件（明治三八、四、六地甲第六三號地方局長通牒）

地方公共團體ノ歲入出豫算編製方ニ關シテハ從來屢々及通牒置キタル次第ニ有之候處市町村及水利組合ニ在テハ動モスレハ疎漫ニ流ルルノ傾向ヲ呈シ殊ニ（非常特別税法）施行以來同法ニ依リ國税附加税及段別割ノ制限外課税ヲ要スル場合ニ於テ其ノ課税ヲ以テ支辨シ得ヘキ費途ヲ限定セラレアルカ爲メ天災等ニ基因スル臨時費ニ對スルモノヲ除ク外年度開始前ニ於ケル豫算議定ノ當時ニ既ニ其ノ必要明確タルヘキニモ拘ハラス是等課税ニ對シ尙ホ年度終了ニ切迫シ漸ク許可ヲ稟請シ來タル向有之斯ノ如キハ啻ニ緩慢ノ惡弊タルニ止ラス財政ノ不整理ヲ釀スノ虞ナシトセス大ニ注意ヲ要スヘキ義ト存候條爾後右等團體ニ於ケル豫算編製ニ付テ一層愼密ヲ加ヘ苟モ課税ノ許可ヲ要スヘクシテ初メヨリ明確タルモノハ年度開始前速ニ之カ許可稟請ノ手續ヲ爲サシメラレ度依命此段及通牒候也

●地益調添附方及樣式ノ件（明治四三、一一、二八地第六〇九三號地方、主税兩局長通牒）

市町村水利組合ノ稟請ニシテ左ノ各號ノ一ニ該當スルモノハ別紙樣式ニ依リ調製シタル地益調ヲ添附セシメ其ノ調査ノ正否ハ貴官ニ於テ篤ト審査ノ上進達相成度

一　免租又ハ除租中ノ土地ニ對シ段別割ヲ併課スルトキ

二　地租附加税又ハ段別割若ハ地租附加税及段別割ヲ併課シタル場合ニ於ケル課率（段別割ニ付テハ地租一圓當リニ換算シタルモノ）カ地租一圓ニ付一圓ヲ超ユルモノ（大正九年五月十二日發地第九六號內務省地方局

長大藏省主稅局長ヨリ地方長官ニ依命通牒ヲ以テ改正）

三　地益ヲ增加スヘキ事業ノ爲起債セントスルトキ事業施行前ノ地益調ト事業成功後ノ見込地益調トヲ添附スルコト

地益調　一段歩當

地目	収穫物 種類	収穫物 數量	収穫物ノ價格又ハ収得金	石代又ハ單價	地租	府縣稅	市町村稅	水利組合費其ノ他	耕作費等	純益
田			0,000円	0,000円	0,000円	0,000円	0,000円	0,000円	0,000円	0,000円
畑										
宅地										
何々										

備考

一　賦課ノ等差ヲ設クルモノニアリテハ其ノ等級別ニ記載スルコト

一　収穫物ノ種類ハ主要ナルモノヲ掲クルコト但シ田ニシテ二毛作ヲ爲ス爲メ収穫物ノ種類ヲ異ニスルトキハ各別ニ之ヲ掲記スルコト

一　宅地ノ如キ収穫物ナキモノハ賃貸價格ヲ記載スルコト

一　牧場ノ収得金ノ如キハ算出ノ基礎ヲ備考ニ記載スルコト

一　收獲物ノ數量、價格及收得金、石代又ハ單價、耕作費等ハ前三年ノ平均額ヲ揭クルコト
一　耕作費等ハ勞銀、種子代、牛馬使用ノ費用、肥料、農具代等ヲ揭クルコト
一　稅額ハ總テ當該年度ノ賦課額ヲ揭上スルコト
一　耕地整理組合費用ノ負擔アルトキハ水利組合費等其ノ他ノ欄ニ之ヲ合記シ其ノ由ヲ備考ニ記載スルコト
一　收穫物又ハ收得金、經費ニ關スル計算ハ關係地ノ平均ニ依ルコト

●制限外課稅稟請ニ添附ノ負債調書省略ノ件（明治四四、三、三〇地第七六九五號ノ內地方局長通牒）

明治四十一年法律第三十七號第五條第二項第一號ニ該ル許可債元利償還ノ爲要スル費用ノ爲制限外課稅ヲ爲サントスル稟請ニハ負債調書添附方三十七年四月七日地甲第四二號ヲ以テ及通牒置候處本日四三地第七六九五號地方國債兩局長追書ノ調書提出後ハ歲出一覽表ノ附記若ハ備考ニ左ノ事項ヲ記載シ負債調書ヲ省略スルモ差支ナキ義ニ候條左樣御承知相成度依命此段及通牒候也

追テ制限外課稅ノ稟請ニハ不要許可債ノ負債調添附セシメラレ度此段申添候也

一　起債許可年月日番號、課稅ノ年度ニ於ケル元金償還額、利子支拂額及利子計算ノ基ク所
一　許可債ノ元金及利子、不要許可債ノ元金及利子、一時借入金利子ヲ區別シタル額

●市區町村ニ於ケル制限外課稅等ノ場合基本財產ノ蓄積財源ニ關スル件（大正八、一〇、六發地第一七八號地方、主稅兩局長通牒）

標記ノ件ニ關シテハ從來屢々通牒ノ次第モ有之候處自今左記各號ニ依リ御取扱相成度

一　地租、營業稅、所得稅附加稅竝ニ段別割ノ課率カ法定制限率ノ一倍半ヲ超ユルトキハ基本財產ノ蓄積又ハ積戾ヲ停止シ負擔輕減ニ充ツルコト但シ之カ財源ヲ指定寄附又ハ基本財產ヨリ生スル收入ニ依ルモノハ此ノ限ニ在ラス此ノ場合ニハ其ノ財源ヲ課稅ノ稟請書ニ明記スルコト（九年九月二十五日發地第一七七號ニテ改

正ス）

二　追加賦課ノ爲メ前項ノ限度ヲ超ユル場合從前議決ニ基キ既ニ蓄積ヲ執行シタルモノニアリテハ停止ヲ要セサルモ此ノ場合ニハ既ニ執行濟ノモノナルコトヲ課稅稟請書ニ明記スルコト

三　第一項ハ一部賦課ニハ適用セス不均一賦課ナルトキハ平均課率ニ付之ヲ適用ス

四　明治四十五年五月二十一日內務省地第四五三四號大正二年四月二十四日發乙第五一號大正三年八月四日主祕第一三四號大正四年二月五日內務省發地第五號各通牒中基本財產ノ蓄積ニ關スル事項ハ自今消滅ス

●**制限外課稅ニ關スル件**（大正九、四、一、發地第五八號地方、主稅兩局長通牒）

市區町村ニ於テ明治四十一年法律第三十七號第五條第二項中傳染病豫防ニ關スル費用ヲ目的トシ制限外課稅ヲ爲ス場合ニ於テ其ノ支出額ニ對ル道府縣ノ傳染病豫防費補助金ニ相當スル金額ニ付テハ之ヲ制限外課稅ニ求メシメサルコトニ取扱居候處當該道府縣ニ於ケル補助規定ノ規程ニ依リ翌年度ニ於テ收入スル補助金ニ相當スル額ノ財源ヲ戶數割又ハ家屋稅ノ附加稅ニ求ルトキハ負擔ノ偏重ヲ來シ他稅トノ均衡ヲ得サルノ事實アル場合ニ於テハ之カ財源ヲ制限外課稅ニ求メ置キ實際收入アリタル年度ニ於テ制限外課稅ニ依ル負擔ノ輕減ヲ圖ルコトニ措置スルハ已ムヲ得サルモノト認メラレ候ニ付將來右趣旨ニ依リ負擔ノ均衡ヲ失セサル樣留意監督セラルルト共ニ本文ノ趣旨ニ依リ制限外課稅ヲ爲スモノニアリテハ該稟請進達ノ際其ノ事情副申相成度

●**地益調ノ件**（大正九、五、一二發地第九六號地方局長通牒）

市町村水利組合ノ稟請ニ地益調添附方ニ付テハ明治四十三年十一月二十八日地第六〇九五號ヲ以テ及通牒置候處該通牒左記第二號ノ場合ニ在リテハ自今地租附加稅又ハ段別割若ハ地租附加稅及段別割ヲ併課シタル場合ニ於ケル課率（段別割ニ付テハ地租一圓當ニ換算シタルモノ）カ地租一圓ヲ超ユルモノニ限リ地益調ヲ添附セシムルコトニ御取扱相成度

●**制限外課稅委任許可報告ノ件**（昭和二、三、三一發地第六號內務、大藏兩次官通牒）

大正九年勅令第二百八十二號、大正十五年勅令第百四十三號及大正十五年內務大藏省令地方稅ニ關スル法律施行規則第二十八條ノ規定ニ依リ地方長官ニ委任セラレタル地租、營業收益稅、所得稅ノ附加稅、特別地稅若ハ其ノ附加稅及家屋稅ノ制限外課稅附加稅ノ許可ニ關シテハ昭和二年度以降左ノ趣旨ニ依リ御處理相成度

追而大正九年八月二十日發地第百七十一號及大正十五年六月三日發地第三十三號通牒ハ昭和元年度限リ廢止セラレタル義ニ付爲念

記

一　委任勅令ニ該當スル課稅ト然ラサルモノトノ決議ナル場合ニ於テハ總テ內務大臣及大藏大臣ノ許可ヲ受クルコト

二　委任勅令ニ該當スル課稅ト委任範圍外ノ段別割條例（北海道二級町村ニ在リテハ其ノ議決）ノ許可トヲ併セ請フモノハ內務大臣及大藏大臣ノ許可ヲ受クルコト

三　各年度ノ歲出ニ著シキ異動ナシト認メラルルモノニ對シテハ五年度ヲ限リ繼續課稅ノ許可ヲ爲スヲ妨ケサルモ此ノ場合ニ於テハ稟請年度ノ課率ヲ以テ最高限度トスルコト

四　委任許可事項ハ臺帳ヲ設ケ之ヲ登錄スルコト

五　委任許可ニ付テハ毎年度二回別記樣式ニ依ル報告書ヲ內務大臣ニ提出スルコト

制限外課稅許可報告

昭和何年度　自何月　至何月　何道府縣

制限外課稅額	制限外課稅ヲ爲シ得ル費用額

稅目	第一項該當	第二項該當	計	費途	金額
地租附加稅	円	円	円	許可債元利償還費	円
特別地稅又ハ其ノ附加稅				非常災害復舊費	
段別割				水利ノ費用	
營業收益稅附加稅				傳染病豫防費	
所得稅附加稅				特別ノ必要アルモノ　何々費	
家屋稅附加稅				……	
計				計	

許可件數　何件

許可團體數　何市（町村若ハ水利組合（土功組合））

備考

一　本件報告ハ一年度分ヲ二期ニ分チ四月ヨリ九月迄ノ分ヲ十月末日迄ニ十月ヨリ三月迄ノ分ヲ四月末日迄ニ報告スルコト

二　市ノ分ト町村ノ分ト水利組合（土功組合）ノ分トハ各別表ニ之ヲ調製スルコト

三　「許可團體數」後半期分ニ在リテハ前半期ニ於テ許可シタル團體ト重復スルモノアルトキハ其ノ數ヲ附記スルコト

四　家屋税附加税ハ大正十五年勅令第三百三十九號第十條第二項ノ課税ヲ第一項該當欄ニ同條第三項ノ課税ヲ第二項該當欄ニ記載スルコト

●市町村其ノ他公共團體ノ課税許可稟請書ニ添附スヘキ書類ノ件（昭和二、三、三一發地第四號地方、主税兩局長通牒）

市町村其ノ他ノ公共團體ニ於ケル課税許可稟請書ニ添附スヘキ書類樣式ノ件本日訓令第三三四號ヲ以テ訓令相成候處明治四十三年六月十六日訓第二百九十一號訓令制限外課税特別税新設變更等稟請書ニ添附スヘキ樣式ノ件ハ昭和元年度限リ廢止セラレタル義ニ付御了知相成度

追而明治四十三年六月地第三四一四號地方局長通牒ニ依ル地盆調、負債調、特別税ニ關スル收支調等ハ尙從前ノ通添附ヲ要スル義ニ付爲念

【行政實例】

●基本財産費消ノ繰戻ヲ爲ス課税ハ其ノ費消ノ事由カ非常災害復舊工事費等明治四十一年法律第三十七號第五條ニ該當スル場合ニハ制限外課税ヲ爲シ得ルモノトス（明治四五、六、二五）

●市區町村水利組合等ノ制限課税ハ課税原因タルヘキ費用略同額ナリト認メ得ルモノハ五ケ年度以內繼續許可スルコト但シ臨時ノ費用多額ニシテ課税ニ少カラサル影響ヲ及ホスヘキモノニ付テハ此ノ限ニ在ラス（大正元、一〇、二〇）

●水利ノ費用ヲ關係土地ニ對シ賦課スル爲メ段別割ノ制限外課税ヲ爲スモノハ每年度ノ課税額著シキ變動ナシト認ムルトキハ五ケ年度以內繼續許可スルコト（大正元、一〇、二〇）

●左ノ費用ハ明治四十一年法律第三十七號地方税制限ニ關スル法律第五條第二項第一號ニ所謂內務大藏兩大臣ノ

許可ヲ受ケテ起シタル負債ニ包含ス（大正三、三、五）

1　大正元年勅令第十八號第一條第六號ニ依リ府縣知事ノ許可ヲ受ケテ起シタル負債

2　舊市制施行當時ノ不要許可債ニシテ現行市制施行後內務大藏兩大臣ノ許可ヲ受ケ利率ヲ變更シタル負債

●小學校校舍ノ增改築ヲ爲スコト避クヘカラサル場合ニ於テ財政上必要ナルトキハ其ノ建築準備金ノ積立ハ地方稅制限ニ關スル法律第五條第一項ニ依リ制限外課稅ヲ爲スコトヲ得ルモノトス（大正四、二、一九）

●河川法第二十七條ノ縣負擔金ノ一部ヲ同法第二十九條ニ依リ市町村ニ負擔セシメタル場合ニ於テ該市町村負擔金ハ明治四十一年法律第三十七號地方稅制限ニ關スル法律第五條第二項第三號ニ所謂水利ノ爲ニ要スル費用ニ該當シ市町村ハ制限課稅ヲ爲スコトヲ得ルモノトス（大正四、一一、三一）

●流行性感冒ノ豫防救治ニ從事スル者ニ對スル手當金等ノ經費ニ付テハ地方稅制限法第五條第四號ニ所謂傳染病豫防費トシテ制限外課稅ヲ爲シ得ヘキモノトス（大正九、四、一二）

●河川法ニ依ル縣負擔金ノ一部ノ財源ヲ其ノ事業ニ依リ直接ノ利益ヲ有スル關係町村ノ寄附ニ求ムル場合ニ於テ該町村ノ公益上必要ナル限ハ法第五條第二項第三號ニ該當スルモノトス（大正一三、三、五）

●法第五條第二項該當費用ヲ第一項ニ依リ課シタル後第一項該當費用ヲ生シタル場合ハ前ノ賦課ト之ヲ振替ノ上制限外ノ課稅ヲ爲シ得ルモノトス（大正一三、八、一三）

●癩豫防費ハ地方稅制限法第五條第二項第四號ニ所謂傳染病豫防費ノ範圍內ニ包含スルモノトス（大正一四、一〇、二六）

第六條　北海道府縣以外ノ公共團體ニ對スル前條ノ許可ノ職權ハ勅令ノ定ムル所ニ依リ之ヲ地方長官ニ委任スルコトヲ得

○明治四十一年法律第三十七號第六條ニ依ル委任ノ件（大正九、八、二〇勅令第二八二號）

明治四十一年法律第三十七號第六條ノ規定ニ依リ左ニ掲クル事項ニ付テノ許可ノ職權ハ北海道廳官又ハ府縣知事ニ之ヲ委任ス

一　同法第五條第一項ノ規定ニ依リ制限ヲ超過シ課稅スルコト

二　同法第五條第二項ノ規定ニ依リ同法第五條第一項ノ制限ヲ超過シ同法第一條乃至第三條ニ規定スル制限率又ハ制限額ノ百分ノ五十以内ニ於テ課稅スルコト

本條ハ北海道府縣以外ノ公共團體ニ對スル制限外課稅許可ノ職權委任ニ關スル規定ナリ即チ市、町村、水利組合又ハ北海道土功組合ニ關スル第五條ノ制限外課稅許可ノ職權ハ勅令ノ定ムル所ニ依リ地方長官ニ委任シ得ルコトヲ規定シタルモノナリ大正九年八月二十日勅令第二百八十二條ハ即チ本條ニ基ク勅令ニシテ左ニ掲クル事項ニ付ハノ許可ノ職權ヲ北海道廳長官又ハ府縣知事ニ委任シタルモノナリ

一　地方稅制限ニ關スル法律第五條第一項ノ規定ニ依リ制限ヲ超過シ課稅スルコト

一　同法第五條第二項ノ規定ニ依リ同條第一項ノ制限ヲ超過シ同法第一條乃至第三條ニ規定スル

制限率又ハ制限額ノ百分ノ五十以内ニ於テ課稅スルコト

本勅令ハ結局地方稅制限ニ關スル法律第一條乃至第三條ニ規定スル制限率又ハ制限額ノ百分ノ六十二迄ノ制限外課稅ノ許可ノ職權ヲ地方長官ニ委任シタルモノナリ法律ニ規定スル確定制限率ニ對スル其ノ許可權委任ノ限度率ヲ揭クレハ左ノ如シ

許可權委任限度率

		制限率	許可權委任限度率	計
地租附加稅	本稅一圓ニ付（宅地）	二八〇〇毛	一七三六毛	四五三六毛
	本稅一圓ニ付（其ノ他）	六六〇〇	四〇九二	一、〇六九二
段別割	毎一段歩ニ付地目平均	一、〇〇〇〇	六二〇〇	一、六二〇〇
營業收益稅附加稅	本稅一圓ニ付	六〇〇〇	三七二〇	九七二〇
所得稅附加稅	本稅一圓ニ付	七〇〇	四三四	一一三四

第七條　本法ノ規定ハ特ニ賦課率ヲ定メタル特別法令ノ適用ヲ妨ケス

本條ハ本法ノ規定ハ都會都市計畫法（舊法ハ東京市區改正條例ナリ）ノ如キ本法ト同樣ノ課稅ニ付賦課率ヲ定メタル特別法令ノ適用ヲ妨クルモノニ非サルコトヲ明定シタルモノナリ

第二節　鑛業稅附加稅及砂鑛區稅附加稅

◉鑛業法（明治三八、三、八法律第四五號）

第八十八條　北海道、府縣及市町村ハ鑛業稅ニ對シ各鑛産稅百分ノ十、試掘鑛區稅百分ノ三、採掘鑛區稅百分ノ七以內ノ附加稅ヲ課スルコトヲ得」

前項ノ附加稅ノ外北海道、府縣及市町村ハ鑛業ニ對シ又ハ鑛夫、鑛産物鑛區若ハ直接鑛業用ノ工作物、器具、機械ヲ標準トナシ課稅スルコトヲ得ス

前二項ノ規定ハ〔北海道及其ノ他〕町村ニ準スヘキモノニ之ヲ準用ス

◉砂鑛區稅法（明治四三、三、二五法律第九號）

第三條　北海道、府縣及市町村ハ砂鑛區稅ニ對シ百分ノ十以內ノ附加稅ヲ課スルコトヲ得

鑛業稅附加稅及砂鑛區稅附加稅ニ付テハ制限外課稅ヲ認メス、府縣ノ內外又ハ市町村ノ內外ニ涉リ

營業所ヲ定メテ爲スモノニ對シ本稅ヲ分割シテ納メサル者ニ對シ附加稅ヲ賦課スルトキ又ハ鑛區若ハ砂鑛區カ府縣ノ內外又ハ市町村ノ內外ニ涉ル場合ニ於テ附加稅ヲ賦課スルトキニ關シテハ前編第五章ヲ參照セラレタシ鑛業稅附加稅ヲ課スルノ外其ノ鑛業又ハ直接鑛業用ノ物件其ノ他ニ對シテハ何等ノ課稅ヲモ禁止シタリ其ノ詳細ニ關シテハ之亦前編第六章ヲ參照セラレタシ

【訓令通牒】

●**鑛業稅附加稅ノ賦課方ノ件**（大正元、一〇、二五地第七三五號地方局長通牒）

鑛業稅附加稅賦課方ニ關シ德島縣ニ左ノ通回答候條爲御心得此段及通牒候也

內務省地第七三五號

八月三日內地第二六一五號ノ三ヲ以テ鑛業稅附加稅賦課ノ件ニ關シ御照會ノ趣了承右ハ左ノ通リ御了知相成度此段及回答候也

大正元年十月二十五日　地方局長

德島縣知事宛

一　鑛區稅ニ付テハ鑛業法第九條ニ依ル地表ノ坪數ニ應シ本稅ヲ分別シ附加稅ヲ課セラレ可然ト存候

一　鑛產稅ノ內鑛物ノ價格ニ依リ本稅ヲ賦課セラルル場合ハ右鑛物ノ產出高ニ應シ本稅ヲ分別シ附加稅ヲ賦課シ可然尙又精練シタル產物ノ價格ニ依リ本稅ヲ賦課セラルル場合ハ先ツ以テ精練ニ依ル增加價格ト鑛物ノ價格ニ依リ本稅ヲ分別シ其ノ精練ニ依ル增加價格ニ對スル本稅ニ對シテハ精練地タル府縣ニ於テ附加稅ヲ賦課シ鑛物ノ價格ニ對スル本稅ハ鑛物ノ產出高ニ應シ關係府縣ニ分別シ附加稅ヲ課セラレ可然ト存候

一 鑛業法第八十一條第三項但書ノ場合ニ依ル鑛産税ニ對シテハ精錬地タル府縣ニ於テ賦課相成可然尤モ他人ヨリ收得シタル鑛物ニ對シテハ採掘地ニ於テモ鑛産税ヲ賦課セラルルモ之ニ對シ精錬地ニ於テ之カ附加税ヲ課スルヲ得サルハ當然ノ義ニ有之候

第三節 取引所營業税附加税

◉取引所税法（大正三、三、三一法律第二三號）

第二十二條 北海道府縣、市町村及（北海道沖繩縣ノ區）ハ取引所營業税ニ對シ本税百分ノ十以内ノ附加税ヲ課スルノ外取引所ノ業務ニ對シ租税其ノ他ノ公課ヲ課スルコトヲ得ス

北海道、府縣、市及町村ハ各取引所營業税ニ對シ本税額ノ百分ノ十以内ノ附加税ヲ課スルコトヲ得ルモノトス而シテ其ノ附加税ヲ課スルノ外取引所ノ業務ニ對シ特別ノ課税ヲ爲スコトヲ得サルモノトス然レ共其ノ一般的ニ課税スル家屋税其ノ他ノ物件税ヲ賦課スルハ支障ナシ府縣費ノ全部ノ分賦ヲ受ケタル市ニ於テハ府縣ノ分トシテ尚本税ノ百分ノ十以内ノ附加税ヲ増課シ得ルカ如キモ法律ニ別段ノ規定ナキヲ以テ課税シ得サルモノトス

第二章　特別稅及其ノ附加稅

◉地方稅ニ關スル法律（大正一五、三、二七法律第二四號）

◉地方稅ニ關スル法律施行勅令（大正一五、一一、一七勅令第三三九號）
◉地方稅ニ關スル法律施行規則（大正一五、一一、二七内務、大藏省令）

第一節　總　則

地方稅ニ關スル法律ハ國稅附加稅以外ノ地方稅ニ關スル根本ヲ定メタルモノニシテ其ノ內容ハ左記ノ諸稅ニ付各(一)課稅ノ客體(二)納稅義務者(三)課稅標準(四)賦課ノ制限及(五)附加稅ノ賦課ノ制限等ヲ規定シタルモノナリ

一　道府縣稅特別地稅　　二　同　家屋稅
三　同　營業稅　　四　同　雜種稅
五　市町村稅戶數割

北海道地方費法、府縣制、市制及町村制等ニ於テハ北海道、府縣、市及町村等カ夫々課稅權アルコトヲ認メタルモ如何ナル種類ノ稅ヲ如何ニ賦課スヘキヤニ關シテハ何等規定スル所ナシ此ノ法律ハ即チ其ノ補充的規定ニシテ之等ノ地方公共團體ニ對シ更ニ別個ノ課稅權ヲ認メタルモノニ非ザルナ

リ

第一條　北海道、府縣ハ本法ニ依リ特別地税、家屋税、營業税及雜種税ヲ賦課スルコトヲ得

本條ハ北海道及府縣ニ於テ賦課シ得ヘキ税ノ種類ヲ定メタルモノニシテ明治十三年第十六號布告地方税規則第一條ニ代ルモノナリ、地方税規則第一條ニハ營業税雜種税及戸數割ノ三ヲ掲ケタリシカ戸數割ハ後ニ述フルカ如ク市町村税トシテ設定スルコトト爲シ府縣税トシテハ之ヲ廢止シ其ノ財源ノ一部ヲ補充スル爲ニ家屋税ヲ新設シ更ニ地租條例ノ改正ニ伴ヒ新ニ特別地税ヲ加フルニ至レリ府縣制第百三條ニ依レハ『府縣税（中略）ニ關シテハ法律ニ規定アルモノヲ除クノ外勅令ノ定ムル所ニ依ル』トアルヲ以テ府縣税ハ法律勅令ニ依ルノ外課税シ得サルモノトス而シテ國税附加税以外ノ課税ニ付テ規定シタルモノハ此ノ法律アルノミナルヲ以テ北海道及府縣ニ於テ國税附加税外ニ課シ得ル税ハ本條ニ規定シタル之等四種類ニ限ラルルモノナリ

第二節　特別地税及其ノ附加税

第二條　特別地税ハ地租條例第十三條ノ二ノ規定ニ依リテ地租ヲ徴收セサ

ル田畑ニ對シ地租條例第一條ノ地價ヲ標準トシテ之ヲ賦課ス

特別地税ノ徵收ニ關シテハ地租條例第十三條ノ規定ヲ準用ス

本條ハ特別地税ノ客體及課税標準竝納税義務者ニ關スル規定ナリ

特別地税設定ノ理由

特別地税ヲ設定スルニ至リタルハ政府ニ於テ自作農ノ創設維持ヲ圖ルカ爲小農者ノ所有耕地ノ地租ヲ免除シタルニ起因スルモノナリ即チ地租條例第十三條ノ二ノ規定ニ依リ其ノ所有田畑ノ地租ヲ免除シタル結果其ノ田畑ノ地租附加税ハ自然消滅ニ歸シ從ツテ府縣其ノ他ノ公共團體ニ於テハ相當多額ノ歳入缺陷ヲ生スルニ至レリ然ルニ他ニ之ヲ補顚スヘキ好箇ノ財源ナキノミナラス其ノ免除セラレタル田畑ト雖他ノ一般ノ土地ト等シク地方公共團體ノ施設經營ニ依リ利益ヲ享受シ其ノ間何等甲乙ナキヲ以テ負擔ノ均衡上應益原則ニ基キ此ノ種ノ土地ニ對シテモ一般ノ土地ノ地租附加税ト同一程度ノ負擔ヲ爲サシムルヲ正當ナリトセラレタルニ因ルモノナリ

特別地税ノ性質

特別地税ハ地租條例第十三條ノ二ノ規定ニ依リ地租ヲ徵收セサル田畑ニ對シ其ノ地價ヲ標準トシテ地租ノ納税義務者ニ賦課スルモノナリ從ツテ特別地税ハ田畑ニ付テ課税スル點ニ於テ物税ニシテ收

益ヲ代表スル地價ヲ標準トシテ賦課スル點ニ於テハ收益税ナリ而シテ又國税タル地租ヲ課税標準トスルニ非スシテ地價ヲ課税標準トスルモノナルヲ以テ獨立税ナリ然レ共特別地税ハ要スルニ地租附加税ニ代ル課税ナリトス

第一項ハ特別地税ノ客體及課税標準ヲ規定シタルモノナリ特別地税ハ前述スル如ク地租條例第十三條ノ二ノ規定ニ依リ地租ヲ徴收セサル田畑ニ對シ課税スルモノナリ然レ共其ノ田畑タルヤ規定ノ條件ニ適合スル期間内ニ限リ地租ヲ徴收セサルニ止マリ其ノ地租ノ課税標準タル地價ハ依然現存スルヲ以テ地租條例ニ於ケル所謂有租地タルコト勿論ナリ從ツテ其ノ課税標準タル地價ノ修正ハ總テ國ノ税務官廳ニ於テ處分スヘキモノトス

『地租例條第十三條ノ二ニ依リ地租ヲ徴收セサル田畑』トハ地租條例第十三條ノ規定ニ依リ地租ヲ納ムヘキ者（法人ヲ除ク）ノ住所地市町村及其ノ隣接市町村内ニ於ケル田畑地價ノ合計金額其ノ同居家族ノ分ト合算シ二百圓未滿ナルカ爲其ノ納税義務者ノ申請ニ依リ地租ヲ免除セラレタル田畑ヲ謂フ又『地租條例第一條ノ地價』トハ土地臺帳ニ掲ケラレタル土地ノ價額ヲ謂フモノトス

第二項ハ納税義務者ヲ規定シタルモノナリ特別地税ハ地租附加税ニ代ルモノナルヲ以テ其ノ納税義務者モ地租附加税ト同樣ナルヲ要ス卽チ地租ノ納税義務者ヲ規定シタル地租條例第十三條ノ規定

ヲ準用スルコトトセリ從ツテ特別地税ノ納税義務者ハ地租ノ納税義務者ト同樣ナリ即チ左ノ如シ

一　質權ノ目的タル土地ニ付テハ質權者

二　百年ヨリ長キ存續期間ノ定アル地上權ノ目的タル土地ニ付テハ地上權者

三　其ノ他ノ土地ニハ所有者

而シテ其ノ質權者、地上權者又ハ所有者ト稱スルハ土地臺帳ニ質權者、地上權者、所有者トシテ登錄セラレタル者ヲ謂フモノトス

【關係法令】

●地租條例（明治一七、三、太政官布告第七號）

第十三條　地租ハ左ニ掲クル者ヨリ之ヲ徵收ス

一　質權ノ目的タル土地ニ付テハ質權者

二　百年ヨリ長キ存續期間ノ定アル地上權ノ目的タル土地ニ付テハ地上權者

三　其ノ他ノ土地ニ付テハ所有者

前項ニ於テ質權者、地上權者、所有者ト稱スルハ土地臺帳ニ質權者、地上權者、所有者トシテ登錄セラレタル者ヲ謂フ

第十三條ノ二　前條ノ規定ニヨリ地租ヲ納ムヘキ者（法人ヲ除ク）ノ住所地市町村及其ノ隣接市町村内ニ於ケル田畑地價ノ合計金額其ノ同居家族ノ分ト合算シ二百圓未滿ナルトキハ命令ノ定ムル所ニ依リ其ノ田畑ノ地租ヲ徵收セス但小作ニ付シタル田畑ニ付テハ此限ニ在ラス

●**地租條例施行規則**（明治四三、一二勅令第四四四號）

第十七條 大正十五年法律第四十七號ニ規定スル永小作權者ニシテ地租條例第十三條ノ二ノ規定ノ適用ヲ受ケムトスルモノハ毎年六月中ニ左ノ事項ヲ田畑所在ノ市町村長ニ屆出ツヘシ

一 永小作權ノ目的タル田畑ノ番號、地目、段別及地價

二 田畑所有者ノ住所氏名

三 永小作權設定年月日

前項ノ屆出期間經過後新ニ地租條例第十三條ノ二ノ規定ニ該當スルニ至リタル場合ニ於テハ次ノ納期開始前ニ於テ前項ノ屆出ヲ爲スヘシ

市町村長ニ於テ必要アリト認ムルトキハ第一項又ハ前項ノ屆出ヲ爲シタル者ニ對シ永小作權ノ設定ヲ證明スヘキ證書其ノ他必要ナル書類ノ呈示又ハ提出ヲ求ムルコトヲ得

第一項又ハ第二項ノ屆出ヲ爲シタル永小作權者ハ當該田畑ニ關シ地租條例第十三條ノ二ノ規定ノ適用ニ付テハ之ヲ所有者ト看做ス

第十八條 田畑ニ付地租ヲ納ムヘキ者（前條ノ規定ニヨリ所有者ト看做サレタル永小作權者ヲ含ム）ニシテ地租條例第十三條ノ二ノ規定ノ適用ヲ受ケムトスルモノハ毎年六月中ニ當該田畑各筆ノ番號及地目ヲ記載シ住所地ノ市町村長ヲ經由シ稅務署長ニ申請スヘシ但シ其ノ住所地及隣接市町村內ニ於ケル其ノ者ノ田畑ノ全部ニ付申請ヲ爲ス場合ニ於テハ各筆ノ記載ヲ省略スルコトヲ得

前項ノ申請期間經過後新ニ地租條例第十三條ノ二ノ規定ニ該當スルニ至リタル田畑ニ付テハ次ノ納期開始前ニ於テ前項ノ申請ヲ爲スコトヲ得

第十九條 市町村長ハ其ノ市町村內ノ田畑ニ付地租ヲ納ムヘキ者ノ住所カ隣接市町村內ニ在ルトキハ各人別田畑ノ地價合計金額ヲ前條第一項ノ申請期間內ニ其ノ住所地ノ市町村長ニ通知スヘシ

前項ノ通知事項ニ異動ヲ生シタルトキハ田畑地租ノ各納期開始前之ヲ住所地ノ市町村長ニ通知スヘシ

第二十條　隣接市町村内ノ田畑ニ付第十八條ノ申請アリタル場合ニ於テ申請者ノ住所地市町村及其ノ隣接市町村内ニ於ケル田畑地價ノ合計金額其ノ同居家族ノ分ト合算シ二百圓未滿ナルトキハ住所地ノ市町村長ハ其ノ旨田畑所在ノ市町村長ニ通知スヘシ

前項ノ通知事項ニ異動ヲ生シタルトキハ田畑地租ノ各納期開始前之ヲ田畑所在ノ市町村長ニ通知スヘシ

第二十一條　市町村長ハ其ノ市町村内ノ田畑ニ付第十八條ノ申請又ハ前條ノ通知アリタルトキハ地租條例第十三條ノ二ノ規定ニ依リ地租ヲ徴收セサル田畑ヲ調査シ之ヲ税務署長ニ報告スヘシ

●舊慣ニ依リ永小作權者カ地租額負擔ヲ約シタル田畑ノ地租免除ニ關スル件（大正一五、三、三一法律第四七號）

民法施行前ヨリ引續キ存スル永小作權ニ付其ノ設定ノ當時舊來ノ慣行ニ依リテ小作料支拂ノ外當該田畑ノ地租ノ全額ヲ永小作權者ニ於テ負擔スルコトヲ約シタル田畑ニ關シ地租條例第十三條ノ二ノ規定ノ適用ニ付テハ命令ノ定ムル所ニ依リ永小作權者ヲ所有者ト看做ス

明治三十七年法律第十二號第三條ノ二ノ規定ハ前項ノ場合ニ之ヲ準用ス

附　則

本法ハ大正十五年分地租ヨリ之ヲ適用ス

【訓令通牒】

●地租條例第十三條ノ二及大正十五年法律第四十七號施行方ノ件（大正一五、六、三主税局長通牒）

地租條例第十三條ノ二及大正十五年法律第四十七號ノ施行方別紙ノ通リ御取扱相成度右及通牒候也

一　地租條例第十三條ノ二ノ規定ニ該當スルヤ否ハ田畑地租ノ各納期初日ノ現在ニ依ルモノトス

二　住所及同居家族ノ意義ハ大體所得税ニ於ケル取扱例ニ準スルモノトス

三　市制第六條ノ市ノ區ハ地租條例第十三條ノ二ノ規定ノ適用ニ付テハ一市町村トシテ取扱フモノトス

四　隣接市町村トハ境界線ノ相接續スル市町村ヲ謂ヒ河川又ハ湖沼ヲ挾ミ境界ノ不明ナル場合ニ於テハ自作シ得ル程度ノ近距離ナルトキハ隣接市町村トシテ取扱フモノトス

五　田畑ノ區分ハ土地臺帳ニ掲ケタル地目ニ依ルモノトス

六　田畑地價合計金額ノ計算ニ付テハ荒地ノ地價ハ之ヲ除算シ災害地地租免除法ニ依リ地租ノ免除ヲ受ケタル田畑ノ地價ハ之ヲ算入スルモノトス

七　大正十五年法律第四十七號ハ永小作地ヲ自作スル小農ニ對シ所有者ト同一ノ取扱ヲ爲サムトスル趣旨ナルヲ以テ田畑地價合計金額二百圓未滿ナリヤ否ノ計算ニ付テハ永小作地ト所有地トハ之ヲ合算スルモノトス

八　田畑地價ノ合計金額二百圓以上ヲ有スル者ニ付テハ地租ヲ徴收セサル永小作地アルカ爲其ノ差引地價額二百圓未滿トナル場合ト雖地租條例第十三條ノ二ノ規定ノ適用ナキモノトス

九　土地臺帳ニ掲ケタル地目田畑ナルモ宅地ノ現況ヲ有スルモノハ自作地（小作ニ付セサル土地）トシテ取扱ハサルモノトス

一〇　所有者相互ニ土地ヲ交換シテ耕作スルモノハ小作ニ付シタル事實ナキ限リ自作地ト看做スモ妨ナキモノトス

一一　一筆ノ一部分ヲ小作ニ付シタル田畑ハ自作地トシテ取扱ハサルモノトス

一二　共有地ニ付テハ左ノ各號ニ依リ取扱フモノトス

イ　他ノ土地ト區分シ共有地ノミニ付別個ニ地租條例第十三條ノ二ノ規定ヲ適用スルモノトス

ロ　同一共有者ノ共有スル田畑（共有者ノ全部カ同シキ場合）ハ總テ之ヲ合算シ共有者ノ一人ニテモ異ナル

場合ハ前項ニ依リ取扱フモノトス
ハ　共有者ノ全部カ同居ノ家族ナル場合ニ於テハ前二號ノ例ニ依ラス共有地以外ノ田畑ト合算スルモノトス
ニ　共有者ノ一人ニ於テ自作スルモノハ之ヲ自作地トシテ取扱フモノトス
ホ　共有者ノ一人法人ナル場合又ハ共有者ノ全部カ同一市町村内ニ住所ヲ有セサル場合ニ於テハ其ノ共有地ニ付テハ地租條例第十三條ノ二ノ規定ノ適用ナキモノトス
一三　地租條例第十三條ノ二ノ規定ニ依ル田畑地價合計金額二百圓未滿ノ場合ト雖施行規則第十八條ノ申請ヲ爲サヽルトキハ地租ヲ徵收スルコトトナルヲ以テ同條ノ申請ヲ爲サシムル樣注意スヘキモノトス
一四　施行規則第十八條ノ申請書ハ之ヲ接受シタル市町村長ヲシテ便宜留置保管セシムルモ妨ナキモノトス
一五　施行規則第十九條ノ規定ニ依ル住所地市町村長ニ對スル通知ニハ同一人ノ所有地ト永小作地トアル場合ニ於テハ其ノ地價合計金額（永小作地ノ地價ハ內書）ヲ記載シ永小作地ノミナル場合ニ於テハ其ノ旨附記スルモノトス
一六　施行規則第二十條ノ規定ニ依ル土地所在ノ市町村長ニ對スル通知ニハ各人別ニ當該田畑ノ各筆ノ番號及地目ヲ記載スルモノトス但シ當該土地所在ノ市町村內ニ於ケル田畑ノ全部ニ付申請アリタル場合ニ於テハ氏名ヲ通知スルヲ以テ足ル
一七　施行規則第二十一條ノ報告ハ明治三十七年法律第十二號ニ依ル地價地租報告ヲ以テ之ニ充ツルモ妨ナキモノトス但シ每年田畑地租ノ各第一期分ニ付テハ當該田畑ノ反別筆數及人員ノ合計ヲ附記セシムルモノトス
一八　地租條例第十三條ノ二ニ該當スルヤ否ノ調査ハ事實上市町村長ヲシテ其ノ任ニ當ラシムルコトトナルヘキヲ以テ之カ指導監督ニ付テハ從來ヨリ尙一層注意ヲ加ヘ取扱上過誤ナキヲ期スルモノトス
一九　地租名寄帳凡例十九ノ帳簿ハ別紙樣式ニ準シタルモノヲ設備セシムルモノトス

（表中△印ヲ付セルハ朱書）

何市町村番地

何ノ誰

其ノ同居家族ノ分

摘要	市町村名	田畑地価額 戸主（世帯主）	家族誰	家族誰	家族誰	、、、	合計	事故欄
	自村	五〇、〇〇					五〇、〇〇	一部申請
	甲村	一〇、〇〇					一〇、〇〇	
	乙村		二〇、〇	五〇、〇〇			七〇、〇〇	
	丙村	四〇、〇〇					四〇、〇〇	内何円永小作地
	丁村				二〇、〇〇		二〇、〇〇	家族誰分永小作地
	計	一〇〇、〇〇	二〇、〇〇	五〇、〇〇	二〇、〇〇		一九〇、〇〇	
増	自村	五〇、〇〇					五〇、〇〇	何月何日買得
△減	△乙村			△五〇、〇〇			△五〇、〇〇	△何月何日買却ノ旨異動通知
△減	△丁村				△二〇、〇〇			△何月何日永小作権譲渡ノ旨異動通知

何月何日現在額		一五〇、〇〇	二〇、〇〇	二〇、〇〇			一九〇、〇〇	
、、、								

備考

一　住所地市町村及其ノ隣接市町村內ニ於ケル田畑地價ノ合計金額二百圓未滿ナリヤ否ハ本簿ニ依リ調査スルモノトス
二　前號ノ調査ハ地租條例施行規則第十八條ノ申請アリタル者ノミニ付調査スルモノトス
三　同一人ニシテモ其住所地及隣接市町村內ニ於ケル田畑ノ一部ニ付施行規則第十八條ノ申請ヲ爲シタル者ハ事故欄ニ其ノ旨記載スルモノトス
四　納期開始十五日前ノ現在額ヲ揭クルモノトス但シ異動ヲ生シタルモノニ付テハ其ノ時々加除スルモノトス
五　本簿ハ連年繼續使用スルモノトス

●**地租條例第十三條ノ二ノ取扱方ノ件**（大正一五、六、一一藏稅第一二九三號主稅局長通牒）

地租條例第十三條ノ二ノ取扱方ニ關シ熊本稅務監督局長ト別紙ノ通リ照覆致シ候ニ付貴局ニ於テモ右ニ依リ御取扱相成度此段及通牒候也

熊本稅務監督局長照會

一　當管內熊本縣下天草、長崎縣下島原地方ニハ布哇、南米其ノ他各國ニ又沖繩縣下ニ於テモ他地方ニ出稼ヲナシ僅カニ所有セル田畑ハ其ノ家族ヲシテ耕作セシメ居ルモノ極メテ多ク殆ント全部カ鄕土ニ於テ生計困難ナル爲メ出稼ヲ爲セル者ノミニ付此等ノ者ニ對シテハ地租條例第十三條ノ二ノ精神ニ考ヘ自作ト認メ地租ヲ

免租スルヲ穩當ト認メ候ヘ共此事例ハ他局管內ニモ多々有之ヘク取扱上聊カ疑義ニ付至急何分ノ御意見承知致度

主稅局長回答

見込ノ通リ

●(同上)(大正一五、七、二藏稅第一五〇二號主稅局長通牒)

地租條例第十三條ノ二ノ取扱方ニ關シ熊本稅務監督局長ト別紙ノ通リ覆照致候ニ付貴局ニ於テモ右ニ依リ御取扱相成度

熊本稅務監督局長照會

一 土地臺帳ニ揭ケタル地目田畑ニシテ其現況モ亦田畑ナルモ自作セス小作ニモ付セサルモノ及現況荒地ナルモ荒地免租年期ノ申請ナキ田畑(小作ニ付セサル土地)ニ付テハ自作地ト認メ免租スヘキ義ニ候哉

二 土地臺帳ニ揭ケタル地目田畑ナルモ山林原野等ノ現況ヲ有スルモノハ(小作ニ付セサル土地)本月三日藏稅第一一七五號御通牒九ニ準シ免租セサル義ニ候哉

主稅局長回答

貴見ノ通

●(同上)(大正一五、七、二二藏稅第一六八六號主稅局長回答)

一 田畑地價合計二百圓未滿ノモノニシテ其ノ內幾筆ヲ小作ニ付シアルモノノ如キハ自作セル土地ヲモ免除セサルヤ將又小作ニ付セル筆ノミヲ免除セサル義ナルヤ

答 後段ノ通

二 本籍地以外ニ於テ營業又ハ就職ヲ爲セルモノ其ノ本籍地ニ於テ家族ヲシテ自己名義ノ田畑ヲ自作セシムル

モノノ地租ノ免否並ニ免除申請書經由市町村長ハ土地所在市町村長ナルヤ

答　本月三日藏税第一一七五號通牒第二ニヨリ住所ヲ認定シ其ノ市町村長ヲ經由セシムルコト

三　戸主ノ所有田畑地價百圓同居家族ノ所有田畑地價八十圓ニシテ各免除申請セシ場合戸主カ右家族ノ田畑ヲ自作スルトキハ右家族ノ田畑ニ付地租ヲ免除スルヤ

答　條例第十三條ノ二ノ本文ニ該當シ自作ナリト認メ得ラルル場合ハ免除スルコト

四　申請期限ハ六月中ナルモ改正初年ナル關係上畑租一期ノ納期開始迄ニ申請シタルモノハ之ヲ默認シ差支ナキヤ

答　免除セス（六月十一日藏税第一、二九三號通牒ノ場合ヲ除ク）

五　六月中ニ免除申請セルモノ申請後畑租第一期開始前ニ地價二百圓以上トナリタル場合ハ施行規則第十八條第二項ニヨリ第一期分ハ免除シ二期分ハ免除シ得サルカ如ク解セラル如何ニ取扱フヤ

答　不可

六　免除申請ハ六月中ニ住所地市町村長ニ提出セハ可ナルヤ將又税務署長ニ六月中ニ申請スルヲ要スルヤ

答　一期分ヨリ免除スヘキモノニアラス

七　免除申請ヲ誤テ住所地市町村長ヲ經由セス直接税務署長ヘ申請シタル場合六月中ナルトキハ有效ナルヤ（税務署長ヨリ住所地市町村長ヲ經由スヘク市町村長ニ送附スルニ期限切迫シ餘日ナキ場合）

答　前段ノ通

八　免除申請書ヲ郵便ニ付シタル場合郵便局ノ日附印カ法定期間内ナルトキハ有效トシテ取扱フヤ

答　便宜有效トシテ取扱フコト

答　然リ

九　土地臺帳面地目ハ田畑ナルモ山林原野ニ無届變換セルモノハ小作ニ付セサル土地即チ自作地トシテ取扱フヤ

答　自作地トシテ取扱ハサルコト

一〇　共有者ノ一人カ他ノ共有者ト住所ヲ異ニシ居ル場合ハ例ヘ其ノ一人ノ住所カ隣接市町村ナル場合ト雖モ條例第十三條ノ二ノ規定ヲ適用セサルヤ

答　然リ

一一　同居ナルヤ否ヤノ事實ノ認定ハ申請ニ付テハ申請當時調査ニ付テハ調査當時ノ現在ニヨリ決定ハ田畑地租ノ各納期初日ノ現在ニヨルヤ

答　然リ

一二　地價二百圓未滿ナルヤ否ヤハ申請當日調査ニ付テハ調査當日ノ現在ニヨリ決定ハ田畑地租ノ各納期初日ノ現在ニヨルヤ

答　然リ

一三　戸主ノ田畑ヲ家族カ耕作シ又ハ家族ノ田畑ヲ戸主カ耕作スル如キ場合其ノ戸主家族同居ナル時ハ各所有者カ自作セルモノト看做シテ取扱フヤ

答　然リ

一四　自作セス又ハ小作ニモ付セス其ノ儘放擲シアル田畑ハ小作ニ付セサルモノトシテ免除スルヤ

答　然リ

一五　耕地整理地價配賦未濟ノ田畑ニシテ換地豫定地ヲ自作スルモノハ原地ヲ自作スルモノトシテ取扱フヤ

答　然リ

一六　神社、寺院ノ所有ノ田畑ヲ其ノ社掌住職ニ於テ自作スル場合ハ條例第十三條ノ二ニ該當セサルヤ（地價合計ハ二百圓未滿ナリ）

答　然リ

●同上（大正一五、七、二二藏税第一六八七號主税局長回答）

一　住所地ニハ所有田畑ナク接續町村タル他署管内ニノミ所有田畑アル場合及住所地ニモ所有田畑アル場合ハ當然免除申請ヲ二通提出セシムヘキヤ

答　地租條例第十八條ノ解釋上ヨリモ一通ニテ差支ナク且取扱上ニ於テモ支障ナシト認メラルルニヨリ申請者ノ便宜ヲ計リ一通トスルコト

二　免除申請書ヲ各市町村毎ニ別紙ニ申請セシムル場合ハ條例施行規則第二十條ノ通知ハ該通知書ニ代フルニ右申請書ヲ送付セシムルモ差支ナキヤ

答　監督上支障ナシト認ムル場合ハ差支ナシ

三　大字又ハ部落有、區有ノ田畑ニシテ其ノ部落民カ自作スル場合ハ條例第十三條ノ二ノ規定ヲ適用セサルヤ

答　然リ

四　土地臺帳面地目燒畑、切替畑ニシテ目下耕作ヲ爲サス山林原野ノ狀態ニアルモノハ小作ニ付セサル限リハ免除スルヤ

答　然リ

五　地租條例第十三條ノ二ノ規定ハ戸主ト同居スル二人以上ノ同居家族ニ適用アルヤ

答　適用ス

六　藏税第一一七五號第一項ニ條例第十三條ノ二ニ該當スルヤ否ハ田畑地租ノ各納期初日ノ現在ニ依ルトアリ

然ルニ地租ハ土地臺帳ニ登錄セラレタル所有者ヨリ徵收スル關係上納期開始迄ニ登記濟通知カ稅務署ヘ到達シ之ニ依リ臺帳ヲ訂正シタル現在者ヨリ徵收スルコトトナリ居レハ右納期初日ノ現在トハ本徵收ノ場合ト同シク納期開始迄ニ到達セシ登記濟通知ニ依リ加除シタル現在ノ臺帳面ニ依ルモノト解シ可然哉

答　然リ

七　田若ハ畑ノ一筆中ノ幾部カ宅地トナリタルモ未タ地目變換ノ手續ヲ爲サヽルモノハ其ノ殘部ヲ自作スル場合ト雖モ條例第十三條ノ二ノ規定ヲ適用セサルヤ

答　然リ

八　交換耕作土地ヲ自作ト看做ス場合ハ現實ノ各耕地反別ニ對スル地租ヲ免除スヘキカ若ハ各所有地ニ對スル地租ヲ免除スヘキヤ

答　後段ノ通リ

九　共有土地ノ條例施行規則第十八條ノ申請ハ共有者ノ一人ヨリ申請スルモ有效ナルヤ

答　有效トス

一〇　例ヘハ本年八月自己所有ノ地ヲ道路敷地トシテ縣ヘ寄附シタル爲メ所有地價二百圓未滿トナリ條例施行規則第十八條第二項ニヨリ同月申請シタルモ九月納期開始後免租セラレタル場合ハ畑租第一期分ハ條例第十三條ノ二ノ適用ヲ受ケサルハ勿論ナルモ右申請ハ第二期分地租徵收ニ際シ條例施行規則第十八條ノ申請ト認ムルヤ（所有地價及自作トモ異動ナシ）

答　寄附シタル土地ニ付九月一日以前ニ免租ノ屆出ナキ場合ハ畑租第一期分ヨリ條例第十三條ノ二ヲ適用スルモノトス九月一日以前ニ免租ノ屆出ナキ場合ニ於ケル取扱振リニ付テハ御見込ノ通

一一　交換自作ニシテ甲、乙共有田地價二百圓未滿ニシテ左記ノ場合ハ條例第十三條ノ二ノ適用ニ付乙ニハ適

用シ甲ニハ適用セサルヤ

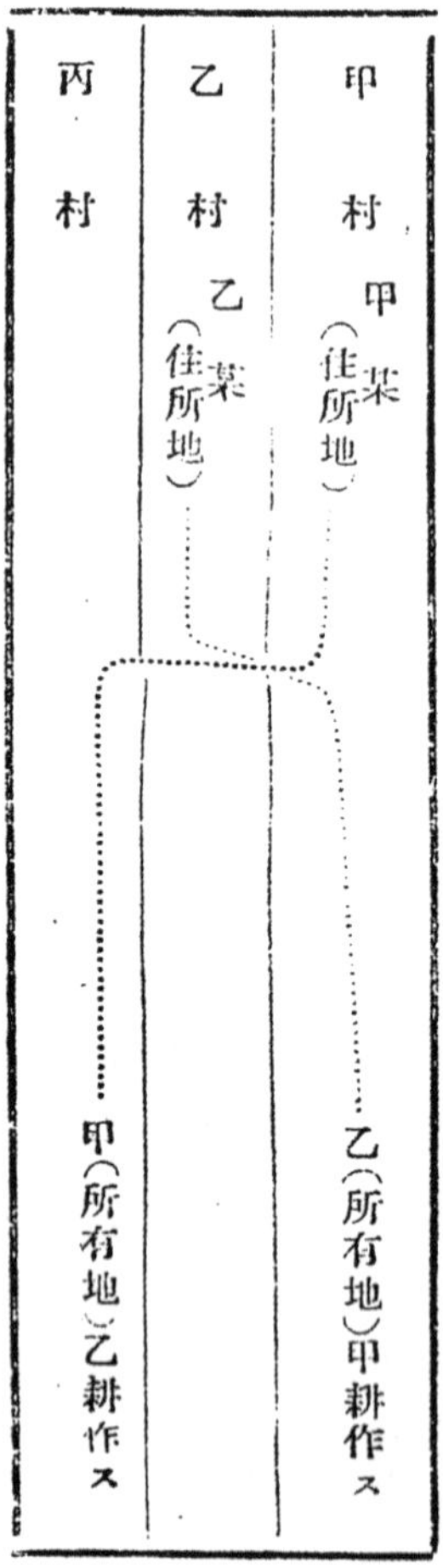

答　然リ

二　甲ノ田畑所有地價二百圓以上乙ハ地價二百圓未滿所有シ交換自作スル場合ニハ乙ニノミ條例第十三條ノ二ノ適用アルヤ

答　然リ

●**耕地整理地ニ對スル地租條例第十三條ノ二ノ取扱方ノ件**（大正一五、八、二七藏稅第二〇六七號主稅局長通牒）

耕地整理地ニ對スル地租條例第十三條ノ二ノ取扱方左記ノ通リ御取扱相成度此段及通牒候也

記

一　耕地整理地ニ付テハ土地臺帳ニ登錄セル地目地價ニ依リ地租條例第十三條ノ二ノ規定ニ該當スルヤ否ヤヲ定ムルモノトス

二　耕地整理法第三十條第四項ノ告示アリタル地區內ニ於ケル田畑ノ自作地（小作ニ付セサル土地）小作地ノ區分ハ換地ニ付之ヲ爲シ左記例ニ依ルモノトス

記

例

次	従前ノ土地 地番	地目	反別	地價	換地 地番	地目	反別	自作小作ノ區分	摘要
一	一	田	一八〇〇	西、〇〇	一	田	一三〇〇	自作	従前ノ土地一筆ノ内幾部小作ニ付シタルモノト看做シテ免租セス
					二	田	八〇〇	小作	
二	二	畑	八〇〇	一四、〇〇	三	田	一〇〇〇	自作	従前ノ畑ヲ免租ス
三	三	原野	一一〇〇	二、〇〇	四	畑	一二〇〇	自作	従前ノ土地原野ニ付免租セス
四	四	田	三〇〇	五、〇〇	五	畑	五〇〇	自作	従前ノ田ヲ免租ス
	五	原野	二〇〇	五〇					
五	六	田	九〇〇	二七、〇〇	六	田	一〇〇〇	自作	免租
六	七	田	八〇〇	二五、〇〇	七	宅地	一〇〇〇		現況宅地ニ付免租セス
七	八	田	五〇〇	一五、〇〇	八	田	一〇〇〇	自作	従前ノ田ヲ免租ス
	九	畑	三〇〇	五、〇〇					

三　前項告示前ノ地區内ニ於ケル田畑ノ自作地小作地ノ區分ハ現況ニ依リ之ヲナスモノトス但シ使用區域ノ指定ヲ受ケタルモノニ付テハ其ノ指定ヲ受ケタル土地ノ現況ニ依リ之ヲ爲スモノトス

四　工事施行中又ハ工事完了前ニ於テ左ノ各號ノ一ニ該當スル田畑ハ組合ヨリ賃貸料ニ相當スル補償金ノ交付ヲ受クルト否トニ拘ハラス自作地トシテ取扱フモノトス

（イ）使用區域ノ指定ニ依リ從前ノ自作地カ縮少セラレタルトキハ其ノ縮少セル面積
（ロ）道路堤塘溝渠等ノ用ニ供スル土地

●地租條例第十三條ノ二ノ取扱方ニ關スル件（大正一五、一〇、八藏税第二五二七號主税局長通牒）

地租條例第十三條ノ二ノ取扱方ニ關シ仙臺税務監督局長ト別紙ノ通リ照覆致候

仙臺局長照會

地租條例第十三條ノ二ノ取扱上左記事項疑義ニ渉リ候ニ付至急御回示相成度

（左記）

一　地租條例第十三條ノ二ニ依リ第一期分地租ノ免除ヲ受ケ第二期分以降ニ於テモ之ニ該當スル田畑カ災害ニ依リ收穫皆無トナリ第二期分納期開始前災害地地租免除處分ヲ受ケタルトキハ第一期分ヨリ災害ニ依ル免租トシテ取扱差支ナキヤ

二　客月二十七日藏税第二〇七六號御通牒第三項但書ノ場合ニ於テ左記例示ノ如キ土地ニ對シテハ如何ニ取扱フヘキヤ

例示

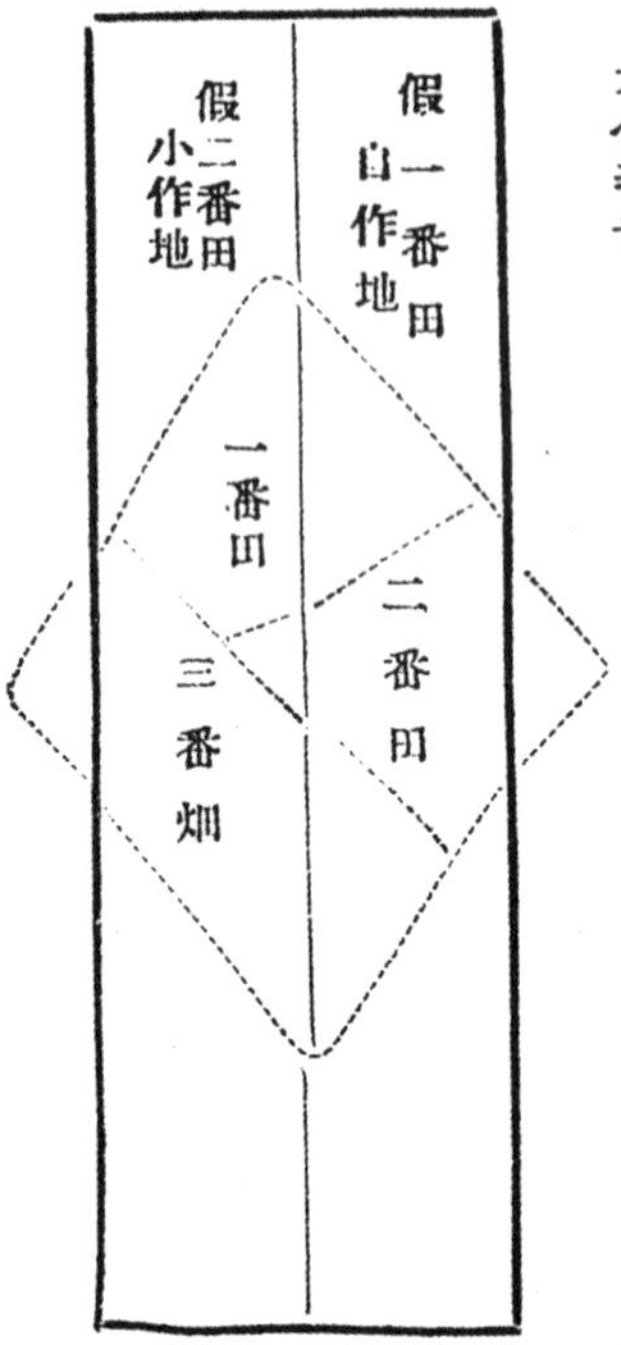

一　點線ハ土地台帳面ノ土地ニシテ一番二番ハ田三番ハ畑ナリ

二　右三筆ノ田畑ニ對シ假一番假二番田ノ使用ノ指定ヲ受ク

三　土地ノ現況ニ依レハ假一番ハ自作地ニシテ假二番ハ小作地ナリ

主税局長回答
一　貴見ノ通リ
二　ニ付テハ現況ノ自作地ノ面積ヲ超過セサル範圍内ニ於テ土地台帳面ノ田畑ニ付地租ヲ徴收セサル土地ヲ適當ニ定ムルモノトス

●同上（大正一五、一一、一二藏税第二八四二號主税局長通牒）
地租條例第十三條ノ二ノ取扱方ニ關シ東京税務監督局長ト別紙ノ通リ照覆致候右及通牒候也
東京局長照會
無屆開墾其ノ他ニ對スル首標適用ニ關シテハ左記ニ依リ取扱フ見込ニ候處聊カ疑義有之候ニ付貴見承知致度右及照會候也

記

一　無屆開墾地ニ對シ地價修正ノ結果田畑ノ地價合計二百圓以上トナリタル場合當該無屆開墾地ニ對シ既往年分地租ヲ追徴スルモ地租條例第十三條ノ二ニ依リ免除シタル土地ノ地租ハ追徴セサルコト
二　反別誤謬訂正ノ結果田畑地價合計額カ二百圓以上トナリタル場合地租條例第十三條ノ二ニ依リ免除シタル地租ハ手數省略ノ爲追徴セサルコト
三　低價年期地、輕減年期地、耕地整理法ノ利益又ハ負擔ヲ受クル土地ニシテ土地台帳所掲ノ額ト實際徴收スヘキ標準額ト一致セサル場合地價二百圓未滿ナリヤ否ノ計算ハ徴收地租ノ基本トナルヘキ地價額ニ依ルコト
主税局長回答
本月三日直第一一七五號ヲ以テ御照會相成候地租條例第十三條ノ二ノ適用方ニ關スル件左記ノ通リ及回答候也

記

一、三ハ貴見ノ通リ

二　ニ付テハ反別誤謬訂正ニヨリ地價ニ異動ヲ生シ田畑地價合計金額二百圓以上トナリタル場合ハ地租條例第十三條ノ二ニヨリ免租シタル分モ總テ之ヲ追徵スルモノトス田畑地價合計金額二百圓未滿ノ場合ニ於テハ小作ニ付シタル田畑ニ限リ追徵スルモノトス

●特別地税取扱ニ關スル件（鳥取縣知事照會大正一五、七、三地方局長回答）

鳥取縣知事照會

一　特別地税ノ課税標準課税主體ハ地租條例施行規則ノ規定ニ依リ税務官廳ニ於テ地租條例第十三條ノ二ニ依ル不徵收地租ヲ決定スルニ非サレハ定ムルコトヲ得ス從テ府縣市町村ニ於テハ地租割特別地税ノ賦課徵收ハ每年七月以降ニアラサレハ爲シ得サルコトトナリ府縣市町村ノ財務ニ影響スル所少カラス右ハ前年度ノ實蹟ニ依リ四月中ニ徵收シ決定後異動ノ部分ニ對シ追徵還付ノ取扱ヲ爲シ差支ナキヤ

二　一筆ノ田畑ニシテ一部ハ自作シ一部ハ小作ニ付セルモノアリ右ハ地租條例第十三條ノ二ノ規定ノ適用ヲ受クヘカラサルモノナリヤ

三　田又ハ畑ノ地目ニシテ宅地成トナリ又ハ宅地ノ地目ニシテ田又ハ畑ノ地目成トナリ居レルモノアリ右ハ地目變換ノ手續ヲ爲サシムヘキハ勿論ナルモ申請期間內ニ於テ是カ手續ヲ完了シ得サル場合ノ取扱ハ如何ニスヘキヤ

四　地租條例第十三條ノ二ノ規定ノ適用ヲ受クヘキモノハ同施行規則第十八條第二項ニ依リ每納期前ニ異動ヲ申請セシメ決定セラルルコトトナリ從テ特別地税ノ賦課徵收ニ異動ヲ來スコトトナルモ右ハ特別地税ノ每賦課期ノ現在ニ依リ取扱地租附加税ト特別地税トノ重復課税ヲ避クルノ取扱ヲ爲シ可然乎

地方局長回答

一　第一項ハ御見込ノ通但追徴還付ヲ要セサル義ニ有之

一　第二項及第四項ハ御見込ノ通

一　第三項ハ何レモ地租條例第十三條ノ二ノ適用無之モノトシテ取扱相成度

●特別地税賦課取扱ニ關スル件（長崎縣知事照會大正一五、七、二四地方局長回答）

長崎縣知事照會

地租條例第十三條ノ二ノ規定ニ依リ地租ヲ免除セラレタルモノニ對スル特別地税賦課取扱ニ關シ七月九日付電信請訓ニ對シ御指示ノ次第モ有之候處左記ノ點疑義相生シ候條至急何分ノ義御指示相成度

右請訓候也

記

一　特別地税ヲ賦課シタル第二期納期終了後ニ於テ所有權其ノ他ノ異動ニ依リ田畑地價二百圓以上トナリ地租條例第十三條ノ二ノ規定ニ該當セサルコトトナリタル場合ト雖免税決定當時適法ニ賦課セラレタルモノナルヲ以テ既ニ徴收シタル特別地税ハ其ノ儘トシ地租附加税ハ之ヲ賦課セサルコトニ取扱差支ナキヤ

二　前項ト反對ニ地租附加税ヲ賦課シタル第二期納期終了後ニ於テ地租條例第十三條ノ二ノ規定ニ該當スルニ至リタル場合ニ於テモ既ニ適法ニ賦課徴收シタル地租附加税ハ其ノ儘トシ特別地税ハ之ヲ賦課セサルコトニ取扱差支ナキヤ

地方局長回答

七月十七日十五庶第一〇一號ヲ以テ標記ノ件御照會相成候處右ハ第一項及第二項共御見込ノ通ト存候

【行政實例】

●地租附加稅ト特別地稅トハ賦課期日ヲ同一ニスルヲ至當トス（大正一五、六、二一）
●特別地稅附加稅ト地租附加稅トハ特別ノ事由ナキ限リ大體同一比率ノ課稅ヲ爲スヲ適當トス（大正一五、九、一）

第三條　特別地稅ノ賦課率ハ北海道ニ在リテハ地價百分ノ二・六以內、府縣ニ在リテハ地價百分ノ三・七以內トス

特別地稅ニ對シ市町村其ノ他ノ公共團體ニ於テ賦課スヘキ附加稅ノ賦課率ハ前項ニ規定スル制限ノ百分ノ八十以內トス

本條ハ特別地稅及其ノ附加稅ノ賦課率ノ制限ニ關スル規定ナリ地租附加稅ニ關シテハ地方稅制限ニ關スル法律ニ於テ其ノ賦課率ヲ制限シタリ從ツテ其ノ地租附加稅ニ代ル特別地稅ニ關シテモ之ト權衡ヲ得ル樣法律ニ於テ制限スルノ必要アルモノトス

第一項ハ特別地稅ノ賦課率ヲ制限シタルモノナリ地租附加稅ノ賦課率ハ北海道及府縣共ニ地租額百分ノ八十三ナルモ其ノ課稅標準タル地租ハ地價ニ對シ稅率ヲ異ニセルヲ以テ地租ノ課稅標準タル地價ニ對シテハ其ノ割合同一ナラサルナリ從ツテ特別地稅ニ於テモ其ノ課稅標準タル地價ニ對シテハ北海道ト府縣トハ兩者其ノ割合ヲ異ニスルニ至ルモノトス即チ地價ニ對スル地租附加稅ノ割合北海道ニ在リテハ 3.2×0.83=2.656 府縣ニ在リテハ 4.5×0.83=3.735 ナルヲ以テ四捨五入ノ法ニ依リ

小數點以下一位ニ止メ北海道ニ在リテハ地價百分ノ二・六、府縣ニ在リテハ地價百分ノ三・七、ヲ以テ特別地税ノ賦課率ノ限度ト定メタリ

第二項ハ市町村其ノ他ノ公共團體ニ於テ賦課スル特別地税附加税ノ賦課率ヲ制限シタルモノナリ地方税制限法第一條ニ定ムル制限賦課率ニ依ル市町村ノ地租附加税ノ地價ニ對スル割合ハ北海道ニ在リテハ 3.2×0.66=2.112 府縣ニ在リテハ 4.5×0.66=2.97 ニシテ其ノ割合ノ特別地税ノ制限賦課率ニ對スル比率ハ北海道ニ在リテハ 2.112:2.6=0.8132 府縣ニ在リテハ 2.97:3.7=0.8027 ナリ故ニ之ヲ小數點以下二位ニ於テ四捨五入シ何レモ特別地税ノ百分ノ八十ト爲シタルモノナリ

【訓令通牒】

●**特別地税及其ノ附加税ニ關スル件**（大正一五、六、一六地發乙第一二一號地方、主税兩局長通牒）

特別地税及其ノ附加税ノ賦課ニ關シテハ左ノ點特ニ御留意相成且管下市町村ニ對シテモ可然御示達相成度候

一　特別地税又ハ其ノ附加税ノ賦課率ニ付テハ嚴ニ本年法律第二十四號（地方税ニ關スル法律）第八條ノ規定ニ準據スヘキコト

二　特別地税ノ附加税ノ賦課率ハ單ニ「本税一圓ニ付若干」トセス「地價百分ノ三・七ノ百分ノ八十」（制限率ノ場合）ト定メシムルコト

三　特別地税又ハ其ノ附加税ノ制限外課税ノ許可稟請書ニハ前記法律第八條ニ依リ「當該田畑ノ地價ニ對スル比率（比率略算法「田畑地租ノ租率ニ豫算ニ於テ定メタル田畑ニ對スル地租附加税ノ課率ヲ乘シタルモノ」）ヲ

附記スルコト

四　本年度ニ於テ既ニ地租、營業税又ハ所得税ノ附加税ノ制限外課税ノ許可ヲ受ケタルモノト雖モ反別割ヲ賦課セサル土地ニ對シ特別地税若ハ其ノ附加税カ前記法律第三條乃至第五條ノ制限ニ達セサルトキハ該制限外課税ノ許可ハ自然失效スヘキ義ニ付注意スルコト

五　本年度特別地税又ハ其ノ附加税ノ賦課ニ關シテハ曩ニ地租條例第十三條ノ二ニ該當スル者ニ對シ一應地租附加税ノ賦課ヲ爲シタル場合ニ於テハ自然過誤納還付ヲ要スル義ナルモ此ノ際ニ限リ該過誤納額ヲ以テ特別地税又ハ其ノ附加税ニ振當ツルヲ便宜ト被認ヲ以テ右御含ミノ上貴官ニ於テ可然御措置可相成コト

第四條　府縣費ノ全部ノ分賦ヲ受ケタル市ハ第二條ノ例ニ依リ地價百分ノ二・九ノ外其ノ分賦金額以内ニ限リ前條第一項ニ規定スル制限ニ達スル迄特別地税ヲ賦課スルコトヲ得

北海道地方費又ハ府縣費ノ一部ノ分賦ヲ受ケタル市町村ハ前條第二項ニ規定スル制限ノ外其ノ分賦金額以内ニ限リ特別地税附加税ヲ賦課スルコトヲ得但シ北海道、府縣ノ賦課額ト市町村ノ賦課額トノ合算額ハ前條第一項ニ規定スル制限ヲ超ユルコトヲ得ス

本條ハ府縣費ノ分賦ヲ受ケタル市町村ニ於ケル特別地税又ハ同附加税ノ賦課ニ關スル規定ナリ

第一項ハ府縣費ノ全部ヲ受ケタル市ニ對シ特別地税ノ賦課ヲ認メ併テ其ノ賦課ノ制限率ヲ定メタ

ルモノナリ特別地稅ノ賦課ハ北海道及府縣ニ對シテ認メタルモノナルモ府縣費ノ全部ノ分賦ヲ受ケタル市ニハ特別地稅存在セサルヲ以テ其ノ附加稅ヲ賦課スルコト能ハス從ツテ地租條例第十三條ノ二ノ規定ニ依リ地租ヲ免除セラレタル田畑ニ對シ從來徵收シタル地租附加稅額丈ケ歲入缺陷ヲ生スルコトトナルヲ以テ之ヲ救濟スル爲ニ之等府縣費ノ全部ノ分賦ヲ受ケタル市ニ對シ特ニ特別地稅ノ賦課ヲ認ムルコトトセリ市町村ニ於テ地方稅制限ニ關スル法律第一條ノ賦課ノ制限率ニ依リ田畑ニ對シ賦課シ得ヘキ地租附加稅額ハ前條ニ於テ述ヘタルカ如ク其ノ地價ニ對シ百分ノ二・九（算出額ハ百分ノ二・九七ナリ）ニ當ルヲ以テ市固有ノ費用ニ付テハ其ノ程度ニ於テ特別地稅ノ賦課ヲ認メ更ニ其ノ府縣費ノ分賦金支辨ノ爲ニ特ニ府縣ニ對スル特別地稅ノ賦課額丈ケノ賦課ヲ認ムルコトトセリ『前條第一項ニ規定スル制限』トハ前條ノ府縣ニ對スル特別地稅ノ賦課ノ制限ヲ謂フ要スルニ府縣費ノ全部ノ分賦ヲ受ケタル市ハ市固有ノ費用ニ付テハ地價百分ノ二・九迄其ノ分賦金額ニ付テハ地價百分ノ三・七迄ノ特別地稅ヲ賦課スルコトヲ得ルモノトス然レ共其ノ分賦金額ニ付テ賦課スル特別地稅ノ賦課額ハ分賦金ノ負擔額ヲ超過スルコトヲ得サルコト勿論ナリ而シテ其ノ市ニ於ケル特別地稅ハ府縣ニ於ケル特別地稅ノ例ニ依リ賦課スヘキコトトセラレタリ

第二項ハ北海道地方費又ハ府縣費ノ一部ノ分賦ヲ受ケタル市町村ニ對シ其ノ分賦金額支辨ノ爲特別

ニ特別地稅附加稅ノ賦課ヲ認メタルモノナリ府縣費（北海道地方費ヲ含ム以下同シ）ノ一部ノ分賦金ハ市町村固有ノ費用ニ非サルヲ以テ之ヲ支辨セシムルカ爲相當ノ稅源ヲ付與スルノ必要アリ即チ此ノ故ニ府縣費ノ一部ノ分賦ヲ受ケタル市町村ニ對シテハ前條ニ規定スル特別地稅百分ノ三•七ノ百分ノ八十以外ニ更ニ特別地稅附加稅ヲ賦課シ得ルコトヲ認メタルモノナリ然レ共其ノ特別地稅附加稅ハ府縣費ノ分賦金支辨ノ爲ニ賦課スルモノナルヲ以テ賦課ノ總額ハ府縣費ノ分賦金額ヲ超過スヘカラサルコトハ勿論府縣ニ於ケル特別地稅ノ賦課ノ總額トノ合算額ハ府縣ニ對スル特別地稅ノ制限賦課率ニ依ル賦課ノ總額ヲ超過スルコトヲ得サルモノト爲セリ本項ハ地方稅制限法第四條第二項ト同樣ノ趣旨ニ依リ規定セラレタルモノナリ

第五條　特別地稅又ハ其ノ附加稅ト段別割トヲ併課スル場合ニ於テハ段別割ノ總額ハ第三條又ハ前條ノ規定ニ依リテ其ノ地目ノ土地ニ對シ賦課シ得ヘキ制限額ト特別地稅額又ハ其ノ附加稅額トノ差額ヲ超ユルコトヲ得ス

本條ハ特別地稅又ハ其ノ附加稅ト段別割トヲ併課スル場合ニ於ケル賦課ノ制限ニ關スル規定ナリ地方稅制限法第一條ニ於テハ地租附加稅ト段別割トノ併課ヲ認メタリ從ツテ地租附加稅ニ代ル特別地

税又ハ其ノ附加税ニ付テモ段別割ノ併課ヲ認メラルヘキモノトス而シテ其ノ特別地税又ハ其ノ附加税ト段別割トヲ併課スル場合ニ於ケル段別割ノ總額ハ其ノ併課スヘキ地目ノ土地ニ對シ第三條又ハ前條ノ規定ニ依リテ賦課シ得ヘキ特別地税又ハ其ノ附加税ノ制限額ヨリ其ノ實際賦課セントスル特別地税額又ハ其ノ附加税額ヲ差引タル殘額ヲ超ユルコトヲ得サルコトトセリ即チ本項ノ規定ハ賦課率ニ付制限シタルモノニ非スシテ課税ノ總額ニ付制限シタルモノナリ

第六條 特別地税又ハ其ノ附加税ノ賦課カ第三條乃至前條ニ規定スル制限ニ達シタル場合ニ非サレハ明治四十一年法律第三十七號第五條ノ規定ニ依ル地租、營業收益税又ハ所得税ノ附加税ノ制限外課税ヲ爲スコトヲ得ス

特別地税又ハ其ノ附加税ト段別割トヲ併課シタル場合ニ於テ一地目ニ對スル賦課カ前條ニ規定スル制限ニ達シタルトキハ前項ノ規定ノ適用ニ付テハ特別地税又ハ其ノ附加税カ制限ニ達シタルモノト看做ス

本條ハ國税附加税ノ制限外課税ト特別地税又ハ其ノ附加税ノ賦課トノ關係ヲ規定シタルモノナリ

第一項ハ特別地税又ハ其ノ附加税ノ賦課カ第三條乃至前條ニ規定スル制限ニ達シタル後ニ非サレハ國税附加税ノ制限外課税ヲナシ得サルコトヲ規定シタルモノナリ特別地税又ハ其ノ附加税ハ地租附加税ニ代ルモノナルコトハ既ニ前述シタル如シ從ツテ特別地税又ハ其ノ附加税ト地租附加税ノ負擔程度ハ特別地税又ハ其ノ附加税ト地租附加税トノ負擔程度ハ特別ノ事情ナキ限リ甚タシキ逕庭ナキヲ相當トス此ノ故ニ特別地税又ハ其ノ附加税ニ付第三條乃至前條ニ規定スル制限ニ達スル迄賦課シタル後ニ非サレハ地方税制限法第五條ニ依リ地租、營業收益税又ハ所得税ノ附加税ノ制限外課税ヲナシ得サルコトトセリ

第二項ハ特別地税又ハ其ノ附加税ト段別割トヲ併課シタル場合ニ於ケル前項ノ適用方ニ關シ規定シタルモノナリ本項ハ地方税制限法第五條第三項但書ト同樣ノ規定ナリ

第七條　特別ノ必要アル場合ニ於テハ内務大臣及大藏大臣ノ許可ヲ受ケ第三條乃至第五條ニ規定スル制限ヲ超過シ其ノ百分ノ十二以内ニ於テ特別地税又ハ其ノ附加税ヲ賦課スルコトヲ得

左ニ掲クル場合ニ於テハ特ニ内務大臣及大藏大臣ノ許可ヲ受ケ前項ニ規定スル制限ヲ超過シテ課税スルコトヲ得

一　内務大臣及大藏大臣ノ許可ヲ受ケテ起シタル負債ノ元利償還ノ爲費用ヲ要スルトキ

二　非常ノ災害ニ因リ復舊工事ノ爲費用ヲ要スルトキ

三　水利ノ爲費用ヲ要スルトキ

四　傳染病豫防ノ爲費用ヲ要スルトキ

前二項ノ規定ニ依リ制限ヲ超過シテ課税スルハ營業收益税及所得税ノ附加税ノ賦課カ明治四十一年法律第三十七號第二條及第三條ニ規定スル制限ニ達シタルトキニ限ル

本條ハ特別地税又ハ其ノ附加税ノ制限外課税ヲナシ得ヘキ場合及其ノ條件ニ關スル規定ナリ第一項ハ第一次ノ制限外課税即チ特別ノ必要アル場合ニ關シ制限外課税ヲ認メタルモノナリ本項ハ地方税制限法第五條第一項ト同樣ノ規定ナリ而シテ本項ニ依ル制限外課税許可ノ職權ハ本法第二十八條及大正十五年勅令第百四十三號ニ依リ北海道廳長官及府縣知事ニ委任セラレタリ

第二項ハ第二次ノ制限外課税即チ法律ニ列記セル場合ニ關シ制限外課税ヲ認メタルモノナリ本項モ

亦地方稅制限法第五條第二項ト同樣ノ規定ナリ而シテ本項ニ依ル制限外課稅ノ許可ノ職權ハ第三條乃至第五條ニ規定スル制限率又ハ制限額ノ百分ノ五十以內ニ於テ賦課スルモノニ限リ北海道廳長官及府縣知事ニ委任セラレタリ

第三項ハ特別地稅又ハ其ノ附加稅ノ制限外課稅ヲ爲ス場合ハ營業收益稅及所得稅ノ附加稅ノ賦課ハ地方稅制限法第二條及第三條ノ規定ノ制限ニ達シタルトキニ限ル旨ヲ定メタルモノナリ特別地稅及其ノ附加稅ハ地租附加稅ニ代ルモノナルヲ以テ其ノ制限外課稅ニ付テモ尙地方稅制限法第五條第三項ノ規定ノ趣旨ヲ徹底セシムルノ必要アリタルニ由ル地租附加稅トノ關係ニ付テハ特ニ第八條ニ於テ規定セリ

【關係法令】

第二八條（參照）

【訓令通牒】

●制限外課稅、特別稅新設增額變更等ノ許可稟請書ニ添附スヘキ書類ノ樣式ノ件（昭和二、三、三一內務大藏省令第三三四號）（地方稅制限ニ關スル法律第五條ノ訓令通牒ノ部參照）

●市町村其ノ他ノ公共團體ノ課稅許可稟請書ニ添附スヘキ書類ノ件（昭和二、三、三一發地第四號地方、主稅兩局長通牒）（同上）

●制限外課稅委任許可報告ノ件（昭和二、三、三一發地第六號地方、主稅兩局長通牒）（同上）

第八條　特別地稅及其ノ附加稅ノ賦課率ハ當該年度ノ豫算ニ於テ定メタル田畑ニ對スル地租附加稅ノ賦課率ヲ以テ算定シタル地租附加稅額ノ當該田畑ノ地價ニ對スル比率ヲ超ユルコトヲ得ス

本條ハ特別地稅及其ノ附加稅ノ賦課率ニ關スル規定ナリ特別地稅及其ノ附加稅ハ前ニ述ヘタル如ク地租附加稅ニ代ルモノナルヲ以テ地租附加稅ヨリ重課セシメサルコトト爲シタルモノナリ『當該年度ノ豫算ニ於テ定メタル田畑ニ對スル地租附加稅ノ賦課率』トハ要スルニ當該年度ニ於ケル地租附加稅ノ豫算額ノ基礎タル賦課率ヲ指稱スルモノトス

第三節　家屋稅及其ノ附加稅

第九條　家屋稅ハ家屋ノ賃貸價格ヲ標準トシテ家屋ノ所有者ニ之ヲ賦課ス

本條ハ家屋稅ノ客體及課稅標準竝納稅義務者ニ關スル規定ナリ

家屋稅創設ノ理由

家屋稅ハ從來戸數割ニ代ルモノトシテ例外的ニ其ノ賦課ヲ認メラレタリ從ツテ家屋稅ハ部分的ニ施行セラレツツアリシモ大正十五年ノ地方稅制整理ニ當リ左ノ理由ニ依リ一般的ニ家屋稅ヲ施行セラ

ルルコトトナレリ

一　我カ國直接國税ノ體系ハ一般所得税ヲ中樞トシ之カ補完税トシテ各種ノ收益税ヲ配置スルノ主義ヲ採用セルヲ以テ家屋税モ當然國税トシテ創設セラルヘキ筈ナリ然ルニ家屋税ハ既ニ地方ノ一部ニ於テ好箇ノ財源トナリ居レルヲ以テ國税トシテ創設スルコトヲ中止セラレタリ從ツテ其ノ直接國税ノ體系ヲ補足スル爲一般的ニ家屋税ヲ施行スルノ必要アリタリ

二　家屋ハ土地及營業ト等シク地方公共團體ノ施設經營ニ依リ利益ヲ享受スルニ拘ハラス土地及營業ニ對シテノミ課税シ家屋ニ對シテハ未タ一般的ニ課税スルノ制度ナク權衡ヲ得サリシカ故ニ應益原則ニ照シ家屋税ヲ創設シテ一般的ニ課税スルヲ正當トシタリ

三　戸數割ハ其ノ性質上府縣税トスルヨリモ市町村税トシテ賦課スルヲ最モ適當ナリトシ之ヲ市町村ニ移讓スルコトニ決定セラレタルヲ以テ其ノ府縣ノ收入缺陷ノ一部ヲ補塡スルカ爲家屋税ヲ創設スルノ必要アリタリ

家屋税ノ性質

家屋税ハ家屋ノ賃貸價格ヲ標準トシテ家屋ノ所有者ニ賦課スルモノナリ從ツテ家屋税ハ家屋ニ付テ課税スル點ニ於テ物税ニシテ收益ヲ代表スル賃貸價格ヲ標準トシテ賦課スル點ニ於テハ收益税ナリ又家屋税ハ國税ニ附加スルモノニ非スシテ賃貸價格ヲ標準トシテ賦課スルモノナルヲ以テ附加税ニ

非スシテ特別税即チ獨立税ナリ家屋税ノ納税義務者ヲ家屋ノ所有者ニ限定シタルハ家屋ニ付テノ收益者ハ普通家屋ノ所有者ナルヲ常態トスルカ故ナリ所有者以外ノ質權者ニ對シ課税スルカ如キハ法律ニ背反スルモノト謂フヘシ

第一　家屋

○施行勅令

第一條　大正十五年法律第二十四號第九條ノ家屋トハ住家、倉庫、工場其ノ他各種ノ建物ヲ謂フ

家屋税ノ客體ハ家屋ナリ施行勅令第一條ニ依レハ『大正十五年法律第二十四號第九條ノ家屋トハ住家、倉庫、工場其ノ他各種ノ建物ヲ謂フ』ト規定セリ即チ建物ナルヲ以テ工作物又ハ築造物等トハ其ノ觀念ヲ異ニス從ツテ船渠、橋梁、高架道ノ如キハ家屋ニ非ス要スルニ建物トハ風雨ヲ豫防スル設備アル建築物ヲ謂フ而シテ其ノ建物ニシテ既ニ其ノ用途ニ從ヒ使用シ得ラルル狀態ニ至リタル以上ハ現實ニ使用サルルヤ否ヤハ問フ所ニ非サルナリ

門、塀、井戸等家屋ノ附屬設備ハ家屋ノ從物タル關係ニ存在スルモノナルヲ以テ其ノ家屋ニ包含サレ家屋税ノ客體タル範圍ニ屬スヘキモノトス然レ共例ヘハ工場內ニ据附ラレタル機械ノ如キハ建物

ト別個ニ存在スルモノナルヲ以テ建物トシテ家屋税ノ客體トナスコトヲ得サルナリ
住宅ニ於ケル庭園ノ設備ハ土地ニ付テ必要ナルモノニ非スシテ住家ニ付テ必要ナルモノニ屬ス從ツテ之亦住家ニ附屬スルモノニシテ其ノ家屋ニ包含サレ家屋税ノ客體ノ一部ヲナスヘキモノナリ

第二　賃貸價格

○施行勅令

第二條　家屋ノ賃貸價格ハ貸主カ公課、修繕費其ノ他家屋ノ維持ニ必要ナル經費ヲ負擔スル條件ヲ以テ家屋ヲ賃貸スル場合ニ於テ賦課期日ノ現狀ニ依リ貸主ノ收得スベキ金額ノ年額ヲ以テ之ヲ算定ス

第三條第一項及第二項ノ場合ニ於テハ其ノ家屋ノ賃貸價格ハ前項ノ規定ニ依リテ算定シタル類似ノ他ノ家屋ノ賃貸價格ニ比準シテ之ヲ定ム

施行勅令第二條第一項ニ依レハ『家屋ノ賃貸價格ハ貸主カ公課、修繕費其ノ他家屋ノ維持ニ必要ナル經費ヲ負擔スル條件ヲ以テ家屋ヲ賃貸スル場合ニ於テ賦課期日ノ現狀ニ依リ貸主ノ收得スベキ金額ノ年額ヲ以テ之ヲ算定ス』ト規定セリ故ニ其ノ家屋ノ賃貸價格トハ要スルニ家屋ノ所有者カ其ノ家

屋ヲ賃貸シタル場合ニ於テ普通其ノ家屋ニ付收得スヘキ金額ヲ指稱スルモノトス勅令ニ於テ『公課、修繕費其ノ他家屋ノ維持ニ必要ナル云云』ト規定シ土地ナル字句ヲ使用セサルコト及宅地ニハ宅地ノ地代即チ宅地ノ賃貸價格ニ賦課スル地租ノ存在スルコトヲ考慮スルトキハ所謂家屋ノ賃貸價格ニハ宅地ノ地代即チ宅地ノ賃貸價格其ノモノハ之ヲ包含セサルモノト解セサルヲ得ス

家屋ノ賃貸價格ハ貸主カ公課、修繕費其ノ他家屋ノ維持ニ必要ナル經費ヲ負擔スル條件ヲ以テ賃貸サレタル場合ニ於ケルモノナルコトヲ要スルモノナリ『公課、修繕費其ノ他家屋ノ維持ニ必要ナル經費』トハ土地ノ公課、修繕費等ハ之ニ包含セス家屋ノミノ公課、修繕費其ノ他ノ維持費ヲ指稱スルモノナリ然レ共庭園、門、塀等ハ前述シタル如ク家屋ノ範圍ニ屬スルヲ以テ其ノ庭園ノ手入、門塀ノ塗替其ノ他ノ維持費ハ之ニ包含サルルモノトス公課ニハ理論上茲ニ所謂家屋税及其ノ附加税其ノモノハ包含セサルモノト解スヘキモノナリ

家屋ノ賃貸價格ハ賦課期日ノ現狀ニ依リ貸主ノ收得スヘキ金額ナルコトヲ要ス『賦課期日』トハ各個ノ家屋税ヲ確定スヘキ期日ヲ謂フ『貸主』トハ所有者タル貸主ヲ謂ヒ轉貸人タル貸主ニ非スト解スヘキナリ『收得スベキ金額』トハ實際收得シタル金額ニ非ス又各自ノ貸借契約ニ依リテ收得スヘキ金額ニモ非ス家屋ヲ賃貸シタル場合ニ於テ普通一般ニ收得サルヘキ金額ヲ指稱スルモノトス即チ

評定シタル賃貸價格ニ依ルモノナリ而シテ其ノ家屋ノ賃貸價格ハ第十條ノ規定ニ依リ家屋税調査委員ノ調査ニ依リ北海道廳長官及府縣知事ニ於テ決定スルモノトス

賦課期日後新ニ家屋税ヲ賦課スヘキ家屋ノ生シタルトキハ（施行勅令第一項及第二項ノ場合ナリ）類似ノ他ノ家屋ノ賃貸價格ニ比準シテ其ノ賃貸價格ヲ定ムルコトトセリ（施行勅令第二條第二項）

以上述フルカ如ク家屋税ハ家屋ノ賃貸價格ヲ標準トシテ賦課スルヲ本則トスルモ附則第四項ニ依リ昭和四年度迄ハ本條ノ規定ニ拘ハラス特別ノ賦課方法ニ依リ課税スルコトヲ得ルモノトセリ

【行政實例】

◉縣税賦課規則第四十六條但書ニ依レハ家屋税ハ家屋ニ質權ノ設定アル場合ハ質權者ニ之ヲ賦課ストアルモ右ハ不可然（昭和二、三、三一）

【行政裁判例】

◉競賣法第二條第一項ニ所謂競賣トハ競落許可決定ヲ指稱スルモノトス競賣法ニ依リ建物ニ付キ競落許可決定ヲ受ケタル者ハ建物臺帳ノ登錄所有權移轉ノ登記及競落代金ノ納入ヲ俟タス大阪府市部府税賦課規則第十九條及第二十條ニ依リ競落許可決定ノ時ヨリ家屋税ノ納税義務アルモノトス（大正九、六、二八）

◉妻ノ所有ニ係ル家屋税ヲ其ノ夫ニ對シ賦課シタルハ違法ナリ（大正一一、三、一八）

第十條　家屋ノ賃貸價格ハ家屋税調査委員ノ調査ニ依リ北海道ニ在リテハ

北海道廳長官、府縣ニ在リテハ府縣知事之ヲ決定ス

本條ハ家屋ノ賃貸價格ノ決定ニ關スル規定ナリ家屋ノ賃貸價格ハ前述シタル如ク貸家ナルト貸家ニ非サルトヲ問ハス總テノ家屋ニ付其ノ之ヲ賃貸シタル場合ニ於テ貸主ノ收得スヘキ金額ヲ調査評定スヘキモノナルヲ以テ其ノ評定ニハ特ニ愼重ノ用意ヲ必要トス此ノ故ニ家屋ノ賃貸價格ヲ調査スル爲家屋税調査委員ヲ設置シ其ノ圓滿ナル施行ヲ期セリ然レ共家屋税調査委員ノ調査ハ單ニ家屋ノ賃貸價格ヲ調査スルニ止マリ之ヲ確定スルコトヲ得サルモノトス即チ家屋ノ賃貸價格ノ決定權ハ執行機關タル北海道廳長官及府縣知事ニ屬スルモノナリ然ラハ家屋税調査委員ノ調査ハ何等權威ナキモノナリヤト謂フニ必スシモ然ラス即チ北海道廳長官又ハ府縣知事ニ於テ家屋ノ賃貸價格ヲ決定スルニハ家屋税調査委員ノ調査ヲ基本トスヘキモノニシテ相當ノ理由アルニ非サレハ其ノ調査ニ反シタル決定ヲ爲シ得サルモノナリ而シテ其ノ家屋税調査委員ノ組織ニ關シテハ第十三條ノ規定ニ依リ勅令ニ於テ規定スルコトトセリ

第十一條　左ニ揭クル家屋ニ對シテハ命令ノ定ムル所ニ依リ家屋税ヲ賦課セサルコトヲ得

一　一時ノ使用ニ供スル家屋

二　賃貸價格一定額以下ノ家屋

三　公益上其ノ他ノ事由ニ因リ課税ヲ不適當トスル家屋

○施行規則

第一條　大正十五年法律第二十四號第十一條各號ノ家屋ノ範圍ハ府縣ニ於テ之ヲ定ムベシ

本條ハ家屋税ヲ賦課セサルコトヲ得ル家屋ニ關スル規定ナリ法律ニ於テ家屋ニ對スル課税ヲ禁止シタルモノ少シトセス例ヘハ公用又ハ營造物ノ家屋若ハ直接鑛業用ノ家屋等ノ如シ然レ共其ノ法律ニ於テ課税ヲ禁止シタルモノノ外尙課税ヲ不適當トスル家屋ナキニ非ス例ヘハ一時的ノ家屋公益法人ノ使用スル家屋ノ如キ之ナリ本條ハ即チ如斯種類ノ家屋ニ對シ家屋税ヲ賦課セサルヲ得ルコトトシタルモノナリ然レ共昭和四年度迄即チ第九條ノ家屋ノ賃貸價格ヲ標準トシテ家屋税ヲ賦課スル迄ハ附則第四項ニ依リ本條ノ規定ニ拘ハラス課税スルコトヲ得ルモノトスサレト其ノ附則第四項ノ規定ハ課税ヲ不適當トスル家屋ヲ不課税トスルコトヲ得ル其ノコトヲ否認シタルモノニ非サルコト勿論ナリ

法律ハ家屋税ヲ賦課スルヲ不適當トスル家屋ノ大體ノ範圍ヲ左ノ如ク規定シタルモ其ノ確定的範圍及程度ハ府縣ヲシテ決定セシムルコトトセリ蓋シ全國的ニ統一決定スルヨリモ地方的ニ決定スルヲ

以テ地方ノ實際ニ適應スルモノトナシタルニ依ルナルヘシ

(一)　一時ノ使用ニ供スル家屋

一時ノ使用ニ供スル家屋ハ永久性ナキ財産ナルヲ以テ之ニ收益税タル家屋税ヲ賦課スルハ不適當トシタルニ因ルモノナルヘシ

(二)　賃貸價格一定額以下ノ家屋

粗惡ナル小家屋ニ對シテ家屋税ヲ賦課スルカ爲細民ニ課税スルコトトナルカ如キハ適當ナラサルヲ以テ課税セサルヲ相當トシタルモノナラン

(三)　公益上其ノ他ノ事由ニ依リ課税ヲ不適當トスル家屋

公益法人カ所有シ且使用スル家屋例ヘハ學校、農業倉庫又ハ慈善病院ノ如キモノニ對シテハ課税セサルヲ適當トシタルモノナリ

【訓令通牒】

●家屋税ニ關スル事項（昭和二、三、三一發地第三號地方、主税兩局長通牒ノ内）

四　家屋税ノ賦課ヲ不適當トスル家屋ノ範圍ハ施行規則第一條ノ規定ニ依リ各府縣ニ於テ適宜之ヲ定メ然ルヘキモ農業倉庫業法ニ依リ經營スル農業倉庫（賃借ニ係ル建物ヲ除ク）及大正八年法律第三十八號（私立學校用地免租ニ關スル件）第一條第一號及第二號ニ揭クルモノノ用ニ供スル建物（賃借ニ係ル建物ヲ除ク）ニ對シテ

ハ家屋税ヲ賦課セサルコト

追テ地方税ヲ免除スヘキ私立學校ノ建物ハ法律第三十八號ニ依ル免租地ノ區域ニ在ルモノニ付テハ賃借ニ係ル建物ヲ除キ其ノ全部有租地ノ區域ニ在ルモノニ付テモ亦同樣ノ趣旨ニ依リ同法第二條ノ範圍ニ於テ取計フコト

【行政實例】

●市町村ニ於テ住宅供給緩和ノ目的ヲ以テ建築セル住宅ハ所謂公用ニ供スル家屋ニ非サルモ右ニ對シ家屋税ヲ賦課スルハ不可然義ト存ス（昭和二、四、一三）

第十二條　府縣費ノ全部ノ分賦ヲ受ケタル市ハ第九條乃至前條ノ例ニ依リ家屋税ヲ賦課スルコトヲ得此ノ場合ニ於テハ府縣知事ノ職務ハ市長之ヲ行フ

本條ハ府縣費ノ全部ノ分賦ヲ受ケタル市ニ於テ家屋税ヲ賦課スル場合ニ關スル規定ナリ府縣費ノ全部ノ分賦ヲ受ケタル市ハ府縣税トシテ當該市內ヨリ徵收スヘキ金額ヲ分賦セラレタルモノナルヲ以テ其ノ市ニ於テ家屋税ヲ賦課スル場合ハ府縣ニ代リテ賦課スルコトトモナルモノナリ故ニ府縣費ノ全部ノ分賦ヲ受ケタル市ニ於テ家屋税ヲ賦課スル場合ハ府縣ニ於ケル家屋税ノ賦課方法ニ依リ課税スヘキモノトナシタルナリ而シテ其ノ場合ニ於テハ府縣知事ノ職務ハ其ノ市長之ヲ執行スルモノト

ス然レ共附則第四項ノ規定ニ依リ昭和四年度即チ家屋ノ賃貸價格ヲ標準トシテ家屋稅ヲ賦課スル迄ハ本條ノ規定ニ拘ハラス特別ノ方法ニ依リ課稅スルコトヲ得ルモノトス

家屋稅課否ノ分界

○施行勅令

第三條 家屋稅ノ賦課期日後建築セラレタル家屋ニ付テハ工事竣成ノ翌月ヨリ月割ヲ以テ家屋稅ヲ賦課ス

大正十五年法律第二十四號第十一條ノ規定ニ基キテ家屋稅ヲ賦課セザル家屋又ハ法律ニ依リテ家屋稅ヲ賦課スルコトヲ得ザル家屋ガ家屋稅ノ賦課期日後之ヲ賦課スルコトヲ得ベキモノト爲リタルトキハ其ノ翌月ヨリ月割ヲ以テ家屋稅ヲ賦課ス」

家屋稅ノ賦課期日後家屋ガ滅失シ其ノ他家屋トシテノ效用ヲ失ヒタルトキハ納稅義務者ノ申請ニ依リ其ノ月迄月割ヲ以テ家屋稅ヲ賦課ス大正十五年法律第二十四號第十一條ノ規定ニ基キテ家屋稅ヲ賦課セザル家屋又ハ法律ニ依リテ家屋稅ヲ賦課スルコトヲ得ザル家屋ト爲リタルトキ亦同ジ

家屋税ノ賦課後前項ノ事實ヲ生スルモ其ノ賦課額ハ之ヲ變更セス

一　家屋税ノ課否ハ地租ニ於ケルト同様對物的ニ規定シタルモノナリ對人的ニハ何等規定スル所ナシ即チ家屋カ建築セラレタルトキ又ハ家屋税ヲ課セサル家屋カ之ヲ課スヘキモノトナリタルトキハ其ノ翌月ヨリ月割ヲ以テ家屋税ヲ賦課シ家屋カ滅失シ其ノ他家屋トシテノ效用ヲ失ヒタルトキ又ハ家屋税ヲ課スル家屋カ之ヲ課スヘカラサルモノトナリタルトキハ其ノ翌月ヨリ月割ヲ以テ家屋税ヲ賦課セサルコトトシ賣買相續其ノ他ノ事由ニ依リ何時其ノ納税義務者ニ異動ヲ生スルコトアルモ之カ爲賦課額ヲ變更スルカ如キコトナキモノトセリ

二　家屋カ建築セラレタルトキハ工事竣成ノ翌月ヨリ月割ヲ以テ家屋税ヲ賦課スルモノトス然レ共賦課期日以前ニ於テ建築セラレタル家屋ニ對シテハ其ノ期ノ賦課額ノ全部ヲ賦課スルモ法律上支障ナシ『建築セラレタル家屋』トハ獨立家屋ノ新築又ハ改築ヲ謂フモノニシテ其ノ増築又ハ一部ノ模様替若ハ附屬建物ノ新築改築ノ如キハ之ニ包含セサルモノトス如斯家屋ノ部分的變更ニ依ル價値増加ヲ考慮セサルコトトシタルハ主トシテ課税上ノ便宜ニ出テタルモノナリ『工事竣成』トハ家屋トシテ其ノ用途ニ從ヒ使用シ得ル状態ニ至リタルコトヲ謂フモノトス

三　家屋税ヲ賦課セサル家屋即チ法律ニ依リ課税ヲ禁セラレタル家屋及地方税ニ關スル法律第十一

條ノ規定ニ基キテ家屋税ヲ賦課セサル家屋カ家屋税ノ賦課期日後ノ家屋税ヲ賦課スルコトヲ得ヘキモノトナリタルトキハ其ノ翌月ヨリ月割ヲ以テ家屋税ヲ賦課スルモノトス『大正十五年法律第二十四號第十一條ノ規定ニ基キテ家屋税ヲ賦課セザル家屋』トハ同法施行規則第一條ノ規定ニ依リ府縣ニ於テ家屋税ノ課税部外トナシ家屋税ヲ賦課セサル家屋ナリ詳細ハ同條ヲ參照セラレタシ『法律ニ依リテ家屋税ヲ賦課スルコトヲ得ザル家屋』トハ法律ニ於テ課税ヲ禁止シタルニ依リ家屋税ヲ賦課スルコトヲ得サル家屋ナリ例ヘハ公用又ハ營造物ノ用ニ供スル家屋（府縣制第百十條市制第百二十一條町村制第百一條）若ハ直接鑛業用ノ家屋（鑛業法第八十八條砂鑛法第百二十三條）ノ如シ

四　家屋カ滅失シ其ノ他家屋トシテノ效用ヲ失ヒタルトキハ納税義務者ノ申請ニ依リ其ノ月迄月割ヲ以テ賦課シ其ノ翌月分ヨリハ家屋税ヲ賦課セサルコトトセリ其ノ賦課期日以前ニ於ケルモノハ賦課期日ニ課税スヘキ事實現存セサルヲ以テ課税スルニ由ナシ從ツテ之ニ對シテハ何等ノ規定ヲ要セサルナリ而シテ此場合ニ於テ納税義務者ノ申請ヲ必要トセルハ課税權者ニ於テ其ノ事實ヲ確認スルコト困難ナルカ爲ニ依ルモノニシテ全ク課税上ノ便宜ニ出テタルモノナリ『家屋トシテノ效用ヲ失ヒタルトキ』トハ家屋ノ倒壞腐朽等ニ依リ家屋トシテ使用シ得サル狀態ニ至リタルモノ

ヲ謂フ茲ニ家屋ノ滅失及家屋トシテノ效用ヲ失ヒタル場合ニ關シテモ亦前述ノ建築セラレタル家屋ニ於ケル場合ト同樣一部ノ滅失又ハ效用喪失ハ包含セラレサルモノト解スヘキナリ

五　地方税ニ關スル法律第十一條ノ規定ニ基キテ家屋税ヲ賦課セサル家屋又ハ法律ニ依リ家屋税ヲ賦課スルコトヲ得サル家屋トナリタルトキハ前同樣納税義務者ノ申請ニ依リ其ノ月迄月割ヲ以テ賦課シ其ノ翌月ヨリ家屋税ヲ賦課セサルコトトセリ

六　以上述ヘタル如ク家屋税ノ賦課期日後家屋ノ滅失及家屋トシテノ效用ヲ失ヒタルトキ若ハ家屋税ヲ賦課セサル家屋又ハ家屋税ヲ賦課スルコトヲ得サル家屋ト爲リタルトキニ於テハ納税義務者ノ申請ニ依リ其ノ月迄月割ヲ以テ賦課シ爾後ノ分ハ賦課セサルコトトセリ然ルニ之ヲ徹底セシムルトキハ既ニ徴收シタルモノモ還付セサルヘカラサルコトトナリ手續煩瑣ニ渉ルノミナラス歳入ニ影響スルコト少カラサル場合アルヘキヲ慮リ其ノ家屋税ノ賦課後ニ於テハ如此事實ヲ生スルモ其ノ賦課額ハ之ヲ變更セサルコトトセリ『賦課後』トハ納税義務著ニ對シ徴税傳令書ノ發セラレタル後ト解スヘク『賦課額ハ之ヲ變更セズ』トハ當初ノ賦課額即チ令書ノ税額ハ之ヲ減少セスシテ徴收シ其ノ既ニ徴收シタルモノハ之ヲ還付セストノ趣旨ヲ明ニシタルモノナリ（施行勅令第三條第四項）

【行政實例】

●縣稅賦課規則ニ家屋稅ノ賦課期日後課稅標準增加シタル場合ハ他ノ家屋ノ賦課額ニ比準シ其ノ翌月ヨリ月割ヲ以テ之ヲ賦課スル旨ノ規定アルモ右ハ不可然義ニ付適當ノ機會ニ於テ之ヲ削除スルヲ要ス（昭和二、五、五）

附　則（大正一五年法律第二四號附則第四項）

家屋稅ハ大正十八年度分迄ニ限リ第九條乃至第十二條ノ規定ニ拘ラス別ニ勅令ノ定ムル所ニ依リ之ヲ賦課スルコトヲ得

特別賦課方法

家屋ハ既ニ述ヘタルカ如ク家屋ノ賃貸價格ヲ標準トシテ賦課スルヲ本則トスルモ法律施行直後ヨリ之ヲ實行スルコトハ事實甚タ至難ノ事業ナルヲ以テ其ノ圓滿ナル運用ヲ期スル爲地方稅ニ關スル法律附則第四項ニ依リ大正十八年度（昭和四年度）迄ハ特別ノ方法ニ依リ賦課スルコトヲ得セシメタリ即チ府縣ニ於テ家屋稅トシテ賦課スヘキ金額ヲ各市町村ニ配當シ之ヲ市町村ヲシテ部內ノ各個ノ家屋ニ適宜割當テ賦課セシムルコトヲ本則トシタルモノナリ

（イ）課稅標準ノ特例

○施行勅令

第四條　大正十五年法律第二十四條附則第四項ノ規定ニ依リテ府縣ニ於テ家屋稅ヲ

賦課スル場合ニ於テハ建物ノ構造、坪數、用途及敷地ノ地位ニ依リ家屋ニ等差ヲ設ケテ之ヲ賦課ス

家屋税ハ家屋ノ賃貸價格ヲ課税標準トスルヲ本則トスルモ之ヲ直チニ實行スルコトハ前述シタル如ク甚タ困難ナルコトナルヲ以テ其ノ圓滿ナル運用ヲ期スルカ爲特別ノ方法ニ依リ賦課スルコトヲ得セシメタリ施行勅令第四條ハ其ノ特別ノ賦課方法ヲ規定シタルモノノ一ナリ即チ建物ノ構造、坪數、用途及敷地ノ地位ニ依リ家屋ニ等差ヲ設ケテ之ヲ賦課スルコトトセリ而シテ其ノ家屋ニ等差ヲ設ケテ賦課スルコトトナシタルハ要スルニ之等ノ外形標準ヲ基本トシテ賦課スルコトハ家屋ノ賃貸價格ニヨリ賦課スルコトニ比シ比較的圓滿ニ遂行シ得ルモノトセラレタルニ外ナラス『家屋ノ構造』トハ木造、土造、石造、煉瓦造、鐵筋コンクリート造等ノ別又ハ日本建、洋風建等ノ樣式ノ義ナリ『用途』トハ住家、事務所、工場、店舗、倉庫ノ別又ハ主家、附屬屋ノ別ヲ謂ヒ『敷地ノ地位』トハ市街地、部落地ノ相違又ハ角地、表通、裏通リノ別ヲ謂フモノトス即チ家屋ノ構造、用途、敷地ノ地位若ハ坪數ヲ彼此鹽梅シテ適當ノ等差ヲ設クヘキモノトス然レ共其ノ等差ノ設定ニ付テハ努メテ家屋ノ賃貸價格ヲ表徴セシメ家屋税ノ本質ヲ失ハシメサル樣留意スヘキモノナリ

(ロ)市町村ニ對スル家屋税ノ配當

○施行勅令

第五條　大正十五年法律第二十四號附則第四項ノ規定ニ依リテ家屋稅ヲ賦課スル場合ニ於テハ府縣ハ家屋稅總額ヲ市町村ニ配當スルコトヲ得此ノ場合ニ於テハ家屋稅總額ノ半額ハ之ヲ豫算ノ屬スル年度ノ前年度始ニ於ケル市町村內宅地地價ニ、他ノ半額ハ之ヲ豫算ノ屬スル年度ノ前年度始ニ於ケル市町村ノ戶數（法人ノ本店及支店ノ數ヲ含ム）ニ比例シテ配當スベシ

家屋稅ヲ賦課スベキ年度ノ前年度又ハ家屋稅ノ配當前ニ於テ市町村ノ廢置分合又ハ境界變更アリタルトキハ關係市町村ニ於ケル配當標準ハ府縣知事之ヲ定ム但シ配當標準ニ異動ナキ場合ハ此ノ限ニ在ラズ

家屋稅ノ配當額ハ配當標準ニ異動アルモ配當後ハ之ヲ改定セズ但シ配當標準ニ錯誤アリタルトキハ當該市町村ニ限リ當初ノ配當率ヲ以テ其ノ配當額ヲ改定スルコトヲ得

家屋稅ノ配當後其ノ賦課前ニ於テ市町村ノ廢置分合又ハ境界變更アリタルトキハ府

縣知事關係市町村ノ配當額ヲ新ニ定メ又ハ改定ス但シ配當標準ニ異動ナキ場合ハ此ノ限ニ在ラズ

家屋税ノ賦課ニ付家屋ニ等差ヲ設クルニ當リ全府縣ヲ共通統一スルコトハ殆ント不可能ノコトニ屬スルヲ以テ各市町村毎ニ等差ヲ設クルノ外ナシ然ラハ即チ其ノ同一方法ニ依ラスシテ設定シタル等差ニ對シ同一率ヲ以テ賦課スルトキハ必然的ニ不權衡ヲ生ス故ニ如斯場合ハ府縣ニ於テ家屋税トシテ賦課スヘキ總額ヲ各市町村ニ配當シ市町村ヲシテ其ノ配當額ヲ各個ノ家屋ニ割當テ賦課スルコトヲ得セシメタリ

一　家屋税ヲ市町村ニ配當スル場合ハ家屋税ノ總額ヲ折半シ半額ハ宅地地價ニ他ノ半額ハ戸數ニ比例シテ配當スルコトトセリ而シテ其ノ宅地地價ハ豫算ノ屬スル年度ノ前年度始ニ於ケル市町村内宅地地價ニ依リ又戸數ハ同シク豫算ノ屬スル年度ノ前年度始ニ於ケル市町村ノ戸數及法人ノ本店及支店ノ數ニ依ルコトトセリ『豫算ノ屬スル年度ノ前年度始』トハ家屋税ヲ掲上セラレタル豫算ノ年度ノ前年度始即チ家屋税ヲ賦課スヘキ年度ノ前年度始ノ義ニシテ例ヘハ家屋税ヲ賦課スヘキ年度カ昭和二年度ナルトキハ昭和元年度始ヲ指スモノトス然レ共府縣ノ豫算ハ毎年度其ノ前年度中ニ調製シ議決スルヲ普通トスルヲ以テ結局豫算調製ノ際ニ於ケル會計年度始ト同一トナルヘシ

『宅地地價』トハ地租條例ニ於ケル宅地ノ地價ニシテ土地臺帳ニ揭ケラレタル宅地ノ價額ヲ謂フ『戸數』トハ構戸者ノ數、商法ノ規定ニ依リ登記セラレタル法人ノ本店及支店ノ數ナリ從ツテ家屋稅ノ納稅義務ナキ公法人及之ニ準スヘキ法人ハ除外サル又法人ノ工場若ハ出張所等ハ其ノ範圍外ナリ家屋稅ヲ配當スヘキ場合ニ於テ其ノ家屋稅ヲ賦課スヘキ年度ノ前年度又ハ家屋稅ノ配當前ニ於テ市町村ノ廢置分合又ハ境界變更アルタルトキハ其ノ關係市町村ニ於ケル配當標準ハ府縣知事ニ於テ適正ニ之ヲ決定スルコトトセリ但シ配當標準ニ異動ナキ場合ハ此ノ限ニ在ラス

一 家屋稅ノ配當額ハ配當標準ニ異動アルモ配當後ハ之ヲ改定セサルコトトセリ但シ配當標準ニ錯誤アリタルトキハ其ノ當該市町村ニ限リ當初配當シタル場合ニ於ケル配當率ヲ以テ其ノ配當額ヲ改定スルコトトセリ『配當標準ノ異動』トハ地價ノ誤謬訂正處分ニ依ル異動ノ如キモノニ限ラルルカ如キモ調査ニ於ケル誤謬モ包含セラルルモノトス配當標準ハ既定ノ事實ナルヲ以テ之ニ付甚大ナル異動若ハ錯誤ヲ生スヘキコトヲ想像スル能ハス然ルニ其ノ異動若ハ錯誤アル場合ニ於テ一一府縣全體ノ配當額ヲ改定シ延テハ各個ノ賦課額ヲモ更正セサルヘカサルカ如キハ手數ノ甚大ナルニ拘ハラス實益之ニ伴ハサルカ故ニ如斯規定ヲ設ケラレタルナリ

一 家屋稅ノ配當後其ノ賦課前ニ於テ市町村ノ廢置分合又ハ境界變更アリタルトキハ府縣知事ハ其

ノ關係市町村ノ配當額ヲ新ニ定メ又ハ改定スルコトトセリ但シ配當標準ニ異動ナキ場合ハ此ノ限ニアラス配當額ヲ新ニ定ムルハ市町村ノ廢置ノ場合ニシテ配當額ヲ改定スルハ市町村ノ分合又ハ境界變更アリタル場合ニシテ配當標準ニ異動アルトキナリ

【訓令通牒】

●家屋税ニ關スル件（昭和二、三、三一發地第三號地方、主税兩局長通牒ノ内）

一　家屋税ノ配當標準タル宅地地價トハ土地臺帳面ニ於テ宅地タルモノノ地價ノ義ナルコト

二　家屋税ノ配當標準タル戸數トハ現在戸數（構戸者ノ數）ノ義ニシテ戸數ニ含ムコトトセル法人ノ本店及支店トハ商法ノ規定ニ基キ登記ヲ爲シタル本店及支店ノ義ナルコト

三　市町村ニ對スル家屋税ノ配當手續ハ賦課規則中ニ之ヲ規定シ一定ノ期日ニ配當ヲ行フコト

【行政實例】

●鑛夫ノ居住スル納屋ハ鑛夫收容所ト同樣鑛業法第八十八條ニ所謂鑛業用工作物トシテ取扱ヒ家屋税ヲ賦課セサルヲ適當ト認ム尙之ヲ非課税物件トスル爲延テ他ノ一般家屋所有者ニ對シ課税ノ不均衡ヲ來タスカ如キ虞アル場合ハ特別ノ配當方法ニ依ルコトヲ得ルモノトス（昭和二、四、一〇電報）

●家屋税ヲ地方税ニ關スル法律施行勅令第五條第一項ニ依リ豫算ノ屬スル年度ノ前年度始ニ於ケル市町村ノ宅地地價及戸數ニ比例シテ夫々配當額ヲ定メタル後偶々或ル町村ニ於テ火災ノ爲燒失戸數多數アリタル場合ト雖縣ノ賦課規則ニ於テ特別ノ配當方法ヲ規定セサル限リ被害ヲ受ケサル家屋ノ分ヲモ負擔スヘキモノトス（昭和二、五、九）

（ハ）特別賦課方法ノ例外

○施行勅令

第六條　前二條ノ規定ニ依リ難キ特別ノ事情アル府縣ハ内務大臣及大藏大臣ノ許可ヲ受ケ別ノ賦課方法ニ依リ家屋稅ヲ賦課スルコトヲ得

施行勅令第四條及第五條ノ規定ニ依リ難キ特別ノ事情アル府縣ハ内藏兩大臣ノ許可ヲ受ケ別ノ賦課方法ニ依リ家屋稅ヲ賦課スルコトヲ得ルモノトス『規定ニ依リ難キ特別ノ事情』トハ必スシモ規定ニ依ルヲ得サル特別ノ事情ノミヲ謂フニ非ス地方若ハ其ノ他ノ事情ニ依リ勅令規定ノ方法ヨリ適當ノ賦課方法アル場合ヲモ包含スルモノトス即チ家屋ノ等差ニ依ラス家屋ノ賃貸價格ヲ標準トシテ賦課スルカ如キ又ハ家屋稅ノ配當標準タル宅地地價ハ十數年以前ノ設定ニ係ルモノナルヲ以テ今日ノ實際ニ適合セサル地方アルヘク又實際ニ於テ或土地カ宅地ニ變換サレタルニモ拘ハラス土地臺帳ニハ未タ宅地トシテ登錄セラレサルモノ多數存在スル地方モアルヘシ從ツテ宅地地價ハ必スシモ適當ナル配當標準ナリトスルコト能ハサルカ如シ尙又一二ノ市町村ニ直接鑛業用ノ如キ非課稅家屋多數偏在スル爲其ノ戶數又ハ宅地地價ヲ配當標準ニ算入スルトキハ其ノ市町村ノ課稅家屋ノミカ多額ノ負擔ヲナスコトトナリ不公平ナルヲ以テ如斯場合ハ其ノ配當標準ヨリ除外スルノ必要アルカ如シ

（ニ）府縣費ノ全部ノ分賦ヲ受ケタル市ニ於ケル家屋税ノ賦課

○施行勅令

第七條　第四條ノ規定ハ府縣費ノ全部ノ分賦ヲ受ケタル市ニ於テ大正十五年法律第二十四號附則第四項ノ規定ニ依リテ家屋税ヲ賦課スル場合ニ關シ之ヲ準用ス

府縣費ノ全部ノ分賦ヲ受ケタル市ニ於テ課税スルハ其ノ府縣ニ代リテ課税スルコトトモナルカ故ニ府縣ニ於ケルト同樣特別ノ方法ニ依リテ賦課スルコトヲ得ヘク而シテ其ノ場合ニ於テハ府縣ニ關スル特別ノ賦課方法ヲ準用スルコトトシタリ

第十三條　家屋税及其ノ附加税ノ賦課率及賦課ノ制限竝家屋ノ賃貸價格ノ算定及家屋税調査委員ノ組織ニ關シテハ勅令ヲ以テ之ヲ定ム

本條ハ家屋税及其ノ附加税ノ賦課率及賦課ノ制限竝家屋ノ賃貸價格ノ算定及家屋税調査委員ノ組織ニ關スル規定ナリ總テ勅令ニ委任シタル所ナルモ家屋税調査委員ノ組織ニ關シテハ未タ勅令ノ公布ナシ又家屋ノ賃貸價格ノ算定ニ付テハ既ニ第九條ニ於テ之ヲ說明セリ

第一　家屋税ノ許可

○施行勅令

第八條　家屋ノ賃貸價格ニ對スル賦課率ハ内務大臣及大藏大臣ノ許可ヲ受ケ府縣ニ於テ之ヲ定ム

第四條乃至第六條ノ規定ニ依リテ家屋税ヲ賦課セントスル場合ニ於テハ府縣ハ其ノ豫算總額ニ付内務大臣及大藏大臣ノ許可ヲ受クベシ

第九條　前條ノ規定ハ府縣費ノ全部ノ分賦ヲ受ケタル市ニ於テ賦課スベキ家屋税ニ關シ之ヲ準用ス

家屋税ハ收益税トシテ設定セラレタルモノナルヲ以テ他ノ收益税トノ負擔關係上其ノ賦課ニ付相當制限ヲナスノ必要アリ然ルニ課税標準タル家屋ノ賃貸價格ハ未タ決定サレス從ツテ適當ノ制限ヲ定メ難キノミナラス現下ニ於ケル府縣ノ財政トシテハ之ヲ全國一律ニ制限シ得サル状態ニ在ルヲ以テ各府縣ノ財政狀態ニ鑑ミ適當ノ賦課ヲナサシムル爲其ノ賦課ニ付テハ内務大藏兩大臣ノ許可ヲ要スルコトトセリ即チ法律第九條ニ依リ家屋ノ賃貸價格ノ決定後其ノ賃貸價格ヲ標準トシテ賦課スル場合ニ付テハ賦課率ニ付又法律附則第四項ニ依リ特別ノ方法ニ依リ賦課スル場合ニ付テハ全府縣共通

ノ課税標準ナルモノナキヲ以テ家屋税ノ豫算總額ニ付許可ヲ要スルコトトセリ而シテ其ノ豫算總額ニ付許可ヲ要スル場合ニ於テハ其ノ負擔ヲ增加スヘキ場合ナルト否トニ論ナク苟モ其ノ家屋税ノ豫算額ヲ變更スル場合ハ總テ許可ヲ要スルモノトス

府縣費ノ全部ノ分賦ヲ受ケタル市ニ於テ家屋税ヲ賦課スル場合ニ於テモ府縣ニ於ケル家屋税ト同樣其ノ賦課率又ハ豫算總額ニ付許可ヲ要スルコトトセリ

【訓令通牒】

●家屋税ニ關スル件（昭和二、三、三一發地第三號地方、主税兩局長通牒ノ内）

家屋税ニ關スル事項

六 施行勅令第八條及第九條ノ規定ニ依ル許可稟請ニ際シテハ當該年度ノ歳出入豫算及別紙第一號樣式ニ依ル調書ヲ添附スルコト

第一號樣式

家屋税参考表

種目	本年度	前年度
府縣税豫算總額	圓　厘	圓　厘
家屋税額		
府縣税總額ニ對スル家屋税ノ百分比		

地租附加税課率	宅地				
	其ノ他				
特別地税課率					
營業收益税附加税課率					
所得税附加税課率					

備考

一　當初課税ノ稟請ヲ爲サントスルトキハ前年度欄ニハ當初豫算（同時議決ノ追加豫算ヲ合算ス）ニ依リ記入スルコト但シ昭和二年度ニ限リ家屋税額ニ付テハ戸數割税額（家屋税ヲ賦課シタルモノアルトキハ之ヲ合算シタル額）營業收益税附加税課率ニ付テハ營業税附加税課率ヲ記載スルコト

一　同一年度内ニ於テ數度許可稟請ヲ爲サントスルトキハ二回目以後ニ於テハ稟請當時ノ現在ニ依リ相當欄ニ記入シ前年度欄ノ記載ハ之ヲ要セサルコト

第二號樣式

一　府縣費ノ全部ノ分賦ヲ受ケタル市ニ於ケル家屋税ニ付テハ本樣式ニ準シ調書ヲ作製スルコト

戸數割制限外課税參考表

種日	本年度		前年度	
	圓	厘	圓	厘
市町村税豫算總額				

戶數割稅額	市町村稅豫算總額ニ對スル戶數割稅額ノ百分比	制限額—稅總額ノ百分ノ三十七又ハ六十	戶數割納稅義務者一人當	地租附加稅課率 宅地	地租附加稅課率 其ノ他	特別地稅附加稅課率	營業收益稅附加稅課率	「所得稅附加稅課率」

備考

一　當初課稅ノ稟請ヲ爲サントスルトキハ前年度欄ニハ追加ヲ合算シタル豫算ニ依リ記入スルコト但シ昭和二年度ニ限リ營業收益稅附加稅課率ニ付テハ營業稅附加稅課率ヲ記載スルコト

一　同一年度內ニ於テ數度許可稟請ヲ爲サントスルトキハ二回目以後ニ於テハ稟請當時ノ現在ニ依リ相當欄ニ記入シ前年度欄ノ記載ヲ要セサルコト

一　戶數割ヲ賦課セサル市町村ニ於ケル家屋稅附加稅ノ制限外課稅ニ付テハ本樣式ニ準シ調書ヲ作製スルコト
但シ納稅義務者一人當ハ之ヲ記載スルコトヲ要セス

第三號樣式

戸數割制限外課稅許可報告　昭和何年度自何月至何月　何道府縣

稅目	市町村稅豫算總額	戸數割稅額	戸數割制限外課稅額	制限外課稅額ノ費途	
戸數割	圓	圓	圓	土木費 教育費 衛生費 何々	圓
計					

許可件數　何件

許可團體數　何市（町村）

備考

一　本件報告ハ一年度分ヲ二期ニ分チ四月ヨリ九月迄ノ分ヲ十月末日迄ニ十月ヨリ三月迄ノ分ヲ四月末日迄ニ報告スルコト

二　市ノ分ト町村ノ分トハ各別表ニ之ヲ調製スルコト

三　『許可團體數』後半期分ニ在リテハ前半期ニ於テ許可シタル團體ト重複スルモノアルトキハ其ノ數ヲ附記スルコト

【行政實例】

●家屋稅ノ追加ハ他ノ諸稅ニ於テ相當ノ負擔ヲナシ而シテ眞ニ不得已場合ニ非サレハ詮議相成難シ尙追加分ニ付テモ其ノ都度豫算總額ニ付內務大藏兩大臣ノ許可ヲ受クヘキモノトス（昭和二、四、二六）

第二　家屋稅附加稅ノ制限

家屋稅ハ收益稅トシテ一般的ニ設定セラレタルモノナルヲ以テ他ノ收益稅ト同樣市町村ニ對シ附加稅ヲ認メタリ而シテ其ノ課稅ニ付テハ他稅トノ權衡上相當ノ制限ヲ必要トセリ尙從前市町村ニ對シ許可シタル家屋ニ對スル特別稅ハ家屋稅附加稅ト重復スルコトトナルヲ以テ施行勅令附則第五項ノ規定ニ依リ之ヲ廢止セラレタリ

○施行勅令

附　則（第五項）

市町村特別稅家屋稅及之ニ類スル特別稅ニ關スル條例ニシテ本令施行ノ際內務大臣及大藏大臣ノ指定スルモノハ大正十五年度分限リ其ノ效力ヲ失フ

【關係法令】

●內務省大藏省布告第二號（昭和二、一、二九）

大正十五年勅令第三百三十九號附則第五項ノ規定ニ依リ市町村條例ヲ指定スルコト左ノ如シ

市町村條例

北海道　札幌市　特別税建物割條例
同　小樽市　同上
同　旭川市　同上
同　釧路市　同上
同　上磯郡　上磯町　特別税建物價格割條例
同　松前郡　福山町　特別税建物割條例
同　同　福島村　特別税建坪數割條例
同　高島郡　高島町　特別税建物割條例
同　宗谷郡　稚内町　同上
同　有珠郡　伊達町　同上
同　厚岸郡　厚岸町　同上
同　根室郡　根室町　同上
青森縣　弘前市　特別税條例
群馬縣　多野郡　新町　特別税建物税條例
同　八幡村　建物税條例
同　北甘樂郡　富岡町　特別税建物税條例
富山縣　射水郡　伏木町　特別税條例
福井縣　敦賀郡　敦賀町　特別税法人建物税條例

山梨縣	中巨摩郡	國母村	特別税徴收條例
長野縣	北佐久郡	輕井澤町	特別税別莊税條例
同	下伊那郡	飯田町	特別税家屋割賦課條例
靜岡縣		靜岡市	特別税家屋税條例
同		濱松市	特別税家屋割賦課法
滋賀縣	蒲生郡	日野町	特別税家屋税條例
京都府	葛野郡	西院村	特別税條例
同	同	川岡村	同上
同	紀伊郡	上鳥羽村	家屋割條例
同	同	伏見町	家屋税條例
同	同	吉祥院村	家屋税賦課條例
同	加佐郡	舞鶴町	特別税家屋割條例
同	同	中舞鶴町	同上
同	同	新舞鶴町	同上
奈良縣	宇陀郡	神戸村	特別税家屋税條例
岡山縣	英田郡	林野町	特別税家屋税條例
廣島縣		尾道市	特別税建家税條例
德島縣	海部郡	阿部村	村税家屋税條例
香川縣		高松市	特別税ニ關スル條例（建家税ニ關スル部分）

同	丸亀市	特別税家屋税條例
福岡縣	福岡市	特別税特別家屋税條例
同	若松市	同上
同	筑紫郡千代町	特別家屋税條例
熊本縣	宇土郡三角町	特別税別莊税條例
同	同　戸馳村	同上

（一）戸數割ヲ賦課スル市町村ニ於ケル家屋税附加税ノ制限

○施行勅令

第十條　戸數割ヲ賦課スル市町村ニ於テ賦課スベキ家屋税附加税ノ賦課率ハ本税百分ノ五十以内トス

特別ノ必要アル場合ニ於テハ内務大臣及大藏大臣ノ許可ヲ受ケ前項ニ規定スル制限ヲ超過シ其ノ百分ノ十二以内ニ於テ課税スルコトヲ得

左ニ掲グル場合ニ於テハ特ニ内務大臣及大藏大臣ノ許可ヲ受ケ前項ニ規定スル制限ヲ超過シテ課税スルコトヲ得

一　内務大臣及大藏大臣ノ許可ヲ受ケテ起シタル負債ノ元利償還ノ爲費用ヲ要スル

トキ

二　非常ノ災害ニ因リ復舊工事ノ爲費用ヲ要スルトキ

三　水利ノ爲費用ヲ要スルトキ

四　傳染病豫防ノ爲費用ヲ要スルトキ

前二項ノ規定ニ依リテ制限外課税ヲ爲スハ特別地税附加税ガ大正十五年法律第二十四號第七條ノ規定ニ依リテ制限外課税ヲ爲ス場合ニ限ル但シ特別地税附加税ナキトキハ地租附加税又ハ段別割ガ明治四十一年法律第三十七號第五條ノ規定ニ依リテ制限外課税ヲ爲ス場合ニ限ル

戸數割ヲ賦課スル市町村ニ於ケル家屋税附加税ハ地租及營業收益税ノ附加税ト同樣收益税ナルヲ以テ之トノ權衡上ニ於テモ其ノ賦課ニ付相當ノ制限ヲナスノ必要アリ即チ本税百分ノ五十ヲ以テ附加税ノ制限トナセリ『戸數割ヲ賦課スル市町村』トハ戸數割ヲ賦課シ難キ市町村ニ對スルモノニシテ地方税ニ關スル法律第二十二條ノ規定ニ依リ特別税戸數割ヲ賦課スル市町村ヲ謂フ制限賦課率百分ノ五十ニ付テハ別段ノ根據ナシ從來ニ於ケル家屋税制調査ノ際ニ於ケル調査ノ沿革等ヲ參酌シ決定セラレタルモノナリト謂フ

地租及營業收益税ノ附加税又ハ特別地税附加税ニ付テハ制限外ノ課税ヲナシ得ヘキコトヲ認メタリ從ツテ税質同シキ家屋税附加税ニ付テモ之ト同關係上同樣制限外課税ヲ認ムルコトトシタリ而シテ其ノ制限外課税ヲ爲シ得ヘキ場合ハ地方税制限法第五條ト同樣ナルヲ以テ同條ヲ參照セラルヘシ地租又ハ營業收益税ノ附加税ニ付制限外課税ヲナス場合ハ地方税制限法ニ規定スル各税ハ何レモ制限賦課率迄賦課スルコトヲ要スルコトトシ各税間ノ權衡ヲ保持セシメタリ家屋税附加税モ之等ト同樣收益税ナルヲ以テ或程度ニ於テ負擔ノ均衡ヲ保持セシムヘキモノノ如シト雖家屋ハ生活ノ必需物件ニシテ其ノ重課ハ往々家賃ノ騰貴ヲ誘致セシムル虞アルヲ以テ土地ニ對スル課税ヨリ重キ負擔ヲナサシムルカ如キハ適當ナラス故ニ家屋税附加税ニ付制限外課税ヲナスハ特別地税附加税又ハ地租附加税ニ付制限外課税ヲナストキニ限ラレタリ

【訓令通牒】

●**制限外課税特別税新設增額變更等ノ許可稟請書ニ添附スヘキ書類樣式ノ件**（昭和、二、三、三一內務大藏省訓令第三三四號）（地方税制限ニ關スル法律第五條ノ訓令通牒ノ部參照）

●**市町村其ノ他ノ公共團體ノ課税許可稟請書ニ添附スヘキ書類ノ件**（昭和二、三、三一發地第四號地方、主税兩局長通牒）（同上）

●**制限外課税委任許可報告ノ件**（昭和二、三、三一發地第六號地方、主税兩局長通牒）（同上）

【行政實例】

●市稅ノ制限外課稅ニ關シ內務大藏兩大臣ノ許可ヲ受クヘキ家屋稅附加稅ト府縣知事ノ許可範圍ニ屬スル國府縣稅附加稅ト一ノ決議タル場合ハ營業稅及雜種稅ノ附加稅ニ付テハ府縣知事之ヲ許可シ其ノ他ノモノハ內務大藏兩大臣ノ許可ヲ要ス（昭昭二、四、六電報）

【行政裁判例】

●市會カ特定ノ縣稅豫算ヲ標準トシテ附加稅ノ賦課率ヲ議決シタリト認ムヘキ場合ニ於テハ其賦課額ハ當然該縣稅ノ追加ニ適用スルコトヲ得サルモノトス（大正五、一一、一）

（二）戶數割ヲ賦課セサル市町村ニ於ケル家屋稅附加稅ノ制限

○施行勅令

第十一條　內務大臣及大藏大臣ガ戶數割ヲ賦課シ難キモノト認メタル市町村ニ於テ賦課スベキ家屋稅附加稅ハ左ノ制限ヲ超ユルコトヲ得ズ

一　市ニ在リテハ其ノ總額當該年度ニ於ケル市稅豫算總額ノ百分ノ三十六但シ明治四十一年法律第三十七號第三條第三項ノ規定ニ依リテ所得稅附加稅ヲ賦課スル場合ニ於テハ當該年度ニ於ケル市稅豫算總額ノ百分ノ三十

二　町村ニ在リテハ其ノ總額當該年度ニ於ケル町村稅豫算總額ノ百分ノ六十但シ明治四十一年法律第三十七號第三條第三項ノ規定ニ依リテ所得稅附加稅ヲ賦課スル場合ニ於テハ當該年度ニ於ケル町村稅豫算總額ノ百分ノ五十五

特別ノ必要アル場合ニ於テハ內務大臣及大藏大臣ノ許可ヲ受ケ前項ニ規定スル制限ヲ超過シテ課稅スルコトヲ得

附則（第四項）　本令施行ノ際現ニ府縣稅家屋稅附加稅ヲ賦課スル市町村ハ第十一條ノ規定ニ依ル承認ヲ受ケタルモノト看做ス

戶數割ヲ賦課シ難キ市町村ニ對シテハ其ノ戶數割ヲ徵收セサル爲ニ生スル歲入ノ缺陷ヲ補充セシムル必要上變則的ニ其ノ必要額丈特ニ家屋稅附加稅ヲ增徵シ得ルコトトセリ如斯戶數割ニ代ヘテ家屋稅附加稅ヲ增徵スルトキハ其ノ課稅ハ自然家屋ノ使用者ニ轉嫁サルルニ至ルヲ以テ其ノ課稅ハ收益稅ノ性質ヲ逸脫シタルモノト謂フヘシ故ニ戶數割ヲ賦課スル市町村ニ於ケル家屋稅附加稅ノ如キ狀態ニ於テ其ノ課稅ヲ制限スルニ由ナキヲ以テ戶數割ト同一形式ニ依リ課稅ヲ制限シタルモノナリ戶數割ヲ賦課セスシテ家屋稅附加稅ヲ增徵スルハ變則的ノモノナレハ如斯ハ努メテ之ヲ避クヘキモ

ノナリ故ニ戶數割ヲ賦課シ難キ事情ニ在ルコトニ付テハ施行勅令第十一條第一項ニ依リ特ニ內務大藏兩大臣ノ承認ヲ受クルヲ要スルコトトシタリ然レ共從前ヨリ戶數割ニ代ヘ府縣稅家屋稅附加稅ヲ賦課シタル市町村ハ施行勅令附則第四項ノ規定ニ依リ同令第十一條ニ依ル承認ヲ受ケタルモノト看做サレタルヲ以テ其ノ當該市町村ニ於テハ承認ヲ受クルコトヲ要セサルモノトス戶數割ヲ賦課シ難キ事情トハ戶口夥多ニシテ其ノ區域內ノ各戶ニ就キ資力ヲ調査シ能ハサルカ又ハ移動性ノ居住者多クシテ戶數割ノ課徵ニ困難ナルカ如キコトヲ謂フ

市町村ニ對シテハ一般的ニ所得稅附加稅ノ賦課ヲ認メサルコトトシタルモ戶數割ヲ賦課シ難キ市町村ニ對シテハ地方稅制限法第三條ノ規定ニ依リ內務大藏兩大臣ノ許可ヲ受ケ特ニ之ヲ賦課シ得ルコトトセリ從ツテ其ノ所得稅附加稅ヲ賦課スル市町村ハ之ヲ賦課セサル市町村ヨリ財政的ニ餘裕アルモノナルヲ以テ家屋稅附加稅ハ其ノ事情ヲ考慮シ兩者間ノ制限割合ヲ異ニセリ

戶數割ヲ賦課シ難キ市町村ニ於ケル家屋稅附加稅ニ付テモ亦其ノ賦課ニ付一定ノ制限ヲ設ケラレタルモ特別ノ必要アル場合ニ於テハ內務大藏兩大臣ノ許可ヲ受ケ其ノ制限ヲ超過シ課稅シ得ルコトトセリ豫算總額ニ付制限セラレタル結果單純ナル豫算ノ變更卽チ自然增收ノ爲豫算ヲ增加シタルニ依リ制限ヲ超過スルニ至リタル場合ト雖許可ヲ要スルモノナリ特別ノ必要トハ財政上必要已ヲ得サル

場合ナリ制限ノ割合ハ大正十四年度當初ニ於ケル財政ノ實際狀態ニ依據シ決定セラレタルモノナリト謂フ即チ左ノ如シ

戸數割ヲ賦課シ難キ市町村ニ於ケル家屋稅附加稅ノ總額ノ制限

市
所得稅附加稅ヲ賦課セサル場合
市稅豫算總額ノ百分ノ三十六
所得稅附加稅ヲ賦課スル場合
市稅豫算總額ノ百分ノ三十

町村
所得稅附加稅ヲ賦課セサル場合
町村稅豫算總額ノ百分ノ六十
所得稅附加稅ヲ賦課スル場合
町村稅豫算總額ノ百分ノ五十五

【訓令通牒】

●家屋稅ニ關スル事項（昭和二、三、三一發地第三號地方、主稅兩局長通牒ノ內）

三　戸數割ヲ賦課シ難キ市町村ハ戸數割ヲ賦課シ難キ事情アルコトニ關シ內務大臣及大藏大臣ノ承認ヲ受クル

ヲ要ス若シ其ノ承認ヲ受ケタル後戸數割ヲ賦課スルコトト爲サントスルトキハ別ニ手續ヲ要セサルモ更ニ又戸數割ヲ賦課シ難キ事情アルモノトシテ家屋税附加税ニ付特別ノ取扱ヲ受ケントスルトキハ新ニ内務大臣及大藏大臣ノ承認ヲ受クルヲ要スルコト

●戸數割ヲ賦課セサル市町村ノ家屋税附加税ニ關スル事項（同上）

五　戸數割ノ制限外課税ヲ爲サントスル場合及戸數割ヲ賦課セサル市町村ニ於テ家屋税附加税ノ制限外課税ヲ爲サントスル場合ニ於テハ各國税附加税及特別地税附加税ハ所定ノ制限率迄之ヲ賦課シタルコトヲ要スルコト

六　戸數割ノ制限外課税ヲ爲サントスル場合及戸數割ヲ賦課セサル市町村ニ於テ家屋税附加税ノ制限外課税ヲ爲サントスル場合ニ於テハ基本財產（特別基本財產ヲモ含ム）ノ蓄積又ハ積戻ハ其ノ財源ヲ指定寄附又ハ財產ヨリ生スル收入ニ求ムルモノヲ除クノ外之ヲ停止シ負擔輕減ノ資ニ充ツルコト但シ追加賦課ノ爲メ制限外課税ヲ爲サントスル場合ニ於テ從前ノ議決ニ基キ既ニ蓄積ヲ施行シタルモノハ此ノ限ニ在ラサルコト

七　戸數割ノ制限外課税ノ許可稟請及戸數割ヲ賦課セサル市町村ニ於ケル家屋税附加税ノ制限外課税ノ許可稟請ニ付テハ昭和二年三月三十一日内務大藏省訓令第三三四號市町村其ノ他ノ公共團體ニ於ケル課税等ニ關スル議決ノ許可稟請ニ添附スヘキ書類調製樣式ノ件ニ準シ調製シタル書類及別紙第二號樣式ニ依ル調書ヲ添附スルコト（地方税ニ關スル法律第十三條家屋税ノ許可ノ項ノ訓令適用ノ部參照）

八　前項制限外課税ノ許可稟請ニ際シテハ左記ノ廉ニ付特ニ注意スルコト

(イ)歲入一覽表及歲出一覽表ハ訓令所定ノ通調製シ不備ナキヲ期スルコト

(ロ)歲入ニ公債ヲ計上シタル場合ニ於テハ其ノ起債許可ノ稟請ヲ同時ニ提出セシムルコト若シ委任許可債ナルトキハ許否ノ見込ヲ稟請書ニ附記スルコト

(ハ)歳出ニ國ノ事業ニ對スル寄附金ヲ計上シタル場合ニ於テ內務省ニ內申ヲ要スルモノナルトキハ其ノ內申書ヲ同時ニ提出スルコト

(ニ)歳出中相當多額ノ寄附金又ハ補助金ノ計上アル場合ニ於テハ其ノ內容及必要ナル事由ヲ稟請書ニ附記スルコト

(ホ)基本財産蓄積費ヲ豫算ニ計上シタル場合ニ於テハ蓄積ノ財源ヲ稟請書ニ明記スルコト仍ホ從前議決ニ基キ執行濟ノモノナルトキハ其ノ旨ヲ附記スルコト

(ヘ)戸數割ノ制限外課税ノ許可及戸數割ヲ賦課セサル市町村ニ於ケル家屋税附加税ノ制限外課税ノ許可ハ賦課スヘキ豫算ノ總額ヲ許可スルモノナルヲ以テ假令課率ヲ增加セス自然增收ノ爲メ豫算ノ追加又ハ更正ヲ爲ス場合ニ於テモ苟モ當初許可ヲ受ケタル賦課スヘキ豫算總額ヲ超ユル場合ハ更ニ許可ヲ要スルコト但シ他ノ市町村税ニ於テ追加ヲ爲シ戸數割及家屋税附加税ノ額カ法定ノ制限割合ヲ超過セサルトキハ此ノ限ニ在ラサルコト

九　施行規則第二十八條ノ規定ニ依リ戸數割ノ制限外課税ノ許可ヲ爲シタルトキハ別紙第三號様式ニ依ル報告書ヲ內務大臣ニ提出スルコト

第四節　營業税及其ノ附加税

第十四條　營業税ハ營業收益税ノ賦課ヲ受ケサル營業者及營業收益税ヲ賦課セサル營業ヲ爲ス者ニ之ヲ賦課ス

本條ハ營業稅ノ納稅義務者ヲ規定シタルモノナリ
營業稅ヲ課スヘキ營業者ハ二種アリ即チ一ハ國稅營業收益稅ノ賦課ヲ受ケサル營業者例ヘハ純益金額四百圓未滿ナルカ爲國稅營業收益稅ヲ課セラレサルモノ一ハ營業收益稅法第二條ニ列記セル以外ノ營業ヲ爲ス者例ヘハ湯屋業理髮業ヲ營ムモノ之レナリ而シテ府縣稅タル營業稅ノ賦課ヲ受クル者ハ個人ニ限ラレ法人ニ付テハ本稅ノ課稅ナキモノトス何トナレハ法人ハ營業純益ノ多寡及營業ノ種類ノ何タルヲ問ハス營利法人ニ付テハ總テ營業收益稅ノ賦課ヲ受クヘキモノナルカ故ナリ（營業收益稅法第一條）法人ノ漁業又ハ演劇興行ニ付テハ營業收益稅ヲ課セサルモ府縣稅營業稅ヲ課スヘキモノニアラス雜種稅トシテ賦課スヘキモノナリ（施行勅令第十七條）要スルニ府縣稅營業稅ノ納稅者ハ個人ニ限ラルルモノトス
營業稅ノ納稅者ハ前述ノ通リ個人ニ限ラルルモ之カ納稅義務ヲ有スルモノハ其ノ府縣內ニ於テ營業所ヲ定メ營業スルモノタルコトヲ要スルモノトス玆ニ營業所トハ營業ノ全部又ハ一部ニ付テノ根據ヲ云フモノニシテ必シモ營業ノ本據タルコトヲ要セス故ニ支店ノ如キモ亦營業所タルコトヲ失ハス之ヲ要スルニ營業ノ全部又ハ一部ニ付其ノ中心タル關係ヲ有スル設備アル場所ヲ云フモノトス從テ製造場、販賣店、運輸業ノ私設停車場ノ如キハ其ノ規模ノ大小ヲ問ハス營業所ナリト認メサルヘカラス乍併外部ト取引上ノ交渉ナキ設備例ヘハ材料ノ購入販賣ノ取引事務ヲ行ハサル單純ナル材料置場ノ如キハ之ヲ營業所ナリト云フヲ得サルモノトス又營業トハ營利ノ目的ヲ以テ自己ノ名ニ於テ精神上ノ業務ニ非サル物品ノ製造、加工、販賣、勞力ノ供給其ノ他經濟上ノ取引ヲ爲ス連續シタル行爲ヲ營業ト云フモノトス

【關係法令】

●營業收益稅法（大正一五、三、二七法律第一一號）

第一條　本法施行地ニ本店、支店其ノ他ノ營業場ヲ有スル營利法人ニハ本法ニ依リ營業收益稅ヲ課ス

第二條　本法施行地ニ營業場ヲ有シ左ニ揭クル營業ヲ爲ス個人ニハ本法ニ依リ營業收益稅ヲ課ス

一　物品販賣業（動植物其ノ他普通ニ物品ト稱セサルモノノ販賣ヲ含ム）
二　銀行業
三　無盡業
四　金錢貸付業
五　物品貸付業（動植物其ノ他普通ニ物品ト稱セサルモノノ貸付ヲ含ム）
六　製造業（瓦斯、電氣ノ供給、物品ノ加工修理ヲ含ム）
七　運送業（運送取扱ヲ含ム）
八　倉庫業
九　請負業

十　印刷業
十一　出版業
十二　寫眞業
十三　席貸業
十四　旅人宿業（下宿ヲ含ミ木賃宿ヲ含マス）
十五　料理店業
十六　周旋業
十七　代理業
十八　仲立業
十九　問屋業

第三條　營業收益税ハ營業ノ純益ニ付之ヲ課ス

第九條　個人ノ純益金額四百圓ニ滿タサルトキハ營業收益税ヲ課セス

第十九條　個人ノ營業ニ付納税義務アル者純益金額二分ノ一以上減損スルトキハ政府ニ純益金額ノ更訂ノ請求ヲ爲スコトヲ得但シ翌年一月三十一日ヲ過キタルトキハ此ノ限ニ在ラス

純益金額決定後營業繼續ニ因リ純益金額ノ減損シタル場合ハ前項ノ規定ヲ適用セス

第二十條　前條第一項ノ請求アリタルトキハ政府ハ純益金額ヲ查覈シ二分ノ一以上ノ減損アルトキハ之ヲ更訂ス

【行政實例】

●電氣會社カ其ノ經營スル電氣事業ニ關シテ有スル所ノ發電所ナルモノハ市制百二十條ニ所謂一ノ營業所ト認メ

可然モノトス（年月日不詳）

●電車ノ停留所ニ於テ別ニ切符等ノ賣捌ヲ爲ササル場合ハ町村制第九十九條ノ營業所ニ該當セサルモノトス（大正二、四、一）

●法人ニハ營業税ヲ賦課スルコトヲ得サルモノトス（昭和二、三、三一）

【行政裁判例】

●營業場トハ住家ノ一部分テアルト否トヲ問ハス不斷公衆ノ自由ニ出入シテ營業上ノ取引ヲナス場所ヲ謂フ（明治三四、一〇、二七）

●或地方ニ於ケル鐵道工事ニ關スル作業ノミヲ請負フモノト雖之ヲ土木請負業ト謂フヲ得ヘク其ノ業ヲ營ム爲ニ設ケタル各事務所ハ孰レモ營業場ト謂フヲ得ヘシ（明治二七、四、一三）

●所謂營業場トハ請負業ニ付テハ請負契約ノ締結ニ關スル營業場ヲ指スト解スヘキモノトス（大正七、一〇、一五）

第十五條　營業税ヲ賦課スヘキ營業ノ種類ハ營業收益税法第二條ニ掲クルモノ及勅令ヲ以テ定ムルモノニ限ル

本條ハ營業税ヲ賦課スヘキ營業ノ種類ヲ規定シタルモノナリ

府縣税營業税ヲ賦課スヘキ營業ノ種類ハ營業收益税法第二條ニ掲クルモノ即チ物品販賣業等外十八種及施行勅令第十二條列記ノ運河業外十種トス從來府縣税營業税ノ賦課ヲ受クル營業ハ種々雜多ニシテ中ニハ反社會的ノモノアリタルヲ以テ這般ノ地方税整理ニ於テ之カ整理改正ヲ見タルモノトス

營業税ヲ課スヘキ營業ノ意義

營業收益税法第二條ノ營業

一　物品販賣業（動植物其ノ他普通ニ物品ト稱セサルモノノ販賣ヲ含ム）

物品販賣業トハ物品ノ販賣ヲ爲ス營業ヲ謂フ、物品トハ俗ニ『品物』ト稱スルモノナリ、民法ニ於テハ『物』トハ有體物ヲ謂ヒ、動産及不動産ニ分ツ、土地及其ノ定著物ハ不動産ニシテ不動産ニアラサル物ハ總テ動産ナリ、物品トハ『品物』ナルカ故ニ不動産ヲ包含セサルハ勿論ニシテ又動産トモ稍趣ヲ異ニス、然レトモ税法ニハ『動植物其ノ他普通ニ物品ト稱セサルモノノ販賣ヲ含ム』ト規定シタルヲ以テ結局玆ニ物品トハ民法上ノ動産ヲ指稱スル意ナリト解スヘキモノトス、動物ハ動産ナリ植物ノ内山林ノ立木等ハ動産ニアラサルモ『植木』ハ動産ナリ無記名債權ハ民法上動産ト看做ス販賣ハ賣却ナリ、直接消費者ニ賣却スルモノカ小賣ニシテ然ラサルモノカ卸賣ナリ、小賣タルト卸賣タルトヲ問ハス賣却ヲ爲スコトヲ營業トスルモノカ販賣ナリ、之カ取扱例ヲ擧クレハ左ノ如シ

（イ）　一定ノ製造場ヲ設ケス物品ヲ製造シテ販賣スルモノ又ハ他人ヲシテ物品ヲ製造セシメテ販賣スルモノハ物品販賣業トシテ課税ス

（ロ）　無記名有價證券ノ賣買ヲ爲スモノハ物品販賣業トシテ課税ス

（ハ）天然氷（一定ノ場所ニ水ヲ引込ミテ天然ニ氷結セシメタルモノヲ含ム）ヲ採取シテ販賣スルモノハ物品販賣業トシテ課税ス

（ニ）客室ノ設ケナクシテ料理ヲ販賣スルモノハ物品販賣業トシテ課税ス

（ホ）料理店業者客室ヲ設ケテ飲食物ヲ販賣スルノ外店頭ニ於テモ之ヲ販賣スル場合ニ於テ其ノ店頭ニ於ケル販賣（仕出ヲ含ム）カ別箇獨立ノ業ト認ムルニ足ル程度ノモノナルトキハ物品販賣業ヲ兼ヌルモノトシテ課税ス

（ヘ）酒類製造業者カ他ヨリ酒類ヲ買入レ販賣スル場合ニ於テ其ノ販賣カ別箇獨立ノ業ト認ムルニ足ル程度ノモノナルトキハ物品販賣業ヲ兼ヌルモノトシテ課税ス

（ト）一定ノ營業場アル物品販賣業者當該營業場ヲ本據トシテ行商ヲ營ムトキハ其ノ行商ハ當該營業場ニ於ケル販賣業ノ範圍內ト認ム

（チ）有價證券割賦販賣業者カ資金ノ運用トシテ爲ス行爲ハ當該營業ノ範圍內ト認ム（有價證券割賦販賣業法第六條）

（リ）物品販賣業者カ賣掛金ニ付利息ヲ收得スル行爲ハ販賣業ノ範圍內ト認ム但シ該營業者カ賣掛金ノ外一般公衆ニ對シテモ金錢ヲ貸付シ貸付業ヲモ兼ヌルモノト認メラルルトキハ金錢貸付業

ノ範圍內ト認ム

（ヌ）外國ニ於テ販賣スル爲內國ニテ物品ヲ買集メ之ヲ外國ニ在ル自已ノ營業場ニ積送スルモノニハ課稅セス

（ル）藥劑師カ藥劑ヲ調合シテ賣渡ス業務ニ付テハ課稅セス

二　銀行業

銀行トハ公ニ開キタル店舖ニ於テ營業トシテ證券ノ割引ヲナシ又ハ爲替事業ヲナシ又ハ諸預リ及貸付ヲ併セナスモノヲ謂フ（銀行條例第一條）故ニ銀行業トハ證券ノ割引ヲ爲ス營業、爲替事業ヲ爲ス營業、諸預リ及貸付ヲ併セ爲ス營業ノ總稱ナリ此等營業ノ一ヲ爲スモ銀行業ナリ二以上ヲ爲スモ銀行業ナリ之カ取扱上ノ實例ヲ擧クレハ左ノ如シ

（イ）銀行業者ノ爲ス左ノ行爲ハ銀行業ノ範圍內ト認ムルモノトス

（1）有價證劵ノ買入販賣

（2）他ノ銀行ノ代理店トシテ爲ス業務

（ロ）銀行業、無盡業其ノ他免許營業ヲ無免許ニテ營ム場合ト雖課稅營業タル實體ヲ具フル以上ハ總テ課稅ス

三　無盡業

無盡業ノ意義ハ無盡業法ニ依リテ定マルモノトス、同法第一條ニハ『本法ニ於テ無盡ト稱スルハ一定ノ口數ト給付金額トヲ定メ定期ニ掛金ヲ拂込マシメ一口毎ニ抽籤入札其ノ他類似ノ方法ニ依リ掛金者ニ對シ金錢ノ給付ヲナスヲ謂フ無盡類似ノ方法ニ依リ金錢又ハ有價證券ノ給付ヲナスモノ亦同シ但シ賭博又ハ富籤ニ類似スルモノハ此ノ限ニ在ラス』ト規定シアリ即チ無盡業トハ無盡業法第一條ニ該當スル行爲ヲ營業トシテ爲スヲ謂フモノナレトモ、無盡業法第二條第二項ニハ『營業トシテ無盡ノ管理ヲナスハ之ヲ無盡業ト看做ス』ト規定シタルヲ以テ無盡ノ管理モ亦無盡業ナリトス

無盡業者カ資金ノ運用トシテ爲ス行爲ハ無盡業ノ範圍內ト認ムルモノトス(無盡業法第九條)之カ取扱例左ノ如シ

四　金錢貸付業

金錢貸付業トハ營業トシテ金錢貸付ヲ爲スヲ謂フ、金錢貸付ニハ質屋ト質屋以外ノモノトアリ、質屋以外ノモノニハ擔保貸、信用貸等アレトモ其ノ何レタルヲ問ハス金錢貸付ヲ營業トスルモノハ總テ金錢貸付業ナリ然レトモ營業ナルカ故ニ繼續反覆シテ之ヲ爲スコトヲ要シ又其ノ貸付先モ

親戚故舊等特殊ノ關係アル者ニ限定セス汎ク一般ニ貸付クルモノタルコトヲ要ス貸付資金ハ自己ノモノタルト他人ヨリ借入タルモノタルトヲ問ハサルモノトス
之カ取扱例ヲ擧クレハ左ノ如シ
質屋以外ノ金錢貸付業ノ營業場ハ業務ノ性質上格段ノ設備ヲ必要トセサルヲ以テ單ニ金錢貸借ノ用務ヲ辨スル設備アレハ營業場ト認メ差支ナシ

五　物品貸付業（動植物其ノ他普通ニ物品ト稱セサルモノノ貸付ヲ含ム）
物品貸付業トハ物品ヲ貸付クル營業ナリ物品ノ何タルヤニ付テハ物品販賣業ノ項ニ於テ說明シタリ、通常物品ノ貸付ハ賃貸借契約ニ依ルモノナレトモ必スシモ賃貸借契約ニ依ルモノナラサルヘカラスト云フコトナシ要スルニ物品ヲ貸付クル營業カ物品貸付業ニシテ金錢貸付業ト異ナル所ハ唯貸付スル目的物カ金錢ナリヤ物品ナリヤニ在リ
之カ取扱例ヲ擧クレハ左ノ如シ
（イ）營業收益税ヲ課スヘキ物品貸付業ハ動産（無記名債權ヲ含ム）ノ貸付ヲ爲スモノニ限ル
（ロ）賃貸借契約ニ依リ船舶ノ貸付ヲ爲スモノハ物品貸付業トシテ課税ス

六　製造業（瓦斯電氣ノ供給、物品ノ加工修理ヲ含ム）

本來ノ製造業トハ販賣ノ目的ヲ以テ物品ヲ製造スル營業ナリ製造トハ原料ニ勞力ヲ加ヘテ原料ト異リタル物ヲ産出スルヲ謂フ例ヘハ米ヲ用ヒテ酒ヲ造ルカ如シ而シテ物品ノ製造カ製造業タルニハ販賣ノ目的ヲ以テ行ハルルコトヲ要スルナリ本來ノ製造業ハ以上ノ如キモノナレトモ稅法ハ此ノ外瓦斯電氣ノ供給、物品ノ加工修理ヲモ製造業ノ範圍內トシタリ

瓦斯電氣ノ供給トハ嚴格ニ云ヘハ瓦斯ノ販賣、電氣ノ供給請負ナラムモ俗ニ云ヘハ瓦斯電氣ノ販賣ナリ瓦斯電氣ノ販賣ハ其ノ性質上普通ノ販賣業ト大ニ趣ヲ異ニスルカ故ニ物品販賣業ヲ以テ遇スルニ適セストシ之ヲ製造業トシタルナリ瓦斯電氣ノ供給カ製造業タルニハ其ノ瓦斯電氣カ自己ノ製造ニ係ルモノナルト他ヨリ買入レタルモノナルトヲ問ハス全部他ヨリ買入レタルモノナル場合モ仍製造業タルナリ

物品ノ加工修理トハ或ル物ニ勞力ヲ加ヘ其ノ本體ヲ失ハシメサル程度ニ於テ之ヲ變更スルコトナリ、加工カ製造ト異ル點ハ物ヲ變更セシムル程度カ其ノ物ノ同一性ヲ失ハシムカ失ハシメサルカニ在リ、修理ハ加工ノ一種ニシテ物ノ變更カ單ニ其ノ物ヲ原狀ニ復セシムルニ止ルモノヲ謂フナリ例ヘハ白木綿ヲ染メテ黑木綿トスルカ如キハ加工ニ屬シ靴ニ裏皮ヲ打ツカ如キハ修理ニ屬ス製造ノ目的ハ販賣ニ在リ故ニ原料ハ製造者ノ所有タリ少クトモ原料ノ或ル部分ハ製造者ノ所有タ

ラサルヘカラス原料ハ悉ク他人ノ所有ニシテ製造者ハ之ニ單ニ勞力ヲ加フルニ過キサルモノハ製造ニアラスシテ請負ナリ

之カ取扱例ヲ擧クレハ左ノ如シ

（イ）鑛業權者ニ非サル者カ他ヨリ鑛物ヲ買入レ之ヲ製錬スルハ鑛業法第八十二條ノ鑛業ノ範圍外ナルヲ以テ製造業トシテ課稅ス鑛業權者ノ獨立製錬場ニ於ケル製錬ニ付亦同シ

（ロ）一定ノ製造場ヲ設ケ織物原料糸ニ染色又ハ整理其ノ他ノ製織作業（例ヘハ糸繰、糊付、整經、模樣縞柄ノ割付等）ヲ施シタル上他人ニ賃織セシメテ販賣スルモノハ製造業トシテ課稅ス

（ハ）數種ノ製茶ヲ買入レ一定ノ工場ニ於テ之ヲ配合シ外國向ノ茶ニ精製スルモノハ製造業トシテ課稅ス

（ニ）所謂鍍金屋又ハ塗師屋ノ如キハ製造業トシテ課稅ス

（ホ）染物ヲ業トスルモノハ製造業トシテ課稅ス其ノ可染物カ依賴人ノ供給ニ係リ專ラ染賃ヲ得ルヲ目的トスルモノモ亦同シ

（ヘ）瓦斯電氣ノ供給者カ需要者ニ對シ必要ナル器具ノ販賣又ハ貸付ヲ爲スハ製造業ノ範圍內タルモノトス

（ト）製造業者製造作業ヲ休止スルモ從前ノ製造品ヲ販賣シ居ル間ハ仍製造業ヲ營ムモノトシテ課稅ス

七　運送業（運送取扱ヲ含ム）

運送トハ物品又ハ身體ヲ一定ノ場所ヨリ他ノ一定ノ場所ニ移轉スルコトナリ斯クノ如キコトヲ營業トスルモノカ運送業ナリ玆ニ所謂物品ハ既ニ說明シタル物品ト稍異リ有價證券等モ包含スルモノトス商法ニハ海ト陸トノ運送ヲ規定シ空ノ運送ヲ規定セスト雖モ玆ニ運送業ト謂ヘル中ニハ其ノ何レタルヲ問ハサルモノト解シ差支ナカルヘシ

運送業中ニハ運送取扱業ヲモ包含ス運送取扱トハ自己ノ名ヲ以テ物品運送ノ取次ヲ爲スモノヲ謂ヒ通常運送問屋ト稱スルモノ之ナリ

之カ取扱例ヲ擧クルハ左ノ如シ

（イ）傭船契約ニ依リ船舶ヲ利用セシムルモノハ運送業トシテ課稅ス

（ロ）小舟ヲ以テ波止場ト碇泊中ノ汽船トノ間ヲ往復シ旅客貨物ノ運搬ヲ爲スモノハ運送業トシテ課稅ス

（ハ）獨立シテ舟子ヲ使用シ貨物ヲ回漕スル船頭ニハ運送業トシテ課稅ス

（ニ） 挽子ヲ備ヒ人力車營業ヲ爲ス者旅客ヨリ受ケタル賃錢ハ悉皆挽子ノ有トシ別ニ挽子ヨリハ車輪代等ト稱シ一定ノ歩合金ヲ收入スル場合ト雖モ運送業トシテ課税ス

八 倉庫業

倉庫業トハ倉庫ヲ備ヘテ其ノ倉庫ニ他人ノ爲ニ物品ヲ保管スル營業ヲ謂フ倉庫業タルニハ倉庫ナル特別ノ建設物ヲ必要トス倉庫ナキモノハ他人ノ爲ニ物品ヲ保管スルモ倉庫業ニアラス之カ取扱例ヲ擧クレハ左ノ如シ

（イ） 倉庫ヲ備ヘテ貨物ヲ預リ報酬ヲ受クルモノハ假令其ノ保管ニ付損害賠償ノ責ニ任セサル場合トモ雖回倉庫業トシテ課税ス

（ロ） 倉庫業者カ生繭ノ寄託ヲ受ケタル場合ニ於テ蛹ノ發生ヲ豫防スル爲生繭ノ乾燥ヲ爲スハ倉庫業ノ範圍内ト認ム

（ハ） 農家本位ノ米券倉庫中組合組織ニシテ營利ヲ目的トセサルモノニハ課税セス

九 請負業

請負業トハ仕事ノ完成ヲ請負ヒ又ハ勞務ノ供給ヲ爲ス營業ヲ謂フ商法ニハ第二百六十四條ニ『左ニ掲ケタル行爲ハ營業トシテ之ヲ爲ストキハ之ヲ商行爲トス』トシ其ノ第五號ニ『作業又ハ勞務

ノ請負」ヲ掲ク作業ノ請負トハ不動產ノ工事ノ意味ニ解シ勞務ノ請負トハ勞力ノ供給ト解セリ請負業トハ主トシテ此ノ不動產ノ工事（即チ土木建築）及勞務供給ノ營業ヲ指スモノナレトモ又民法ニハ請負トハ當事者ノ一方カ或ル仕事ヲ完成シ相手方カ其ノ仕事ニ結果ニ對シテ之ニ報酬ヲ與フルモノナリ（民法第六百三十二條）ト規定シタルカ故ニ請負ハ不動產ノ工事ニ限定スルノ要ナク仕事ノ完成ハ總テ請負ノ目的ナリト謂フコトヲ得而シテ仕事ヲ完成スルニ當リ材料ヲ相手方ヨリ供給セラルルト否トハ之ヲ問ハサルモノナレトモ自己ノ材料ヲ用フルトキハ製造トナル場合アリ勞務ノ請負ハ仕事ノ完成ニハ非スシテ勞力ノ供給ナリ

要スルニ玆ニ請負業トハ商法民法ヲ綜合シタル意義ヲ有スルモノニシテ營業トシテノ仕事ノ請負ヲ爲スモノ又ハ勞務ノ請負ヲ爲スモノヲ指稱スルナリサレハ請負業ノ內容ハ甚タ廣ク製造其ノ他ノ行爲ニシテ又同時ニ請負ノ性質ヲ有スルモノナキニアラス此ノ場合ニ於テハ請負ノ性質ヲ有スルモノト雖モ稅法上製造業其ノ他ノ業名ニ該當スルモノハ各其ノ業名ニ依リ課稅シ然ラサルモノニ限リ請負業トシテ課稅スルモノトス

之カ取扱例ヲ擧クレハ左ノ如シ

（イ）　賃錢ヲ得テ他人ノ木材ヲ製板スルモノハ請負業トシテ課稅ス

（ロ）他人ノ依賴ヲ受ケ起毛、晒、洗張、洗濯、上繪、下繪、織物整理、陶器ノ繪付、和洋裁縫、製本、穀物ノ賃搗等ヲ爲スモノハ請負業トシテ課稅ス
（ハ）他人ノ依賴ヲ受ケテ生繭ノ乾燥ヲ爲スモノハ請負業トシテ課稅ス
（ニ）他人ノ依賴ヲ受ケテ曳船ヲ爲スモノハ請負業トシテ課稅ス
（ホ）塵芥ノ運搬又ハ道路ノ撒水ヲ請負フモノハ請負業トシテ課稅ス
（ヘ）請負業ノ營業場ト認ムヘキモノハ請負契約締結ノ本據トシテ廣ク契約ノ申込ヲ受クル爲設ケタル場所ニ限ル

一〇　印刷業

印刷業トハ機械的又ハ化學的ノ方法ニ依リテ文書圖畫ヲ製出スル營業ナリ印刷ノ目的物ハ文書圖畫ニシテ其ノ製出方法ハ機械的又ハ化學的ナルコトヲ要ス故ニ手書ハ印刷ニアラス印刷ノ本質ハ製造ナリ唯其ノ目的物カ文書圖畫ニ在ルニ依リ製造ト謂ハスシテ印刷ト謂フナリ
之カ取扱例ヲ擧クレハ左ノ如シ

（イ）新聞雜誌ノ發行者又ハ其ノ他ノ出版業者カ他人ノ依賴ニヨリ文書圖畫ノ印刷ヲ爲ストキハ其ノ印刷ニ付テハ印刷業トシテ課稅ス

一 出版業

出版業トハ文書圖畫ヲ印刷シ又ハ印刷セシメテ之ヲ販賣スル營業ナリ故ニ出版業ハ正ニ製造業又ハ販賣業ニ該當ス若シ出版業ナル業名ヲ設ケサリシナラハ製造業又ハ販賣業トシテ課税スヘキモノトス一般ノ製造業又ハ販賣業ト異ル點ハ製造販賣ノ目的物カ文書圖畫ニ限定セラルルニ因ル

二 寫眞業

寫眞業トハ寫眞機ニ依リ人又ハ物ヲ寫出スル營業ナリ寫眞業ハ廣キ意味ニ於ケル印刷業ナレトモ其ノ製出物カ人又ハ物ノ形狀ナルコト及製出方法カ特ニ寫眞機ナル機械ヲ用ヒ專ラ光線ト藥品ノ作用ニ依ルモノナルコトニ於テ差異アルナリ

三 席貸業

席貸業トハ客室又ハ集會場ヲ貸ス營業ナリ、來客ノ使用ニ供セシムル間室ハ客室ニシテ多數人ヲ集合セシムル爲一定ノ設備ヲ爲シタル場所ハ集會場ナリ客室又ハ集會場ヲ貸ス營業ハ席貸業ナレトモ劇場業、寄席業、興行場業其ノ他本業ノ範圍內タルカ如ク認メラルヘキモノニシテ而モ課税營業ノ範圍外タラシメタル營業ハ甚タ多シ之カ取扱例ヲ擧クレハ左ノ如シ

（イ）待合、芝居茶屋ノ類ハ席貸業トシテ課税ス

（ロ）温泉地又ハ海水浴場等ニ於テ客室ヲ設ケ宿泊ヲ條件トセス隨時一定ノ期間貸間ヲ爲シ報酬ヲ受クルヲ業トスルモノハ席貸業トシテ課税ス

（ハ）劇場又ハ寄席ヲ演藝ノ目的以外ニ集會場トシテ他人ニ使用セシムル場合ニ於テ其ノ程度別箇獨立ノ業ト認ムルニ足ルモノナルトキハ席貸業トシテ課税ス

（ニ）貸座敷業者カ遊客ニ客室ヲ使用セシメ又ハ飲食物ヲ提供スルハ貸座敷業ノ範圍內ナルモ普通ノ集會等ニ客室ヲ貸シ又ハ飲食物ヲ販賣スルトキハ席貸業又ハ料理店業ヲ兼ヌルモノト認メ課税ス引手茶屋ニ付亦同シ

一四　旅人宿業（下宿ヲ含ミ木賃宿ヲ含マス）

旅人宿業トハ人ヲ宿泊セシムル營業ナリ、通常旅客ヲ宿泊セシムルモノヲ旅人宿業ト謂ヒ人ヲ寄宿セシムルモノヲ下宿ト謂フモ玆ニ旅人宿業トハ此ノ二者ヲ包含スルナリ又人ヲ宿泊セシムルニハ飲食物ヲ供スルヲ通常トスルモ飲食物ヲ供スルト否トハ本業ノ性質ニ何等影響ヲ及ホスモノニアラス木賃宿ハ旅人宿業ノ範圍外トス木賃宿モ亦人ヲ宿泊セシムル營業ニハ相違ナキモ其ノ規模小ニシテ專ラ貧民ヲ宿泊セシムルコトヲ以テ目的トスルカ故ニ特ニ課税營業ヨリ除外シタルナリ

一五　料理店業

料理店業トハ客室ヲ設ケテ飲食物ヲ販賣スル營業ナリ客室ナル特別ノ設備ニ於テ販賣スルコト及販賣ノ目的物ナルコトカ本業ノ特質ニシテ又物品販賣業ト異ル點ナリ通常酒肴ヲ調理シ販賣スルモノヲ料理屋ト謂ヒ蕎麥饂飩ノ類ヲ販賣スルモノヲ飲食店ト謂フモ玆ニ料理店業トハ此等ヲ總稱スルモノナリ

一六　周旋業

周旋業トハ行爲ノ媒介、代理、取次、用辨等ヲ爲ス營業ナリ故ニ其ノ範圍ハ廣ク一般ニ物件ノ賣買貸借、人ノ雇傭就職、債權ノ督促取立等ハ皆周旋ノ目的タル行爲タリ得ヘシ然レトモ税法ハ後ニ述フルカ如ク代理業、仲立業等ヲ對立シテ規定シタルカ故ニ此等ノ業名ニ當ルモノハ自ラ周旋業ニ屬セサルモノト解ス

之カ取扱例ヲ擧クレハ左ノ如シ

（イ）　家畜市場開設者ニハ周旋業又ハ仲立業トシテ課税ス但シ其ノ業務カ單ニ市場ヲ設備シテ之ヲ使用セシムルニ過キサルモノナルトキハ課税セス

一七　代理業

代理業トハ商法ノ代理商ヲ指スモノナリトハ從來ヨリノ解釋ナリ此ノ解釋ニハ異論ナキニアラサルモ玆ニハ此ノ從來ヨリノ傳統的解釋ニ從フヘシ即チ代理業トハ一定商人ノ爲ニ平常其ノ營業ノ部類ニ屬スル商行爲ノ代理又ハ媒介ヲ爲ス營業ナリ故ニ代理業タルニハ使用人ト云フ關係ニアラスシテ而モ常ニ一定商人ニ從屬シ一定商人ノ爲ニ連續シテ其ノ營業ノ部類ニ屬スル商行爲ノ代理又ハ媒介ヲ爲スモノタラサルヘカラス代理又ハ媒介ノ目的タル行爲カ商行爲ナル點ニ於テ周旋業ト區分シ又其ノ媒介カ一定商人ノ爲ニ爲スモノナル點ニ於テ仲立業ト異ル

之カ取扱例ヲ擧クレハ左ノ如シ

（イ）保險會社等ノ代理店ト稱シ其ノ本社ヨリ報償金ヲ受クルモノハ代理業トシテ課稅ス

（ロ）自己ノ損益計算ヲ以テ他人ノ組織セル藝妓券番ノ事務ヲ代リテ取扱フコトヲ業トスルモノハ代理業トシテ課稅ス

（ハ）公共團體ニ於テ設ケタル市場ノ擔當人カ市場經營ニ要スル經費ヲ負擔シ市場ノ業務ヲ執行スルニヨリテ報酬ヲ受クルトキハ代理業トシテ課稅ス

一八　仲立業

仲立業トハ商法ニ所謂仲立營業ヲ指スモノニシテ即チ商行爲ノ媒介ヲ爲ス營業ヲ謂フナリ、媒介トハ兩當事者ヲシテ行爲ヲ爲スニ至ラシムルノ行爲ヲ謂ヒ自ラ他人ノ爲ニ行爲ヲ爲スニアラス即チ仲立業ハ媒介ノ目的タル行爲ハ必ス商行爲タルヲ要ス商行爲ニ非サル行爲ノ媒介ハ仲立業ニ非ラスシテ周旋業ナリ

一九　問屋業

問屋業モ亦商法ノ問屋營業ト同一義ニシテ自己ノ名ヲ以テ他人ノ爲ニ物品ノ販賣又ハ買入ヲ爲ス營業ヲ謂フナリ、玆ニ所謂物品モ運送業ニ於ケル物品ト同シク有價證劵ヲモ包含ス、問屋ハ自己ノ名ヲ以テ他人ノ爲ニ物品ノ販賣買入ヲ爲ス者ナリ自己ノ名ヲ以テ爲ストハ自己カ權利義務ノ當事者ト爲ルコトニシテ他人ノ爲ニ爲ストハ他人ノ計算ニ於テ爲スコトナリ即チ問屋ハ或人ノ委託ヲ受ケ第三者ト賣買ヲ爲シ第三者ニ對シテハ自ラ權利義務ノ當事者ト爲リ委託者ニ對シテハ自ラ損益ノ關係者タラス委託者ヲ損益ノ關係者タラシムルモノナリ故ニ問屋モ之ヲ外觀スレハ物品販賣業ト何等異ル所ナシ唯其ノ岐ルル所ハ損益ノ結果カ自己ニ歸スルヤ否ヤニ在リ

從來ノ營業税ニ在リテハ問屋業ノ課税標準カ報償金ナリシ關係上取引所ノ取引員又ハ會員カ自己ノ計算ヲ以テ爲シタル取引ヨリ生シタル損益ハ總テ之ヲ課税標準中ニ算入セサルノ取扱ナリキ、營業税ニ在リテハ此ノ取扱ハ相當ナリシナラムモ營業收益税ニ在リテハ其ノ課税標準ハ純益ナリ

而シテ取引所ノ取引員又ハ會員カ自己ノ計算ヲ以テ爲ス取引ノ如キハ其ノ本來ノ營業タル問屋業ノ附隨行爲ト認ムヘキモノナルカ故ニ之ニ依リテ生スル損益ハ總テ課税ノ範圍内ニ屬スルモノトシテ取扱フモノトス

之カ取扱例ヲ擧クレハ左ノ如シ

（イ）問屋業者又ハ倉庫業者カ賣買當事者又ハ寄託主ノ爲ニ資金ヲ貸與シ又ハ立替金ヲ爲シテ一定ノ金利ヲ收得スルコトハ問屋業又ハ倉庫業ノ範圍ト認ム

施行勅令ノ營業

○施行勅令

第十二條　大正十五年法律第二十四號第十五條ノ規定ニ依リ營業税ヲ賦課スベキ營業ノ種類ヲ定ムルコト左ノ如シ

運河業

棧橋業

船舶碇繫場業

貨物陸揚場業

兩替業
湯屋業
理髪業
寄席業
遊技場業
遊覽所業
藝妓置屋業

一　運河業

運河業トハ一定ノ地域內ニ於テ掘割ヲ設クル等他人ノ船舶通行ニ便セシメ通航料其ノ他ノ名義ヲ以テ報酬ヲ收入スルヲ業トスル者ヲ謂フ而シテ自ラ運河ヲ掘鑿利用シテ運送ヲ爲ス者ハ運送業トナルモ運河業ニハ非サルナリ又自ラ河口、港灣ヲ浚渫シテ船舶ノ通行ヲ便ニシ之カ通行錢ヲ徵收スルモノハ之ヲ運河業トシテ取扱フヲ相當トス

二　棧橋業

棧橋業トハ港灣、河口ニ於テ棧橋ヲ築造シ使用料ヲ收入スルコトヲ營業トスルモノヲ謂フ棧橋ハ

港灣河口ニ棧橋ヲ設置シ海陸ノ連絡ヲ完全ナラシムル目的ヲ主トスルモノナルカ故ニ河川ニ橋梁ヲ架設シテ橋錢ヲ收入スルモノハ其ノ範圍外ト解スヘキモノナリ

三　船舶碇繫場業

船舶碇繫場業トハ港灣河江等ニ於テ碇繫場ヲ設ケ料金ヲ收メテ船舶ヲ碇泊セシムルヲ業トスルモノヲ謂フモノトス又海面ヲ埋立又ハ港灣ヲ浚渫シ以テ船舶碇繫場ヲ設ケ出入船舶ヨリ報酬ヲ受クルモノハ之ヲ船舶碇繫場業トシテ取扱フモノトス

四　貨物陸揚場業

貨物陸揚場業トハ岸地等ニ陸揚場ヲ設ケ貨物ノ陸揚ヲ爲スモノヨリ使用料ヲ收入スルコトヲ營業トスルモノヲ謂フ

五　兩替業

兩替業トハ金錢ヲ相互交換シ手數料ヲ受クルヲ目的トスルモノヲ謂フモノトス例ヘハ外國貨幣ヲ內地貨幣ニ又ハ通常貨幣ヲ金塊ニ交換スルモノノ如キモノナリ

六　湯屋業

湯屋業トハ浴場ヲ設備シ公衆ヲシテ温浴等ヲ爲サシメ之カ使用料ヲ受クルヲ目的トスルモノヲ謂

フモノトス
所謂温泉宿ト稱シ衆人ノ宿泊スル設備ヲ有スルモノハ旅人宿業トシテ課税スヘク湯屋業トシテハ課税セサルモノトス

七　理髪業

理髪業トハ一定ノ營業場ヲ有シ他人ノ爲ニ散髪又ハ結髪等ノ調髪ヲ爲シ報酬ヲ受クルヲ目的トスルモノヲ謂フ美容術師又ハ毛染、癖毛直シ等ハ概ネ調髪ヲモ爲スモノナルヲ以テ之等ノ者ハ理髪業ニ包含スルモノトス

八　寄席業

寄席業トハ寄席タル一定ノ設備ヲ設ケ演藝、歌舞、音曲、講釋、義太夫、浪花節等ヲ催シ入場料ヲ得ルヲ目的トスルモノヲ謂フ經營者ニ於テ自ラ諸興行ヲ爲サス一定ノ料金ヲ以テ定席ヲ使用セシムルモノハ寄席業トシテ課税セサルモノトス又寄席ニ於テ活動寫眞、演劇等ヲ開催シタル場合ニ於テ經營者カ單ニ定席ヲ貸與シ他ノ者カ演劇興行ヲ開催シタルトキハ其ノ興行者ニ對シ雜種税ヲ課スルモノトス

九　遊技場業

遊技場業トハ其ノ種類ノ何タルヲ問ハス公衆ヲシテ遊技ヲ爲サシムル設備ヲ爲シ入場料其ノ他ノ名義ヲ以テ料金ヲ徴收スルヲ目的トスルモノヲ謂フモノトス例ヘハ玉突、吹矢、つり堀、玉コロガシ、鐵砲落等一定ノ料金ヲ徴シテ衆人ニ遊技セシムルヲ業トスル者ヲ謂フ

一〇　遊覽所業

一定ノ遊覽所ヲ設ケ公衆ヲシテ遊覽ヲ爲サシメ入場料其ノ他ノ名義ヲ以テ料金ヲ徴收スルヲ目的トスルモノヲ謂フモノトス例ヘハ東京ノ花やしき、花月園ノ如キモノナリ

一一　藝妓置屋業

藝妓置屋業トハ藝妓ヲ寄寓シセシメ其ノ營業ヲ爲サシムルヲ業トスルモノヲ謂フモノトス

【關係法令】

●營業收益税法

第一條　本法施行地ニ本店、支店其ノ他ノ營業場ヲ有スル營利法人ニハ本法ニ依リ營業收益税ヲ課ス

第二條　本法施行地ニ營業場ヲ有シ左ニ揭クル營業ヲ爲ス個人ニハ本法ニ依リ營業收益税ヲ課ス

一　物品販賣業（動植物其ノ他普通ニ物品ト稱セサルモノノ販賣ヲ含ム）
二　銀行業
三　無盡業
四　金錢貸付業
五　物品貸付業（動植物其ノ他普通ニ物品ト稱セサルモノノ貸付ヲ含ム）

六 製造業（瓦斯電氣ノ供給、物品ノ加工修理ヲ含ム）
七 運送業（運送取扱ヲ含ム）
八 倉庫業
九 請負業
十 印刷業
十一 出版業
十二 寫眞業
十三 席貸業
十四 旅人宿業（下宿ヲ含ミ木賃宿ヲ含マス）
十五 料理店業
十六 周旋業
十七 代理業
十八 仲立業
十九 問屋業

●舊營業税法（明治二九、三法律第三三號）

第二條 營業税ヲ課スヘキ物品販賣業ハ一定ノ店舖其ノ他ノ營業場ヲ設ケ物品ノ卸賣又ハ小賣ヲ爲ス者ヲ謂フ
左ノ諸業ハ前項ニ該當セサルモ仍物品販賣業ト見做ス
一 一定ノ製造場ナク職工ヲ使役スルコトナク原料ヲ供給シ工錢ヲ支拂ヒ物品ヲ製造セシメテ販賣スル者
二 一定ノ製造場ヲ設ケス物品ヲ製造シテ販賣スル者

三　牧場ニ非サル場所ニ於テ飼料ヲ購求シ家畜又ハ家禽ヲ飼養シ之ヲ賣リ又ハ鷄卵、牛乳等其ノ產物ヲ販賣スル者
四　魚介類ヲ養殖シテ之ヲ販賣スル者
五　動植物其ノ他普通ニ物品ト稱セサルモノヲ販賣スル者
一箇年ノ賣上金額二千圓未滿ノ者ニハ營業稅ヲ課セス
第四號ノ營業者其ノ製造場區域内ニ於テ製造品ヲ販賣シ及別ニ營業場ヲ設ケ其ノ製造品ノ卸賣營業ヲ爲スモ物品販賣業トセス

第三條　營業稅ヲ課スヘキ金錢貸付業及物品貸付業ハ一定ノ店舖其ノ他ノ營業場ヲ設ケ貸付ノ業ヲ營ム者ヲ謂フ普通ニ物品ト稱セサルモノノ貸付ヲ爲スモノ亦同シ
運轉資本金額千圓未滿ノ者ニハ營業稅ヲ課セス

第四條　營業稅ヲ課スヘキ製造業ハ一定ノ製造場ヲ設ケ職工勞役者ヲ使用シテ物品ヲ製造シ又ハ物品製造ノ一部ヲ助成スル者ヲ謂フ
瓦斯電氣ノ供給ヲ爲ス者及物品ノ修理ヲ爲シ又ハ穀物ヲ精白搗碎シ又ハ染物ヲ爲ス者ハ前項製造業ト見做ス
資本金額千圓未滿ノ者又ハ職工勞役者ヲ通シテ三人以上ヲ使用セサル者ニハ營業稅ヲ課セス

第五條ノ一　運賃又ハ手數料ヲ受ケテ旅客貨物ノ運送ヲ爲シ又ハ其ノ取扱ヲ爲ス者ヲ運送業トシテ營業稅ヲ課ス但シ從業者三人以上ヲ使用セサル者ニハ營業稅ヲ課セス

第五條ノ二　地方鐵道法又ハ軌道條例ニ依リ運送ノ業ヲ營ム者ヲ鐵道業トシテ營業稅ヲ課ス

第六條　倉庫ヲ備ヘテ貨物ヲ預リ倉敷料其ノ他ノ名義ヲ以テ報酬ヲ受クル者ヲ倉庫業トシテ營業稅ヲ課ス

第七條　印刷業出版業寫眞業ニシテ從業者三人以上ヲ使用セサル者及請負業ニシテ請負金額一箇年二千圓未滿

ノ者ニハ營業稅ヲ課セス
第八條 貸料又ハ其ノ他ノ名義ヲ以テ報酬ヲ受ケ客室又ハ集會場ヲ貸ス者ヲ席貸業トシテ營業稅ヲ課ス但シ建物賃貸價格百圓未滿ノ者ニハ營業稅ヲ課セス
出版業ニシテ新聞紙法ニ依ルモノニハ營業稅ヲ課セス
第九條 營業稅ヲ課スヘキ旅人宿業ハ飲食物ヲ供スルト否トニ拘ラス旅客ヲ宿泊セシメ又ハ人ヲ寄宿セシメ從業者四人以上ヲ使用スル者トス但シ木錢宿ニハ營業稅ヲ課セス
第十條ノ一 營業稅ヲ課スヘキ料理店業者ハ四人以上ヲ使用シ客室ヲ設ケテ飲食物ヲ販賣スル者トス
第十條ノ二 營業稅ヲ課スヘキ周旋業、代理業、仲立業、問屋業、信託業ハ一箇年報償金額二百圓以上ノ者トス

【行政實例】

●醬油ヲ製造販賣スルモノ對シ特別稅トシテ課稅スルハ格別營業稅トシテ課稅スルハ不可然（大正二、四、一九）
●蹄鐵工免許規則ニ所謂蹄鐵工ノ本業ニ對シ營業稅ヲ賦課スルハ穩當ナラス但シ其ノ本業ノ範圍ヲ脫シ蹄鐵ヲ製造シ廣ク之ナ一般ニ販賣スルカ如キモノニ對シ其ノ部分ニ課稅スルハ格別ナリ（大正九、四、二八）
●酌婦ノミヲ置クモノニ對シ藝妓置屋業トシテ營業稅ヲ賦課スルハ不可然義ニ付相當更正スルコト（昭和二、三、二九）

【行政裁判例】

●營業稅、雜種稅規則第一條ニ所謂商業トハ自己ノ利益ノ爲メ其ノ業ヲ營ムモノヲ指シ他人ノ爲メ勞役ニ服シ其ノ業務ニ從事スル者ヲ包含セス（明治二六、一二、七）
●金錢貸付業ヲ營ムモノトハ親戚故舊ノ如キ特殊ノ事情アルモノニ限ラス汎ク公衆ニ對シテ信用ヲ開始シ之ヲ繼

續スルモノヲ云フ（明治三四、一〇、一一）

●營業税法第三條ノ趣旨ハ專ラ定マリタル營業場ナク轉輾不定ノ場所ニ於テ貸付行爲ヲナス者ヲ除外スルニ在リ金圓貸付ノ如ク其ノ業體ノ性質上特別ナル設備ヲ必要トセサルモノニ迄其ノ設備ヲ命シタルモノニ非ス（明治四〇、七、一〇）

●他人ノ金錢ヲ資金ニ使用スル場合ト雖自已ノ名義ヲ以テ貸付業ヲ爲ス以上ハ其ノ營業者ニ對シテ課税スルヲ當然トス（明治四〇、九、三〇）

●當該行政廳カ府縣令ニ依リ木賃宿ト認定シ許可ヲ與ヘタル營業ト雖其ノ實態ニシテ旅人宿ナル以上ハ該府縣令ノ如何ニ拘ラス營業税ヲ賦課シ得ヘキモノトス（明治四一、二、二九）

●營業税法第九條但書ニ所謂木賃宿トハ其ノ營業カ木賃ノ方法ニ依ルモノニシテ普通貧民ヲ宿泊セシムルコトヲ目的トシ旅人宿ニ比シテ其規模小ナルモノヲ指稱ス（舊法）（明治四一、二、二九）

●湯屋業ナルモノハ普通ノ湯屋業ナルモノヲ指シ一種ノ宿泊者又ハ同業者等ノ宿泊者ニ限リ若干ノ入浴料ヲ受クル者ノ如キハ之ヲ包含セス（明治四三、三、五）

●溫泉宿ノ業體ハ宿業ニ在リテ湯屋業ニ非サルヲ以テ一般ニ入浴料ヲ徵收セサル限リハ宮城縣縣税賦課規則第十二條ニ所謂宿業中ニ專屬スルモノト解スヘキモノトス（明治四三、三、五）

●牛馬ノ賣買ヲ業トスル者カ住宅構內ニ牛舍及繫詔所ヲ有スル以上ハ特定ノ賣買又ハ交換カ其ノ以外ニ於テ行ハレタリトスルモ該場所ヲ以テ營業場ト認定スルモ妨ナシ（明治四四、六、二一）

●金錢貸付業者カ貸付證書ノ書替ヲナス場合ニ於テ其ノ書替カ舊契約ヲ消滅セシメ新契約ヲ成立セシムルモノナルトキハ尙之ヲ新規貸付ト認ムヘキモノトス（大正三、三、二八）

●市場開設者カ市場ニ於ケル牛馬等ノ賣買交換ノ成立ニ直接關係セサルモ市場內ニ於ケル家畜ノ取引ニ關シ責任

ヲ負擔シ且金錢ノ取引ヲナスモノナル以上市場開設者ハ營業稅法ノ所謂周旋業ニアラスト云フヲ得ス（大正五、二、三）

●飲食物ヲ販賣スル物品販賣業者カ其ノ營業場タル建物ノ二階ニ設ケタル客室ニ於テ飮食物ヲ販賣スルモ其ノ販賣カ物品販賣業ニ屬スル販賣行爲ニ附隨シテ行ハルルモノト認ムヘキ程度ノ場合ハ料理店業ヲ營ムモノト爲スヘキモノニ非ス（大正五、四、一三）

●報酬ヲ受ケテ艀舟ヲ提供シ石炭ヲ之ニ積入レ及本船ノ側ニ於テ該艀舟ヨリ其ノ石炭ヲ本船ニ積込ミ搔均ヲ爲スノ仕事ノ完成ヲ引受クルヲ營業トスルモノハ營業稅法ノ請負業トス（大正五、四、二六）

●製造業者カ別ニ店舖ヲ設ケテ卸賣及小賣ヲ爲ストキハ小賣ニ付テハ營業稅法第二條ニ依リ物品販賣業ヲ爲スモノトス（大正五、一一、二一）

●家畜市場法施行規則第八條第一項ニ依レハ市場開設者ハ市場ノ取引當事者不履行ノ其ノ責ニ任スヘキモノナルカ故ニ市場開設者ハ取引助成ノ行爲ヲ爲ス者ニシテ營業稅法ノ所謂周旋業者ニ屬スヘキモノトス（大正五、一一、三〇）

●自己所有ノ山林ヨリ採掘シタル製陶用ノ土石ヲ一定ノ店舖又ハ其ノ他ノ營業場ヲ設ケテ卸賣又ハ小賣ヲ爲ス場合モ營業稅法第一條ノ物品販賣業ト認ムヘキモノトス（大正六、三、六）

●自己所有ノ山林ヨリ採掘シタル製陶用ノ土石ヲ販賣スルモノニ外ナラサレハ原告カ一定ノ店舖又ハ其ノ他ノ營業場ヲ設ケ卸賣又ハ小賣ヲナス以上營業稅法第二條ノ物品販賣業ト認メサルヲ得ス（大正六、三、九）

●原料ヲ購入シ之ヲ加工シテ爲ス樟腦製造業ハ營利ノ目的ヲ以テ營ム工業ニ屬シ營業稅賦課ノ客體タルヘキモノトス（大正七、一〇、一一）

●原料ヲ購入シ加工シテ爲ス樟腦製造業ハ營利ノ目的ヲ以テ營ム工業ニ屬シ明治十三年太政官布告第十七號ニ依

リ縣税タル營業税賦課ノ客體タルヘキモノトス（大正七、一〇、一一）

●營業税法第十五條ニ所謂營業場トハ請負業ニ付テハ請負契約ノ締結ニ關スル營業場ヲ指スト解スヘキモノトス（大正七、一〇、一五）

●自己ノ損益計算ヲ以テ他人ノ組織セル藝妓券番ノ事務ヲ代リテ取扱フコトヲ業トスル者ハ其ノ個人タルト組合タルトヲ問ハス營業税法ノ代理業ヲ營ム者ト認ムルヲ相當トス（大正八、五、二二）

●甲組合カ業務ヲ執行スル組合員ヲシテ其ノ組合ノ計算ニ於テ乙組合ノ取締人タル資格ヲ以テ乙組合ノ事務ヲ代リ取扱ハシムルコトヲ營業トスルモノナルトキハ其ノ營業ハ營業税法ニ所謂代理業ナリトス（同上）

●船舶ノ貸付ノ如キ業態ノ性質上特別ナル營業場ノ設備ヲ要セサルモノニ付テハ一定ノ場所ニ於テ賃貸契約及賃料ノ收入計理ヲナストキハ法律上營業場ナシト云フヲ得ス（大正九、七、二〇）

●物品貸付業者ノ中ニハ船舶ヲ貸付スル者モ包含スヘキモノトス（大正九、七、二〇）

●明治十一年太政官布告第三十九號ヲ改正シタル同十三年太政官布告第十七號第一條ニ所謂工業ノ中ニハ蹄鐵工ノ業務ハ之ヲ包含セス蹄鐵工ハ單ニ物品ヲ製造シ又ハ加工スル一般工業ト異ナリ歯科醫師ト同シク精心的勞務ヲ主トスル業務ト認メサルヘカラス（大正一〇、一〇、二五）

●獸肉販賣業ノタメ國税營業税ヲ納ムル者カ其ノ販賣ノ用ニ供スル獸肉ヲ得ンカ爲メ其ノ所有ノ獸畜ヲ屠夫ニ託シテ屠殺スル場合ニ於テ其ノ屠畜行爲ニ對シ縣税屠畜税ヲ賦課スルモ違法ニ非ス（大正一二、四、二八）

●富山縣令ニヨリテ免許ヲ受ケサル金錢貸付業者ニ對シ金錢貸付業トシテ營業税ヲ課税スルモ違法ニアラス（大正一三、二、一六）

●營業税法ノ周旋業トハ當事者ノ委託ヲ受ケ賣買交換、雇傭等ノ成立ヲ直接ニ助成スル行爲ヲ爲スモノヲ指稱スルモノトス（大正一四、六、六）

第十六條　府縣費ノ全部ノ分賦ヲ受ケタル市ハ第十四條及前條ノ例ニ依リ營業稅ヲ賦課スルコトヲ得

本條ハ府縣費ノ全部ノ分賦ヲ受ケタル市ニ於テ營業稅ヲ賦課スヘキ場合ノ規定ナリ府縣稅タル營業稅ニ付本法ニ於テ詳細ナル規定ヲ設ケ之カ整理完備ヲ圖ルトセハ府縣費ノ全部ノ分賦ヲ受ケタル市ニ於テ賦課スル特別稅營業稅ニ付テモ之ト同一ニ律シ行クヲ相當ト認メ本條ノ規定ヲ見タルモノトス即チ此等ノ市カ市制ノ規定ニ基キ特別稅タル營業稅ヲ設定スル場合ニハ必ス第十條及前條ノ例ニ依ルモノナルコトヲ要スルモノトス

第十七條　第十一條第三號ノ規定ハ營業稅ニ之ヲ準用ス

本條ハ公益上其ノ他ノ事由ニ因リ課稅ヲ不適當トスル營業ハ命令ノ定ムル處ニ依リ營業稅ヲ賦課セサルコトヲ得ル旨ヲ規定シタルモノナリ施行規則ニ於テ營業稅ヲ課スルヲ不適當トシタル營業左ノ如シ

○施行規則

第三條　營業收益稅法第七條ノ規定ハ營業稅ノ賦課ニ之ヲ準用ス

專ラ行商又ハ露店營業ヲ爲ス者ニ對シテハ營業税ヲ賦課スルコトヲ得ズ
大正十五年法律第二十四號第十七條ノ規定ニ基キ營業税ヲ賦課スルヲ不適當トスル
モノハ前項ニ定ムルモノノ外府縣ニ於テ之ヲ定ムベシ

第一　營業收益税法第七條ノ營業

一　政府ノ發行スル印紙切手類ノ賣捌。印紙切手類ノ賣捌ヲ爲スカ如キハ其ノ性質公益的ノ事業ニシテ且ツ其ノ事業自體カ營業ト認ムヘキモノニアラサルヲ以テ課税セサルモノトナシタルモノト認ラル

二　度量衡ノ製造、修覆又ハ販賣。此等ノ營業モ亦其ノ性質公益的ナルヲ以テ課税外トナシタルモノト認ム而シテ本來度量衡トハ長、容量、重量ノ取引又ハ證明ノ用ヲ爲ス器ヲ謂ヒ度器トシテハ尺、量器トシテハ桝、斗概、化學用量器、瓦斯メートル、衡器トシテハ秤、分銅、錘アリ之ヲ總稱シテ度量衡ト謂フモノナレトモ玆ニハ度量衡法施行令第一條ノ五ニ揭クル計量器即チ晴雨計以外ノ計壓器、浮秤、物體ノ膨脹ニ依ル温度計、生糸纖度檢定器及乾脂計モ亦度量衡中ニ包含スルモノト解シ取扱フモノトス

三　自己ノ採掘シ又ハ採取シタル鑛物ノ販賣。玆ニ鑛物トハ鑛業法第二條ニ所謂鑛物ヲ指稱ス此

ノ規定ハ要スルニ『鑛業權者ノ鑛業ニハ營業收益税ヲ課セス』ト謂フ鑛業法第八十二條ノ規定ノ延長ナリ而シテ此ノ趣旨ヲ徹底セシメムカ爲ニハ鑛業法ノ規定ノミニテハ不充分ナリ例ヘハ九州ニ營業場ヲ有スル石炭鑛業權者カ東京ニ營業場ヲ設ケ其ノ石炭ヲ販賣スルカ如キ場合ニ於テ東京ニ於ケル販賣カ果シテ鑛業ノ範圍內ナリヤ否ヤハ少クトモ疑問ヲ生スルヲ以テ本規定ヲ設ケタルナリ、自己ノ採掘シタル鑛物ヲ鑛石ノ儘販賣スルト製錬シテ販賣スルト又別ニ營業場ヲ設ケテ販賣スルト否トヲ問ハス總テ免税スヘキモノナリ鑛業權者カ自己ノ採掘シタル鑛物ノミナラス他人ヨリ買入レタル鑛物ヲモ製錬スル場合ニ於テ其ノ買入鑛物ノ製錬カ獨立製錬ト認メラレサルモノナルトキハ買入鑛物ノ製錬モ亦鑛業ノ範圍內ト認ムヘキモノナルカ故ニ此ノ場合ニ於テハ他ヨリ買入レタル鑛物ヲ製錬シ別ノ營業場ニ於テ販賣スルコトモ亦本規定ノ範圍內ト解スヘキモノトス砂鑛及土石ノ類ハ玆ニ所謂鑛物ニアラス故ニ此等ノモノヲ採取シ販賣スル場合ニ於テ其ノ販賣ハ免税スヘキ限ニアラスト認ム

四　新聞紙法ニ依ル出版。新聞紙法ニ依レハ一定ノ題號ヲ用ヒ時期ヲ定メ又ハ六箇月以內ノ期間ニ於テ時期ヲ定メスシテ發行スル著作物及定時期以外ニ本著作物ト同一題號ヲ用ヒテ臨時發行スル著作物ハ總テ之ヲ新聞紙ト謂フ（新聞紙法第一條）故ニ新聞紙ノ中ニハ通常新聞紙ト稱ス

ルモノノ外雜誌ノ類ヲモ包含ス・

之カ出版ニ對シ免税スルハ此等著作物カ所謂文化ノ先驅ヲ爲シ其ノ事業ノ性質頗ル公益性ヲ帶ヘルカ爲ナリ

新聞紙法ニ依ル出版ノ範圍ニ限リ免税スヘキモノナルコト法文上疑ナキ所ノ如クナレトモ實際ノ取扱ニ於テハ新聞紙（通常稱スル新聞紙）ノ販賣若クハ其ノ周旋、取次又ハ新聞廣告ノ取次ヲ爲スモノ竝ニ新聞紙法ニ依リ出版スル雜誌ノ發行者ト小賣業者トノ間ニ介在シ其ノ取次ヲ爲スモノニ對シテモ仍免税スヘキモノトス免税ノ趣旨ノ徹底ヲ期セムカ爲ナリ

官報ハ新聞ニアラサレト官報販賣所ノ營業ニ對シテモ亦課税セサルモノトス新聞紙ノ販賣ニ對シ免税ノ取扱ヲ爲スコトトシタル權衡上已ムヲ得サルノ取扱ナリ

五　本法施行地外ニ在ル營業場ニ於テ爲ス營業。營業收益税ハ補完税ニシテ所謂物税ノ性質ヲ有スル物税ハ税法施行地内ニ在ル物ニ限リ課税スルヲ原則トセリ此ノ點ハ同シク補完税トシテ本税ト對立スル地租及資本利子税モ亦同樣ナリトス

税法施行地外ニ在ル營業場ニ於テ爲ス營業ニアラサレハ本規定ニ該當セス

六　法人ノ漁業又ハ演劇興行。此ノ免税ハ法人ニ關スルモノナリ營利法人ニ對シテハ其ノ事業カ

原始産業ナルト否トヲ問ハス總テ課税スヘキモノト爲シタルヲ以テ理論上ハ此等ノ事業モ亦課税外トスヘキニアラサレトモ此等ノ事業カ移動性ヲ有スルカ爲若シ之ヲ國税トシテ營業收益税ヲ課スルトキハ其ノ附加税タル地方税ノ賦課ニ關シ種々困難ナル問題ヲ生スルニ至ル故ニ特ニ此ノ關係ヲ考慮シタルニ依ルモノナリ

免税セラルヘキ範圍ハ所謂漁業及演劇興行ノ範圍ニ限ルモノトス漁業會社カ別ニ營業場ヲ設ケテ漁獲物ヲ製造シ又ハ販賣スルカ如キ又ハ演劇會社カ別ニ劇場貸付業ヲ爲スモノト認メラルルカ如キ場合ニ於テハ其ノ製造販賣又ハ貸付ハ漁業又ハ演劇興行ノ範圍外ト認ムヘキモノトス

七　個人ノ自己ノ收獲シタル農産物、林産物、畜産物若ハ水産物ノ販賣又ハ之ヲ原料トスル製造(但シ時ニ營業場ヲ設ケテ爲ス販賣又ハ製造ヲ除ク)。此ノ免税ハ個人ニ關スルモノナリ個人ノ農業、漁業其ノ他所謂原始産業ニ對シテハ税法ハ當然之ニ課税セス而シテ其ノ原始産業ト認ムルノ範圍如何ハ頗ル明瞭ナラスト雖モ農産物、林産物、畜産物(家畜ヲ含ム)水産物等ヲ業トシテ販賣シ又ハ之ヲ原料トシテ製造ヲ爲ストキハ其ノ販賣又ハ製造ハ原始産業ノ範圍ヲ超越スルモノト認ムルヲ相當トスヘシ然レトモ税法ニ於テハ斯クノ如キ場合ト雖モ其ノ販賣又ハ製造ヲ爲ス爲ニ特ニ營業場ヲ設ケサル限リ尙原始産業ノ範圍内ト認メ之ニ課税セサルナリ特ニ營業

場ヲ設ケタルモノニ對シテハ其ノ販賣又ハ製造ニ因ル純益ニ限リ課税スルモノトス

第二　行商又ハ露店營業

專ラ行商又ハ露店營業ノミヲ爲ス者ニ對シテハ營業税ヲ賦課セス、賦課セサル理由ハ之等細民ノ營業ニ對シテハ社會政策上免税スルヲ適當ト認メタルニ因ル

專ラ行商又ハ露店營業ヲ爲ス者ハ營業所ヲ定メテ營業ヲ爲ス者ニ非サレハ特ニ明文ヲ待タスト雖モ營業税ヲ課シ得サルモノナリ然ルニ施行規則ニ於テ特ニ規定シタルハ之等行商等ニ對シ從來各府縣ニ於テ賦課シ居レル實況ニ鑑ミ單ニ注意的ニ規定シタルモノト認メラル

施行規則ニハ專ラ行商云々トアルヲ以テ一定ノ營業所ヲ有スル者カ行商又ハ露店營業ヲ兼ネタル場合ニ於テハ其ノ行商又ハ露店營業ノ收入金又ハ純益金額等ヲ其ノ者ノ課税標準ニ算入スルモ妨ナキコトハ勿論トス又營業税トシテ課税スルコト能ハサルカ故ニ他ノ特別税ヲ設ケ課税スルハ法令上ハ別ニ差支ナキモ營業税免除ノ精神ニ依ルトキハ課税セサルヲ穩當トス然レ共中ニハ相當擔税力ヲ有スル者アルヲ保シ難キニ付此ノ如キモノニ對シテハ大ニ考慮ノ餘地アルモノト認メラル

第三　營業税ノ賦課ヲ不適當トスルモノ

以上ノ外營業税ヲ賦課スルヲ不適當トスルモノアリ即チ社會政策上不適當トスルモノ例ヘハ貧困

者ニシテ納税シ能ハサル者ノ營業、老幼不具者ノ營業又ハ一定金額以下ノ營業ノ如キ其ノ他公益上ノ必要ニ出ツルモノ例ヘハ重要物産製造ヲ營ム者ノ營業ニハ課税セサルヲ適當トス而シテ之等課税ヲ不適當トスルモノハ府縣税賦課規則ノ定ムル所ニ依ルモノトス

以上ノ外他ノ法令ニ於テ營業税ノ賦課ヲ禁止シ居ルモノアリ即チ營業收益税ノ賦課ヲ受クルモノ（地方税制限法第二條）鑛業權者ノ鑛業（鑛業法第八十八條第二項）一定ノ設備ヲ以テスル製鐵業ニハ營業税ヲ課セサルモノ（製鐵業奬勵法第七條）トス

【關係法令】

●營業收益税法（大正一五、三、法律第一二三號）

第七條　左ニ掲クル營業ノ純益ニハ營業收益税ヲ課セス

一　政府ノ發行スル印紙切手類ノ賣捌
二　度量衡ノ製作修覆又ハ販賣
三　自己ノ採掘シ又ハ採取シタル鑛物ノ販賣
四　新聞紙法ニ依ル出版
五　本法施行地外ニ在ル營業場ニ於テ爲ス營業
六　法人ノ漁業又ハ演劇興行
七　個人ノ自己ノ收獲シタル農産物、林産物、畜産物若ハ水産物ノ販賣又ハ之ヲ原料トスル製造但シ特ニ營

業場ヲ設ケテ爲ス販賣又ハ製造ヲ除ク

第八條　勅令ヲ以テ指定スル重要物産ノ製造業ヲ營ム者ニハ命令ノ定ムル所ニ依リ開業ノ年及其ノ翌年ヨリ三年間其ノ營業ヨリ生スル純益ニ付營業收益税ヲ免除ス

●營業收益税法施行規則

第十條　左ニ掲クル物産ノ製造業ヲ營ム者ニハ營業收益税法第八條ノ規定ニ依リ營業收益税ヲ免除ス

一　金、銀、鉛、亞鉛、鐵又ハアルミニウムノ地金

二　鐵ノ條、竿、テー形アングル形類、軌條、板、線及管（鑄製管ヲ除ク）

三　銅ノ合金ノ條、竿、板及管

四　汽鑵、原動機（機關車ヲ含ム）及動力ヲ以テ運轉スル鐵製ノ機械

五　燐、曹達灰、苛性曹達、硫酸アンモニウム、石炭酸、クロール酸、加里及グリセリン

六　製紙用パルプ

七　板硝子

八　コンデンスミルク

九　絹、亞麻又ハ毛ノ織物

前項第九號ノ物産ノ製造業ニ付テハ動力ヲ以テ運轉スル機械ヲ使用シ幅鯨尺一尺八寸以上及長鯨尺三十尺以上ノ織物ノミヲ製造スル者ニ限ル

第十一條　前條ノ製造業ヲ繼續シ又ハ其ノ繼續ト認ムヘキ事實アル者ハ其ノ製造業ニ付營業收益税ノ免除期間ノ殘存スルトキニ限リ其ノ免除期間ヲ繼承ス

第十二條　營業收益税法第八條ノ規定ニ依リ營業收益税ノ免除ヲ受ケムトスル者ハ同法第十一條又ハ第十二條

ノ申告ト同時ニ其ノ旨所轄税務署ニ申請スヘシ但シ其ノ年三月十六日以後ニ於テ個人ノ營業ニ付納税義務アルニ至リタルトキハ純益金額ノ決定前其ノ純益ノ申告ト同時ニ之ヲ申請スヘシ

前項ノ場合ニ於テ第十條ノ製造業ヨリ生スル純益ト其ノ他ノ純益トヲ有スルトキハ第十條ノ製造業ヨリ生スル純益ト其ノ他ノ純益トヲ區別シタル計算書ヲ添附スヘシ

●鑛業法（明治三八、三、八法律第四五號）

第八十八條 北海道、府縣及市町村ハ鑛業税ニ對シ各鑛産税百分ノ十、試掘鑛區税百分ノ三、採掘鑛區税百分ノ七以内ノ附加税ヲ課スルコトヲ得

前項ノ附加税ノ外北海道、府縣及市町村ハ鑛業ニ對シ又ハ鑛夫、鑛産物、鑛區若ハ直接鑛業用ノ工作物、器具、機械ヲ標準トシテ課税スルコトヲ得ス

前二項ノ規定ハ北海道及沖繩縣ノ區並間切島其ノ他町村ニ準スヘキモノニ之ヲ準用ス

●砂鑛法（明治四三、三、一五法律第九號）

第二十三條 鑛業法第五條、第七條第一項、第二項、第十條、第十二條、第十五條、第十六條、第十九條、第二十條、第二十七條、第三十二條、第三十三條第一項、第二項、第三十五條、第三十八條乃至第四十三條、第四十九條、第七十二條、第七十四條、第八十七條乃至第八十九條、第九十一條乃至第九十三條、第百三條及第百四條ノ規定ハ砂鑛業ニ關シテ之ヲ準用ス

●製鐵業奬勵法（大正一五、三、三一、法律第三九號）

第七條 北海道、府縣及市町村其ノ他之ニ準スヘキモノハ本法ニ依リ營業税、營業收益税、及所得税ヲ免除セラレタル製鐵業者ニ對シ其ノ免除セラレタル部分ニ相當スル資本金額、從業者、營業用工作物若ハ物件、使用動力又ハ收入ヲ標準トシテ課税スルコトヲ得ス但シ市町村其ノ他之ニ準スヘキモノニシテ特別ノ事情ニ基

キ主務官廳ノ認可ヲ受ケタル場合ハ此ノ限ニ在ラス

【訓令通牒】

●營業税ニ關スル件（昭和二、三、三一、地方、主税兩局長通牒）

一　營業收益税法第八條ノ規定ニ依リ營業收益税ヲ免除セラレタル重要物産ノ製造業者ニ對シテハ營業税ヲ賦課セサルコト

【行政實例】

●縣外ヨリ來リ一定ノ營業所ヲ設ケスシテ行商ヲ爲スモノハ府縣內ニ於テ營業所ヲ定メテ營業ヲ爲スモノニ非サルヲ以テ府縣制第百六條ニ依リ府縣內ニ於テ特定ノ行爲ヲ爲ス者トシテ課スルノ外ナク而シテ同條ノ特定ノ行爲中ニハ營業ヲ含マサルモノト解スヘキハ勿論ノ義ナレハ之ニ課税セムトセハ許可ヲ要スル義トス（大正一一、六、二九）

●營業收益税法第八條ニ依リ營業收益税ノ不徴收期間ニ在ル者及同法第二十條ノ規定ニ依リ營業收益税ヲ課セラレサルニ至リタル者ニ對シテハ營業税ヲ賦課ストアルモ右ハ不可然（昭和二、三、三一）

●地方税ニ關スル法律施行規則第三條第二項ニ所謂專ラ行商ヲ爲ス者トハ物品ノ販賣ヲ專業トシ自宅ニ於テ全ク物品ヲ販賣セサル場合ハ勿論賣藥ノ置賣（通稱賣藥行商ト稱シ一定ノ得意先ニ賣藥ヲ配付シ置キ半年又ハ一年毎ニ服用セシ分ニ付代金ノ計算ヲ爲シ收受スルモノ）ノ如キモ之ニ該當スルモノトス（昭和二、五、二六）

【行政裁判例】

●舊營業税法第十一條第二號ノ鑛物ノ中ニハ製陶用ノ土石ヲ包含セサルモノトス（大正六、三、六）

第十八條　營業稅ノ課稅標準竝營業稅及其ノ附加稅ノ賦課ノ制限ニ關シテハ勅令ヲ以テ之ヲ定ム

本條ハ營業稅ノ課稅標準、營業稅賦課ノ制限及營業稅ノ附加稅ノ制限ニ付テハ勅令ヲ以テ定ムル旨ヲ規定シタルモノナリ而シテ勅令ノ定ムル處左ノ如シ

第一　課稅標準

○施行勅令

第十四條　營業稅ノ課稅標準ハ內務大臣及大藏大臣之ヲ定ム

○施行規則

第二條　營業稅ハ營業ノ純益ヲ標準トシ又ハ營業ノ收入金額（賣上金額、請負金額、報償金額ノ類ヲ含ム）資本金額、營業用建物ノ賃貸價格若ハ從業者ノ數ヲ標準トシテ之ヲ賦課シ又ハ定額ヲ以テ之ヲ賦課ス

前項ノ課稅標準其ノ他營業稅ノ賦課方法ニ付テハ當分ノ間內務大臣及大藏大臣ノ許可ヲ受クベシ

營業稅ハ營業ノ純益又ハ營業ノ收入金額即チ賣上金額、請負金額、報償金額若ハ資本金額、營業用

建物賃貸價格、或ハ從業者ノ數ヲ標準トシテ賦課シ又ハ定額ヲ賦課スルコトヲ得ルモノトス右ノ内何レヲ採リテ營業稅ヲ課スルヤハ府縣ノ自由ナルモ配賦課稅ト爲スコトヲ得サルモノトス又或ル營業ニハ純益ヲ標準トシ或ル營業ニ付テハ收入金額又ハ從業者ノ數ヲ標準トスルモ妨ナキモノトス課稅標準タル純益又ハ收入金額及其ノ他ノ課稅標準ノ計算方ニ付テハ賦課規則ノ定ムル處ニ依ルモ參考トシテ國稅營業收益稅ニ於ケル純益金額及舊營業稅法ニ於ケル賣上金額、資本金額、建物賃貸價格及從業者ノ計算方法ヲ說明スヘシ

一　純益　純益ハ前年中ノ總收入金額ヨリ必要ノ經費ヲ控除シテ計算ス收入金額トハ現實收入シタル金額ニアラスシテ收入シ又ハ收入スヘキ權利ノ確定シタル金額ナリ（營業收益稅法第六條第一項但書ニ依リ豫算ニ依リ計算スヘキ場合ニハ收入スヘキ權利ノ確定スルモノノ豫想セラルヘキ金額ナリ）而シテ之カ計算ニ付テハ營業ノ主タル收入ハ勿論附隨收入ト雖モ收入金額トシテ計算スルモノトス例ヘハ物品販賣業ニ於ケル收入金額ニハ商品ノ賣上金額ノミナラス其ノ營業上生シタル不用品類ノ賣却代又ハ賣掛金ニ對シ收得スル利子等ヲモ總テ計算スルカ如シ總收入金額ヨリ控除スヘキ經費ハ仕入品ノ原價、原料品ノ代價、場所物件ノ修繕費又ハ借入料、場所物件又ハ營業ニ係ル公課、雇人ノ給料其ノ他收入ヲ得ルニ必要ナルモノニ限リ控除スルモノ

トス但シ家事上ノ費用及之ニ關聯スルモノハ控除セサルモノトセリ

二　收入金　收入金額ノ計算ハ前年中ニ收入シ又ハ收入スヘク權利ノ確定シタル金額ニ依ルモノトス收入シタル金額トハ收入スヘク權利確定シタル金額ノ現實ニ收入シタル金額ノ謂ニシテ既往ノ未收入金ヲ現實ニ收入シタル金額ハ包含セサルモノトス收入金額ノ計算上注意スヘキ事項ハ(イ)賣上金額ノ計算ニ付月賦販賣ニ係ルモノニ付テハ毎月ノ現金受高ニ依ルヲ相當トス又一定ノ店舗アル物品販賣業者ニシテ行商ヲ營ムトキハ其ノ賣上金額ハ合算スルモノトス(ロ)請負金額ノ計算ニ付テハ穀物精白搗砕ノ請負ヲ業トスルモノノ請負金額ニハ搗砕賃ノ外搗砕ヨリ生スル糠、砕米代等合算スルコトヲ忘ルヘカラサルモノトス(ハ)報償金額ノ計算ニ付テハ代理業者ニシテ其ノ委託者ヨリ營業費ノ支出ヲ受クルモノニ在リテハ其ノ營業費ヲ報償金額ニ加算スヘキモノナリ又問屋業者カ委託者ヨリ指値以上ニ或ル金額ヲ加重シテ販賣シ得タル益金ハ其ノ加重シタル金額ヲ受クルノ明約又ハ默約アルモノト認メラルル場合ハ報償金額ニ加算課税スヘキモノトス又仲買人カ商慣習等ニ依リ賣買委託者又ハ相手方ニ對シ歩戻金ト稱シ豫メ一定ノ歩合ヲ定メテ給付スル金額ヲ包含スルトキハ之ヲ除算スヘキモノトス

三　資本金　資本金額ハ他ヨリ借入シタルト否トヲ問ハス前年中各月末ニ於ケル固定資本及運轉資

本ノ月割平均ヲ以テ計算シタルモノナリ而シテ玆ニ固定資本トハ直接營業ノ用ニ供スル土地、家屋、築造物、船舶等ヲ謂ヒ一回ノ使用ニ依リ減耗セサルモノヲ謂フモノトス運轉資本トハ其ノ營業ニ運用スルニ付テノ流動的資本ニシテ之カ計算ハ原料品、半製品、製品、賣掛金、預金及現金等ヲ計算スルモノトス玆ニ電話ノ價格ハ固定、運轉何レナルヤ疑アルモ資本金額トシテ計算スルヲ可トス

四　建物賃貸價格　建物賃貸價格ハ貸主カ公課、修繕費、其ノ他土地又ハ建物ノ維持ニ必要ナル經費ヲ負擔スル條件ヲ以テ營業用建物及土地ヲ賃貸スル場合ニ於テ貸主ノ收得スヘキ金額ニ依ルモノトス

五　從業者　從業者トハ名義ノ何タルヲ問ハス又使用ノ臨時タルト常時タルトヲ問ハス營業ニ從事スル者ヲ謂フモノトス而シテ營業者ニハ營業主モ包含スルモノトス玆ニ注意ヲ要スヘキハ營業主ニ於テ勞力ノ必要アルニ際シ勞力請負業者ヨリ供給シタル勞力者ノ如キハ從業者トシテ計算セサルモノトス又祝祭等ニ於テ臨時多忙ノ際ニ於テ一時手傳等ノ名義ヲ以テ使用シタル者ノ如キハ計算セサルモノトス

以上ノ課税標準其ノ他營業税ノ賦課方法ニ付テハ當分ノ內內務、大藏兩大臣ノ許可ヲ受クヘキモノ

トス

第二　營業稅ノ賦課ノ制限

○施行勅令

第十三條　營業收益稅法第二條ニ揭グル營業ニ對スル營業稅ノ賦課額ハ同法ニ依ル個人ノ營業收益稅額ノ最低額未滿トス

營業收益稅法第二條ニ揭クル營業ヲ爲ス府縣稅營業者ハ國稅營業者ヨリ純益金額少ニシテ負擔能力ナキヲ以テ之カ府縣稅營業稅ノ重課ヲ防止センカ爲メ一定ノ制限ヲ加フルモノトス即チ府縣營業稅額ハ個人ノ營業收益稅額ノ最低額即チ十一圓二十錢未滿ナルコトヲ要スルモノトス

右ハ同一種類ノ營業ニ對スル營業收益稅ト府縣稅營業稅トノ負擔ノ均衡ヲ圖ルニ出テタルモノニ付營業收益稅法第二條以外ノ營業ニ對シテハ賦課ノ制限ナキモノトス

而シテ此ノ制限ハ數種ノ營業例ヘハ物品販賣業ト金錢貸付業ト兼營ノ者ニ對シテハ一營業毎ナルヤ又兩者ヲ合シタルモノニ依ルヤト云フニ國稅營業收益稅ハ綜合シタルモノニ付課稅スルヲ以テ此ノ賦課ノ制限モ兩者ヲ合シタルモノト解スヘキモノトス

同一人ニシテ營業收益稅法第二條ノ營業ト施行勅令第十二條列記ノ營業ヲ兼營スル場合ニ於ケル

賦課ノ制限ハ第二條ノ營業ノミニ付賦課ノ制限アルコト當然ナリ

第三　營業税ノ賦課徴收

○施行勅令

第十五條　年税又ハ期税タル營業税ノ賦課期日後納税義務ノ發生シタル者ニ對シテハ其ノ發生ノ翌月ヨリ月割ヲ以テ營業税ヲ賦課ス

前項ノ營業税ノ賦課期日後納税義務ノ消滅シタル者ニ對シテハ其ノ消滅シタル月迄月割ヲ以テ營業税ヲ賦課ス

第一項ノ營業税ニ付テハ其ノ賦課後營業ノ承繼アリタル場合ニ於テハ前營業者ノ納税ヲ以テ後ノ營業者ノ納税ト看做シ前二項ノ規定ヲ適用セズ

月税タル營業税ノ賦課期日後其ノ月十五日迄ニ納税義務發生シタルトキハ其ノ營業税ノ全額、十六日以後納税義務發生シタルトキ又ハ十五日迄ニ納税義務消滅シタルトキハ其ノ半額ヲ賦課ス

前二項ノ場合ニ一ノ府縣ニ於テ納税義務消滅シ他ノ府縣ニ於テ納税義務發生シタルトキハ納税義務ノ發生シタル府縣ハ納税義務ノ消滅シタル府縣ニ於テ賦課シタル部

分ニ付テハ營業税ヲ賦課スルコトヲ得ズ

營業税ノ賦課期日年度内一回ノモノハ年税、年度内ニ二回以上ノモノハ期税、毎月一回ノモノハ月税、毎日ノモノハ日税タル營業税トス

一　年税又ハ期税タル營業税ノ賦課期日後新規ニ納税義務發生シタルモノニ對シテハ其ノ發生ノ翌月ヨリ月割ヲ以テ徴收スルモノトス例ヘハ四月一日ヲ賦課期日トスル年税タル營業税ニ付八月ニ至リ新規ニ物品販賣業ヲ開業シタル場合ニ於テハ一ケ年度分ノ賣上金額ヲ豫算シ一年ノ税額ヲ算出シ七ケ月分ヲ賦課スルモノトス

二　右ノ年税又ハ期税タル營業税ノ賦課期日後納税義務ノ消滅シタル場合例ヘハ廢業シタル場合ニ於テハ其ノ廢業ノ月マテ月割ヲ以テ賦課スルモノトス故ニ既ニ徴收シタル場合ニ於テハ之カ税金ハ還付スヘキモノトス

三　年税又ハ期税タル營業税ニ付其ノ賦課期日後相續其ノ他ノ事由ニ依リ營業ノ繼承アリタル場合ニ於テハ月割徴收又ハ還付ヲ爲ササルモノトス

四　月税タル營業税ニ付テハ負擔ノ公平ヲ圖ル點ヨリスレハ日割計算ヲ爲スハ尤モ適當ナルモ斯クテハ其ノ手數煩シキヲ以テ賦課期日後其ノ月十五日迄ニ納税義務發生シタルトキ及其ノ月十五日

以後ニ廢業シタル如キ場合ニ於テハ全月分ヲ賦課シ其ノ月十五日以後ニ納税義務ノ發生シタルトキ及其ノ月十五日迄ニ廢業シタル如キ場合ニハ半月分ヲ賦課スルモノトス

五　年税又ハ期税タル營業ニ付キ相續、讓渡又ハ贈與ニ依リ營業ノ繼承アリタルモノニ付其ノ營業ノ承繼者カ其ノ營業所ヲ他府縣ニ移轉シタルトキハ其ノ移轉先ノ府縣ニ於テハ新規營業者トシテ賦課サレ同一營業ニ付二重ノ賦課ヲ受クルノ結果ヲ來タスヲ以テ納税義務ノ發生シタル府縣ニ於テハ前ノ府縣ニ於テ賦課セサル部分ニ付テノミ賦課シ得ルモノナリ

又月税タル營業者カ其ノ月十五日前ニ一ノ府縣ヨリ他ノ府縣ニ移轉シタル場合ニ於テ前ノ府縣ニ於テハ半ケ月分後ノ府縣ニ於テハ全月分ヲ賦課サルルコトトナリ斯クテハ重複課税ヲ受クルノ結果ヲ來タスヲ以テ後ノ府縣ニ於テハ半ケ月分丈賦課シ得ルコトトシタルモノトス

六　府縣税營業者ニシテ國税營業收益税ノ納税者ト爲リタルトキハ國税ハ暦年ニ依リ賦課セラルルヲ以テ其ノ年度十二月ニ於テ納税義務消滅シタルモノトシテ一月ヨリ三月マテノ分ハ月割ヲ以テ計算シ還付スルモノトス又國税營業收益税ノ納税者ヨリ府縣税營業者トナリタルモノニ付テハ前年ノ十二月ニ納税義務發生シタルモノトシテ一月ヨリ三月マテノ分ヲ月割徴收スルモノトス

第四　營業税附加税ノ制限

○施行勅令

第十六條　營業稅附加稅ノ賦課率ハ本稅百分ノ八十以內トス

特別ノ必要アル場合ニ於テハ府縣知事ノ許可ヲ受ケ前項ニ規定スル制限ヲ超過シテ課稅スルコトヲ得

府縣稅營業稅ニ對スル市町村稅附加稅ノ賦課率ハ本稅百分ノ八十以內トス然レ共市町村財政上ノ必要アル場合ニハ府縣知事ノ許可ヲ受ケ百分ノ八十ヲ超過シテ課稅シ得ルモノトス

【關係法令】

●營業收益稅法

第六條　個人ノ純益ハ前年中ノ總收入金額ヨリ必要ノ經費ヲ控除シタル金額ニ依ル但シ前年一月一日ヨリ引續キ爲シタルニ非サル營業ニ付テハ其ノ年ノ豫算ニ依リ計算ス

相續シタル營業ニ付テハ相續人カ引續キ之ヲ爲シタルモノト看做シテ其ノ純益ヲ計算ス

資本利子稅ヲ課セラルヘキ資本利子ハ之ヲ純益ニ算入セス

●營業收益稅法施行規則

第七條　營業收益稅法第六條第一項ノ規定ニ依リ總收入金額ヨリ控除スヘキ經費ハ仕入品ノ原價、原料品ノ代價、場所物件ノ修繕費又ハ借入料、又ハ場所物件又ハ營業ニ係ル公課、雇人ノ給料其ノ他收入ヲ得ルニ必要ナルモノニ限ル但シ家事上ノ費用及之ニ關聯スルモノハ之ヲ控除セス

●營業稅法

第十六條　第十三條ニ依リ屆出ヘキ課稅標準ハ左ノ區別ニ從ヒ之ヲ計算ス但シ新ニ開業シタル者ハ豫算ヲ以テ之ヲ定ム

一　賣上金、收入金、請負金及報償金ハ前年中ノ總額ニ依ル但シ前年中ニ開業シタルモノハ豫算ニ依ル

二　資本金、運轉資本金及建物賃貸價格ハ前年中ノ平均額ニ依ル

三　從業者ハ前年中各月ニ於ケル最多數ノ平均ニ依ル但シ一人未滿ノ端數ヲ生シタルトキハ一人トス

資本金額及運轉資本金額ノ算定方法ハ勅令ヲ以テ之ヲ定ム

第十八條　課稅標準ト爲スヘキ建物賃貸價格ハ貸主カ公課、修繕費其ノ他土地又ハ建物ノ維持ニ必要ナル經費ヲ負擔スル條件ヲ以テ店舖其ノ他營業用ノ土地建物ヲ賃貸スル場合ニ於テ貸主ノ收得スヘキ金額ノ前年中ノ平均額ニ依リ之ヲ算定ス

同一區域內ニ在ル土地建物ト雖直接又ハ間接ニ營業ニ使用セサルモノハ賃貸價格ニ計算セス

第十九條　名義ノ何タルヲ問ハス總テ營業ニ從事スル者ハ從業者トシテ之ヲ計算ス但シ營業者ヲ除クノ外十五歲未滿ノ者及營業者ノ家族ヲ除ク

●舊營業稅法施行規則

第三條　同一人ニシテ數種ノ營業ヲ爲ストキハ店舖其ノ他ノ營業場ノ同一ナルト否トヲ問ハス營業ノ種類及各店舖其ノ他ノ營業場每ニ區別シテ營業稅法第十二條ノ課稅標準ヲ計算ス但シ課稅標準ト爲ルヘキモノ數種ノ營業ニ共通スル場合ニ於テハ稅率ノ最重キ營業ニ付稅率等シキトキハ其ノ主タル營業ニ付其ノ課稅標準ヲ計算ス

前項ノ但書ニ依リ課稅標準ヲ計算シタル營業ヲ廢止シタルトキハ其ノ翌月ヨリ前項但書ノ規定ニ準シ其ノ課稅標準ヲ他ノ營業ニ付計算シ月割ヲ以テ稅金ヲ徵收ス

前項ノ規定ハ第一項但書ノ規定ニ依リ課税標準ヲ計算セサル營業ヲ繼續シ又ハ其ノ營業ヲ繼續シタルモノト認ムヘキ事實アル場合ニ於テ後ノ營業者ヨリ徴收スヘキ營業税ニ付之ヲ準用ス

第四條 同一人ニシテ數箇ノ店舖其ノ他ノ營業場ニ於テ同種ノ營業ヲ爲ストキハ各店舖其ノ他ノ營業場毎ニ營業税法第十二條ノ課税標準ヲ計算ス但シ數箇ノ店舖其ノ他ノ營業場ニ共通スル課税標準ハ主タル店舖其ノ他ノ營業場ノ課税標準ニ之ヲ計算ス

第十條 個人ニ於テ課税標準ト爲スヘキ資本金額ハ他ヨリ借入レタルト否トヲ問ハス前年中各月末ニ於ケル固定資本及運轉資本ノ月割平均ヲ以テ之ヲ計算ス但シ銀行業ニ在リテハ第六條及前條ノ規定ヲ準用ス

前項ノ固定資本ハ直接ニ營業ノ用ニ供スル土地、家屋、築造物、船舶、機械、器具等ノ價格ヲ計算ス其ノ價格ハ見積時價ニ依ル

第十二條 會社タルト個人タルトヲ問ハス金錢貸付業又ハ物品貸付業ノ課税標準ト爲スヘキ運轉資本金額ハ前年中各月末ニ於ケル貸付及貸付クヘキ金額又ハ物品ノ見積價格ノ月割平均ヲ以テ之ヲ計算ス

第十三條 課税標準ト爲スヘキ建物賃貸價格ハ直接又ハ間接ニ營業ニ使用スル土地家屋其ノ他ノ築造物ニ付之ヲ計算ス但シ店舖其ノ他ノ營業場ノ區域外ニ在ルモノハ直接營業ニ使用スルモノニ限ル

營業用ノ土地、家屋其ノ他ノ築造物ハ店舖其ノ他ノ營業場ト區劃スルモ敷地ノ接續スルトキ又ハ使用上接續ト認ムヘキ事實アルトキハ同一區域内ニ在ルモノト看做ス

第十四條 課税標準ト爲スヘキ建物賃貸價格ハ家屋其ノ他ノ築造物ノ使用ニ必要ナル雜作アルモノトシテ計算シタルモノニ依ル

第十五條 從業者ハ營業主ヲ始メ店舖其ノ他ノ營業場ニ居住スルト否トヲ問ハス又ハ使用ノ常時タルト臨時タルトヲ問ハス總テ直接ニ營業ニ從事スル者ヲ計算ス但シ營業主ヲ除クノ外十五歳未滿ノ者及營業主ト同一戸

籍內ニ在ル者ハ此ノ限ニ在ラス

【訓令通牒】

●營業稅ニ關スル事項（昭和二、三、三一、發地第三號地方、主稅兩局長通牒ノ內）

二　營業稅ノ課稅標準ニ付テハ地方ノ實情ニ應シ施行規則第二條ノ課稅標準中適當ナルモノヲ撰擇シテ內務大臣及大藏大臣ノ許可ヲ受クルコトヲ得ルモ營業稅ノ配賦課稅ハ然ルヘカラサルコト

【行政實例】

●甲府縣ニ於テ年稅又ハ期稅タル營業稅ノ賦課ヲ受ケタル者乙府縣ヘ轉居シ引續キ營業シテ納稅義務繼續ノ場合ハ地方稅ニ關スル法律施行令第十五條第一項及第二項ニ依リ各別ニ月割ヲ以テ之ヲ賦課スヘキモノトス（昭和二、五、三一）

●甲府縣ニ於テ月稅タル營業稅ノ全月分チ賦課セラレタル者其ノ月十五日迄ニ乙府縣ヘ轉居シ引續キ營業シテ納稅義務繼續ノ場合ハ甲府縣ハ地方稅ニ關スル法律施行令第十五條第四項ニ依リ半額ヲ還付シ乙府縣ハ同第五項ニ依リ半額ヲ賦課スヘキモノトス（昭和二、五、三一）

●縣稅ノ賦課後營業ノ承繼アリタルニ依リ地方稅ニ關スル法律施行令第十五條第三項ノ適用ヲ受ケタル後納稅義務消滅シ月割還付ヲ要スル場合其ノ還付ハ前營業者（實際納稅シタル者）ニ爲スヘキモノトス（昭和二、五、三一）

●年稅タル營業稅上半期分賦課後營業ノ承繼アリタルニ依リ地方稅ニ關スル法律施行令第十五條第三項ノ適用ヲ受ケタル者ニ對スル下半期分ノ課稅標準額ハ前營業者ノモノニ依ルヘキヤ或ハ承繼シタル後ノ營業者ニ對シ新ニ査定スヘキモノナリヤ否ニ付テハ年稅タル營業稅ニ關シテハ上半期下半期ニ於テ課稅標準ノ査定ヲ爲スト云

フカ如キ問題ハ生セサルモノトス（昭和二、五、三一）

【行政實例】

㊀從業者トハ總テ直接ニ營業ニ從事スルモノヲ謂ヒ營業主モ亦之ヲ包含スルモノトス（明治三四、一〇、一一）

㊁建物賃貸價格ハ營業者所有ノ土地建物ニ付テハ營業者カ其ノ土地建物ヲ他人ヨリ賃借スルモノト假定シ貸主ノ收得スヘキ賃貸料ニ基キ計算スヘキモノトス（大正六、一二、八）

㊂建物賃價格トハ土地又ハ建物ノ維持ニ必要ナル經費ヲ貸主ニ於テ負擔スル條件ヲ以テ貸主ノ收得スヘキ賃貸料額ヲ指スモノニシテ賃貸料ヨリ必要經費ヲ控除シタル貸主ノ實收金額ヲ謂フニアラス（大正六、一二、八）

第五節　雜種稅及其ノ附加稅

第十九條　雜種稅ヲ賦課スルコトヲ得ヘキモノノ種類ハ勅令ヲ以テ定ムルモノ竝內務大臣及大藏大臣ノ許可ヲ受ケタルモノニ限ル

本條ハ雜種稅ノ範圍即チ雜種稅ヲ賦課スルコトヲ得ヘキモノノ種類ニ關スル規定ナリ

第一　雜種稅ノ性質

雜種稅ハ明治十一年太政官第十九號布告地方稅規則ニ依リ設定セラレタルモノヲ整理統一シタルモノナリ而シテ其ノ雜種稅ハ法律的ニハ一稅ナルモ其ノ內容ハ數多ノ課稅ニ區分セラルルモノナリ從

ツテ雑種税ハ其ノ課税ノ種目ニ依リ性質ヲ異ニスルモノトス
本條ノ雑種税ヲ設定スルニ當リ從來ノ雑種税ニ對シ整理ヲ加ヘタル概況左ノ如シ
一　從來雑種税中料理屋税、飲食店税、湯屋税、理髪業税ノ如キ營業税的性質ヲ有スルモノハ之ヲ營業税ニ移シタリ
二　法人建物税、倉庫税ノ如キ家屋税ト重復課税トナルモノハ之ヲ廢止シタリ
三　仲仕税、運送夫業税、覗眼鏡税ノ如キ反社會政策的ノ税種ハ之ヲ廢止シタリ
四　税收入額僅少ニシテ他トノ負擔ノ均衡上必要ナラサルモノハ之ヲ廢止シタリ
五　税種同シキモノハ之ヲ綜合統一シ種目ノ減少ヲ計リタリ

第二　雑種税ノ種類

○施行勅令

第十七條　大正十五年法律第二十四號第十九條ノ規定ニ依リ雑種税ヲ賦課スルコトヲ得ヘキモノノ種類ヲ定ムルコト左ノ如シ

船
車

水車

市場

電柱

金庫

牛馬

犬

狩獵

屠畜

不動產取得

漁業

遊藝師匠、遊藝人、相撲、俳優、藝妓其ノ他之ニ類スル者

演劇其ノ他ノ興行

遊興

前項ニ掲クル課目ハ府縣ニ於テ之ヲ取捨スルコトヲ得特別ノ必要アル場合ニ於テ第一項ノ種類以外ノモノニ對シ雜種税ヲ賦課セントスルトキハ内務大臣及大藏大臣ノ許可ヲ受クヘシ

附則（第三項）　明治十三年第十七號布告第九條ノ規定ニ依リテ爲シタル處分ニシテ第十七條第一項ノ課目ニ該當セザルモノニ對スルモノハ本令施行ノ際内務大臣及大藏大臣ノ指定スル雜種税ノ課目ニ對スルモノニ限リ之ヲ第十七條第三項ノ規定ニ依リテ爲シタル許可ト看做ス

雜種税ハ各種ノ課税ヲ綜合シテ一税トシタルモノナルヲ以テ其ノ範圍ヲ確定スルノ必要アリ即チ共ノ雜種税ヲ賦課スルコトヲ得ヘキモノノ種類ハ（一）勅令ヲ以テ指定スルモノ及（二）内務大藏兩大臣ノ許可ヲ受ケタルモノニ限ラレタリ

勅令ニ於テ雜種税ヲ賦課スルコトヲ得ヘキモノトシテ指定セラレタル種類ハ左ノ如クナルモ府縣ハ必スシモ其ノ全部ノ種類ニ付課税セサルヘカラサルモノニ非ス府縣ノ事情ニ依リ或ルモノヲ除外シテ課税スルコトヲ得ルモノトセリ

（一）　船、車、水車、金庫、電柱、牛馬、犬

（二）市場、狩獵、遊興、屠畜、不動産取得
（三）遊藝師匠、遊藝人、相撲、俳優、藝妓其ノ他之ニ類スル者
（四）演劇其ノ他ノ興行
（五）漁業

府縣ハ特別ノ必要アル場合ニ於テハ内務大藏兩大臣ノ許可ヲ受ケ勅令指定ノ種類以外ノモノニ對シテモ雜種稅ヲ賦課スルコトヲ得ルモノナリ勅令指定ノ種目ハ全國的ニ觀察シ一般的ノモノニシテ稅額亦相當多額ノモノヲ撰ヒタルモノナルヲ以テ地方ニ依リテハ他ニ適當ナル課目ノ存スヘク又府縣財政上其ノ他時世ノ推移ニ依リ他ニ相當ナル稅目ニ對シ課稅スルノ必要アルヘシ即チ其ノ要求ニ應セシメタルモノトス

明治十三年第十七號布告ハ地方稅ニ關スル法律ニ依リ廢止サレタルヲ以テ從前同布告第九條ニ依リ雜種稅トシテ許可ヲ受ケタル課目ハ當然消滅廢止セラルヘキモ其ノ中勅令ニ指定ナキモノニシテ引續キ課稅シ支障ナシト認メラルルモノハ施行勅令附則第三項ノ規定ニ依リ本條ニ依ル許可ヲ受ケタルモノト看做サレタリ從ツテ從前無期限ニ許可ヲ受ケタルモノハ永久ニ又或ル年度限リノ許可ヲ受ケタルモノハ其ノ年度迄許可ヲ受クルコトヲ要セスシテ依然課稅シ得ルモノナリ

【關係法令】

●雜種稅課目指定ノ件（昭和二、一、二六内務省大藏省告示第一號）

大正十五年勅令第三百三十九號附則第三項ノ規定ニ依リ雜種稅ノ課目ヲ指定スルコト左ノ如シ

雜種稅課目

一　流木（木流、流材、流竹木、木材川下、木材川流等ヲ含ム）
一　立木伐採（立竹木伐採ヲ含ム）
一　梲（馬梲ヲ含ム）
一　煽風機（旋風器扇風機等ヲ含ム）
一　傭人（雇傭ヲ含ム）
一　代書人（代書業、代書等ヲ含ム）
一　温泉（鑛泉、鑛泉使用、鑛泉湯槽、温泉場、鑛泉浴場、鑛泉温泉、温泉内場、鑛泉場等ヲ含ム）
一　筏
一　玉突臺（球戲臺ヲ含ム）
一　廣告
一　鵜（鵜使ヲ含ム）
一　船舶取得
一　觀覽
一　遊漁

一　段別割

【訓令通牒】

●特別税新設ニ付テハ收支調書ヲ添附セシムルノ件（明治四〇、二、八通牒）

府縣市町村ニ於テ特別税（收入金ヲ標準トスルモノ、法令ヲ以テ課税ノ限度ヲ定メタルモノ及收入金ヲ推定シ難キ飼犬税ヲ除キ）ヲ新設シ又ハ增率ノ許可申請ヲ爲ストキハ別紙樣式ニ準シ收支ニ關スル大體ノ調書添附候樣御取扱相成度此段及通牒候也

（別　紙）

代書人税ニ關スル收支調ノ例

收支金何程　　囑託文書一通平均手數料何程一ケ年何程ニ對スル分

經費何程

內

公課何程　　國税何程府縣税何程市町村税何程

公課以外ノ經費何程

殘　何　程

税率一人ニ付（又ハ何々）何程

備　考

納税義務ヲ有スル者ノ中收入金最モ多キ者ヲ標準トスルコト

經費ハ收入ヲ得ルニ必要ナル經費トス（以下同シ）案內業税、仲仕税、乳牛税、賃駕籠税、木流業税、筏乘税等

之ニ準ス

木材川下税ニ關スル收支調ノ例

見積價格何程　木材ノ種類、尺〆又ハ平板ノ坪等材積ヲ課税ノ標準別ニ詳記スルコト
見積經費何程
　内
公課何程　國税何程府縣税何程市町村税何程
公課以外ノ經費何程
殘　何　程
税率何々（標準別）何程

備考

税率ノ最高ノ木材又ハ板類等ニ付推定掲記スルモノトス

私法人使用建物税ニ關スル收支調ノ例

建物賃貸價格何程建坪何程二階坪又ハ附屬建物等ノ標準ノ異ナル毎ニ詳記スルコト
經費何程
　内
公課何程　國税何程府縣税何程市町村税何程
公課以外ノ經費何程
殘　何　程
税率何程　建物一坪（又ハ何々）ニ付何程

備考

標準トナルヘキ法人ニ付調査スルモノトス

經費ハ推定スルモノトス

製造場税居貸税等之ニ準ス

平均戸別割ニ關スル收支調ノ例

所得金何程

經費何程

殘　何程

税率何程

備考

所得ノ最モ少キモノニ付調査スルモノトス平均戸數割等之ニ準ス

經費ニ付代替人税ニ關スル調ノ備考ニ依ルヲ要セス

●特別税ノ賦課ニ關スル許可制限ノ件（明治四三、五、二四、住第六一一〇六號主税、地方兩局長通牒）

從來機關ニ對シ蒸汽若ハ電力ヲ標準トシテ賦課スル府縣税特別税ハ許可セサルノ例ニ有之候處器具機械等ノ物件ヲ標準トシテ賦課スルコトモ工業ノ發達上影響ヲ免レサル義ニ付術今蒸汽電氣瓦斯又ハ石油發動機力ニ因ル工業ニ對シ器具機械等ノ物件ヲ標準トシテ賦課スル道府縣市町村ノ特別税ハ容易ニ許可セサルコトニ決定相成候ニ付テハ從來許可セラレタルモノト雖右ノ趣旨ニ副ハサルモノハ時機ヲ見テ廢止スルコトニ御取扱相成度依命此段及通牒候也

追テ電柱ハ本文ノ物件中ニ包含セサル義ニ有之爲念申添候

●**國稅營業者ニ對シ賦課スル雜種稅制限ノ件**（明治四四、一二、二七、往第一三八八三號主稅、地方兩局長通牒）

國稅營業者ニ對シテハ府縣ニ於テ附加稅ヲ課スル制有之候得者更ニ其ノ營業ニ關係アル物件ヲ目的トシテ雜種稅ヲ課スルコトハ可成避クル方穩當ト被存候得共府縣財政ノ現況ニ於テ直ニ之ヲ實行シ難キ事情モ可有之候ニ付此等課稅ニ付テハ事情ノ許ス限リ稅率ヲ輕減シ稅率ノ輕減意ノ如クナラサル場合ニ於テハ少クトモ府縣稅營業者ト共ノ負擔ニ於テ權衡ヲ失セサル樣物件稅ニ於テ斟酌ヲ加フルハ必要ノ義ト存候右ニ付テハ豫テ御考慮ノ義トハ存候得共彼此權衡ヲ得サル向ハ遲クモ明治四十六年度ヨリ右趣旨ニ適スル樣御取計相成度爲念此段及通牒候也

●**地方稅ニ關スル法律命令ノ施行ニ關スル件**（昭和二、三、三一、發地第三號地方、主稅兩局長依命通牒）

地方稅ニ關スル法律命令ノ施行ニ關シテハ特ニ別記ノ廉々御留意ノ上御措置相成度又同一課稅目的ヲ有スル市町村特別稅ニ付テモ別記ニ依リ取扱方夫々市町村ニ對シ御示達相成度

追而左記通牒ハ昭和二年度ヨリ廢止セラルル義ニ有之尙府縣稅戶數割ニ關スル通牒及大正十三年三月三十一日發地第二一號信託ニ依ル不動產所有權ノ取得ニ對スル課稅ノ件依命通牒ハ昭和二年度ヨリ自然消滅ト相成ヘキ義ニ付爲念

左　記

明治三十六年三月地甲第一二號依命通牒

明治四十一年九月十二日往第一〇九八一號市町村步一稅ノ標準改正ニ關スル件通牒

大正七年十月十一日發地第一七〇號備入稅設定ニ關スル件通牒

同八年七月七日藏地第八號私立學校ノ建物ニ關スル課稅免除ノ件依命通牒

同九年四月十三日發地第八〇號建物建築稅ノ件依命通牒

同十一年三月三十一日發地第一三八號遊興稅ノ義ニ付依命通牒
同年七月十三日發地第六三號電柱稅ニ關スル件依命通牒
同年九月二十九日京地第一九一號電柱稅ニ關スル件依命通牒
同十三年九月九日發地第六號遊興稅ノ件ニ付依命通牒

● **前掲以外ノ雜種稅ニ關スル事項**（同上）

一　施行勅令第十七條第三項ノ規定ニ依リ設定シタル雜種稅ニ付課稅標準ヲ變更スルコトナク單ニ其ノ課稅ノ低減ヲ爲ス場合ニ於テハ内務大臣及大藏大臣ノ許可ヲ受クルヲ要セサルコト

【行政實例】

● 蠶種ヲ製造販賣スル者ニ對シ特別稅トシテ課稅スルハ格別營業稅トシテ課稅スルハ不可然ト存ス（大正二、四、一九）

● 雇人酌婦ヲ標準トシテ雇主ニ酌婦稅ヲ賦課スルハ不可然但シ酌婦ノ雇主ニシテ酌婦置屋營業ヲ爲ス者ニ對シ置屋業稅ヲ賦課スルハ妨ケナシ（大正四、七、七）

● 乘馬稅ハ產馬奬勵ノ趣旨ニ依リ廢止方陸軍ノ希望モアレハ事情ノ許ス限リ可成之ヲ廢止セラレタシ（大正六、六、一）

● 造船業ハ營業稅法第四條ニ該當スルモノニ付特別稅トシテ造船稅ヲ起スハ明治四十一年法律第三十七號第二條ニ牴觸スル義ト存ス（大正七、一〇、三）

● 電話加入者ニ對シ使用電話機ヲ標準トシテ課稅スルコトハ電話使用料ヲ增徵スルト同一ノ結果ヲ來シ通信機關ノ發達ヲ阻害スル虞アルヲ以テ不可然ト存ス（大正七、一〇、二一）

●船舶取得税ハ財政上不得止場合ニ於テハ詮議可相成モ課税過重ニ渉ラサルコトヲ要ス（大正七、一一、一八）
株式ノ名義書換ニ對シ特別税ヲ課スルハ不可然（大正八、一一、七）
●動力税ハ來年度以降許可セス（大正八、一一、一五）
●庭園税ハ結局土地ニ對スル課税ニシテ地方税制限ニ關スル法律第一條ニ牴觸スルモノトス（大正八、一一、二四）
●土地貸付　轉貸ヲ除ク）ヲ業トスルモノニ對シテ課税スルハ不可然（大正九、四、一三）
●不動産貸付税（他人ヲシテ田畑ヲ耕作セシムルモノニ對シ賦課スルモノ）ハ到底詮議ノ見込無シ（大正九、七、二二）
●賃貸價格ヲ課税標準トスル段別割ハ所謂段別割ニアラスシテ土地ニ對スル一種ノ特別税ナリ然ルニ段別割以外ノ土地ニ對スル特別税ハ地方税制限法ノ認メサル所ナルヲ以テ此ノ種ノ課税ハ現行法上認許スルコトヲ得ス（大正一五、七、一三）
●官公舎其ノ他之ニ類スル舎宅ノ如キ家屋税ヲ課スルヲ得サル住家ニ居住スル者ニ對シ家屋税ニ代ヘ雜種税戸別割ヲ課スルハ適當ナラス（大正一五、一二、二）
●動力使用（蒸汽機關及石油發動機ノ舂碾碓、磨擦機ニ課税ス）ニ對シテハ地方税ニ關スル法律施行勅令附則第三項ノ規定ニ依リ指定セラレサルヲ以テ右ニ對シ雜種税ヲ賦課セムトスル場合ハ內務大藏兩大臣ノ許可ヲ要スル義ニ有之候酌人（料理屋、飲食店、貸座敷等ニ於テ配膳又ハ酌取ヲナシ若クハ仲居雇女ト稱スルモノニ課税ス）ハ藝妓其ノ他之ニ類スル者ニ該當スルモノトス（昭和二、二、二五）
●料理屋業者ノ雇傭スル給仕人ヲ標準トシテ其ノ雇主ニ傭人税ヲ賦課スルハ適當ナラス（昭和三、三、一一）

第二十條　第十一條第三號ノ規定ハ雜種税ニ之ヲ準用ス

○施行規則

第十九條 第三條第三項ノ規定ハ雜種稅ノ賦課ニ之ヲ準用ス

本條ハ雜種稅ヲ賦課セサルコトヲ得ルモノニ關スル規定ナリ公用又ハ直接鑛業用ノ物件ノ如ク法律ニ於テ課稅ヲ禁止シタルモノ少カラスト雖尙其ノ外公益上其ノ他ノ事由ニ依リ課稅ヲ不適當トスルモノ少カラス本條ハ卽チ如斯モノニ對シテ雜種稅ヲ賦課セサルヲ得ルコトトシタルモノナリ然レ共之ヲ全國的ニ統一的ニ規定スルコトハ地方ノ實際ニ副ハサルコトトナルヲ以テ府縣ノ定ムル所ニ委シタリ

雜種稅課否ノ分界

○施行勅令

第十八條 第十五條ノ規定ハ雜種稅ノ賦課ニ之ヲ準用ス

雜種稅ノ賦課期日後納稅義務ノ發生又ハ消滅シタル者ニ對スル課否ノ分界及年稅又ハ期稅タル雜種稅ニ付賦課後其ノ賦課スヘキ物件ノ承繼アリタル場合若ハ一ノ府縣ニ於テ納稅義務消滅シ他ノ府縣ニ於テ納稅義務發生シタル場合ニ於ケル賦課ニ關シテハ營業稅ト略同樣ノ取扱ヲ爲スコトトセリ

第二十一條 雜種稅ノ課稅標準竝雜種稅及其ノ附加稅ノ賦課ノ制限ニ關シ

テハ勅令ヲ以テ定ム

本條ハ雜種税ノ課税標準竝雜種税及其ノ附加税ノ賦課ノ制限ニ關スル規定ナリ雜種税ニ關シテモ他ノ諸税ト同樣重要ナル事項ハ之ヲ統一スルノ必要ヲ認ムルモ法律ニ於テ一々規定スルノ煩雜ナルヲ以テ勅令ノ規定ニ委任シタルモノナリ

第一　雜種税ノ課税標準其ノ他ノ賦課方法

○施行勅令

第十九條　雜種税ノ課税標準及其ノ制限率其ノ他賦課ニ關シ必要ナル事項ハ内務大臣及大藏大臣之ヲ定ム

○施行規則

第十八條　第四條乃至前條ニ定ムルモノノ外雜種税ノ課税標準及其ノ賦課率又ハ賦課額其ノ他賦課ニ關シ必要ナル事項ハ府縣ニ於テ之ヲ定ムベシ

雜種税ノ課目ハ前述ノ如ク多數ニ上ルヲ以テ一々其ノ課税標準及其ノ制限率其ノ他賦課ニ關スル事項ヲ規定スルハ複雜困難ナリ故ニ施行勅令ニ指定セラレタル課目ニ付統一的ニ規定スルノ必要アル

事項ニ關シテノミ之ヲ規定シ其ノ他ハ總テ府縣ニ於テ定メシムルコトトセリ

【訓令通牒】

●雜種稅ニ關スル件（昭和二、三、三一發地第三號地方、主稅兩局長通牒ノ内）

第五　前掲以外ノ雜種稅ニ關スル事項

二　觀覽稅ハ入場料一人一回金拾五錢以上ノモノニ限リ賦課シ得ヘク其ノ課率ノ制限ニ關シテハ遊興稅ノ制限（甲）ヲ準用スルコト

三　傭人稅ノ課稅標準タルヘキモノハ家事用ノ僕婢ニ限リ從業者又ハ作男ノ如キ專ラ營業若ハ職業ニ從事スル者竝家事ト營業若ハ職業トヲ兼ネ從事スル者ハ課稅標準ト爲スヘカラサルコト

【行政裁判例】

●營業其ノモノニ營業稅ヲ課シ更ニ營業ニ使用スル物件ニ雜種稅ヲ課スルハ二重ノ課稅ト謂フヲ得ス（明治三二、九、三八）

●明治十三年太政官布告第十七號第九條ハ特殊ノ稅目ヲ設クルヲ得ルノ規定ナルヲ以テ同條ニ依リ設ケタル特殊ノ稅目ハ何人ニ之ヲ賦課スルモ差支ナシト雖納稅義務ニ付法律上特殊ノ規定アルトキハ其ノ範圍内ニ於テ納稅義務者ヲ定ムヘキモノトス（明治三四、一一、一）

●福島縣稅營業稅雜種稅課目課額ノ所謂官公署ノ免許ヲ受ケタル代書人中ニハ大正八年四月法律第四十八號司法代書人ヲモ包含スルモノト解スルヲ相當トス（大正一一、一二、四）

●大正十年埼玉縣令第二十五號埼玉縣稅賦課規則第六條ノ代書人ニハ司法代書人ヲ包含ス（大正一二、一二、二七）

一　船

○施行規則

第四條　船ニ對シテハ主タル碇繫場所在ノ府縣ニ於テ其ノ所有者ニ雜種稅ヲ賦課ス
前項ノ主タル碇繫場ナキトキ又ハ主タル碇繫場ノ所在地ニ付關係府縣ニ於テ異議アルトキハ内務大臣及大藏大臣之ヲ定ム

船ニ對スル雜種稅ハ船ヲ所有スルコトニ對シ賦課スルモノナリ船ノ主タル碇繫場ハ卽チ其ノ所在地ナルヲ以テ船ノ主タル碇繫場所在ノ府縣ニ於テ賦課スルコトトセリ船トハ小舟端舟ヨリ帆船汽船ニ至ル一切ノ船舶ヲ指稱スルモノニシテ其ノ人力ニ依リ航行スルモノナルト動力ニ依リ航行スルモノナルト又船舶法ノ適用ヲ受クルモノナルト其ノ適用ヲ受ケサルモノナルトハ問フ所ニ非サルナリ主タル碇繫場トハ船舶航行ノ本據地ヲ指稱スルモノニシテ碇繫場カ二個所以上ニ涉ル場合ニ於テハ當該船舶ノ碇泊時間ノ長短發著地ノ關係船舶使用者ノ主タル事務所ノ所在其ノ他ノ狀況ニ照シ之ヲ認定スヘキナリ

船舶ニ主タル碇繫場ナキトキ又ハ主タル碇繫場ノ所在地ニ付關係府縣ニ於テ異議アルトキハ内務大藏兩大臣ニ於テ之ヲ定ムルコトトセリ

【行政裁判例】

●一定ノ年度ニ於テ船舶ヲ某縣沿岸ノ航行ニ配用シタルトキハ府縣制第百六條ニ所謂府縣內ニ於テ物件ヲ使用スルモノニ該當スルヲ以テ之ニ對シ縣稅船稅ヲ賦課シタルハ正當ナリ

高知縣營業稅雜種稅取締規則第二條ニ所謂繫所ハ船舶航行ノ本據ヲ指スモノナルヲ以テ他ニ船籍港ヲ有スル船舶ニ付テモ亦其適用アルモノトス他府縣ニ於ケル納稅ノ事實ハ府縣制第百六條ニ基ク縣稅船稅ノ賦課ヲ違法トナスニ足ラス（大正二、九、二七）

二　車

○施行規則

第五條　車ニ對シテハ主タル定置場所在ノ府縣ニ於テ其ノ所有者ニ雜種稅ヲ賦課ス

車ニ對スル雜種稅ハ車ヲ所有スルコトニ對シテ賦課スルモノナリ車ノ主タル定置場ハ卽チ其ノ所在地ナルヲ以テ車ノ主タル定置場所在地ノ府縣ニ於テ賦課スルコトトセリ車トハ人力車、自轉車、荷積車、荷積牛馬車、牛馬車、自動車、電車、其ノ他ノ車輛ヲ謂フモノニシテ其ノ人力ニ依リ運行スルモノナルト動力ニ依リ運行スルモノナルト又無軌道車ナルト軌道車ナルトヲ問ハサルナリ主タル定置場トハ疾走スル場所ニ非ス車庫ノ在ル車輛ニ付テハ車庫ノ所在地又車庫ノ無キ車輛ニ付テハ使用者ノ車輛使用ノ爲ニスル居所ト解スヘキナリ

【行政裁判例】

●東京府稅賦課ニ關スル法規上車輛常置ノ場所ナルモノハ使用セサル場合ニ事實上車輛ヲ駐メ置ク場所ヲ謂フモノニシテ單ニ所有者ノ意思ノミニ依リ定マルモノニアラス（大正五、二、九）

●東京府市部府稅賦課規則第四條第一號ハ納稅義務發生時ノ屬スル課稅期間ノ稅金即チ年稅額ノ半額ヲ賦課スルノ法意ナリ前示規則第四條第一號ノ規定ハ府縣制第百六條ニ反スルモノニアラス（大正六、一〇、二六）

三　水車、電柱及金庫

○施行規則

第六條　水車、電柱及金庫ニ對シテハ所在地府縣ニ於テ其ノ所有者ニ雜種稅ヲ賦課ス

水車、電柱及金庫ニ對スル雜種稅ハ水車、電柱及金庫ヲ所有スルコトニ對シ賦課スルモノナリ何レモ其ノ所在地府縣ニ於テ所有者ニ賦課スルコトトセリ

【訓令通牒】

●**電柱稅ニ關スル件**（昭和二、三、三一發地第三號地方、主稅兩局長通牒ノ內）

第一　電柱稅ニ關スル事項

一　電柱稅ハ年額左ノ制限以內タルヘキコト

（イ）木柱本柱　一本ニ付金七十錢

（ロ）同　支柱　一本ニ付木柱本柱ノ制限額ノ半額

（ノ）鐵柱　一本ニ付木柱本柱ノ制限額ノ一倍半
（ニ）鐵塔　一基ニ付木柱本柱ノ制限額ノ三倍
特別ノ事情アルトキハ内務大臣及大藏大臣ノ承認ヲ受ケ鐵塔ニ對シ前記制限ヲ超過シテ賦課シ得ルコト但シ現ニ兩大臣ノ許可ヲ受ケ前記制限ヲ超過シテ賦課セル者ハ其ノ許可年限間更ニ承認ヲ受クルチ要セサルコト
二　市町村ニ於ケル電柱税附加税又ハ特別税電柱税ハ年額左ノ制限以内タルヘキコト
（イ）市　木柱本柱　一本ニ付金三圓ニ相當スル額
（ロ）町村　同　一本ニ付金一圓五十錢ニ相當スル額
（ハ）木柱支柱、鐵柱及鐵塔ニ對スル課税ノ制限ニ付テハ前項道府縣ノ電柱税ノ制限ヲ準用スルコト
特別ノ事情アルトキハ電柱税附加税ニ付テハ道廳長官府縣知事ノ承認（雜種税附加税ノ不均一賦課ニ該當スル場合ニハ其ノ許可）ヲ受ケ又特別税ニ付テハ内務大臣及大藏大臣ノ許可ヲ受ケ鐵塔ニ對シ前記制限ヲ超過シテ賦課シ得ルコト但シ現ニ兩大臣ノ許可ヲ受ケ前記制限ヲ超過シテ賦課セルモノハ其ノ許可年限間更ニ許可ヲ受クルヲ要セサルコト
三　既ニ許可ヲ受ケテ賦課セル電柱税又ハ電柱税附加税ニシテ前二項ノ制限ヲ超過セルモノハ機會ヲ見計ヒ相當低減スヘキコト
四　木柱接柱ノ類ニ對シテハ課税セサルコト
五　鐵筋「コンクリート」ノ電柱ニ對シテハ其ノ形狀ニ應シ鐵柱又ハ鐵塔ニ準シテ課税シ得ルコト
六　府縣費ノ全部ノ分賦ヲ受ケタル市ニ於テハ前記府縣ト市トノ電柱税制限額ヲ合算シタルモノニ相當スル額迄賦課シ得ルコト
七　賦課期日ノ直前一ケ年分ノ事業年度ノ利益配當年六分未滿ナルトキハ課税セサルコト

八　道府縣カ電柱税ヲ課税スル場合ニ於テハ市町村ハ特別税電柱税條例ノ施行ヲ停止シ其ノ許可ヲ受ケタルト同額迄附加税トシテ賦課スヘキコト

【行政實例】

●雜種税ノ所謂水車ニハ水力ヲ以テ發電用ニ使用スル設備ヲ爲セルモノノ如キハ之ニ包含セサルモノトス（大正二、五、二八）

●七月十三日內務省發地第六三號通牒ノ標準課率ハ最高限度ヲ示サレタルモノニシテ平均ノ率ニ無之從テ郡部ニ於テハ標準課率ヨリ低キモ市部ニ於テ標準課率ヨリ超過スルモノノ如キハ假令平均ノ率カ標準課率ヲ超過セストスルモ詮議不相成モノトス（大正一一、九、六）

【行政裁判例】

●水車營業者ノ其ノ營業上使用スル水車ニ對シ縣税水車税ヲ賦課シタルハ違法ニアラス（明治三一、五、二四）

●明治十三年第十八號布告營業税雜種税規則第二條ニ規定セル水車税ハ水車ナル物件ヲ目的トスルモノナリ（明治四三、一一、五）

四　市場

○施行規則

第七條　市場ニ對シテハ所在地府縣ニ於テ其ノ經營者ニ雜種税ヲ賦課ス

市場ニ對スル雜種税ハ市場ヲ經營スル行爲ニ對シ賦課スルモノナリ市場經營ノ行爲ハ市場所在地ニ

於テ爲サルルモノト認メラルルヲ以テ其ノ市場所在地ノ府縣ニ於テ賦課スルコトトセリ而シテ市場經營者ヲ以テ其ノ納稅義務者ト爲セリ市場トハ物品ノ糶賣ヲ公行スルカ又ハ賣主買主共双方多數集合シテ取引ヲ爲ス場所ヲ指稱スルモノトス市場ニ對スル雜種稅ハ市場ヲ經營スル行爲ニ對シテ課稅スルモノニシテ營業ニ對シテ課稅スルモノニ非サレハ營業收益稅又ハ營業稅ト重復スルモノト謂フコトヲ得サルナリ

【訓令通牒】

●縣稅市場稅ノ件（大正八、七、四、愛知縣知事照會大正八、九、八、地方局長回答）

一愛知縣知事照會

明治十三年太政官布告第十七號營業稅雜種稅ノ種類及制限第二條中ノ市場稅ハ實際ノ賦課ニ當リ其ノ課稅標準ヲ收入金、賣場ノ坪數又ハ報償金ニ依ルモ要スルニ市場タル場所ヲ課稅ノ主體トシテ賦課スヘキ主旨ニ解シ可然ト存候從テ市場法ニ依リ許可ヲ得テ開設セル市場ニモ當然賦課シ得ヘク然ルニ市場內ニ於テ問屋行爲チ爲ス者ノ多クハ問屋業ノ營業者トシテ國稅營業稅ノ賦課ヲ受ケ居候爲二重ノ課稅ト認メラルル點ナキニアラサルモ國稅ハ問屋業ナル行爲ニ課稅シ縣稅ハ市場即チ場所ニ課稅スルモノニシテ支障ナキモノト被存候得共疑義有之候就テハ至急何分ノ御指示相煩度

一地方局長回答

本月四日地第四四三三號照會標記ノ件御見込ノ通リト存候

【行政實例】

●明治十三年太政官布告第十七號備考（明治十三年内務省出版）
市場トハ四方ノ商人期日ヲ定メ一地ニ集會シ市街ヲ市場トシ或ハ一人一箇ニテ市場ヲ設ケ諸商人集會シ營業スル者ヲ指ス但營業人百般ノ賣品ヲ携ヘ農工モ自作ノ器械穀菜等ヲ往來又ハ店先ニテ販賣ヲナスモ市場アリテ糶賣主ナキモノ或ハ神社等ヘ會シ境内路傍ニ於テ會スル縁日又ハ年ノ市ノ如キハ課税ノ限リニアラス

【行政裁判例】

●公衆ノ相集リ物品ノ糶賣ヲ公行スル場所ハ市場ナリ（明三二、二、一〇）
●自己ノ店舗ナルト否トヲ問ハス一定ノ場所ニ於テ衆人ヲ集メ物品ノ糶賣ヲ公行スルトキハ其ノ場所ハ即チ市場ナリトス（明治三六、四、一〇）
●營業者ノ使用スル場所ニ對シ市場税ナル縣税ヲ課スルモ營業税法第三十六條ニ牴觸スルモノニ非ス（明治三六、五、一）
●物品賣買ノ市場ニ對シテ縣税市場税ヲ賦課スルハ違法ニアラス（明治三八、二、一〇）
●明治十三年太政官布告第十七號營業税雜種税規則ニ於ケル雜種税ノ目的タル市場ハ通常ノ觀念ニ基キ糶賣ノ方法ヲ用フル場合ノ外賣主買主共双方多數ノ衆合スルコトヲ必要トスルモノト解スルヲ相當トス（大正七、二、二〇）
●廣島縣税賦課規則第八條ニ依レハ同縣縣税雜種税市場税ハ市場經營ニ依リテ生スル益金ヲ標準トシテ賦課スヘキモノトス會社カ委託販賣ヲナシ若クハ荷主ト仲買人トノ間ニ立チテ賣買ヲ成立セシメ其賣上高ノ百分ノ九ヲ手數料トシテ收得スル場合ニ於テ假ニ會社ノ營業所ハ明治十三年太政官布告第十七號ノ市場ニ該當スルトモ前示手數料ハ市場經營ニ依リテ生スル益金ナリト謂フコトヲ得ス從テ右手數料ヲ標準トシテ市場税ヲ賦課シタル

ハ不法ナリ（大正八、六、三五）

●問屋業及仲立業ニ對スル報償金額ヲ標準トシテ市場税ヲ賦課シタルハ廣島縣縣税賦課規則第八條ニ違反シタルモノナリ（大正一一、一〇、一一）

●古物商ノ組合ノ組合員相互間ノミニ於テ一定ノ場所ヲ會場トシ隨時ニ組合員ノ一人又ハ數人カ催主トナリ入札ノ方法ヲ以テ書畫骨董品ヲ他人ノ委託ニ因リ賣買スルカ如キハ明治十三年太政官布告第十七號ニ依ル市場ト認ムルコトヲ得ス（大正一二、五、八）

●廻米問屋同盟者ニ依リテ共立セラレ一定ノ場所ニ於テ一定ノ日ヲ除ク外毎日一定時間開市シ同盟者賣主ト爲リ二十俵以上ヲ買フ者ハ何人ト雖モ買主ト爲リ米雜穀ノ賣買取引ヲ爲スモノハ明治十三年太政官布告第十七號地方税中營業税雜種税ノ種類及制限第二條ニ所謂市場ナリトス（大正一四、一〇、二七）

●援用ノ當所判決ハ何レモ物品ノ糶賣ヲ公行スルモノヲ市場タル旨判示セルニ過キスシテ物品ノ糶賣ヲ公行セサルモノハ市場ニ非スト判示セルモノニ非ス（大正一四、一〇、二七）

●一定ノ場所ニ於テ特定ノ休日ヲ除クノ外毎日定時ニ開場シ市場經營者タル組合員各自カ其所ニ集合シ何人ニ對シテモ米雜穀ヲ賣却スルモノノ如キハ明治十三年太政官布告第十七號ニ所謂市場ニ該當ス又之ニ賦課スル市場税ハ市場經營行爲ニ對シ課税スルモノニシテ市場内ニ於ケル組合員各自ノ營業行爲ニ對シ課税スルモノニ非ス（大正一五、七、一七）

五　牛馬及犬

〔施行規則〕

第八條　牛馬及犬ニ對シテハ飼育地府縣ニ於テ其ノ所有者ニ雜種税ヲ賦課ス

牛馬及犬ニ對スル雜種稅ハ牛馬及犬ヲ所有スルコトニ對シ賦課スルモノナリ牛馬及犬ノ飼育地ハ即チ其ノ所在地ナルヲ以テ其ノ飼育地府縣ニ於テ賦課スルコトトセリ牧場カ二府縣以上ニ跨ル場合ニ於テハ其ノ畜舍又ハ管理所ノ所在地府縣ニ於テ賦課スルヲ相當トスヘシ

六　狩獵

○施行規則

第九條　狩獵ノ免許ヲ受クル者ニ對シテハ其ノ住所地府縣ニ於テ雜種稅ヲ賦課ス

狩獵ニ對スル雜種稅ハ狩獵ヲ爲ス行爲ニ付賦課スルモノナルモ其ノ行爲タルヤ住所地ヲ中心トシテ各地ニ渉リ行ハルルモノナルヲ以テ其ノ中心タル住所地府縣ニ於テ賦課スルコトトセリ

【訓令通牒】

●**雜種稅ニ關スル件**（昭和二、三、三一發地第三號地方、主稅局長通牒ノ內）

第二　狩獵稅ニ關スル事項

狩獵稅ハ左ノ制限以內タルヘキコト

一　狩獵法第八條ニ規定スル一等及二等ニ該當スルモノ　國稅一圓ニ付　金拾參錢

二　同三等ニ該當スルモノ　國稅一圓ニ付　金拾錢

七　屠畜

○施行規則

第十條　屠畜ニ對シテハ屠殺地府縣ニ於テ其ノ家畜ノ所有者ニ雜種税ヲ賦課ス

屠畜ニ對スル雜種税ハ牛馬豚羊等ノ家畜ヲ屠殺スル行爲ニ對シ賦課スルモノナリ本税ハ屠殺地府縣ニ於テ賦課スルモノトス屠殺地トハ換言スレハ屠殺場所在地ヲ謂フ

【行政實例】

●鳥取縣税賦課規則第二十七條ニ依レハ屠畜税ハ屠殺行爲者ニ之ヲ賦課ストアルモ右ハ地方税ニ關スル法律施行規則第十條ノ規定ニ反スルヲ以テ相當改正スルヲ要ス（昭和二、三、三一）

【行政裁判例】

●屠獸業者ノ屠畜行爲ニ對シテ賦課スル屠畜税ハ其ノ販賣行爲ニ賦課スル國税營業税ト重複セス（明治三三、一、二六）

●東京府知事カ屠獸場ニ臨檢セル警視廳官吏ノ作成シタル屠獸檢査臺帳ニ依リテ屠畜税ヲ賦課シタルハ適法ナリ（明治三四、七、一〇）

●屠畜營業者ノ獸肉販賣業ニ對シ國税トシテ營業税ヲ賦課シ又其ノ獸畜ヲ屠殺スル行爲ニ對シ縣税トシテ屠畜税ヲ賦課スルモ彼此其ノ課税ノ目的ヲ異ニスルモノナレハ營業税法第三十六條ニ牴觸スルコトナシ（明治三六、六、二二）

●明治十三年太政官布告第十七號第二條ノ屠畜税ハ屠畜ノ所有者カナス屠殺行爲ニ對シテ賦課スルモノニシテ所

有者カ自ラ其事實的行爲ヲナスト他人ヲシテ之ヲナサシムルトヲ問ハサルノ法意ナリト解スルヲ相當トス（大正六、一一、二六）

●神戸市税特別税條例第三條ノ屠畜トハ屠殺スヘキ畜類ノ謂ニアラス又畜類ヲ屠殺スル事實的行爲ノ謂ニアラス畜類ノ處分行爲タル屠殺行爲ノ謂ニシテ屠畜税ハ右屠殺行爲ヲ客體トシテ屠殺スヘキ畜類ノ所有者ニ賦課スヘキモノトス神戸市税賦課規則第七條第四項ノ『屠畜税ハ屠殺屆出ノ際屆出人ニ賦課ス』トノ規定ハ屠殺ノ屆出ハ屠畜スヘキ畜類ノ所有者又ハ之カタメ屠殺ニ關スル各般ノ行爲ヲナス權限ヲ有スル者ヨリ之ヲナスコトヲ前提トシ屠畜税賦課ノ時期ヲ定ムルト同時ニ賦課徴收ノ手續ヲ其屆出人ニ對シテナス旨ヲ規定シタルモノナルヲ以テ他人ノタメ屠殺ニ關スル各般ノ行爲ヲナスコトヲ業トスル屠畜請負業者ニ對シ屠畜税ノ賦課徴收手續ヲナシタルハ違法ニアラス（大正六、一二、二六）

●地方税規則及明治十三年太政官布告第十七號ニ依ル縣税屠畜税ハ屠畜所有者カナス屠畜行爲ニ對シ賦課シ其所有者カ自ラ屠畜ノ事實的行爲ヲナスト他人ヲシテ之ヲナサシムルトヲ問ハサルノ法意ナリ屠畜ノ所有者カ其獸畜ノ屠殺ヲ屠畜請負業者ニ請負ハシメテナス場合ニ於テ生肉引渡ノ際ニ於ケル生肉ノ混同ヨリ生スル請負人ノ損害賠償責任ヲ除却スルタメ屠殺ノ所有權ヲ請負人ニ移轉スル特約アリトスルモ縣税屠畜税ハ其注文者ニ賦課スヘキハ前示法令ノ精神ナリト解スヘキモノトス（大正八、七、二三）

●明治十三年太政官布告第十七號ノ屠畜税ハ屠畜ノ所有者カナス屠殺行爲ニ對シテ賦課スルモノニシテ所有者自ラ其事實的行爲ヲナスト他人ヲシテ之ヲナサシムルトヲ問ハサルノ法意ナリト解スルヲ相當トス屠殺セル屠畜ノ所有者トシテ自ラ申告シタル以上ハ徴税手續上之ニ對シテ所有者ニ課税スヘキ屠畜税ヲ賦課スルモ違法ナリト云フヲ得ス（大正八、七、二五）

●獸肉等ノ販賣業ヲ營ミ國税營業税ヲ納ムル者カ其販賣ノ用ニ供スル獸肉ヲ得ンカタメ獸畜ヲ屠殺スル場合ニ於

テ其屠畜行爲ニ對シテ縣税ヲ賦課スルモ明治四十一年法律第三十七號第二條ニ所謂營業税ヲ納ムル者ノ營業ニ對シ課税スルモノト謂フコトヲ得ス（大正七、七、二二）

●獸肉販賣業ノタメ國税營業税ヲ納ムル者カ其販賣ノ用ニ供スル獸肉ヲ得ンカタメ其所有ノ獸畜ヲ屠夫ニ託シテ屠殺スル場合ニ於テ其屠殺行爲ニ對シ縣税屠畜税ヲ賦課スルモ違法ニ非ス（大正一二、四、二八）

八　不動産取得

○施行規則

第十一條　不動産ヲ取得スル者ニ對シテハ其ノ不動産所在ノ府縣ニ於テ雜種税ヲ賦課ス

第十二條　左ニ掲グル不動産ノ取得ニ對シテハ雜種税ヲ賦課スルコトヲ得ズ

一　家督相續又ハ遺産相續ニ因ル不動産ノ取得

二　法人ノ合併ニ因ル不動産ノ取得

三　信託財産ニシテ委託者カ信託行爲ニ依リ信託利益ノ全部ヲ享受スベキ不動産ヲ委託者ヨリ受託者ニ移ス場合ニ於ケル不動産ノ取得但シ當該不動産ニ付其ノ後受益者ヲ變更シタル場合及信託法第二十二條ノ規定ニ依リ固有財産ト爲シタル場合ニ於テハ其ノ時ニ不動産ノ取得アリタルモノト看做シ雜種税ヲ賦課ス

四　信託ニ付受益者又ハ歸屬權利者ノ不動產ノ取得

五　信託ノ受託者交迭ノ場合ニ於ケル新受託者ノ不動產ノ取得

不動產取得ニ對スル雜種稅ハ土地家屋等ノ不動產ヲ取得スル行爲ニ對シ賦課スルモノナリ本稅ヲ不動產所在地ニ於テ賦課スルコトトナシタルハ不動產ノ取得ハ其ノ不動產ノ所在地ニ於テ行ハルルモノト認定シタルモノナリ船舶ハ不動產ニ非サルヲ以テ其ノ取得ニ對シ不動產取得ノ範圍ニ於テ雜種稅ヲ賦課スルコトヲ得ス若シ船舶ノ取得ニ對シテモ雜種稅ヲ賦課セントセハ特別稅トシテ許可ヲ受クルコトヲ要ス

不動產ノ取得ニ對スル雜種稅ハ相續及法人ノ合併ニ因ルモノ竝ニ信託ニ關スルモノニ付テハ賦課スルコトヲ得サルコトトセリ其ノ理由下ノ如シ(一)家督相續及遺產相續ニ依ル不動產ノ取得ニ對シ課稅セサルハ相續稅ニ對スル附加稅ヲ禁止シタル趣旨ヲ徹底セシメタルニ外ナラス(二)其ノ法人ノ合併ニ因ル不動產ノ取得ニ對シ課稅セサルハ登錄稅ニ於テモ普通ノ賣買ヨリ甚シク輕課セルヲ以テ之ニ倣ヒタルモノナリ(三)信託ニ關スル不動產ノ取得ニ對シ課稅セサルハ其ノ移轉ハ形式的移轉ニシテ實質的ノ移轉ニ非サルニ因ル

【訓令通牒】

●不動產取得稅課率ノ件（昭和二、三、三一發地第三號地方、主稅兩局長通牒ノ内）
一　不動產取得稅ノ課率ハ不動產價格千分ノ七以內タルヘキコト
特別ノ事情アルトキハ內務大臣及大藏大臣ノ承認ヲ受ケ不動產價格千分ノ十二迄賦課シ得ルコト但シ現ニ兩大臣ノ許可ヲ受ケ賦課セルモノハ其ノ許可年限間更ニ承認ヲ受クルヲ要セサルコト

【行政實例】

●不動產取得稅ノ課稅標準ヲ坪數トナスモノアルモ右ハ適當ナラサルヲ以テ價格ヲ標準トスル樣改メラレタシ（昭和二、三、三一）

【行政裁判例】

●明治二十八年大阪市條例第一號第四條ノ土地建物ノ賣買讓與ナル文詞ハ原因ノ如何ヲ問ハス汎ク土地建物ノ所有權移轉アリタル場合ヲ指スノ法意ナリト解スルヲ相當トスルニ由リ會社ノ合併ニ因リ土地建物ヲ取得シタル場合ニ其土地建物ニ對シ歩一稅ヲ賦課シタルハ適法ナリ（大正三、四、二七）

●高知縣稅課目課額ノ適用上木骨煉瓦造ハ木造ト看做スヘキモノトス（大正五、四、二六）

●德島縣稅賦課規則第五十七條ノ一ニ依ル家屋建築稅ハ建築材料ノ新舊如何ヲ問ハス建築ヲナシタル家屋ノ所有者ニ對シ賦課シ得ルモノトス（大正一一、二、一〇）

●大正八年法律第三十八號第三條ニ所謂『土地ニ對シ』トアルハ土地ヲ課稅ノ客體トスル課稅ヲ禁シタルニ止マリ土地所有權取得ノ行爲ヲ客體トスル課稅ヲ禁シタルモノニ非スト解スヘキモノトス（大正一〇、一一、二〇）

●共有土地ノ分割ハ明治二十八年大阪市條例第一號第四條ニ所謂賣買讓與ニ包含セス（大正一一、六、三）

●不動產取得稅ヲ賦課スヘキ不動產ノ價格ヲ時價ニ依リ算定スヘキ場合ニ於テハ時價ハ該不動產取得當時ニ於ケ

ル狀況ニ依リテ算定スヘキモノトス土地及立木ヲ一括シテ同時ニ取得シタル場合ニ在リテハ土地及立木ノ價格ヲ以テ不動産取得稅ノ課稅標準トシタルハ相當ナリ（大正一一、一二、三）

●奈良縣々稅賦課規則第二十八條ノ不動産取得稅ハ不動産取得ノ行爲ニ對シ賦課スヘキモノナルモ苟モ賦課ノ當時取得ノ形式要件ヲ備フル行爲アルニ於テハ其行爲ニ對シテモ之ヲ賦課スルノ法意ナリトス（大正一二、一二、二六）

●鐵道經營ノ用ニ供スルタメ不動産ヲ取得スルハ山口縣々稅賦課規則ニ所謂公益ノ用ニ供スル不動産ノ取得ニ非ス之ニ對シ不動産取得稅ヲ課シタルハ適法ナリ（大正一三、一〇、二三）

●不動産取得稅ノ賦課ハ苟モ土地建物ヲ取得シ其ノ登記ヲ爲シタル者ニハ賣渡擔保タルト否トヲ問ハス不動産取得稅ヲ賦課スル趣旨ト解スルヲ相當トス（大正一五、一〇、二一）

九　漁　業

○施行規則

第十三條　漁業ニ對スル雜種稅ハ當分ノ間從來ノ例ニ依リ之ヲ賦課ス

新ニ漁業ニ對シ雜種稅ヲ賦課セントスルトキ又ハ其ノ賦課率若ハ賦課方法ノ變更ヲ爲サントスルトキハ內務大臣及大藏大臣ノ許可ヲ受クベシ但シ其ノ舊慣ヲ改メ其ノ他賦課方法ヲ變更スルコトナクシテ賦課率ヲ低減スル場合ハ此ノ限ニ在ラズ

漁業ニ對スル雜種稅ハ漁業ニ對シ賦課スルモノナリ漁業トハ營利ノ目的ヲ以テ水産動植物ノ採捕又

ハ養殖ヲ業トスルヲ謂フ從ツテ遊漁ハ漁業ノ範圍外ナリ故ニ之ニ對シ漁業ノ範圍內ニ於テ雜種稅ヲ課スルコトヲ得ス若シ遊漁ニ對シ雜種稅ヲ賦課セントセハ特別稅トシテ許可ヲ受クルコトヲ要ス漁業ニ對スル雜種稅ノ納稅義務者ハ其ノ漁業者ナリ漁業者トハ漁業ヲ爲ス者及漁業權又ハ入漁權ヲ有スル者ヲ謂フ而シテ漁業ヲ爲ス者トハ漁業ニ從事スル者ヲ謂フニ非スシテ漁業經營ノ主體タル者ヲ謂フモノトス

漁業ニ對スル雜種稅ハ漁業經營所ノ所在地府縣ニ於テ賦課スヘキモノト解スヘシ若シ漁場ニ對シ其ノ漁業權者ニ對シ賦課スルモノアリトセハ之ニ付テハ其ノ漁場所在地府縣ニ於テ賦課スルヲ相當トス但シ別段ノ慣習アルモノハ此ノ限ニ在ラス

漁業ニ對スル雜種稅ハ明治十一年地方稅規則制定以前ヨリ存在シ課稅標準其ノ他ノ賦課方法ハ地方ニ依リ區々ニシテ又甚タ複雜ナリ從ツテ其ノ整理ハ容易ナラサルノミナラス之カ整理統一ニ依リ負擔關係ニ激變ヲ生スルノ虞アリシヲ以テ大正十五年ノ地方稅制整理ニ當リテモ其ノ沿革ヲ尊重シ暫ク從來ノ例ニ依リ賦課スルコトトセリ然レ共地方稅ニ關スル法律施行勅令第十八條ノ規定ノ如キ法律勅令ノ直接規定ハ漁業ニ對スル雜種稅ニ付テモ尙適用サルヘキモノトス

新ニ漁業ニ對シ雜種稅ヲ賦課セントスルトキ又ハ賦課率若ハ賦課方法ノ變更ヲナサントスルトキハ舊法地方稅規則ノ規定ニ於ケルト同樣內務大藏兩大臣ノ許可ヲ要スルコトトセリ但シ習慣ヲ改メ其

ノ他賦課方法ヲ變更スルコトナクシテ賦課率ヲ低減スル場合ノ如キハ許可ヲ要セサルコトトセリ

【訓令通牒】

●**管外來漁者ニ對スル漁業賦課制限ノ件**（明治四二、一〇、四、地甲第八四號地方局長通牒）

府縣ニ於テ賦課スル漁業税ニ付テハ管外來漁者ニ對シ賦課スル向有之候得共本籍地竝出漁地雙方ニ於テ各一般税率ニ依リ課税スルトキハ其ノ負擔重キニ過キ殊ニ地方ニ依リテハ管外來漁者ニ對シテ一層高率ノ課税ヲナスモノアリ是等ハ更ニ酷ニ失シ妥當ナラスト存候條出稼者ニ對シ課税スルノ舊慣ナキ地方ニ在リテハ可成之ニ課税セサルコトトシ其ノ舊慣アリテ本籍地竝出漁地双方ニ於テ各課税スル場合ニ於テハ關係地方廳協議ノ上適度ノ課税ヲ爲シ他ノ一般漁業者ト權衡ヲ失セサル樣措置相成度依命此段及通牒候也

●**二府縣以上ニ涉ル捕鯨業ニ對スル課税標準ノ件**（明治四三、一〇、一九、地方局長通牒）

捕鯨業ニ對シ二府縣以上ニ以テ課税スル場合ハ他ノ水産税ニ比シ往々共ノ負擔重キニ過クルノ傾向有之候處今般農商務省ヨリ協議ノ次第モ有之詮議ノ末右賦課ハ來ル四十三年度ヨリ關係府縣ヲ通シ賣上金高千分ノ二十五ノ範圍ニ止ムヘキコトニ決定相成候條右ノ範圍ヲ超過セル分ニ對シテハ夫々協議ノ上課税相成候樣致度依命此段及通牒候也

追テ頭數ヲ以テ課税標準ト爲シタル場合モ亦本文ノ範圍ニ於テ課税可相成義ト承知相成度此段申添候

【行政實例】

●數十年間他府縣來漁者ニ對シ課税シ來リタルモノヲ中途二三年間之ヲ中止シタルヲ更ニ課税スルコトニ復活スルモ漁業税ニ付テハ舊慣ノ變更ナリト認メラル（大正四、一、一二）

●漁業權者ニ對スル漁場税ハ漁業税トシテ賦課スルハ別ニ差支無之ト存ス（大正七、一一、一八）

【行政裁判例】

●甲村ノ地籍内ニ定置漁場ヲ有シ漁業ニ從事スル者ニ對シ甲村カ單獨ニ漁業稅附加稅ヲ賦課シタルハ適法ナリ（大正三、一二、二五）

●熊本縣稅雜種稅中羽瀨漁業ニ對スル漁業稅ハ漁業權ノ享有ニ對シ賦課スルモノニシテ休業中ノ漁場ニ對シテ之ヲ賦課スルモ違法ニアラス漁業法施行規則第三十六條休業認可ノ規定ハ縣稅漁業稅ノ賦課ニ關スルモノト解スルコトヲ得ス（大正八、三、一九）

一〇　遊藝師匠、遊藝人、相撲、俳優、藝妓其ノ他之ニ類スルモノ

○施行規則

第十四條　遊藝師匠、遊藝人、相撲、俳優、藝妓其ノ他之ニ類スル者ニ對シテハ其ノ住所地府縣ニ於テ雜種稅ヲ賦課ス其ノ住所地府縣ニ於テ之ヲ課セサルトキハ三月以上滯在ノ府縣ニ於テ之ヲ賦課ス

第十五條　同一人ニシテ遊藝師匠、遊藝人、相撲、俳優、藝妓其ノ他之ニ類スル者ノ二以上ニ該當スルトキハ其ノ一ニ就キ雜種稅ヲ賦課ス其ノ稅額異ルトキハ多キニ從フ

遊藝師匠、遊藝人、相撲、俳優、藝妓其ノ他之ニ類スルモノニ對スル雜種稅ハ之等ノ者ノ常業トス

ル其ノ特有ノ行爲ニ對シ賦課スルモノナリ之等ハ一ノ勤勞業務ナルモ他ノソレトハ異ナリ他人ノ歡興ヲ助クル行爲ニシテ之ニ課税スルトキハ其ノ負擔ヲ奢侈欲求者ニ轉稼セシムルコトトナリ比較的擔税能力アリト爲シタルニ因ルモノナリ然レ共實際ニ於テ往々納税義務者自身ニ於テ之ヲ負擔スル場合少シトセサルヲ以テ轉稼能力アルヤナキヤニ依リ課税ヲ決定スルノ必要アルハ勿論奢侈的課税ノ性質ヲ帶フルノ故ヲ以テ重課スルカ如キハ愼マサルヘカラス『其ノ他之ニ類スルモノ』ノ字句ハ掲記種類ノ全部ニ係ルモノニシテ例ヘハ幇間、活動辯士、酌婦等ハ之ニ包含ス然レ共娼妓、旅人宿、料理店ニ於ケル普通ノ女中又ハ喫茶店ニ於ケル女給ノ如キハ之ニ包含セス而シテ本税ハ其ノ性質ニ照シ其ノ行爲ノ中心タル納税義務者ノ住所地府縣ニ於テ賦課スルコトトセリ

本税ノ賦課ニ付テハ同一人ニシテ遊藝師匠、遊藝人、相撲、俳優、藝妓其ノ他之ニ類スル者ノ二以上ニ該當スルトキ例ヘハ遊藝師匠ニシテ遊藝人タルモノ又ハ俳優ニシテ藝妓タルモノアルトキハ其ノ一ノミニ就キ賦課スルコトトセリ而シテ其ノ税額異ルトキハ其ノ多キモノノ種目ニ付賦課スルモノトス

【行政實例】

●酌婦税ハ藝妓税目ニ於テ賦課シ得ルモノトス（明治四〇、二、八）

●酌人（料理屋、飲食店、貸座敷等ニ於テ配膳又ハ酌取チ爲シ若クハ仲居、雇女ト稱スルモノニ賦課ス）ハ藝妓

其ノ他之ニ類スル者ニ該當スルモノトス（昭和二、二、二五）

一一　演劇其ノ他ノ興行

○施行規則

第十六條　演劇其ノ他ノ興行ヲ爲ス者及遊興ヲ爲ス者ニ對シテハ其ノ行爲地府縣ニ於テ雜種税ヲ賦課ス

演劇其ノ他ノ興行ニ對スル雜種税ハ演劇其ノ他ノ興行ヲ爲ス行爲ニ對シ賦課スルモノナリ演劇其ノ他ノ興行ヲ營業トスルモノニ對シテハ營業税ヲ賦課スヘキモノナルモ之ヲ課税セス其ノ營業タルト否トヲ問ハス總テ雜種税ヲ賦課スルコトトセリ即チ演劇其ノ他ノ興行ニ對シテハ其ノ何タルトヲ問ハス又其ノ何人カ之ヲナスト雖之ニ付營業税及營業收益税ヲ課税セサルヲ以テ何人ノ如何ナル興行ニ對シテモ賦課シ得ヘキモノトス然レ共例外トシテ寄席業及遊覽所業ニ對シテノミ特ニ道府縣税營業税ヲ賦課スルコトトセリ之レ主トシテ課税上ノ便宜ニ出テタルモノナルモ如斯之等ニ對シ營業税ヲ賦課スルコトトシタル以上寄席業者又ハ遊覽所業者カ其ノ寄席又ハ遊覽所ニ於テ爲ス演劇其ノ他ノ興行ニ對シ更ニ雜種税ヲ賦課スルハ二重課税トナリ法ノ精神ニ反スルコトトナルヘシ『其ノ他興行』トハ活動寫眞、相撲、輕業、劍舞、曲藝、等ノ興行ヲ謂フ

二　遊興

○施行規則

第十六條　演劇其ノ他ノ興行ヲ爲ス者及遊興ヲ爲ス者ニ對シテハ其ノ行爲地府縣ニ於テ雜種稅ヲ賦課ス

第十七條　遊興ニ對シ消費金額ノ全部ヲ標準トシテ賦課スル雜種稅ハ遊興者一人當一回ノ消費金額二圓ニ滿チザルモノニ之ヲ賦課スルコトヲ得ズ

遊興ニ對スル雜種稅ハ遊興ヲ爲ス行爲ニ對シ賦課スルモノナリ『遊興』トハ藝妓、幇間、遊藝人、娼妓等ヲ招キテ遊ヒ興スルコトヲ謂フ本稅ハ即チ如斯奢侈的行爲ニ對シ課稅スルヲ目的トシタルモノナリ

遊興ニ對スル雜種稅ハ消費金額ノ全部ヲ標準トシ又ハ其ノ一部ヲ標準トシ賦課スルコトアルヘシト雖其ノ消費金額ノ全部ヲ標準トシテ賦課スル場合ニ於テ遊興者一人當一回ノ消費金額二圓ニ滿チサルモノノ如キハ未タ奢侈的行爲ナリトシテ課稅スヘキ程度ニ非サルヲ以テ課稅セサルコトトセリ

【訓令通牒】

●**遊興ノ課稅標準ニ關スル件**（昭和二、三、三一、發地第三號地方、主稅兩局長通牒ノ內）

第四　遊興税ニ關スル事項

一　遊興税ノ課税標準ハ之ヲ消費金額ノ全部ト爲スカ又ハ其ノ一部（花代ノ類）ト爲スカハ任意ナルモ同一團體ノ課税標準トシテハ其ノ一ニ依ルヘキコト

二　遊興税ハ左ノ制限以内タルヘキコト

（甲）消費金額ノ全部ヲ課税標準ト爲ス場合

道府縣　消費金額百分ノ五

市町村

（イ）道府縣ニ於テ遊興税ヲ賦課セサルトキ

消費金額百分ノ十

（ロ）市町村カ北海道地方税又ハ府縣税ノ附加税トシテ賦課スルトキ

北海道地方税又ハ府縣税ノ課率ト通算シ消費金額百分ノ十

（乙）消費金額ノ一部（花代ノ類）ヲ課税標準ト爲ス場合

道府縣　消費金額百分ノ七

市町村

（イ）道府縣ニ於テ遊興税ヲ賦課セサルトキ

消費金額百分ノ十四

（ロ）市町村カ北海道地方税又ハ府縣税ノ附加税トシテ賦課スルトキ

北海道地方税又ハ府縣税ノ課率ト通算シ消費金額百分ノ十四

（丙）道府縣カ消費金額ノ全部ヲ課税標準ト爲ス場合ニ於テ市町村カ消費金額ノ一部ヲ課税標準ト爲シ又ハ

道府縣カ消費金額ノ一部ヲ課稅標準ト爲ス場合ニ於テ市町村カ消費金額ノ全部ヲ課稅標準ト爲ストキハ市町村ノ遊興稅ハ道府縣ノ遊興稅ノ課率ト通算シ消費金額ノ全部又ハ一部ノ百分ノ十二以內タルヘキコト

三　消費金額ノ一部（花代ノ類）ヲ課稅標準トシテ賦課スル場合ニ於テハ免稅點ヲ設ケサルモ差支ナキコト

四　道府縣カ遊興稅ヲ賦課スル場合ニ於テハ市町村ハ特別稅遊興稅條例ノ施行ヲ停止シ附加稅トシテ賦課スヘキコト但シ市町村ノ遊興稅カ道府縣ノ遊興稅ト課稅標準ヲ異ニスル場合ニ於テハ此ノ限ニ在ラサルコト

五　道府縣ノ遊興稅ト市町村ノ遊興稅ト免稅點ヲ異ニスル場合ニ於テハ市町村ハ道府縣ノ遊興稅ノ免稅點以下ノ部分ニ付テノミ特別稅遊興稅ヲ賦課シ得ルコト

六　北海道地方稅又ハ府縣稅ノ徵收義務者ヲ定メタル場合ニ於テハ市町村長ヲシテ徵收金ノ拂込ヲ受ケシメ之ヲ取纏メテ北海道地方費又ハ府縣ノ金庫ニ拂込マシムルカ如キ規定ヲ設ケ得サルコト

七　徵收義務者ヲ定メタルトキハ遊興稅ノ拂込ハ證紙ヲ以テスルコトト爲スヲ得サルコト

【行政實例】

●遊興ノ場合ニ依リテ消費金額ノ全部ヲ標準トシ又ハ其ノ一部ヲ標準トスルコトハ大正十一年三月三十一日發地第一三八號通牒第二號ノ趣旨ニ反スル義トス（大正一四、八、二八）

第二　雜種稅附加稅ノ制限

○施行勅令

第二十條　雜種稅附加稅ノ總額ハ本稅總額ノ百分ノ八十九以內トス

特別ノ必要アル場合ニ於テハ府縣知事ノ許可ヲ受ケ前項ニ規定スル制限ヲ超過シテ賦課スルコトヲ得

雜種稅附加稅ニ付テモ他稅トノ權衡上一定ノ制限ヲ設ケラレタリ即チ雜種稅附加稅ノ總額ハ本稅總額ノ百分ノ八十九以內ト定メラレタリ本稅ノ制限ハ大正十四年度當初豫算ヲ基準トシ府縣稅雜種稅總額ニ對スル其ノ市町村稅雜種稅附加稅總額ノ割合ニ依據シ定メラレタルモノナリト謂フ營業稅附加稅ト異ナリ如斯稅總額ニ付制限セラレタルハ雜種稅ノ性質ヨリスル當然ノ結果ニシテ即チ各市町村ニ於ケル雜種稅附加稅ハ不均一ノ賦課ヲ爲セルモノ甚タ多キヲ以テ本稅百分ノ若干ト謂フカ如ク單一ニ規定スルコトハ實際ニ副ハサルノミナラス妥當ナル制限ト爲シ得サル憾アリタルニ由ルモノナリ制限ノ適用ハ賦課額又ハ決算額ニ依ルニ非スシテ豫算額ニ依ルモノナリ從ツテ豫算額ニ於テ制限內ナル場合ハ其ノ決算額ニ於テ制限外トナルコトアルモ問フ所ニ非サルナリ特別ノ必要アル場合ニ於テハ制限外課稅ヲ爲シ得ルコト他ノ諸稅ト同樣ナリ而シテ其ノ制限外課稅ヲ爲ス場合ハ府縣知事ノ許可ヲ受クルコトヲ要スルモノトス

【訓令通牒】

●雜種稅ニ關スル件（昭和二、三、三一、發地第三號地方、主稅兩局長通牒ノ内）

雜種稅ニ關スル事項

第一　電柱稅ニ關スル事項

二　市町村ニ於ケル電柱稅附加稅又ハ特別稅電柱稅ハ年額左ノ制限以内タルベキコト

（イ）市　木柱本柱　一本ニ付金三圓ニ相當スル額

（ロ）町村　同　一本ニ付金一圓五十錢ニ相當スル額

（ハ）木柱支柱、鐵柱及鐵塔ニ對スル課稅ノ制限ニ付テハ前項道府縣ノ電柱稅ノ制限ヲ準用スルコト

特別ノ事情アルトキハ電柱稅附加稅ニ付テハ道廳長官、府縣知事ノ承認（雜種稅附加稅ノ不均一賦課ニ該當スル場合ニハ其ノ許可）ヲ受ケ又特別稅ニ付テハ內務大臣及大藏大臣ノ許可ヲ受ケ鐵塔ニ對シ前記制限ヲ超過シテ賦課シ得ルコト但シ現ニ兩大臣ノ許可ヲ受ケ前記制限ヲ超過シテ賦課セルモノハ其ノ許可年限間更ニ許可ヲ受クルヲ要セザルコト

三　既ニ許可ヲ受ケテ賦課セル電柱稅又ハ電柱稅附加稅ニシテ前二項ノ制限ヲ超過セルモノハ機會ヲ見計ヒ相當低減スベキコト

四　木柱控柱ノ類ニ對シテハ課稅セザルコト

五　鐵筋「コンクリート」ノ電柱ニ對シテハ其形狀ニ應シ鐵柱又ハ鐵塔ニ準ジテ賦課シ得ルコト

六　府縣費ノ全部ノ分賦ヲ受ケタル市ニ於テハ前記府縣ト市トノ電柱稅制限額ヲ合算シタルモノニ相當スル額迄賦課シ得ルコト

七　賦課期日ノ直前一ケ年分ノ事業年度ノ利益配當年六分未滿ナルトキハ賦課セザルコト

八　道府縣ガ電柱稅ヲ賦課スル場合ニ於テハ市町村ハ特別稅電柱稅條例ノ施行ヲ停止シ其ノ許可ヲ受ケタルト

同類迄附加稅トシテ賦課スヘキコト

第二　不動產取得稅ニ關スル事項

二　市町村ニ於ケル不動產取得稅附加稅又ハ特別稅不動產取得稅ハ不動產價格千分ノ十ニ相當スル課率以下タルヘキコト

特別ノ事情アルトキハ不動產取得稅附加稅ニ付テハ道廳長官、府縣知事ノ承認（雜種稅ノ不均一賦課ニ該當スル場合ニハ其ノ許可）ヲ受ケ又特別稅ニ付テハ內務大臣及大藏大臣ノ許可ヲ受ケ不動產價格千分ノ二十ニ相當スル課率迄賦課シ得ルコト但シ現ニ兩大臣ノ許可ヲ受ケ賦課セルモノハ其ノ許可年限間更ニ許可ヲ受クルヲ要セサルコト

三　電柱稅ニ關スル事項（六）及（八）ハ不動產取得稅及特別稅不動產取得稅ニ之ヲ準用スルコト

四　住宅ノ改良又ハ其ノ供給緩和ノ目的ヲ以テ小住宅ヲ建築スル場合ニハ課稅セサルコト

第四　遊興稅ニ關スル事項

一　遊興稅ノ課稅標準ハ之ヲ消費金額ノ全部ト爲スカ又ハ其ノ一部（花代ノ類）ト爲スカハ任意ナルモ同一團體ノ課稅標準トシテハ其ノ一ニ依ルヘキコト

二　遊興稅ハ左ノ制限以內タルヘキコト

（甲）　消費金額ノ全部ヲ課稅標準ト爲ス場合

道府縣　　消費金額百分ノ五

市町村

（イ）　道府縣ニ於テ遊興稅ヲ賦課セサルトキ消費金額百分ノ十

（ロ）　市町村カ北海道地方稅又ハ府縣稅ノ附加稅トシテ賦課スルトキ

北海道地方稅又ハ府縣稅ノ課率ト通算シ消費金額百分ノ十

（乙）消費金額ノ一部（花代ノ類）ヲ課稅標準ト爲ス場合

道府縣　消費金額百分ノ七

市町村

（イ）道府縣ニ於テ遊興稅ヲ賦課セサルトキ

消費金額百分ノ十四

（ロ）市町村カ北海道地方稅又ハ府縣稅ノ附加稅トシテ賦課スルトキ

北海道地方稅又ハ府縣稅ノ課率ト通算シ消費金額百分ノ十四

（丙）道府縣カ消費金額ノ全部ヲ課稅標準ト爲ス場合ニ於テ市町村カ消費金額ノ一部ヲ課稅標準ト爲シ又ハ道府縣カ消費金額ノ一部ヲ課稅標準ト爲ス場合ニ於テ市町村カ消費金額ノ全部ヲ課稅標準ト爲ストキハ市町村ノ遊興稅ハ道府縣ノ遊興稅ノ課率ト通算シ消費金額ノ全部又ハ一部ノ百分ノ十二以內タルヘキコト

三　消費金額ノ一部（花代ノ類）ヲ課稅標準トシテ課稅スル場合ニ於テハ免稅點ヲ設ケサルモ差支ナキコト

四　道府縣カ遊興稅ヲ賦課スル場合ニ於テハ市町村ハ特別稅遊興稅條例ノ施行ヲ停止シ附加稅トシテ賦課スヘキコト但シ市町村ノ遊興稅カ道府縣ノ遊興稅ト課稅標準ヲ異ニスル場合ニ於テハ此ノ限ニ在ラサルコト

五　道府縣ノ遊興稅ト市町村ノ遊興稅ト免稅點ヲ異ニスル場合ニ於テハ市町村ハ道府縣ノ遊興稅ノ免稅點以下ノ部分ニ付テノミ特別稅遊興稅ヲ賦課シ得ルコト

六　北海道地方稅又ハ府縣稅ノ徵收義務者ヲ定メタル場合ニ於テハ市町村長ヲシテ徵收金ノ拂込ヲ受ケシメ之ヲ取纏メテ北海道地方費又ハ府縣ノ金庫ニ拂込マシムルカ如キ規定ヲ設ケ得サルコト

七　徵收義務者ヲ定メタルトキハ遊興稅ノ拂込ハ證紙ヲ以テスルコトト爲スヲ得サルコト

【行政實例】

●縣稅雜種稅ニ筏綱場稅ナル行爲稅アリ河川ニ於テ木材ヲ筏ニ組立ツル行爲ニ對シ其ノ筏ヲ標準トシテ平均一坪ニ付十錢ヲ賦課スルモノナルニ該行爲カ川ノ兩岸ナル二町村ニ渉ル場合ニ於テ其附加稅ヲ賦課セントスルトキハ本稅ヲ區分シ得ルモノハ區分ノ上賦課シ區分シ難キ場合ニハ關係町村長ノ協議ニ依ラシムルカ又ハ本人ノ屆出等ニ依リ賦課ノ方法ヲ講セシムルノ外ナシ（明治四五、一、九）

（一）縣稅木材川下稅ハ特定ノ行爲ニ對スル課稅ナレハ木材ヲ流下スル河川ノ流域カ沿岸町村ノ地域ニ屬スル場合ニハ其ノ町村内ニ特定ノ行爲アルモノナルヲ以テ町村制第九十九條ニ依リ關係町村ハ其ノ附加稅ヲ賦課スルコトヲ得ルモノトス

（二）納稅義務者ノ住所地及滯在地ノ町村ハ其ノ町村内ニ於ケル木材流下ノ行爲ニ付縣稅木材川下稅ノ附加稅ヲ賦課シ差支ナシ

前二項ノ場合ニ於テハ關係町村カ各本稅額ノ全部ヲ標準トシテ課稅スルヲ得ス即チ本稅額ヲ區分シ得ルトキハ區分ノ上附加稅ヲ賦課シ區分シ難キ場合ハ關係町村長ノ協議ニ依リ本人ノ屆出等ニ依リ賦課ノ方法ヲ講セシムルノ外ナシ（明治四五、一、二二）

●木材川下稅附加稅ハ筏組ヲ爲シ又ハ木材川下ヲ爲ス地ト木材陸揚ヲ爲ス地トノ町村ノミ特定ノ行爲アルモノトシテ取扱フハ然ルヘカラス（大正二、四、一）

●縣ニ於テ電柱稅ヲ賦課スルニ至ルトキハ縣下ノ市町村ハ之カ附加稅ヲ課スルコトヲ得ヘキモ其ノ課率ハ他ノ附加稅ト均一ノ率ヲ以テシ特ニ電柱稅ニ對シ苛重ノ負擔ヲ爲サシムル等ノコト無キ樣監督ヲ爲シ既ニ許可ヲ得テ特別稅電柱稅ヲ課賦シツツアル市町村ニ於テハ二重ノ課稅トナルヲ以テ將來ハ附加稅トシテ徵收スルコトニ更メシムルモノトス（大正二、四、一一）

●縣ノ特別稅タル狩獵稅割ハ國稅ノ附加稅ニ非サレハ町村ハ之ニ對シ附加稅ヲ課スルコトヲ得ルモノトス（大正四、五、七）

●縣稅營業稅及雜種稅大正六年三月中ニ於ケル月稅又ハ隨時收入ヲ大正六年四月ニ至リ賦課スル場合ハ大正五年度分トシテ賦課スルモ之ニ附加稅市町村稅ヲ賦課スルニハ市町村財務規程第三條第二號ニ依リ徵稅令書ヲ發シタル日ノ屬スル大正六年度ノ收入トナスヘキモノニシテ其賦課率ハ大正六年度ノ課率ニ依ルヘキモノトス尤モ財務規程第三條第二號ハ收入ノ所屬年度ヲ定メタルモノニシテ賦課年度ヲ規程シタルモノニアラス又縣稅營業稅雜種稅中月稅又ハ隨時收入ヲ年度經過後ニ於テ前年度所屬トシテ賦課徵收スルハ然ルヘカラス（大正六、八、八）

●縣ニ於テ不動產取得稅ヲ課賦スルニ至レルヲ以テ縣內市町村ニ於テ既ニ許可ヲ得テ不動產取得稅ヲ徵收シ居ル向ハ二重ノ課稅トナルヘキヲ以テ縣ニ於テ本稅徵收期間中ハ附加稅トシテ賦課スルコトニ更メシムルモノトス（大正七、三、六）

●縣稅雜種稅中ノ或種目ニ對シテノミ附加稅ヲ徵收セサル場合ニ於テモ其ノ縣稅雜種稅ニ附加スル課稅ハ特別稅トシテ取扱フヘキモノトス（大正一四、三、一九）

●市町村ニ於ケル縣稅雜種稅附加稅ニシテ雜種稅中ノ各種目間課率ヲ異ニスルモノ（例ヘハ船車ニ對スル課率ト不動產取得ニ對スル課率トヲ異ニスルカ如シ）ハ不均一ノ課稅ナリトシ又或ル種目ヲ除キ附加稅ヲ賦課スル場合（例ヘハ營業稅ヲ除キ他ノ種目ニ對シ附加稅トシテ賦課スルカ如シ）ハ特別稅ニ該當スルモノトシテ從來取扱ハレ來リシモ右ハ地方稅法施行後ニ於テモ尙從前ノ例ニ依リ取扱相成可然（昭和二、二、二五）

●地方稅ニ關スル法律施行令第二十條ニ所謂本稅總額トハ實收ニ依ル本稅總額ニ非スシテ當初若ハ追加豫算トシテ見積リタル豫算額ニ依ルヘキモノトス（昭和二、三、九）

第六節　戸數割

第二十二條　市町村ハ本法ニ依リ戸數割ヲ賦課スルコトヲ得

本條ハ市町村ハ特別稅トシテ戸數割ヲ賦課スルコトヲ得ル旨ヲ規定シタルモノナリ

戸數割創設ノ理由

戸數割ハ明治十一年地方稅規則以來府縣稅トシテ認メラレタルモノニシテ其ノ當時ハ稅制明確ヲ缺キ賦課上種々論爭アリタルヲ以テ大正十年府縣稅戸數割規則ヲ制定シ茲ニ初メテ稅ノ性質、納稅義務者、賦課方法明確ナルヲ得タリ而シテ其ノ戸數割ハ市町村內ニ於テ一戸ヲ構フル者又ハ一戸ヲ構ヘサルモ獨立ノ生計ヲ營ム者ニ對シ其ノ資力ヲ標準トシテ賦課スル人稅ニシテ其ノ課稅標準タル資力ハ所得額、住家坪數及資產ノ狀況ヲ斟酌シテ之ヲ定メタルモ府縣ノ如キ區域廣大ナル公共團體ニ在リテハ各人ノ資力ヲ算定スルコト不可能ナルカ故ニ實際ニ於テハ一定ノ標準ニ依リ各市町村ニ配賦シ市町村ヲシテ各納稅者ノ資力ヲ算定シテ賦課セシムルノ狀況ナリキ之カ爲メ同一資力ヲ有スル者モ偶々其ノ居住市町村ヲ異ニスルカ爲メ戸數割ノ負擔額ニ相違ヲ來タシ負擔ノ衡平ヲ得サルノ嫌アルヲ以テ戸數割ハ府縣稅トシテハ不適當ナルヲ以テ大正十五年ノ稅制整理ニ於テ府縣稅タル戸數

割ハ之ヲ廢止シ新ニ市町村税トシテ創設セラレタルモノナリ

一　市町村ハ別ニ本條ノ規定ナキモ特別税トシテ戸數割ヲ賦課シ得ルコト勿論ナルモ戸數割ハ國民負擔ニ重大ナル關係ヲ有スル重要ナル税種ナルヲ以テ將來市町村カ戸數割ヲ特別税トシテ賦課セムトセハ必ス本法ノ規定ニ準據セサルヘカラス而シテ戸數割ハ一種ノ特別税ナルヲ以テ本法及施行命令ニ規定スル以外ノ事項例ヘハ賦課手續等ヲ定メムトスルトキハ市町村條例ノ設定ヲ要スルモノトス（市制第百二十九條、町村制第百九條）但シ此ノ條例ノ設定又ハ改正ニ付テハ内藏兩大臣ノ許可ヲ受クヘキモノナルモ市制町村制施行令第六十條ノ規定ニ依リ許可ヲ要セサルニ至リタルヲ以テ市町村ハ單ニ市町村會ノ議決ノミニ依リ之ヲ定ムルコトヲ得ルモノトス

二　戸數割ニ關スル市町村條例ニハ如何ナル事項ヲ定ムヘキヤト云フニ大體左ノ諸點ヲ規定スルヲ以テ足ルモノト認メラル

(1)　戸數割ヲ賦課スルコト

(2)　戸數割ハ構戸者又ハ構戸セサルモ獨立ノ生計ヲ營ム者ニ賦課スルコト

(3)　資産ノ狀況ニ依リ賦課スヘキ割合ヲ定ムルコト

(4)　老幼不具癈疾者ノ控除金額ヲ定ムルコト

(5) 賦課率又ハ賦課額ヲ定ムル方法ヲ規定スルコト
(6) 賦課期日其ノ他賦課ノ方法ヲ規定スルコト
(7) 徴收期限ニ關スルコト
(8) 戸數割ヲ賦課セサル者
(9) 過料ニ關スル規定

尚此ノ外所得額ノ調査ニ付申告ヲ必要トスル場合ニハ其ノ旨ヲ規定スルコトヲ要スルモノトス

【關係法令】

◉市町村制

第百九十七條　市町村稅トシテ賦課スルコトヲ得ヘキモノ左ノ如シ

一　國稅府縣稅ノ附加稅
二　特別稅

直接國稅又ハ直接府縣稅ノ附加稅ハ均一ノ稅率ヲ以テ之ヲ徴收スヘシ但シ第百六十七條ノ規定ニ依リ許可ヲ受ケタル場合ハ此ノ限ニ在ラス

國稅ノ附加稅タル府縣稅ニ對シテハ附加稅ヲ賦課スルコトヲ得ス

特別稅ハ別ニ稅目ヲ起シテ課稅スルノ必要アルトキ賦課徴收スルモノトス

●北海道一二級町村制
第八十四條　町村税トシテ賦課スルコトヲ得ヘキ税目左ノ如シ
一　國税、北海道地方税ノ附加税
二　直接若クハ間接ノ特別税
附加税ハ直接ノ國税又ハ北海道地方税ニ附加シ均一ノ税率ヲ以テ町村ノ全部ニ賦課スルヲ常例トス
特別税ハ別ニ町村限リ税目ヲ設ケ課税スルノ必要アルトキ賦課スルモノトス

【行政裁判例】
●法人ニ對シ地方税戸數割ヲ賦課スルハ違法ナリ（明治三一、四、三）

第二十三條　戸數割ハ一戸ヲ構フル者ニ之ヲ賦課ス戸數割ハ一戸ヲ構ヘサルモ獨立ノ生計ヲ營ム者ニ之ヲ賦課スルコトヲ得

本條ハ市町村税戸數割ノ納税義務者ニ關スル規定ナリ即チ戸數割ハ市町村内ニ住所ヲ有シ又ハ三箇月以上滯在スル者ニシテ一戸ヲ構フル者ハ本籍、寄留タルト戸主、非戸主タルトヲ問ハス總テ納税ノ義務ヲ有スルモノトス『一戸ヲ構フル者』トハ自己ノ經濟ニテ生計ヲ維持シ且ツ構戸ノ事實アルモノナリ第二項ノ『一戸ヲ構ヘサルモ獨立ノ生計ヲ營ム者』トハ例ヘハ他人ノ家ニ寄宿シ又ハ下宿シ自己ノ經濟ニテ生計ヲ維持スル者ノ如キモノナリ而シテ此ノ獨立ノ生計ヲ營ムモノハ其ノ擔税力ノ點ニ於テハ構戸者ニ劣ルコトナキニ拘ハラス偶々構戸ノ事實ナキカ故ニ戸數割ヲ賦課セサルコトハ權衡ヲ失スルノ嫌アルヲ以テ構戸者ニアラサルモ之ニ課税スルコトニシタルモノナリ

而シテ玆ニ注意ヲ要スルハ構戸セサル獨立ノ生計者ニ對シテハ當然戸數割ハ賦課セラレサルヲ以テ市町村ニ於テ此等ノ獨立生計者ニ對シ戸數割ヲ賦課セムトセハ市町村戸數割條例中ニ賦課ヲ爲スヘキコトヲ規定セサルヘカラサルモノトス

【關係法令】

●市制／町村制

第百／九十八條 三月以上市／町村內ニ滯在スル者ハ其ノ滯在ノ初ニ遡リ市／町村税ヲ納ムル義務ヲ負フ

【行政實例】

●町村制第七條（舊法）獨立ノ生計ヲ營ム者ニ關シテハ獨立ノ生計ヲ營ムニ足ル資產ヲ有スル者ナル以上反證ナキ限リ之ヲ獨立ノ生計者ト認ムヘキ例ナルモ戸數割規則第一條第二項ノ獨立ノ生計者ハ之ト同視スルコトナク即チ他ノ家ニ間借シ又ハ下宿スル者ニ限リ之ヲ適用シ一戸ヲ構フル戸主ト同居スル家族カ資產ヲ有スルコトアルモ之ヲ以テ直ニ獨立ノ生計ヲ維持スル者ト推定シテ戸數割ヲ課スルコトナク其ノ者ノ所得ハ戸數割規則第六條ヲ適用シテ構戸者ノ所得ト看做スヲ戸數割賦課ノ本旨ニ副フモノトス（大正一一、六、一〇）

●公務所ニ勤務セル所員カ宿直シ兼ネ該所內ニ居住スル者ニ對スル戸數割ノ課否ハ具體的事實ノ認定如何ニ依ル

モノナルモ一時的ニアラスシテ該所員カ獨立ノ住居ヲ占メ若ハ獨立シテ住居ヲ占メサルモ自ラ炊爨ヲ爲スカ如キ場合ハ概ネ戸ヲ構フル者ト認メ又他ヨリ食事一切ノ供給ヲ受クルカ如キ場合ハ獨立シテ生計ヲ營ム者ト認ムヘキモノトス（大正一四、一二、一）

【行政裁判例】

● 他人ノ家屋ヲ區劃シテ其ノ一部ヲ借リ受ケ自己ノ業務ヲ取扱フ場所ト定メ同所ニ於テ寢食ヲ爲シ現ニ竈ヲモ備付ケタル者ハ概ネ戸數割ノ賦課ヲ免レサルモノトス（明治三九、三、五）

● 公務ノ爲本籍地以外ノ町村ニ在勤シ他人ノ家屋ニ占居シ他人ヨリ寢食ヲ與ヘラレタルモノト認ムルコトヲ得サル者ハ反證ナキ以上ハ該家居ヲ占居シ一戸ヲ構ヘタルモノト認ムルヲ相當トス從テ縣税戸數割ノ賦課ヲ受クヘキハ當然ナリ（明治三九、五、二一）

● 酒類製造主ハ反對ノ證據ナキ限其ノ營業場所在地ニ於テ一戸ヲ構フルモノト認定スルヲ當然トス（明治四一、四、一三）

● 或ル町村ニ一戸ヲ構ヘタルモノトシテ戸數割ヲ賦課セラルルニ必スシモ引繼キ其ノ地ニ住居スルコトヲ要セス（明治四一、四、二三）

● 寺院ノ住職トシテ單身起臥スルニ過キスシテ自ラ炊爨ヲ爲スモノト認ムヘカラサル場合ニ於テハ一戸ヲ構フル者ト云フヲ得ス從テ之ニ對シ戸數割ヲ賦課スルハ違法ナリ（明治四五、七、八）

● 甲村ニ於テ一戸ヲ構フル者ハ他ニ住家ヲ構フルモ甲村ニ於ケル構戸ノ事實ニ變更ナキ限リハ甲村ニ於テ之ニ對シ町税戸數割ヲ賦課シ得ヘキモノトス（大正三、六、一七）

● 町税戸數割附加税ハ單身他人ノ家ニ止宿スル者ニ之ヲ賦課スルヲ得ス、縣税戸數割ノ賦課ト之カ附加税ノ賦課トハ各別箇ノ處分ニシテ共ニ構戸ノ事實ヲ要件トス單ニ本稅タル縣稅戸數割ヲ納付シタリトノ事實ヲ以テ附加稅ノ賦課ニ對スル異議ノ申立ヲ排斥スルノ理由トナスコトヲ得ス（大正三、九、三〇）

●他人ヨリ生計費ノ支給ヲ受ケテ炊爨ヲナシ生計ヲ營ムモ尙ホ其者ノ戸タルヲ妨クルモノニ非サルト同時ニ其戸ハ生計費支給者ノ戸ナリト謂フコトヲ得サルモノトス（大正四、五、一七）

●住所ノ何レニ在ルヲ問ハス苟モ賦課期日ニ於テ府縣內ニ一戸ヲ構ヘ三箇月以上居住スル者ナルニ於テハ之ニ對シ縣稅戸數割又ハ其ノ附加稅ヲ賦課シ得ルモノトス（大正四、五、二四）

●從來ノ住所ヨリ他町村ニ轉籍移住スルモ仍ホ從來ノ住所地ニ戸ヲ構フル者ト認ムヘキ場合ニ於テハ之ニ對シ戸數割ヲ賦課スルハ違法ニ非ス（大正四、七、二三）

●他町村ニ轉籍シ戸ヲ構フルモ從來ノ本籍地ニ於テモ依然戸ヲ構フル者ト認ムヘキ場合ニ構戸ノ事實アル市町村ニ於テ各別ニ戸數割ヲ賦課シ得ルモノトス（大正四、一二、一七）

●寺院ノ住職カ寺院ノ收入ノ自由處分ヲ許サレ之ヲ以テ任意ノ生活ヲ營ミ居ル時其ノ居住及炊爨ノ場所カ寺院內タルト否トニ拘ラス住職カ一私人ノ資格ニ於テ炊爨ヲ爲スモノト認ムヘキカ故ニ一戸ヲ構フルモノナリ（大正五、四、一〇）

●構戸者カ他ニ轉住シタル場合ニ於テ其戸ノ撤廢ニ關スル何等ノ措置ヲ執ラス從來ノ同居者ヲ引續キ居住セシムル等ノ事實アルトキハ自ラ居住セス又殘留居住者カ其家族ニアラストスルモ尙ホ自ラ其戸ヲ維持經營スルモノニシテ構戸者タル事實ニハ變更ナキモノト認定スルヲ相當トス（大正五、六、一二）

●生活ノ本據タルコトハ構戸ノ要件ニ非ス、二府縣以上ニ於テ法令ニ定メタル課稅條件アル以上各其條件ノ存スル府縣ニ於テ地方稅ヲ賦課スルハ素ヨリ正當ナリ（大正五、五、二四）

●縣稅戸數割ハ構戸ノ事實ヲ基礎トシテ賦課スルモノニシテ住所又ハ公民權ノ有無ニ依リ其ノ課否ヲ決スヘキモ

ノニ非ス（大正五、一二、二七）

●他村ニ本籍ヲ變更シタル旨ノ屆出ヲナスモ引續キ舊住宅ニ於テ家事ヲ經營スルノ事實アル以上構戸者トシテ縣税戸數割ヲ賦課シタルハ違法ニアラス（大正六、二、九）

●住職トシテ寺ニ常住シ寺ヨリ一定額ノ金穀ヲ給與セラレ之ニ依リテ生計ヲ營ミ自ラ炊爨ヲ爲ス者ハ寺内ニ一戸ヲ構フルモノニシテ之ニ對シ縣税戸數割ヲ賦課シタルハ正當ナリ（大正六、五、一六）

●縣内ノ村住民タルヤ否ニ拘ラス其縣内ノ構戸ノ事實アル者ハ縣税戸數割ノ賦課ヲ免ルルコトヲ得ス（大正六、六、四）

●現行地方税規則所定ノ戸數割ノ客體ハ構戸ニシテ構戸トハ通俗ニ所謂家又ハ世帶ヲ持ツノ謂ナリト解スヘク家又ハ世帶ヲ持ツトハ家事經濟ヲ營ムコトヲ意味スルカ故ニ獨立ノ住居ヲ占メサルモ自ラ炊爨ヲナス者ノ如キハ概ネ戸ヲ構フル者ト認ムヘク之ニ反シ獨立ノ生計ヲ營ムモ他人ノ家ニ寄宿シ食事ノ供給ヲ受クル者ハ戸ヲ構フル者ニ非スト謂ハサルヘカラス（大正七、三、一三）

●構戸ノ意義ハ地方税規則實施以來變更ナク獨立ノ生計ヲ營ムコトトハ同意義ニアラス（大正七、四、一二）

●住居ト構戸トハ別箇ノ事實ナルノミナラス構戸ハ二箇所以上ニ之ヲ爲スコトヲ得ルモノトス（大正七、六、一二）

●單身他人方ニ間借ヲ爲シ仕出屋ヨリ食事ノ供給ヲ受ケ其ノ居室ハ襖ニテ他ノ室ト仕切リタルノミニテ釘付等ト爲シタルモノニ非ス又右居室ノ椽先ト家主ノ居室ノ椽先ト相接續シ其ノ間別ニ締切ノ設ナキカ如キ場合ニ於テハ戸ヲ構フル者ト云フコトヲ得ス（大正八、四、九）

●本税タル縣税戸數割ニ關スル不服ノ事由ヲ以テ其ノ附加税タル村税戸數割ニ對スル不服ヲ訴フルコトヲ得ス（大正八、四、二四）

●全家族他ニ移轉シタル後ト雖戸ヲ撤廢セサルモノト認ムヘキ者ニ對シ縣税戸數割ヲ賦課シタルハ違法ニアラス（大正一一、四、一九）

●獨立ノ生計ヲ營ムニ足ル收入ヲ有スル者ハ反證ナキ限リ獨立ノ生計ヲ營ム者ト認ムヘキモノトス（大正一五、四、二〇）

●戸トハ通俗ニ所謂世帶ノ義ニシテ世帶トハ住所又ハ之ニ準スヘキ住居所ニ限ラス家事經濟ノ全部又ハ一部ヲ營ム場所ヲ謂フモノトス（大正一五、六、一五）

●府縣税戸數割ハ構戸又ハ獨立生計ノ事實ト住所若ハ三箇月以上滯在ノ事實トカ同一市町村内ニ併存スル場合ニ限リ之ヲ賦課シ得ルモノトス（大正一五、六、一五）

第二十四條　戸數割ハ納税義務者ノ資力ヲ標準トシテ之ヲ賦課ス

本條ハ戸數割ノ課税標準ヲ規定シタルモノナリ即チ戸數割ハ納税義務者ノ資力ヲ標準トシテ課税スルモノナリ

課税標準タル資力ハ次條ノ規定ニ依リ納税義務者ノ所得及資産ノ狀況ノ二ツノ要件ヲ要スルモノトス而シテ此ノ二要件ノ中一ノミヲ採リ例ヘハ所得ヲ算出セスシテ資産ノ狀況ノミニ依リ又ハ所得ノミニ依リテ資産ノ狀況ニ依ラサルコトヲ得ルヤト云フニ此ノ如キコトハ違法ナルヲ以テ爲シ得サルモノナリ從ツテ必ス此ノ二要件ヲ併用スルノ要アリ而シテ此ノ要件ヲ如何ナル割合ニ依ルヘキハ後ニ説明スヘシ

第二十五條　戶數割ノ課稅標準タル資力ハ納稅義務者ノ所得額及資產ノ狀況ニ依リ之ヲ算定ス

本條ハ戶數割ノ課稅標準タル資力ノ算定方法ヲ規定シタルモノナリ從來府縣稅タル戶數割ノ課稅標準タル資力ノ算定方ニ關シテハ納稅義務者ノ所得額及住家坪數ニ依ルコトトシ特別ノ事情アル市町村ニ限リ資產ノ狀況ニ依リ斟酌シテ算定シ得ルコトトナリ居レリ、然ルニ市町村稅タル戶數割ノ課稅標準タル資力ノ算定ニ付キテモ之ニ依ルトセハ戶數割施行地ニモ一般的ニ家屋稅及其ノ附加稅ノ賦課カ行ハルル爲メ自己所有ノ家屋ニ住居スル農村等ニ於テハ家屋ヲ標準トシテ家屋稅附加稅ヲ課セラレ更ニ又住家坪數ヲ標準トシテ戶數割ノ賦課ヲ受クルコトトナリ啻ニ稅負擔ノ過重ヲ來タスノミナラス恰モ家屋ニ對シ二重ニ課稅セラルルノ結果ヲ招來スルヲ以テ住家坪數ヲ採ラサリシ所以ナリト認メラル

又資力算定ノ標準ヲ所得額ノミトスルトセハ戶數割ト所得稅附加稅ト相似タルモノトナリ戶數割ノ名ニ藉リテ所得稅附加稅ノ制限ヲ超ユルコトトナルノミナラス現在府縣稅戶數割ノ賦課ニ關シ多クノ市町村ハ資產狀況ヲ加味シ居レルヲ以テ本條ニ於テハ資力算定ノ標準ニハ必ス納稅義務者ノ資產

狀況ヲ加ヘ即チ納稅義務者ノ所得額及資產狀況ノ二ヲ採用シタルモノナリ
左ニ課稅標準タル資力測定ノ所得額及資產ノ狀況ノ計算方ヲ說明スヘシ

第一　課稅標準タル所得額

一　同居者ノ所得ノ合算

○施行勅令

第二十二條　戶數割納稅義務者ト生計ヲ共ニスル同居者ノ所得ハ之ヲ其ノ納稅義務者ノ所得ト看做ス但シ其ノ納稅義務者ヨリ受クル所得ハ此ノ限ニ在ラズ

戶數割ノ納稅義務者ノ資力ヲ算定スル場合ニ於テ納稅義務者ト共ニ一戶ヲ構ヘル者ノ所得ハ之ヲ納稅義務者ノ所得ト看做シテ計算スルモノナリ即チ之ヲ納稅義務者ノ所得ト看做シテ計算スル理由ハ戶數割ハ一戶ノ世帶主カ同一家屋ノ下ニ住居スル者ノ資力ノ總テヲ率イテ共同經營セル自治團體ノ負擔ヲ分任スト云フ觀念ノ下ニ納稅義務者ノ資力ノ算定ニ當リ之ト共ニ一戶ヲ形成スル者ノ全部ノ資力ヲ算定標準ニ綜合スルヲ適當ト認メタルニ依ルモノナリ

『戶數割納稅義務者ト生計ヲ共ニスル』トハ戶數割納稅義務者ト生活上ノ經濟カ單一ナル場合ヲ云フモノナリ『同居者』トハ必スシモ常時不斷ニ同居セル者ノミニアラスシテ病氣療養又ハ學業等ノ爲

メ一時他出シ居ル者モ含ムモノト解スヘキモノトス但シ學生又ハ疾病者カ獨立シテ戸數割ノ納税義務者ナル場合ハ納税義務者ノ所得ト看做ササルコト勿論トス

同居者ノ資力ヲ納税義務者ニ合算スル場合ニ於テ其ノ同居者カ納税義務者ヨリ受クル所得ヲ納税義務者ノ所得トスルトキハ同一所得ヲ二重ニ計算シ資力ヲ算定スル結果ヲ來スヲ以テ此ノ如キ所得ハ納税義務者ノ所得ト看做ササルモノトス從テ納税義務者カ同居者ニ給料ヲ支拂フカ如キ場合ハ同居者ノ給料ハ所得ニ計算セサルト同時ニ其ノ給料ハ納税義務者ノ所得額計算上收入ヲ得ルニ必要ナル經費ト看做ササルモノトス

二　所得額ノ分割

○施行勅令

第二十三條　同一人ニ對シ數市町村ニ於テ戸數割ヲ賦課スル場合ニ於テハ各其ノ市町村ニ於ケル所得ヲ以テ其ノ者ノ資力算定ノ標準タル所得トス其ノ所得ニシテ分別シ難キモノアルトキハ關係市町村ニ平分ス

戸數割ヲ納ムル市町村以外ノ地ニ於ケル所得ハ納税義務者ノ資力算定ニ付住所地市

町村ニ於ケル所得ト看做ス

前二項ニ規定スル所得計算ニ付關係市町村異議アル場合ニ於テ其ノ府縣內ニ止マルモノハ府縣知事、數府縣ニ涉ルモノハ內務大臣之ヲ定ム

所得ハ之ヲ得ル個人ニ綜合統一セラルルモノナルカ故ニ個人カ一市町村ニ住居ヲ有スルモ其ノ市町村以外ノ地ニアル土地其ノ他ノ資產若ハ營業ヨリ生スル所得ハ全部個人ノ所得ニ綜合スヘキモノナリ戶數割ヲ課スル場合ニ於ケル其ノ課稅標準タル所得ノ計算ニ付テモアラユル地域ヨリ生スル所得ヲ包括シテ其ノ個人ノ資力ヲ測定セサルヘカラス然レトモ個人カ生活ノ本據地タル住所地市町村以外ノ他ノ市町村ニ一戶ヲ構ヘ獨立ノ生計ヲ營ムカ如キ場合ニハ數市町村ニ於テ戶數割ヲ納付セサルヘカラサルニ至ルヲ以テ其ノ數地ニ於テ全所得ヲ綜合シテ戶數割ノ課稅標準ト爲ストキハ頗ル過重ナル課稅ヲ來スカ故ニ此ノ如キ場合ニハ其ノ所得ヲ分別スルハ最モ必要ナリ其ノ所得分割ノ方法左ノ如シ

(イ) 一人ニ對シ數市町村ニ於テ戶數割ヲ賦課スル場合ニ於テハ各其ノ市町村ニ於ケル所得ヲ以テ其ノ者ノ資力算定ノ標準タル所得トス故ニ其ノ市町村ニ於テ生スル所得即チ其ノ市町村ニ存スル土地、家屋其他ノ資產又ハ市町村內ニ存スル營業所ヨリ生スル所得ハ其ノ市町村ノ所得ト爲ルモノ

ナリ而シテ『數市町村ニ於テ戸數割ヲ賦課スル場合』トアルヲ以テ構戸又ハ獨立ノ生計ノ事實カ一箇所又ハ數箇所タルトヲ問ハス戸數割ノ納税義務ヲ有スル事實カ唯一ノミノ場合ニハ總テノ處ヨリ發生スル戸數割納税義務者ノ所得ヲ以テ其ノ者ノ資力計算ノ標準トスルモノトス故ニ例ヘハ戸數割賦課市町村ト戸數割ニ代替スル家屋税附加税ヲ增課スル市町村ニ構戸セル者ニ對シテハ家屋税附加税增課市町村ニ於ケル所得額ヲモ戸數割賦課市町村ノ戸數割ノ課税標準タル所得額ニ計算スルコトヲ得ルモノトス

（ロ）　數市町村ニ於テ發生スル所得カ分別スル能ハサル場合ニハ關係市町村ニ於テ之ヲ平分スルモノトス而シテ共ノ所得カ分別シ難キヤ否ヤハ事實問題ニ屬スルモ例ヘハ甲村ニ本店乙村ニ支店ヲ有スル會社ノ重役カ本店及支店勤務トシテ受クル給料ノ如キハ（甲村及乙村ニ構戸ノ事實アリ）之ヲ何レニ歸屬セシムヘキヤ合理的ノ分別方法ナキヲ以テ便宜上關係市町村タル甲村及乙村ニ於テ平分スルモノトス

（ハ）　戸數割ヲ納ムル市町村以外ノ地ニ於ケル所得即チ戸數割ニ代ヘ家屋税ヲ增課スル市町村、臺灣、樺太、朝鮮及外國ニ於テ生スル所得ハ住所地市町村ニ於ケル所得トスルモノトス故ニ家屋税附加税增課地タル甲村ト戸數割賦課地タル乙村及丙村ニ構戸ノ事實アリ而シテ乙村ニ住所ヲ有スル場

合ニ於テハ甲村ヨリ生スル所得ハ乙村ノ戸數割ノ資力算定ノ所得額ニ計算スルモノトス

右ノ場合ニ於テ其ノ者ノ所得ヲ三ケ村間ニ分別シ難キトキハ關係市町村タル甲、乙、丙村ニ平分シ然ル後甲村ハ家屋税附加税增課地ナルヲ以テ甲村ノ所得ハ住所地タル乙村ノ所得ニ加算スルモノトス若シ此ノ場合ニ於テ甲村ニ住所アルトキハ乙丙ノ兩村ハ三分ノ一ツツヲ所得額トシテ計算スルモノトス

（ハ）以上ノ場合ノ所得計算ニ付關係市町村ニ於テ異議アル場合ニ於テハ其ノ府縣內ニ止マルモノハ府縣知事、數府縣ニ涉ルモノハ內務大臣之ヲ定ムルモノトス

三　所得額ノ計算

○施行勅令

第二十四條　所得ニ依ル資力算定方法ニ關シテハ第二十一條乃至前條ニ定ムルモノノ外內務大臣及大藏大臣之ヲ定ム

○施行規則

第二十條　戸數割納税義務者ノ資力算定ノ標準タル所得額ハ左ノ各號ノ規定ニ依リ計算ス

一　營業ニ非サル貸金ノ利子竝公債、社債、預金及貯金ノ利子ハ前年中ノ收入金額

二　山林ノ所得ハ前年中ノ總收入金額ヨリ必要ノ經費ヲ控除シタル金額

三　賞與又ハ賞與ノ性質ヲ有スル給與ハ前年三月一日ヨリ其ノ年二月末日迄ノ收入金額

四　法人ヨリ受クル利益若ハ利息ノ配當又ハ剩餘金ノ分配ハ前年三月一日ヨリ其ノ年二月末日迄ノ收入金額但シ無記名株式ノ配當ニ付テハ同期間内ニ於テ支拂ヲ受ケタル金額

株式ノ消却ニ因リ支拂ヲ受クル金額又ハ退社ニ因リ持分ノ拂戻トシテ受クル金額ガ其ノ株式ノ拂込濟金額又ハ出資金額ヲ超過スルトキハ其ノ超過金額ハ之ヲ法人ヨリ受クル利益ノ配當ト看做ス

五　俸給、給料、歲費、年金、恩給、退隱料及此等ノ性質ヲ有スル給與ハ前年中ノ收入金額但シ前年一月一日ヨリ引續キ支給ヲ受ケタルニ非ザルモノニ付テハ其ノ年ノ豫算年額

六　前各號以外ノ所得ハ前年中ノ總收入金額ヨリ必要ノ經費ヲ控除シタル金額但シ前年一月一日ヨリ引續キ有シタルニ非ザル資產、營業又ハ職業ノ所得ニ付テハ其ノ年ノ豫算年額

信託財產ニ付生ズル所得ニ關シテハ其ノ所得ヲ信託ノ利益トシテ享受スベキ受益者ガ信託財產ヲ有スルモノト看做シテ所得額ヲ計算ス

第一項第一號、第二號及第四號ノ所得ニ付テハ被相續人ノ所得ハ之ヲ相續人ノ所得ト看做シ第六號ノ所得ニ付テハ相續シタル資產又ハ營業ハ相續人ガ引續キ之ヲ有シタルモノト看做シテ其ノ所得額ヲ計算ス但シ被相續人ノ資力算定ノ標準タル所得額ニ算入シタルモノハ此ノ限ニ在ラズ

年度開始ノ日ノ屬スル年ノ翌年ニ戶數割ヲ賦課スル場合ニ於テハ最近ノ戶數割賦課ノ時ニ算定シタル所得額ヲ以テ其ノ資力算定ノ標準トス但シ未ダ其ノ所得ノ算定ナカリシ者ニ關シテハ年度開始ノ日ノ屬スル年ヲ基準トシ前各號ノ規定ニ依リ之ヲ算定ス

(一)　非營業貸金、公債、社債及預金利子

營業ニ非サル貸金ノ利子、公債、社債、預金及貯金ノ利子ハ前年中ノ收入金額其ノ儘ニシテ必要ノ經費ヲ控除セサルモノトス茲ニ『收入金額』トハ收入スヘキ權利ノ確定シタル金額ト解スヘキモノニシテ現實支拂ヲ受ケタルモノナルヤ否ヤハ關セサルモノトス故ニ利子支拂期カ本年ナリト雖前年ニ屬スル分ノ利子ハ之ヲ計算スヘキモノトス又之ト反對ニ前年中ニ支拂ヲ受ケタル利子ナルモ前々年分又ハ本年分利子ノ前受ニ係ルモノノ如キハ計算セサルモノトス

『營業ニ非サル貸金』トハ營業者トシテ國税營業收益税ヲ課セラルヘキ者ノ貸金ノ利子ハ勿論純益金額四百圓未滿ノ質屋營業者ノ貸金ハ營業ニ非サル貸金ニハアラス

『公債』トハ私債ニ對スル名稱ナルモ茲ニ公債トハ公法人ノ債務ノ全體ヲ指稱スルモノニ非スシテ所謂流通的性質ヲ有スル證券ヲ發行シ又ハ登錄ノ方法ニ依リタル公法人ノ債務ヲ謂フモノナリ從テ公共團體等カ特別ノ人ヨリ借入レタル債務ノ利子ノ如キハ公債ノ利子ニアラス

『社債ノ利子』ハ大體ニ於テ公債ト同樣ニシテ卽チ流通的證券ヲ發行シテ起債シタル會社ノ債務ナリ『預金利子』トハ銀行預金其ノ他ノ預金ノ利子ナリ『貯金利子』トハ郵便貯金及產業組合貯金ノ利子ヲ指シタルモノトス

所得税法ニ於テハ所得税法施行地ニ於テ受クル公債、社債又ハ銀行預金ノ利子ハ第二種ノ所得トシテ課税シ第三種所得トシテ計算セス又國債ノ利子、郵便貯金ノ利子、産業組合貯金ノ利子及銀行貯蓄預金ノ利子ノ如キハ全然所得税ヲ課セサルモ戸數割ノ資力算定上ニ用ユル所得ノ計算ニハ之等ノ利子ト雖モ一切綜合計算シテ資力算定ノ標準トスルモノナリ唯産業組合中央金庫ニ於テ發行スル産業債券ノ利子ニ付テハ所得税法ノ適用ニ於テハ社債ノ利子ト看做ストアルモ戸數割ノ資力算定ニ於テハ此ノ如キ規定ナキヲ以テ社債ノ利子ト看做シ得サルモ大體社債ノ利子ト同一ニ取扱フヲ相當ト認メラル

(二) 山林ノ所得

『山林ノ所得』ハ前年中ノ總收入金額ヨリ必要ノ經費ヲ控除シタル金額ニ依ルモノトス之カ算定上注意スヘキ點ヲ擧クレハ左ノ如シ

(イ) 山林トハ主トシテ竹木ノ植栽ヲ目的トスル土地ノ義ニシテ土地臺帳ノ地目ノ如何ニ拘ハラサルモノトス故ニ畑地ニ植栽シタル桐樹ノ所得ハ之ヲ山林ノ所得トスルモノトス

(ロ) 收入金額ハ前年中ノ實蹟ニ依ルモノナルモ必要經費ハ伐採又ハ讓渡スルニ要シタル全部ノ經費ヲ計算スルモノトス而シテ其ノ立竹木カ他人ヨリ買入レタルモノナルトキハ其ノ買入代

金ハ必要經費ト認ムルモノトス

(ハ)　立竹木ノ賣却代金ヲ數年ニ跨リ收得スル契約アルモノニ對シテハ其ノ年毎ニ收得スル金額ニ依ルモノトス

(ニ)　山林ノ所得ハ伐採シタルト否トヲ問ハサルヲ以テ土地ト共ニ讓渡シタル場合ト雖モ山林ノ所得トシテ計算スヘキモノトス

(ホ)　山林所得ハ主要產物タル立竹木ハ勿論各種ノ副產物ト雖モ前年ノ實蹟ニ依ルモノトス

(三)　賞與ノ所得

『賞與又ハ賞與ノ性質ヲ有スル給與』ハ前年三月一日ヨリ其ノ年二月末日迄ノ收入金額ニ依ルモノトス非營業貸金ト同シク收入金額其ノ儘ヲ所得トスルモノトス賞與又ハ賞與ノ性質ヲ有スル給與トハ賞與手當其ノ他ノ名義ヲ以テスル給與ニシテ豫メ支給額ノ定メナキモノト解スルヲ相當トス

(四)　法人ヨリ受クル配當

『法人ヨリ受クル利益ノ配當、利息ノ配當及剩餘金ノ分配』ハ前年三月一日ヨリ其ノ年二月末日ニ至ル期間ノ收入金額ニ依ルモノトス但シ無記名式ノ株式ヲ有スル者ノ受クル配當ニ付テハ同期間ニ於テ支拂ヲ受ケタル金額トス所得税法ニ於ケル第三種ノ所得ノ計算ニ付テハ配當金額ヨリ十分ノ四ヲ控除シタルモノヲ以テ所得ト爲スモ戸數割ノ資力算定タル所得額ノ計算ニ付テハ之ヲ控除セサルモノニ依ル點ニ於テ相異ナルモノトス

『利益ノ配當』トハ株主又ハ社員カ株主又ハ社員タル資格ニ於テ法人ヨリ受クルモノノ總テヲ指スモノニシテ慰勞金又ハ記念品等ノ名稱ヲ以テシタルモノト雖モ一切之ニ含ムモノトス利益ノ配當ハ之ヲ受クル株主又ハ社員ニ對シ計算スヘキモノニシテ株主名簿上ノ株主ト實際株式所有者ト相違スルモ其ノ形式上ノ株主又ハ社員ノ所得トスヘキモノトス又法人カ增資ヲ爲スニ當リ積立金ヲ以テ增資ノ拂込ニ充當シタル場合ニハ一旦積立金ヲ株主又ハ社員ニ配當シ其ノ配當ヲ受ケタル株主又ハ社員ヨリ更ニ資本ノ拂込トシテ法人ニ提供シタルモノト認ムヘキモノナルヲ以テ其ノ積立金ノ減少ハ法人ノ利益配當ニシテ從テ各株主又ハ社員ノ所得トシテ計算スヘキモノトス

『準配當』トハ株式ノ消却トシテ受クル金額カ其ノ株式ノ拂込濟金額ヲ超過スル金額及法人ノ社員カ退社スル場合ニ於テ持分ノ拂戻トシテ受クル金額カ退社當時ノ出資金額ヲ超過スルトキニ於ケル其ノ超過額トス而シテ之等ハ法人ヨリ受クル利益ノ配當ト看做シテ計算スルモノトス

『利息ノ配當』トハ商法第九十六條ニ依ル建設利息ノ配當ヲ指稱スルモノナリ『剩餘金ノ分配』トハ

相互保險會社ニ於ケル剩餘金ノ分配ヲ指スモノナリ卽チ相互保險會社ハ相互組織ニシテ非營利的ナルヲ以テ之ヲ利益ト謂ハスシテ剩餘金ト稱シタルニ過キス而シテ剩餘金ノ分配ニハ其ノ社員ニ對スルモノト基金醵出者ニ對スルモノトアルモ社員ニ對スル分ハ保險料ノ拂戻ト認ムルヲ相當トスルヲ以テ之ヲ所得額ニ計算セサルモノトス

(五)　俸給其ノ他ノ給與

『俸給、給與、歲費』ハ公ノ職業ニ對スル報酬ニシテ『年金、恩給、退隱料』ハ勳功アル者又ハ一定ノ年限官公職ヲ奉シタル者ニ對スル給與ナリ又『此等ノ性質ヲ有スル給與』トハ其ノ名稱ノ如何ニ不拘其ノ性質カ以上列記ノ給與ニ相當スル一切ノ給與ヲ包含スルモノトス故ニ手當其ノ他ノ名稱ヲ以テスル給與例ヘハ宅料又ハ交際費ノ如キモノニシテ豫メ支給額ノ定メアルモノハ俸給、給與ノ性質ト認ムヘキモノトス

『俸給、給與』ノ所得ハ前年中ノ收入金額ニ依リ算定スルモノトス卽チ前年一月ヨリ十二月迄ニ收入スヘキ權利ノ確定シタル金額其ノ儘ヲ所得トスルモノトス但シ前年一月一日ヨリ引續キ支給ヲ受ケタルニ非サルモノニ付テハ其ノ年ノ豫算ニ依リ算定スルモノトス之レカ取扱上注意スヘキ諸點ヲ示セハ左ノ如シ

(イ) 前年一月一日ヨリ其ノ年戸數割資力タル所得額算定當時マテ引續キ支給ヲ受クルモノニ付テハ前年ノ實蹟ニ依ル

(ロ) 前年ノ中途ヨリ支給ヲ受クルニ至リタルモノハ尙引續キ支給ヲ受クルモ本年ハ豫算ニ依ルモノトス

(ハ) 前年中支給ヲ受クルモ本年ハ全ク支給ヲ受ケサルモノニ付テハ計算セサルモノトス

(ニ) 本年一月ヨリ戸數割賦課期日マテニ支給ヲ受ケサルニ至リタルモノハ本年實際ノ受給金額ニ依リ計算スルモノトス

(ホ) 本年新ニ支給ヲ受クルコトニ爲リタルモノハ豫算ニ依リ算定スルモノトス

(ヘ) 俸給給與ノ支拂ヲ受クル者カ其ノ勤務先ヲ變更シタル場合ニハ退官退職セルヤ否ヤニ依リ決スルモノトス卽チ官吏カ退官シテ會社員トナル場合又ハ會社員カ市町村吏員等ニ就職シタル場合ニハ引續キニアラサルモノトス

(ト) 季節的ノ職業例ヘハ酒造ノ杜氏又ハ養蠶教師等ノ所得ハ事實所得ヲ生スル期間ニ中斷アルモ其ノ職業ヲ廢セサル限リ引續キ支給ヲ受ケタルモノトシテ取扱フモノトス

(チ) 實費辨償トシテ支給セラルル金額中之ヲ支給スルコトニ付法令ニ規定セサルモノニシテ年額

又ハ月額ヲ以テ支給セラルルモノハ俸給給與ノ性質ヲ有スルモノトシテ課税スヘキモノトス

（リ）　日給者ニ係ル職工又ハ其ノ他ノ勞役者ニ對スル收入金額ヲ豫算スル場合ニハ大體一ケ年中ニ三百日位働クモノトシテ計算スルヲ穩當トス

（ヌ）　恩給ヲ受クル資格アリト認ムル事實アルモノニ付テハ恩給證書下付以前ト雖モ其ノ事實ニ基キ計算スルモノトス

（ル）　海軍軍人ノ受クル食料手當及海員其ノ他ノ雇人ニ支給スル賄又ハ現品ハ强テ之ヲ所得額ニ計算セサルモノトス

（六）　其ノ他ノ所得

『其ノ他ノ所得』トハ以上列記ノ各種ノ所得以外ノ所得ノ全部ニシテ各種ノ資產、營業、職業ノ所得ハ皆此ノ內ニ包含スルモノトス而シテ其所得額ノ計算ハ前年ノ總收入金額ヨリ必要ノ經費ヲ控除シテ算定スルモノトス但シ前年一月一日ヨリ引續キ有シタルニ非サル資產、營業又ハ職業ノ所得ニ付テハ其ノ年ノ豫算年額ニ依ルモノトス而シテ引續キ有シタルニ非サルヤ否ハ左ノ區分ニ依ル

（イ）　引續キ有シタルヤ否ヤハ資產ニ付テハ個々ノ資產每ニ定ムルモノトス例ヘハ土地ニ付テハ一筆每ニ定メ其ノ地目又ハ收益方法ノ如何ヲ問ハサルモノトス

（ロ）営業ニ付テハ一営業毎ニ之ヲ定ムルモノトス一営業トハ大體ニ於テ営業ノ種類（種目）ノ異ナル毎ニ見ルモノトス又同一種類ニテモ営業場ヲ異ニスルトキハ別営業ト認ムヘキモノトス但シ銀行業、無盡業、金錢貸付業及運送業ニ付テハ各営業場毎ニ區分セスシテ各営業ヲ通シテ一営業ト認ムルヲ可トスルモノトス

（ハ）個々ノ資産又ハ一営業カ前年一月一日ヨリ本年戸割數ノ課税標準タル所得ノ決定時期マテ引續キアル場合ニハ前年中ノ實蹟ニ依ルモノトス

（ニ）前年ノ中途ニ於テ取得シタル資産又ハ中途ヨリ開始シタル営業ニ付テハ本年ノ豫算ニ依ルモノトス

（ホ）前年資産又ハ営業ヲ有シタルモ本年賣却又ハ廢業ノ場合ニハ全然所得ヲ見積ラサルモノトス

（ヘ）本年一月ヨリ所得額決定時期マテノ間ニ於テ賣却シタル資産又ハ廢業シタル営業ノ如キニ付テハ本年ノ實蹟ニ依リ算定スルモノトス

（ト）本年新ニ取得シタル資産又ハ開始シタル営業ニ付テハ本年ノ豫算ニ依リ一ケ年分ヲ計算スルモノトス

（チ）職業ニ付テハ営業ノ所得ニ準スルモノトス

（リ）所得豫算ノ方法ハ所得額決定當時ノ狀況ニ依リ一ケ年分ノ收入金額及必要ノ經費ヲ見積リ計算スルモノトス

左ニ所得計算上注意スヘキ點ヲ擧クレハ

（イ）田畑等ノ所得ハ其ノ收穫物ヲ賣却スルト否トヲ問ハス收穫物ヲ取得シタル時ニ於テ所得アリト解スルヲ相當トスルヲ以テ其ノ價額ハ收穫時期ノ價格ニ依ルモノトス

（ロ）小作期間數年分ノ小作料全部ヲ一時ニ收得スル者ニ對シテハ其ノ小作料ヲ小作年數ニ分チ一年分ノ收入ヲ計算スルモノトス

（ハ）田畑ノ所得ヲ豫算スル場合ニハ近傍類地ノ前年實蹟ニ比準シテ計算スルヲ適當トス故ニ前年ノ實蹟ニ依リ計算スルモ豫算ニ依テ計算スルモ結局同一ナリ但シ所得決定時期（例ヘハ四月一日）マテニ無收穫ナルコト又ハ所得額少キコト明確ナルモノハ其ノ事實ニ依リ豫算スルコト勿論ナリ

（ニ）借入金ヲ轉貸シテ利鞘ヲ取得スルモノノ如キハ其ノ口數ノ多少ニ拘ハラス『其ノ他ノ所得』トシテ收入金ヨリ必要ノ經費ヲ控除シテ所得ヲ計算スルモノトス

（ホ）貸金所得ヲ豫算スル場合ニハ其ノ年內ニ返濟期間アルモノハ其ノ期限マテヲ計算スヘキモノ

ナルモ營業貸金ニ付テハ其ノ實況ニ依リ一年分ヲ全部計算スルヲ適當トス

（ヘ）三等郵便局長ノ取得スル渡切經費ノ收支殘額竝郵便切手等ノ賣下手數料、簡易保險ノ手數料等モ本號ノ所得トシテ其ノ實際ノ收支ニ基キ所得ヲ計算スルヲ適當トス

（ト）割引ノ方法ヲ以テ發行シタル國債ノ割引料ハ營業者ニアラサル個人ニ偶其ノ所得アリトスルモ其レハ營利ノ事業ニ屬セサル一時ノ所得ナルヲ以テ所得ニ計算スヘカラサルモ有價證券ノ賣買業者ニ對シテハ割引料ハ所得トシテ計算スルモノトス

（七）信託財産ノ特例

（イ）『信託』トハ財産權ノ移轉其ノ他ノ處分ヲ爲シ他人ヲシテ財産ノ管理又ハ處分ヲ爲サシムルヲ云フモノニシテ信託ニハ必ス財産ヲ必要トス即チ其ノ財産ハ勿論其ノ信託財産ノ變形物モ亦信託財産ナリ例ヘハ土地ヲ信託シタル場合ニ於テ信託ヲ受ケタル者カ之ヲ賣却シ得タル金錢ハ信託財産ナリ信託財産ノ管理又ハ處分ヲ他人ニ委託スル者ヲ『委託者』ト謂ヒ委託ヲ受ケタル者ヲ『受託者』ト謂ヒ信託ノ利益ヲ受クル者ヲ『受益者』ト謂フ

（ロ）信託財産ヨリ生スル所得額ノ計算方ニ付テハ其ノ所得ヲ信託ノ利益トシテ享受スヘキ受益者カ信託財産ヲ有スルモノト看做シテ計算スルモノニシテ即チ受益者ニノミ所得ヲ計算スルモノ

トス信託法ニ依ルトキハ信託財産ノ所有權ハ受託者ニ移スモノナルヲ以テ其ノ財産ヨリ生スル收益ハ一旦受託者ノ所得ヲ構成スルヲ以テ受託者ニ對シ所得額ヲ計算セサルヘカラサルニ至ル然レトモ受託者ハ其ノ財産ノ管理處分ヲ爲スモ其ニ依リテ生シタル收益ハ全部信託ノ本旨ニ從ヒ之ヲ受益者ニ引渡スヘキモノナルカ故ニ受託者トシテハ信託ノ利益ヲ少シモ享受シ得サルモノナリ然ルニ一方受益者ハ其ノ利益ノ全部ヲ收得スルモノナルヲ以テ所得ノ關係ニ於テハ信託財産ノ所有者ト何等異ナルナキヲ以テ其ノ經濟上ノ實際ヨリ之カ所得ノ計算ニ付テハ受託者ニ對シテ計算セスシテ受益者カ信託財産ヲ有スルモノト看做シテ所得額ヲ計算スルコトトシタルモノナリ

（八）　相續ノ場合ノ計算

相續ノ場合ニ於ケル所得額ノ計算ニ付被相續人ノ所得ヲ相續人ノ所得トシテ計算シ戸數割ヲ賦課スルハ負擔ノ適正ヲ得ル所以ナルカ故ナリ左ニ之カ計算方ヲ示セハ左ノ如シ

（イ）　第一項第一號ノ所得（非營業ノ貸金ノ所得）同第二號ノ所得（山林ノ所得）同第四號ノ所得（配當ノ所得）ニ付テハ被相續人ノ所得ヲ直ニ相續人ノ所得トシテ計算ス例ヘハ前年中ニ於ケル山林又ハ配當ノ所得ハ其ノ取得シタル金錢其ノ他ハ被相續人ニ於テ消費シタル場合ニ於テモ相續

人ニ對シ全額ヲ計算スルモノトス而シテ其ノ所得源タル山林又ハ株式ヲ相續人カ承繼シタルト否トヲ問ハサルモノトス但シ其ノ所得源タル山林又ハ株式ヲ被相續人カ留保シ其ノ被相續人カ一戸ヲ構ヘ戸數割ノ賦課ヲ受クル場合ハ此ノ限ニアラス

(ロ) 第一項第六號ノ所得中土地其ノ他ノ資産及營業ノ所得ニ付テモ亦被相續人ノ所得ヲ相續人ノ所得トシテ計算ス例ヘハ從來被相續人ノ營業タリシモノヲ前年末ニ相續シタリトセハ前年中ノ所得ハ總テ相續人ノ所得トスルモノトス即チ『相續人カ引續キ之ヲ有シタルモノト看做シテ所得ヲ計算ス』トアルカ故ナリ此ノ場合ニ於テ其ノ所得源タル資産又ハ營業ヲ相續人カ承繼セサル場合ハ其ノ所得ハ之ヲ相續人ニ計算セサルコト勿論ナリ引續キ有シタリヤ否ヤヲ決定スルニハ相續ヲ服中ニ置カスシテ即チ相續人ヲ被相續人ノ延長ト看做シ其ノ資産營業ハ前々ヨリ相續人カ有シ居ルモノト看做スモノトス

(ハ) 以上ノ場合ニ於テモ被相續人ノ資力算定ノ標準タル所得ニ算入セラレタルモノハ相續人ノ所得ニ計算セサルモノトス之レ被相續人カ既ニ戸數割ノ賦課ヲ受ケ其ノトキニ於ケル資力算定ノ標準タル所得額ヲ又相續人ニ計算スルトキハ同一所得ヲ二重ニ計算スルコトトナルカ故ナリ

(九) 翌年ニ於テ追加賦課スル場合ノ特例

年度開始ノ日ノ屬スル年ノ翌年即チ一月以後ニ戸數割ヲ追加賦課スル場合ニハ最近ノ戸數割賦課ノ時ニ算定シタル所得額ニ依ルモノナリ然シ前年中ニ戸數割ヲ賦課セラレタルコトナクシテ一月以後ノ追加ノ場合ニ戸數割ノ納税義務ヲ生シタル者及隨時賦課ヲ爲ス新納税者ノ如キ未タ其ノ所得ノ算定ナカリシ者ニ對シテハ年度開始ノ日ノ屬スル年ヲ基準トシテ所得額ヲ計算スルモノトス例ヘハ株式ノ所得ナラハ前年三月一日（實際賦課スル年ヨリハ前前年）ヨリ其ノ年ノ二月末日（同上前年）迄ニ於ケル收入金額ニ依ルカ如シ

四　必要ノ經費

○施行規則

第二十一條　前條第一項第二號及第六號ノ規定ニ依リ總收入金額ヨリ控除スヘキ經費ハ種苗、蠶種肥料ノ購買費、家畜其ノ他ノモノノ飼養料、仕入品ノ原價、原料品ノ代價、場所物件ノ修繕料又ハ借入料、場所物件又ハ業務ニ係ル公課、雇人ノ給料其ノ他收入ヲ得ルニ必要ナルモノニ限ル但シ家事上ノ費用及之ニ關聯スルモノハ之ヲ控除セズ

必要ノ經費ヲ控除シテ所得額ヲ算定スルモノハ施行規則第二十條第一項第二號及第六號ノ所得ニシ

テ其ノ必要經費トシテ計算スヘキ程度ハ左ノ如シ

（イ）種苗、蠶種肥料ノ購買費、家畜其ノ他ノモノノ飼養料、仕入品ノ原價、原料品ノ代價、場所物件ノ修繕費又ハ借入料、場所物件又ハ業務ニ係ル公課、雇人ノ給料其ノ他收入ヲ得ルニ必要ナルモノニ限ラル、又家事上ニ關聯スル費用ハ控除セサルモノナリ

（ロ）家事上ニ關聯スルモノハ控除セサレトモ其ノ營業ノ爲ニ特ニ多額ナル家賃ヲ要スル家屋ヲ必要トスル營業例ヘハ料理店、旅人宿、貸座敷、湯屋等ノ如キモノニ付テハ營業專用ノ部分ニ相當スル家賃ハ必要經費トシテ控除スルヲ穩當トス

（ハ）所得ノ基因タル資産ノ取得ニ要シタル負債ノ利子ハ必要經費トシテ控除スヘキモノトス例ヘハ田畑買入資金又ハ營業用ノ資本金等ヲ借入レタル場合ノ利子ノ如キモノトス

（ニ）營業場若ハ所得ノ基因タル家屋、船舶其ノ他營業物件ノ保險料ノ如キモノモ亦必要經費トスルモノトス

（ホ）耕地整理費、土地組合費ハ公課トシテ控除スルモノトス

（ヘ）固定資本ノ減價償却ハ其ノ減價著シク且ツ其ノ償却ノ確實ト認ムヘキモノニ限リ必要經費トシテ控除スルヲ相當トス

（ト）貯水池、水門等ノ修繕費ハ之ヲ必要經費トスルモ開墾費用又ハ收穫物ヲ貯藏スル爲ノ倉庫ノ修繕費等ハ收入ヲ得ルニ必要ナル經費ト認メサルモノトス

（チ）山林ノ立木カ他ヨリ買入レタルモノナルトキハ山林所得ノ計算上其ノ買入代金ヲ必要經費トスルモノトス

（リ）道路法又ハ都市計畫法ニ依ル受益者負擔金ハ公課トシテ控除スヘキモノトス故ニ營業ノミニ使用スル土地建物等ニ負擔セシメタルモノハ之ヲ控除スルモノトス

五　損益ノ共通計算

○施行規則

第二十二條　第二十條第一項第六號ノ規定ニ依ル所得計算ニ付損失アルトキハ同條第一項第五號ノ規定ニ依ル所得ヨリ之ヲ差引キテ計算ス

所得額計算上總收入金額ヨリ必要ノ經費ヲ控除スヘキ場合即チ施行規則第二十條第一項第六號ノ所得額ノ計算ノ場合ニ於テ其ノ必要經費カ總收入金額ヲ超過スルトキハ該超過金額ハ損失ナリ而シテ第六號ノ所得ニ付テハ總テ損益ヲ共通計算スヘキ事ハ勿論ニシテ即チ土地ノ損失ヲ營業所得ヨリ差引クカ如キ又營業ノ損失ヲ土地ノ所得ヨリ差引クカ如キハ當然ナリ要スルニ施行規則第二十條第一

項第六號ノ所得全體ノ計算ニ付損失ヲ生シタルトキハ其ノ損失ヲ第一項第五號ノ所得中俸給、給料、年金、恩給等ノ所得ヨリ差引キ計算スルモノナリ而シテ第六號ノ所得ト第五號ノ所得ノ共通計算トハ前年ノ實蹟ニ依リ計算スル場合ナルト豫算ヲ以テ計算スル場合ナルトヲ問ハサルモノトス

六　勤勞所得ノ控除

○施行規則

第二十三條　第二十條乃至前條ノ規定ニ依リ算出シタル金額一萬二千圓以下ナルトキハ其ノ所得中俸給、給料、歲費、年金、恩給、退隱料、賞與及此等ノ性質ヲ有スル給與ニ付テハ其ノ十分ノ一、六千圓以下ナルトキハ同十分ノ二、三千圓以下ナルトキハ同十分ノ三、千五百圓以下ナルトキハ同十分ノ四、八百圓以下ナルトキハ同十分ノ五ニ相當スル金額ヲ控除ス

以上ノ算定方法ニ依リ算出シタル金額カ一萬二千圓以上ナルトキハ其ノ所得中俸給、給料、歲費、年金、退隱料、賞與及此等ノ性質ヲ有スル給與ニ付テハ其ノ十分ノ一、六千圓以下ナルトキハ同十分ノ二、三千圓以下ナルトキハ同十分ノ三、千五百圓以下ナルトキハ同十分ノ四、八百圓以下ナルトキハ同十分ノ五ニ相當スル金額ヲ控除スルモノトス

勤勞所得ニ付一定ノ金額ヲ控除スル理由ハ勤勞所得ハ資產ヨリ生スル所得ニ比シ擔稅力弱キヲ以テ資產所得ト勤勞所得トノ間ニ負擔ノ均衡ヲ保タシメンカ爲メニ出テタルモノトス

七　不算入所得

○施行規則

第二十五條　左ノ各號ノ一ニ該當スルモノハ戶數割納稅義務者ノ資力算定ノ標準タル所得額ニ之ヲ算入セズ

一　軍人從軍中ノ俸給及手當

二　扶助料及傷痍疾病者ノ恩給又ハ退隱料

三　旅費、學資金、法定扶養料及救助金

四　營利ノ事業ニ屬セザル一時ノ所得

五　日本ノ國籍ヲ有セザル者ノ外國ニ於ケル資產、營業又ハ職業ヨリ生ズル所得

戶數割ノ課稅標準タル所得額ハ全部ノ所得ヲ綜合計算スルヲ理想トスルモ公益上ノ必要及所得ノ性質上除外スルヲ適當ト認メラルル軍人從軍中ノ俸給外四種ノ所得ハ之ニ計算セサルコトトセリ

（イ）　軍人從軍中ノ所得

軍人ナル事ヲ要スルカ故ニ理事、錄事ノ如キ軍屬ヲ包含セス又從軍中トハ陸軍戰時給與規則及海軍戰時給與規則ニ依ル增給ヲ受クル者ヲ以テ從軍中トスルヲ妥當トス

（ロ）扶助料及傷痍疾病者ノ恩給又ハ退隱料

扶助料トハ文官又ハ軍人ノ遺族カ恩給法第七十三條ノ規定ニ依リ政府ヨリ受クル給與ナリ傷痍疾病者ノ恩給及退隱料トハ職務ニ依リ傷痍ヲ受ケ又ハ疾病ニ罹リ退官又ハ退職シタルカ爲ニ受クル恩給及退隱料ヲ指スモノトス故ニ恩給ヲ受クル者カ現ニ傷痍疾病者ナルト否トハ問ハサルモノトス

地方公共團體又ハ私法人等ノ支給スルモノモ其ノ性質恩給又ハ退隱料ニ相當スルモノト認メラルルモノハ同一ニ取扱フヲ相當トス

（ハ）旅費、學資金、法定扶養料及救助金

旅費ハ實費辨償ノ性質ヲ有シ事實上多少ノ剩餘アル場合ト雖計算セサルヲ穩當ト認メタルニ因ル學資金ハ教育奬勵上ヨリ、法定扶養料ハ民法ノ規定ニ基キ扶養ヲ受クル權利アル者ノ生活ノ資源ナルヲ以テ斯ノ如キモノハ寧ロ加算セサルヲ可ト認メタルニ依ル、救助金トハ貧困者カ貧窮ノ爲メ官公署ヨリ受クル金錢ニシテ所得額ニ算入セサルコト當然ナリ而シテ此ノ救助金ハ所得稅法ニ

於ケル所得ノ計算ニ付テハ除外スルノ規定ナク戸數割ノ所得額ノ計算ニ付テノミ之ヲ明記シタル所以ハ戸數割ハ其ノ納税義務者中ニハ比較的貧困者存スルカ故ナリ

（ニ）營利ノ事業ニ屬セサル一時ノ所得

營利ノ事業ニ屬セサル臨時偶然ニ生スル所得ノ如キハ經常的所得ト趣ヲ異ニシ之ヲ所得額ニ計算シテ戸數割ノ課税標準トスルハ不適當ト認メタルニ依ル而シテ營利ノ事業ニ屬セサル一時ノ所得ナリヤ否ノ決定ハ困難ナルモ例ヘハ商品トシテ所有セサル財産ヲ賣却シテ得タル所得ノ如キ又金鵄勳章年金令第三條ニ依リ遺族ノ受クル年金ノ如キハ營利事業ニ屬セサル一時ノ所得ト認ムヘキモノトス

（ホ）日本ノ國籍ヲ有セサル者ノ外國ニ於ケル資産、營業又ハ職業ヨリ生スル所得

外國人ニ對シテハ外國ニ於ケル所得マテ全部綜合シテ所得額ニ計算シ戸數割ヲ課税スルハ穩當ナラスト認メラルルカ故ニ除外セラレタルモノナリ尙其ノ場合ニ注意スヘキハ外國ヨリ受クル非營業貸金ノ利子、配當金、恩給、年金等ハ外國ニ於ケル資産、營業又ハ職業ヨリ生スル所得ニアラサルヲ以テ算入スルモノトス

戸數割ノ課税標準タル所得額ニ算入セサルモノト所得税法ニ於ケル非課税所得トノ異ナル點ヲ擧

クレハ(1)ハ郵便貯金、産業組合貯金及銀行貯蓄預金利子ニ關スルモノニシテ所得税ニ於テハ之ヲ免税シ戸數割ニ於テハ之ヲ算入スルモノナリ(2)ハ國債ノ利子、貯蓄債券ノ利子ニ關スルモノニシテ所得税ニ於テハ之ヲ免税シ戸數割ニ於テハ之ヲ算入スルモノナリ(3)ハ重要物產製造業及製鐵業ノ所得ニ關スルモノニシテ所得税ニ於テハ之ヲ免税シ(或ル一定ノ期間)戸數割ニ於テハ之ヲ算入スルモノトス

八　老幼癈疾者ノ扶養費控除

○施行規則

第二十四條　第二十條乃至前條ノ規定ニ依リ算出シタル金額三千圓以下ナル場合ニ於テ納税義務者及之ト生計ヲ共ニスル同居者中年度開始ノ日ニ於テ年齢十四歳未滿若ハ六十歳以上ノ者又ハ不具癈疾者アルトキハ納税義務者ノ申請ニ依リ其ノ所得ヨリ左ノ各號ノ規定ニ依ル金額ヲ控除ス

一　所得千圓以下ナルトキ

年齢十四歳未滿若ハ六十歳以上ノ者又ハ不具癈疾者　一人ニ付　百圓以內

二　所得二千圓以下ナルトキ

同　一人ニ付　七十圓以内

三　所得三千圓以下ナルトキ

同　一人ニ付　五十圓以内

前項ノ不具癈疾者トハ心神喪失ノ常況ニ在ル者、聾者、唖者、盲者、其ノ他重大ナル傷痍ヲ受ケ又ハ不治ノ疾患ニ罹リ常ニ介護ヲ要スル者ヲ謂フ

以上ノ方法ニ依リ算出シタル金額三千圓以下ナル場合ニ於テ納税義務者及之ト生計ヲ共ニスル同居者中ニ年度開始ノ日ニ於テ年齢十四歳未滿若ハ六十歳以上ノ者又ハ不具癈疾者アルトキハ納税義務者ノ申請ニ依リ其ノ所得ヨリ左ノ金額ヲ控除スルモノトス

（イ）所得千圓以下ナルトキ

年齢十四歳未滿若ハ六十歳以上ノ者又ハ不具癈疾者　一人ニ付百圓以内

（ロ）所得二千圓以下ナルトキ

同　一人ニ付七十圓以内

（ハ）所得三千圓以下ナルトキ

同　一人ニ付五十圓以内

但シ此ノ控除ハ納税義務者ノ申請ニ依リ控除スル旨ヲ規定シアルヲ以テ市町村ハ戸數割條例等ニ於テ一定ノ期日迄ニ申請スヘキ旨ヲ規定スルノ要アリ又隨時課税ヲ爲スヘキ場合ニ於テハ新ニ納税義務發生後適當ノ期間内ニ之カ申請ヲ爲スヘキ旨ヲ定ムヘキモノトス又控除スヘキ扶養費ハ百圓以内七十圓以内、五十圓以内ト爲シ其ノ最大限度ヲ示スニ止マルヲ以テ其ノ控除スル金額ニ付テハ市町村ノ實情ニ應シ市町村特別税戸數割條例ニ於テ控除スヘキ金額ヲ規定スルノ要アリ

玆ニ不具癈疾者トハ心神喪失ノ常況ニ在ル者、聾者、啞者、盲者其ノ他重大ナル傷痍ヲ受ケ又ハ不治ノ疾患ニ罹リ常ニ介護ヲ要スル者ヲ云フモノトス

控除スヘキ幼年者ノ年齢カ所得税法ニ於テハ十六歳未滿ナルニ不拘戸數割ニ於テハ十四歳未滿ト爲シタル理由ハ戸數割ヲ主トシテ行ハルル農村ノ狀態ヲ鑑ミタルモノナリ卽チ農家ノ子弟ニシテ十四歳以上ニ達スルモノハ却テ一家ノ生計ヲ助クニ至ルニ因ルモノナリ

九 所得額ノ調査

戸數割ノ課税標準タル資力測定ノ要件タル各納税義務者ノ所得額ノ調査ハ市町村長ノ職權ニ依リ調査スルト又納税義務者ヲシテ申告セシムルトハ市町村ノ任意トス

(一) 申告ニ依ル場合

各納税義務者ノ所得額ヲ一々市町村長ニ於テ調査スルハ至難ナルヲ以テ納税義務者ヲシテ其ノ者ノ所得額及其ノ算出ノ基礎ヲ申告セシムルヲ可トス此ノ申告ハ納税義務者ニ對シテ一ノ義務ヲ負擔セシムルモノニ付必ス戸數割ニ關スル條例中ニ其ノ申告ノ時期、申告ノ要件ヲ規定スヘキモノトス而シテ申告主義ニ依ルトキハ種々弊害アルヲ以テ之ヲ採用スルニ付テハ申告ヲ奬勵シ尙自治觀念ノ鼓吹ニ努メ以テ不當ナル申告ヲ爲サシメサルコトニ留意セサルヘカラス若シ申告セス又ハ申告スルモ其ノ内容不當ニシテ負擔ノ輕減ヲ圖ラントスル者ニ對シテハ市町村長ノ認ムル處ニ依リ決定スルカ又ハ之カ申告ヲ是正セシメ以テ負擔ノ公平ヲ害セサル樣注意ノ要アルモノトス

(二)　職權ニ依ル場合

各納税義務者ノ所得額ハ通例市町村長ニ於テ調査スヘキモノナリ此ノ場合ニ於テハ法令又ハ市町村條例ノ定ムル處ニ依リ正確ナル基礎ニ依ルハ勿論老幼不具癈疾者ノ控除ノ申請アル場合ニハ必ス控除セサルヘカラサルモノトス

要スルニ戸數割ノ資力測定ノ所得額ト所得税法ニ依ル第三種所得額トハ大體ニ於テ等シキヲ以テ戸數割納税義務者中所得納税者アルトキハ所轄税務署ニ付其ノ所得ヲ生スヘキ基礎及所得額ヲ調査スルヲ便宜トス而シテ市町村カ税務署ニ就キ調査スルニ方リ税務署ニ於テハ相當便宜ヲ與フヘキコト

ハ内務、大藏兩省ニ於テ交渉濟ノモノナリ

第二　課税標準タル資產ノ狀況

戶數割ノ課税標準タル資力算定ノ要件ノ一ナル資產ノ狀況ニ付テハ府縣税戶數割規則ニ在リテハ之ヲ用ユルコトハ一ノ例外トシテ認メラレタルモ市町村戶數割ニ付テハ所得額ノ外ニ必ス資產ノ狀況ニ依リ資力ヲ算定スルコトヲ要スルモノトス而シテ府縣税戶數割規則ニハ『資產ノ狀況ヲ斟酌』シトアリ市町村戶數割ニ付テハ『資產ノ狀況』ニ依リトアルモ其ノ趣旨ニ於テハ別ニ差異ナキモノトス資產ノ狀況ヲ戶數割賦課ニ採用シタル理由ハ資力算定ノ標準ハ所得額ノミニテハ納税義務者ノ眞ノ資力ヲ捕促スルコト不十分ト認メタルニ依ルモノトス

資產ノ狀況トハ從來ノ府縣税戶數割規則當時ニ於ケル行政訴訟ノ判例ニ依レハ所謂『資產ノ狀況』トハ人ノ生活狀況ニアラス少ク共納税義務者ノ資產ニ付一定ノ基礎アル事實ニ基クヲ要スルモノトアリ又主務省ノ解スル處ニ依レハ資產ノ狀況トハ納税義務者ノ有形、無形、積極的及消極的ノ資產狀態ニシテ有形且積極的ノ資產ノミニ限ラサルモノトアリ

要スルニ資產ノ狀況ヲ採用シタル立法ノ趣旨ハ所謂俗ニ見立割ノ方法ヲ利用スルノ趣旨ナリト認メラルルモ從來ノ如ク何等ノ根基ナク適宜ニ見立ヲ爲シ賦課額ヲ定ムル趣旨ニアラサルモノナリ從テ

必ス一定ノ基礎ヲ必要トス例ヘハ土地、家屋、有價證券、預金、貸金等積極資產ノミナラス負債アル場合ハ之ヲ加味シテ算定スルモノトス、資產ノ狀況ハ何時ノ現在ニ於テ算定スヘキヤト云フニ法律勅令及施行規則ニ何等ノ規定ナキモ賦課期日ノ現在ニ依リ之ヲ算定スヘキコト勿論トス次ニ此ノ資產ノ狀況ニ依ル割合ノ定メ方ハ各市町村ノ慣習等ニ依リ異ルモ例ヘハ土地、家屋其ノ他ノ資產等ノ狀況ニ依リ算定スル場合ニ於テハ相當箇數ヲ以テ表示シ資產價格百圓ヲ以テ一箇トシ又負債モ亦百圓ヲ一箇トシテ算出スルモノトス故ニ一萬圓ノ資產ヲ有スル者カ負債千圓アリトセハ其ノ箇數ハ九十個トナルカ如シ

尙資產ノ狀況ニ依リ資力ヲ算定シテ戶數割ヲ賦課スルハ各納稅義務者全部ニ對シテ爲スヲ要スルヤ將又一部ノ納稅者ニ對シ爲スモ差支ナキヤト云フニ行政實例ニ依レハ『一部特定ノ納稅義務者ニ對シテノミ之ヲ爲スモ妨ナシ』トアリ行政判例ニ於テハ『各納稅義務者ノ資產狀況ヲ標準トシテ配當スルコトヲ要スルモノトス』トアリ要スルニ資產ノ狀況ハ各納稅義務者ニ付之ヲ調査シ其ノ結果ニ基キ所謂『マイナス』資產ノ者ニ對シテハ資產ノ狀況ニ依ル賦課額ナキモ妨ナキモノトス

資產ノ狀況ノ算定上注意スヘキハ資產ノ狀況トシテ所得額ヲ採用スルハ不可然モノトス何トナレハ所得額ハ資力算定ノ標準トシテ既ニ用ヒラレタルノミナラス資產ノ狀況ヲ資力算定ニ用ヒタルハ所

得額ノミニテハ納稅義務者ノ資力ヲ捕促スルニ不十分ナルカ故ニ資産ノ狀況ヲ採用シタルモノナルヲ以テ資産ノ狀況トシテ又同一所得額ヲ採用スルトキハ所得額ノミニ依ル缺點ヲ益助長スルノ弊アルカ故ナリ又所得額ニ依ル賦課額ナキ者ニ對シテハ資産ノ狀況ノミニ付賦課スルモ差支ナキモノトス例ヘハ殖林家カ其ノ山林ヲ伐採セサル爲メ所得ナキ場合又ハ扶養控除ノ結果所得零トナル者ニ對シ其ノ資産ノ狀況ノミニ依リ賦課スルモ差支ナキモノトス

第三　所得ニ關スル事項通報

○施行勅令

第二十六條　市町村長ハ其ノ市町村住民ニ非ザル者（法人ヲ除ク）ノ當該市町村内ニ於テ生ズル其ノ年度分所得及其ノ所得ノ基本タル事實ヲ每年四月末日迄ニ其ノ住所地市町村長ニ通報スベシ但シ當該市町村ニ於テ其ノ者ニ戶數割ヲ賦課スルトキ又ハ其ノ住所地市町村ニ於テ戶數割ノ賦課ナキトキハ此ノ限ニ在ラズ

所得額ハ納稅義務者ノ住所地ニ於テ綜合統一スルモノナルヲ以テ之カ調査ヲ容易ナラシムル爲ニ住所地以外ノ市町村長ニ所得ニ關スル通報義務ヲ負ハシメタリ

市町村長ハ其ノ市町村住民ニ非サル者（法人ヲ除ク）ノ當該市町村内ニ於テ生スル其ノ年度分所得

及其ノ所得ノ基本タル事實ヲ毎年四月末日迄ニ通報スヘキモノナリ而シテ其ノ年度分所得トハ戸數割ノ課税標準タル資力算定ノ標準トシテ其ノ年度ニ於テ用フヘキ所得ナルヲ以テ總收入金ニアラス施行規則第二十條及第二十一條ノ規定ニ依リ算出シタル所得ナリトス計算ノ結果積極的所得ト現レスシテ損失トシテ現レタルトキモ亦之ヲ通報スヘキ義務アルモノトス其ノ所得ノ基本タル事實トハ所得ノ發生スル基本ヲ指シタルモノニシテ例ヘハ田畑何反歩又ハ營業ヨリ生スル所得等ノ如キ事實ヲ云フモノトス而シテ之ヲ通報スルコトト爲シタルハ通報ヲ受ケタル市町村ハ戸數割賦課ノ際ノ資産狀況ノ參考ニ資センカ爲ニ出テタルモノト認メラル

市町村長カ通報義務ヲ有スル所得ノ範圍ハ其ノ市町村住民ニ非サル者カ當該市町村ニ於テ土地家屋物件ヲ所有シ使用シ若ハ占有シ又ハ營業所ヲ定メテ爲ス營業ヨリ生スル所得ノミナリトス

以上ノ通報ハ住所地市町村ニ於テ戸數割ヲ賦課セサルトキ又ハ住民ニアラサルモ其ノ市町村ニ構戸ノ事實アル爲メ構戸地市町村ニ於テ發生スル所得ヲ資力算定ノ標準ニ用ユル場合ニハ通報ノ要ナキモノトス

第四　戸數割ノ賦課率

戸數割ノ課税標準タル資力ハ以上說明シタル方法ニ依リ之ヲ算定スルモノナリ斯クシテ算定シタル

資力ニ對シ一定ノ賦課率ヲ乘シ戸數割ノ賦課額ヲ定ムルモノトス此ノ賦課率ノ計算方法ハ例ヘハ町村税戸數割ノ總額ヲ一萬圓トシテ此ノ內資産ノ狀況ニ依リ資力ヲ算定シテ賦課スヘキモノヲ總額ノ十分ノ四、所得額ニ依リ資力ヲ算定シテ賦課スヘキモノヲ總額ノ十分ノ六トスレハ六千圓ハ所得額ヲ基準トシ四千圓ハ資産ノ狀況ニ依リ賦課スヘキ額ト爲ルナリ

而シテ所得額百圓當ノ賦課率ヲ求メムトセハ納税義務者ノ所得額ノ總額ヲ以テ前記ノ六千圓ヲ除スレハ所得額百圓當ノ課率ヲ得ルモノトス例ヘハ納税義務者ノ總所得額ヲ五十萬トセハ所得額百圓當一圓二十錢トナルカ如シ又資産ノ狀況ニ依ル資力百箇當ノ賦課率ヲ求メムトセハ所得額ノ場合ト同シク納税義務者ノ總箇數ヲ以テ前記ノ四千圓ヲ除スレハ資産ノ狀況ニ依ル資力百箇當ノ賦課率ヲ得ラルルモノトス

此ノ賦課率ハ戸數割ノ賦課期日前タル豫算編成又ハ戸數割ニ關スル條例制定當時ニ於テハ不動ノ賦課率ヲ見出スコト容易ナラス故ニ豫算編成又ハ條例制定ニ際シテハ前年度ノ實蹟ニ依ル等適實ニ見積リ之カ賦課率ヲ定メ議決スルモノトス而シテ之カ實際ノ賦課ニ當リテハ豫算編成又ハ條例制定當時ニ於テ豫想セル課税標準ニ異動ヲ生スル爲メ資産ノ狀況ニ依リ資力ヲ算定シテ賦課スル額カ法令及條例ニ規定スル割合ニ牴觸スル結果ヲ生スルノ惧アリ故ニ此ノ場合ニ於テハ適宜賦課率ヲ定メテ

適法ナル賦課ヲ爲スモノトス

【關係法令】

●所得税法

第三條ノ二　信託財産ニ付生スル所得ニ關シテハ其ノ所得ヲ信託ノ利益トシテ享受スヘキ受益者カ信託財産ヲ有スルモノト看做シテ所得税ヲ賦課ス但シ本法施行地ニ於テ信託利益ノ支拂ヲ爲ス貸付信託ニ付テハ此ノ限ニ在ラス

前項ノ規定ノ適用ニ付テハ受益者不特定ナルトキ又ハ未タ存在セサルトキハ受託者ヲ以テ受益者ト看做ス此ノ場合ニ於テ受託者カ本法其ノ他ノ法令ニ依リ所得税ヲ課セラレサル者ナルトキト雖尚所得税ヲ賦課ス

受託者法人ナル場合ニ於テ前項ノ規定ニ依リ所得税ヲ課スヘキ所得ハ之ヲ個人ノ所得ト看做ス

第三條ノ三　本法ニ於テ貸付信託ト稱スルハ信託會社ノ引受ケタル金錢信託ニシテ信託財産ノ運用方法ヲ預入又ハ貸付ノミニ限定シタルモノヲ謂フ

信託會社ノ所得計算ニ付テハ貸付信託ニ因ル收入及支出ハ其ノ總益金及總損金ヨリ之ヲ控除ス

第十四條　第三種ノ所得**ハ**左ノ各號ノ規定ニ依リ之ヲ算出ス

一　營業ニ非サル貸金ノ利子竝第二種ノ所得ニ屬セサル公債、社債及預金ノ利子ハ前年中ノ收入金額

二　山林ノ所得ハ前年中ノ總收入金額ヨリ必要ノ經費ヲ控除シタル金額

三　賞與又ハ賞與ノ性質ヲ有スル給與ハ前年三月一日ヨリ其ノ年二月末日迄ノ收入金額

四　法人ヨリ受クル利益若ハ利息ノ配當又ハ剩餘金ノ分配ハ前年三月一日ヨリ其ノ年二月末日迄ノ收入金額（無記名株式ノ配當ニ付テハ支拂ヲ受ケタル金額）ヨリ其ノ十分ノ四ヲ控除シタル金額

五　俸給、給料、歳費、年金、恩給、退隠料及此等ノ性質ヲ有スル給與ハ前年中ノ收入金額但シ前年一月一日ヨリ引續キ支給ヲ受ケタルニ非サルモノニ付テハ其ノ年ノ豫算年額

六　前各號以外ノ所得ハ前年中ノ總收入金額ヨリ必要ノ經費ヲ控除シタル金額但シ前年一月一日ヨリ引續キ有シタルニ非サル資産、營業又ハ職業ノ所得ニ付テハ其ノ年ノ豫算年額

株式ノ消却ニ因リ支拂ヲ受クル金額又ハ退社ニ因リ持分ノ拂戻トシテ受クル金額カ其ノ株式ノ拂込濟金額又ハ出資金額ヲ超過スルトキハ其ノ超過金額ハ之ヲ法人ヨリ受クル利益ノ配當ト看做ス

第一項第一號、第二號及第四號ノ所得ニ付テハ被相續人ノ所得ハ之ヲ相續人ノ所得ト看做シ第六號ノ所得ニ付テハ相續シタル資産又ハ營業ハ相續人カ引續キ之ヲ有シタルモノト看做シテ其ノ所得ヲ計算ス

第十五條　前條ノ規定ニ依リ算出シタル所得總額一萬二千圓以下ナルトキハ其ノ所得中勤勞所得（前條第一項第三號及第五號ノ所得）ニ付左ノ金額ヲ控除ス

一　所得總額六千圓以下ナルトキハ勤勞所得ノ十分ノ二

二　所得總額中勤勞所得以外ノ所得六千圓以上ナルトキハ勤勞所得ノ十分ノ一

三　所得總額六千圓ヲ超エ勤勞所得以外ノ所得六千圓未滿ナルトキハ勤勞所得中勤勞所得以外ノ所得ト合算シテ六千圓ニ達スル迄ノ金額ノ十分ノ二、其ノ他ノ金額ノ十分ノ一

戸主及其ノ同居家族ノ所得ハ之ヲ合算シ其ノ總額ニ付前項ノ規定ヲ適用ス戸主ト別居スル二人以上ノ同居家族ノ所得ニ付亦同シ

第十六條　前二條ノ規定ニ依リ算出シタル所得總額三千圓以下ナルトキハ其ノ所得ヲ有スル者ノ申請ニ依リ其ノ所得ヨリ其ノ年三月一日現在ノ同居ノ戸主及家族中年齢十八歳未滿若ハ六十歳以上ノ者又ハ不具癈疾者一人ニ付百圓ヲ控除ス但シ第二條ノ規定ニ依ル納税義務者ニ付テハ此ノ限ニ在ラス

戸主及其ノ同居家族ノ所得ハ之ヲ合算シ其ノ總額ニ付前項ノ規定ヲ適用ス戸主ト別居スル二人以上ノ同居家族ノ所得ニ付亦同シ

前項ノ場合ニ於テ控除スヘキ金額ハ命令ノ定ムル所ニ依リ納税義務者ノ一人又ハ數人ノ所得ヨリ之ヲ控除ス

同一人ニシテ山林ノ所得ト山林以外ノ所得トヲ有スル場合ニ於テハ前三項ノ規定ニ依ル控除ハ先ツ山林以外ノ所得ニ付之ヲ爲シ不足アルトキハ山林ノ所得ニ及フ

第一項ノ不具癈疾者ハ命令ヲ以テ之ヲ定ム

第十六條ノ二　第三條ノ二第二項第三項ノ規定ニ依リ所得税ヲ課スヘキ所得ハ之ヲ受託者固有ノ所得ト區分シテ所得金額ヲ定ム二以上ノ信託アル場合ニ於テハ尚各信託毎ニ之ヲ定ム

第十五條第二項、第十六條、第二十條第二項及第二十三條第二項ノ規定ハ前項ノ所得ニ付之ヲ適用セス

第十六條ノ三　自己若ハ家族又ハ其ノ相續人ヲ保險金受取人トスル生命保險契約ノ爲ニ拂込ミタル保險料ハ年額二百圓ヲ限リ命令ノ定ムル所ニ本人ノ申請ニ依リ其ノ所得ヨリ之ヲ控除ス

第十七條　北海道府縣市町村其ノ他命令ヲ以テ指定スル公共團體、神社、寺院、祠宇、佛堂及民法第三十四條ノ規定ニ依リ設立シタル法人ニハ所得税ヲ課セス

第十八條　第三種ノ所得ニシテ左ノ各號ニ該當スルモノニハ所得税ヲ課セス

一　軍人從軍中ノ俸給及手當

二　扶助料及傷痍疾病者ノ恩給又ハ退隱料

三　旅費、學資金及法定扶養料

四　郵便貯金、產業組合貯金及銀行貯蓄預金ノ利子

五　營利ノ事業ニ屬セサル一時ノ所得

六　日本ノ國籍ヲ有セサル者ノ本法施行地外ニ於ケル資産、營業又ハ職業ヨリ生スル所得

第十九條　勅令ヲ以テ指定シタル重要物産ノ製造業ヲ營ム者ニハ命令ノ定ムル所ニ依リ開業ノ年及其ノ翌年ヨリ三年間其ノ業務ヨリ生スル所得ニ付所得税ヲ免除ス

第二十條　第三種ノ所得ハ千二百圓ニ滿タサルトキハ所得税ヲ課セス第十五條、第十六條及第十六條ノ三ノ規定ニ依ル控除ヲ爲シタル爲千二百圓ニ滿タサルニ至リタルトキ亦同シ

戸主及其ノ同居家族ノ所得ハ之ヲ合算シ其ノ總額ニ付前項ノ規定ヲ適用ス戸主ト別居スル二人以上ノ同居家族ノ所得ニ付亦同シ

●所得税法施行規則

第七條　所得税法第十四條ノ規定ニ依リ總收入金額ヨリ控除スヘキ經費ハ種苗蠶種肥料ノ購買費、家畜其ノ他ノモノノ飼養料、仕入品ノ原價、原料品ノ代價、場所物件ノ修繕費又ハ借入料、場所物件又ハ業務ニ係ル公課、雇人ノ給料其ノ他收入ヲ得ルニ必要ナルモノニ限ル但シ家事上ノ費用及之ニ關聯スルモノハ之ヲ控除セス

第八條　第三種ノ所得ノ申告、調査又ハ決定ハ各其ノ當時ノ現況ニ依リテ所得額ヲ算出シ之ヲ爲スヘシ

所得税法第十四條第一項第六號ノ規定ニ依ル所得計算ニ付損失アルトキハ同條第一項第五號ノ規定ニ依ル所得ヨリ之ヲ差引キテ計算ス

第八條ノ二　所得税法第十五條第二項ノ場合ニ於テ所得ヨリ控除スヘキ金額ハ各納税義務者ノ勤勞所得ニ案分シテ之ヲ計算ス

第九條　所得税法第十六條ノ不具癈疾者トハ心神喪失ノ常況ニ在ル者、聾者、唖者、盲者其ノ他重大ナル傷痍

ヲ受ケ又ハ不治ノ疾患ニ罹リ常ニ介護ヲ要スル者ヲ謂フ

第九條ノ二　所得稅法第十六條第二項ノ場合ニ於テ所得ヨリ控除スヘキ金額ハ所得ヲ有スル者ノ申請ニ依リ各其ノ控除額ヲ定ム但シ其ノ申請額ノ合計カ控除スヘキ金額ヲ超過スルトキ若ハ之ニ達セサルトキ又ハ其ノ申請額不明ナルトキハ稅務署長ニ於テ各其ノ控除額ヲ定ム

第十條　所得稅法第十六條ノ規定ニ依ル控除ノ申請書ニハ年齡十八歲未滿若ハ六十歲以上ノ者又ハ不具癈疾者ノ氏名、生年月日、職業、申請者トノ續柄、不具癈疾ノ事實及控除金額ヲ記載シ之ヲ所轄稅務署ニ提出スヘシ

其ノ年三月十六日以後ニ於テ第三種ノ所得ニ付納稅義務アルニ至リタル者所得稅法第十六條ノ規定ニ依ル控除ヲ受ケムトスルトキハ所得金額ノ決定前其ノ所得ノ申告ト同時ニ前項ノ申請書ヲ提出スヘシ

所得稅法第十六條第二項ノ場合ニ於テハ前二項ノ申請書ハ所得ヲ有スル者ノ一人ヨリ之ヲ提出スルヲ以テ足ル

第十一條　稅務署長ニ於テ必要アリト認ムルトキハ前條ノ規定ニ依ル申請ヲ爲シタル者ニ對シ戶籍ノ謄本若ハ抄本又ハ醫師ノ診斷書其ノ他必要ナル書類ノ提出ヲ命スルコトヲ得

第十一條ノ二　所得稅法第十六條ノ三ノ規定ニ依リ第三種ノ所得ヨリ控除スヘキ保險料ハ前年中ニ拂込ミタル金額ニ依リ之ヲ計算シ所得稅法第十四條乃至第十六條ノ規定ニ依リ算出シタル金額ヨリ之ヲ控除ス

同一人ニシテ山林ノ所得ト山林以外ノ所得トヲ有スル場合ニ於テハ前項ノ規定ニ依ル控除ハ先ツ山林以外ノ所得ニ付之ヲ爲シ不足アルトキハ山林ノ所得ニ及フ

第十一條ノ三　所得稅法第十六條ノ三ノ規定ニ依ル控除ノ申請書ニハ左ノ事項ヲ記載シ之ヲ所轄稅務署ニ提出スヘシ

一　保險者ノ住所及名稱
二　保險ノ種類
三　保險金額
四　保險金受取人ノ住所、氏名及保險契約者トノ續柄
五　前年中ニ拂込ミタル保險料
其ノ年三月十六日以後ニ於テ第三種ノ所得ニ付納稅義務アルニ至リタル者所得稅法第十六條ノ三ノ規定ニ依ル控除ヲ受ケムトスルトキハ所得金額ノ決定前其ノ所得ノ申告ト同時ニ前項ノ申請書ヲ提出スヘシ
第十一條ノ四　稅務署長ニ於テ必要アリト認ムルトキハ前條ノ規定ニ依ル申請ヲ爲シタル者ニ對シ保險料領收證書其ノ他必要ナル書類ノ呈示又ハ提出ヲ命スルコトヲ得

【訓令通牒】

●**府縣稅戶數割規則ニ關スル件**（大正一〇、三、一〇地方、主稅兩局長依命通牒ノ内）
曩ニ府縣稅戶數割規則竝ニ同施行細則發布相成候處該規則施行上ニ付テハ左記事項御承知置相成度
四　規則第三條ニ於テ資力ヲ算定スルニ當リ納稅義務者ノ資產ノ狀況ヲ斟酌シ得ル規定ヲ設ケタルハ從來ノ見立割カ其ノ運用宜シキヲ得レハ負擔ノ衡平ヲ保ツ所以ノ道ナルニ鑒ミ或ル範圍ニ於テ見立割ヲナスコトヲ得シメタルモノナレハ市町村ハ資產ノ狀況ヲ斟酌シテ課稅セントスル場合ニ於テハ能ク其ノ趣旨ニ依リ苟モ之カ利用ヲ誤リテ負擔ノ不均衡ノ結果ヲ惹起スルコトナキ樣監督セラレ度キコト
七　規則第十三條ニ依リ市町村長カ通報義務ヲ有スル所得ノ範圍ハ其ノ市町村ノ住民ニ非サルモノカ當該市町村ニ於テ土地家屋物件ヲ所有シ又ハ營業所ヲ定メテ營業ヲナシ依テ以テ生スル所得ニ有之此ノ通報ハ他市町

村會ノ賦課決議ノ遲速ニ至大ノ關係ヲ有スルヲ以テ其ノ期間ヲ嚴守スル樣督勵セラレ度キコト

●戶數割賦課ニ關スル內容調査ノ件（大正一一、五、二地方局長通牒）

府縣稅戶數割ノ賦課ニ關シ所得算定ノ資料トシテ所得稅納稅者ノ所得及其內容ニ就キ府縣郡市町村ヨリ要求アリタルトキハ稅務署ニ於テ可及的便宜ヲ與フルコトニ大藏省ト協議濟ニ付此旨市町村ニ御示達相成度此段爲念

追テ稅務署ヨリ所得調査上ニ關シ要求アリタルトキモ亦可成便宜ヲ與ヘラレ度シ

●戶數割ニ關スル件（昭和二、三、三一地方、主稅兩局長通牒）

一　施行勅令第二十三條第三項ノ適用ニ關シ必要アルニ依リ府縣ハ每年二月末日迄ニ翌年度ニ於テ戶數割ヲ賦課セサル市町村名ヲ取調ヘ內務大臣ニ報告スルコト

二　資產ノ狀況ニ依ル資力ノ算定ニ付テハ之カ利用ヲ誤リテ負擔ノ不均衡ヲ惹起スルコトナキ樣嚴密ニ監督スルコト

三　資力算定ノ標準タル所得額ノ計算上職工其ノ他勞役者ノ賃銀等ハ其ノ者カ獨立ノ企業者ニ非スシテ專ラ雇傭關係ニ依リ收得スルモノナルニ於テハ假令日給ノモノト雖モ其ノ名稱ノ如何ヲ問ハス所謂勤勞所得トシテ取扱フヘキコト

四　施行勅令第二十六條ノ規定ニ依リ市町村長ニ於テ通報義務ヲ有スル所得ノ範圍ハ其ノ市町村住民ニ非サル者カ當該市町村ニ於テ土地家屋物件ヲ所有シ使用シ若ハ占有シ又ハ營業所ヲ定メテ營業ヲ爲シ依テ生スル所得ニシテ此ノ通報ノ遲速ハ他市町村ノ戶數割ノ賦課ニ至大ノ關係ヲ有スルヲ以テ通報期限ヲ嚴守スル樣充分ニ監督スルコト

尙所得ノ基本タル事實ヲモ併セテ通報セシムルハ之ヲ受ケタル市町村ニ於テ資力算定ノ標準タル資產狀況ヲ測定スル場合ノ參考ニ資スルカ爲（例ヘハ田畑山林ノ所得、家屋又ハ營業ノ所得等其ノ所得ノ基本タル事實

ヲ如ルヲ得シムル趣旨）ナルニ付特ニ注意セシムルコト

【行政實例】

●住所地市町村長ニ於テ通報ヲ受ケタル所得額ニ付テハ取捨増減ヲ許ササルモノトス（大正一一、四、一八）

●資産ノ狀況ヲ斟酌シ賦課スルニ當リ一部特定ノ納税義務者ニ對シテノミ之ヲ爲スモ差支ナシ（大正一一、五、五）

●戸數割ノ納税資力ノ略相等シキモノヲ以テ從來ノ如ク等級ヲ設ケ課税スルコトハ不當ナリ（大正一一、五、一八）

●老幼不具癈疾者ノ控除額ハ同一階級内ニ於テ納税者ニ依リ異ナル額ヲ用フルハ不可然（大正一一、六、二）

●總收入金ヨリ控除スヘキ經費中業務ニ係ル公課中ニハ地租及所得税ハ之ヲ包含セサルモ場所物件ニ係ル公課中ニハ地租ヲ含ムモノトス（大正一一、六、七）

●所得額ノ計算ハ所得税法ト大體ニ於テ同一ナルモ勤勞所得ニ係ル控除額ノ相違及所得税法以外ノ所得ヲ加ヘアル等ニ依リ必スシモ國ノ決定額ト一致セス假ニ所得税ノ調査材料ト全然同一ノモノヲ用ヒタル場合ニ於テ其ノ決定ノ結果同一額ヲ得サルモ止ムヲ得サルモノトス（大正一一、六、一〇）

●所得ノ調査ニ關シ賦課規則等ヲ以テ調査機關ヲ設クルハ不可然（大正一一、六、一〇）

●資力算定ノ標準タル所得ヲ申告セシムルト否トハ府縣ノ任意ナルモ申告セシムルヲ便宜ト存ス（大正一一、六、一〇）

●新ニ納税義務ヲ生シタル者ノ賦課額ハ規則第十一條第二項ニ依リ他ノ納税者ノ賦課額ニ比準シテ町村長限リ定ムルコトハ不可然必ス市町村會ノ議決ニ依リ定ムルヲ要スルモノトス（大正一一、六、一〇）

●規則第十三條ノ其ノ年度分所得トハ施行細則ノ規定ニ依リ計算シタル其ノ年ノ戸數割賦課標準トナスヘキ所得ヲ指スモノトス（大正一一、六、一〇）

●所得計算ノ結果所得皆無トナルモノ又ハ法定控除ヲ行ヒタル爲メ尙不足額ヲ生スルモノニ對シテハ所得ニ依ル資力ナキモノトシ取扱フヘキモノトス（大正一一、六、一〇）

●現實ニ收入ヲ得サルモ自己所有ノ住宅ニ居住スル者及日常必要品タル燃料蔬菜肥料（主トシテ秣草ノ類）等ヲ自給スル者ト否ラサル者トノ間ニハ資産ニ著シキ差等アリ擔税能力ニ多大ノ軒輊アリト雖資力算定ノ標準タル所得ヲ查定スルニ當リ其ノ賃貸價格若ハ收入豫算年額ヲ算定シテ之ヲ所得額ニ加算スルハ不可然自己所有ノ住宅ニ居住スル者ニ對シテハ所謂資産ノ狀況ヲ斟酌シテ資力ヲ算定スヘク又燃料蔬菜及肥料等ヲ全ク自家用ニ供スルモノナルニ於テハ之亦資産ノ狀況ヲ斟酌シテ資力ヲ算定スルヲ妥當トス（大正一一、六、一〇）

●老幼不具癈疾者ノ控除額ニ關スル規定ハ控除スル最高額ヲ制限シタルニ止マリ其ノ最低額ハ規定セサルモノトス尙同規定ハ所得額ノ多寡ニ依リ控除ノ最高額ヲ規定シタルモノナルヲ以テ之ヲ低下スルニ當リテハ其ノ所得額ノ區分ニ從ツテ等級ヲ附スヘキモノニシテ控除額ヲ均一ナラシメ或ハ下級階級ノ所得額ニ對スル控除額ヲ上級ノモノヨリ低下スルカ如キハ不可然義ナリ（大正一一、六、一九）

●慈善事業ニ從事スル者ニ對シ戶數割ヲ賦課セサル規定ハ適當ニ非ス（大正一一、七、七）

●通報スヘキ所得額ハ戶數割施行細則第三條ニ依リ算出シタル所得額トス但同條第一項第一號及第六號ノ場合ハ損失額ヲモ通報ヲ要ス（大正一一、一二、三一）

●戶數割年額ヲ二期ニ分チテ徵收期日ヲ定メ賦課規則中ニ『戶數割ハ年税トシ四月一日現在ノ納税義務者ニ其ノ全額ヲ賦課ス』ト規定シ一時ニ賦課スル府縣ニ在リテハ縣外轉出前ニ於テ年額ノ徵税令書ヲ發布シアルニ於テハ轉入府縣ハ後年度分ノ戶數割ヲ賦課シ得サル義トス（大正一三、一二、一六）

●戶數割賦課上單ニ土地家屋ノ所得ノミヲ以テ資産ノ狀況ヲ斟酌スルハ不可然義トス（大正一四、二、一六）

●資産狀況ノ斟酌ヲ爲ス場合ニ在リテハ一定ノ基礎アル事實ニ基クヲ要スルハ勿論ノ義ト存ス尙此場合資力算定

ヲ適當ナリトセラルル者ノミ斟酌ニ依リ課セラルル結果又ハ各納税義務者タルコトアルヘク又ハ其ノ中ノ若干人タルコトアルヘシ（大正一四、一二、二三）

●戸數割ノ賦課ニ於テ所得額ヨリ控除スヘカリシ公課ヲ控除セスシテ資力ヲ算定シ而シテ資産ノ狀況ノ斟酌ニ方リテハ該公課ニ相當スル額ヲ減額スルカ如キハ不可然（昭和二、一、一八）

●戸數割條例ヲ以テ納税義務者ノ資力算定ノ方法ニ關シ具體的詳細ニ規定セルニ於テハ戸數割ノ隨時賦課ノ必要アル場合市町村長限リ納税義務者ノ賦課額ヲ定メ差支ナキモ然ラサル場合ハ從前通リ市町村會ノ議決ニ依リ定ムヘキモノトス（昭和二、四、一一）

●解散法人ヨリ分配ヲ受クル殘餘財產ハ之ヲ個人ノ受クル利益配當ノ所得トシテ戸數割賦課ノ標準ニ算入スヘキモノナリヤ否ニ付テハ右ハ利益配當ニ非ス即チ營利ノ事業ニ屬セサル一時ノ所得ト解セラルルカ故ニ之ヲ賦課ノ標準ニ算入スルハ適當ナラス（昭和二、六、二）

【行政裁判例】

●長野縣税賦課徵收規則第一條ニハ『十月一日以後翌年三月三十一日迄ニ納税義務發生シタル者ハ其日ノ現在ヲ以テ年税ノ半額ヲ賦課ス』トアリ又『九月三十日以前ニ於テ納税義務ノ消滅シタル者ハ年税ノ半額ヲ徵收セス』ト規定シアリテ之ニ依レハ同縣縣税戸數割前期分ハ四月一日ヨリ九月三十日迄ノ間ニ於ケル構戸ノ事實ヲ基礎トシ其ノ後期分ハ十月一日ヨリ翌年三月三十一日迄ノ間ニ於ケル構戸ノ事實ヲ基礎トシテ各別ニ賦課スル趣旨ナルコト明ナルヲ以テ九月三十日以前ニ同縣内ニ於テ甲村ヨリ乙村ニ移轉シタル者ニ對スル該税後半期分ハ乙村ニ於ケル構戸ノ事實ヲ基礎トシテ賦課スルモノト解セサルヲ得ス而シテ村税戸數割ハ其ノ村内ニ戸ヲ構フルコトニ依リ賦課セラルル縣税戸數割ニ對シテノミ賦課シ得ヘキモノナルカ故ニ右ノ場合ニ於テ乙村ハ縣税戸數

割後半期分ノ附加税タル村税戸數割ヲ賦課シ得ヘキモ甲村ハ之ヲ賦課スルコトヲ得サルモノトス（大正三、三、一六）

●縣税戸數割ノ賦課ニ關シ納税義務者ノ資産狀況ノ斟酌トシテ一定ノ具體的標準ニ依ルノ外右具體的標準ニ依リ計算スルコト能ハサル資産ニ關シ見立割ヲ爲スコトヲ得ル趣旨ノ規程ニ基キ見立割ヲ爲スニ當リテハ納税義務者一般ニ付其ノ狀況ヲ考量シテ各納税義務者ニ對シ之ニ由ル負擔ノ有無及金額ヲ決スヘキモノトス（大正四三、五）

●各年分小作料トシテ其ノ各年ニ於テ收入シタルモノ及其ノ各年分小作料トシテ收入スヘキモノヲ總收入トシテ計算スヘキモノトス（大正六、三、二二）

●地主カ無料ニテ採水川踏車ヲ貸與スルニ非サレハ小作セサル慣習アル場合ニ於テハ其ノ踏車ノ修繕費ハ小作料收入ノ必要經費トシテ控除スヘキモノナルモ其ノ買入代金ハ必要經費ト認ムヘキモノニアラス（大正六、一二、二二）

●貯水池新築費、水門新築費、新開不毛地ノ開墾整理費、貯藏倉庫修繕費ハ土地所得算出ニ當リ必要經費トシテ控除スヘキモノニアラス（大正六、一二、二）

●町村制第百一條第一項ノ規定ハ傷痍疾病者ノ恩給ニ對シテハ町村税ヲ賦課スルコトヲ得サル旨ヲ規定シタルニ止マリ之ヲ戸數割ノ等級ヲ定ムル如キ生活狀態ヲ斟酌スル資料トナスコトヲ禁止スルノ法意ニ非ス（大正七、四、二九）

●府税賦課規則ニ於テ戸數割ハ『市町村會ノ議決ヲ以テ各人ノ納額ヲ定ム』ト規定スル場合ニハ各人ノ戸數割納額ヲ定ムルコトハ之ヲ市町村會ノ議決ニ一任シタルモノト認ムルノ外ナキヲ以テ町會ニ於テ戸數割ノ算出方法ニ付キ議決アリトスルモ是レ單ニ各人ノ納額ヲ定ムル徑路ニ過キサレハ納額ヲ定ムルニ付キ其方法ノ適用ヲ誤

リタリトスルモ之ヲ以テ納額ニ付テノ議決ヲ違法トナスヘキモノニ非ス（大正一〇、五、一四）

●公簿上畑タル桐木生育地ハ所得税法ノ適用上亦之ヲ畑ト認メ之ニ生育セル桐ノ伐採所得ハ同法第十四條第一項第二號畑所得ニ該當スルモノト解スルヲ相當トス（大正一〇、七、二五）

●山林伐採所得トハ山林ヲ伐採スルコト又ハ伐採セシムルコトニ因ル所得ヲ指スモノニシテ山林ヲ土地ト共ニ讓渡シタル場合ニ於テハ讓渡人カ其ノ山林ノ伐採セラルルコトヲ豫期シタリト認メ得ヘキ資料ノ存スル場合ニ限リ税法ニ所謂山林伐採ノ所得アルモノト解スヘキモノトス

部分林ノ仕付人ト地主トハ法律上共有權者ナルカ故ニ部分林ノ敷地及其ノ立木ノ共有持分讓渡ハ共ニ立木ニ關スル權利ノ讓渡ナリ（大正一一、三、九）

●退官者カ官吏恩給法上恩給ヲ受クヘキ條件ヲ具備シ所得金額決定前恩給請求書ヲ差出シタル場合ニ其ノ者ノ所得金額中ニ其ノ年分ニ相當スル恩給金額ヲ加算シ決定シタルハ適法ナリ（大正一一、四、二〇）

●所得税法上納税義務ヲ生スヘキ金額ニ達セサル所得金額ノ申告及之ト同時ニ爲シタル同法第十六條ニ因ル所得金額控除ノ申請ト雖モ同法第二十五條ニ該當セスト謂フヲ得ス（大正一一、六、一四）

●多額多數ノ取引ヲ爲ス商人ノ所得金額決定ノ基礎タル支出金額ノ算定上殘餘商品全ク存在セサル事實ノ認ムヘキモノナキ場合ニ於テハ相當殘餘商品アリト認メ其ノ價格ニ相當スル金額ヲ控除シタルモノヲ以テ支出金額ト爲スヲ相當トス（大正一一、九、二九）

●所得調査委員ノ手當ハ調査委員ノ勤勞ニ對スル報酬ニシテ所得税法第十四條第一項第一號ノ給與ニ該當スルモノトス（大正一一、一一、一六）

●所得税法ニ所謂山林ノ所得トハ山林ノ經營ニ因リ生スル所得ヲ指稱スルモノナルカ故ニ單ニ轉賣ノ目的ヲ以テ立木ノミヲ買受何等ノ經營ヲ爲スコトナク其ノ儘之ヲ他ニ賣却シテ取得シタル利益ノ如キハ之ヲ山林ノ所得ト

謂フヲ得ス（大正一二、六、一三）
●府縣稅戶數割ノ賦課ニ關シテハ他人ニ對スル戶數割賦課ノ基本タル資力ノ算定ノ不權衡ナルコトヲ理由トシテ自己ニ對スル賦課ノ更正ヲ求ムルコトヲ得ス（大正一二、七、二一）
●府縣稅戶數割ノ賦課ニ付キ納稅義務者ノ資產ニ非サル他人ノ資產ニ依リ納稅義務者ノ資產ノ狀況ヲ斟酌スヘカラサルモノトス府縣稅戶數割ノ賦課ニ付キ資產ノ狀況ヲ斟酌スルニ當リ土地家屋ノ如キ公簿上其所有ヲ證明シ得ヘキ資產ニ付テハ反對ノ事實ヲ認定スルニ足ル立證ナキ限リ名義上ノ所有者ヲ以テ實質上ノ所有者ト認メサルヘカラス（大正一二、七、二四）
●大正十年勅令第四百二十二號府縣稅戶數割規則ニ於ケル所得額ニ依ル資力ノ算定ニ付テハ所得額ニ比例スルノ法意ナリト解スルヲ相當トス（大正一二、一二、二五）
●田所得ノ計算ニ付設備費開墾費ノ如キハ所得稅法第十四條第一項第二號ノ必要ノ經費中ニ包含セスト解スヘキモノトス（大正一三、三、一一）
●府縣稅戶數割規則第七條第一項及第二項ノ規定ニ依レハ一府縣ニ於テ戶數割ヲ納ムル義務アルモ其ノ府縣內ニ住所ナキ者ニ付テハ其ノ府縣以外ノ地ニ於ケル所得ヲ其ノ資力算定ノ標準中ニ加算スルコトヲ得サルモノトス（大正一三、五、一二）
●戶籍上分家シテ東京ニ遊學シ相當ノ財產ヲ有スル三男ヲ戶數割ノ賦課ニ關シ其ノ父タル納稅義務者ト生計ヲ共ニスル者トナシタルハ違法ナリ（大正一三、五、二六）
●會社カ事業年度ノ中間ニ於テ積立金ヲ減少シテ之ヲ社員ニ配當シタル場合ニ於テハ第三種所得ノ計算ニ付テハ社員カ現實收入ノ時ニ於テ利益ノ配當ヲ受ケタルモノト解スルヲ相當トシ該配當カ法人ノ配當所得トシテ屬スヘキ年度ノ終ヲ標準トシテ配當ノ時期ヲ決スヘキモノニアラス（大正一三、五、二六）

●營業名義人ハ單ニ名義ヲ貸與シタルニ止リ名義ヲ借リタル者カ事實營業ヲナシ其ノ營業ヨリ生スル所得ハ總テ同人ニ歸屬スル以上ハ假令營業ニ關スル諸稅カ營業名義人ニ賦課セラレタリトスルモ該業ヨリ生スル所得ヲ名義ヲ借リテ營業ヲナス者ニ對スル府縣稅戶數割賦課ノ標準ニ算入スルモ違法ナリトナスヲ得ス府縣稅戶數割賦課ニ關シ營業所得カ事實何人ニ歸屬スルヤヲ調査スルハ違法ナリト云フヲ得ス（大正一三、一〇、一四）

●府縣稅戶數割規則第三條ニ『所謂資產ノ狀況ヲ斟酌シテ之ヲ算定スルコトヲ得』トハ各納稅義務者ノ資力算定標準ノ一トシテ資產ノ狀況ヲモ採用スルコトヲ得ルノ趣旨ニシテ之ヲ採用シタル場合ニ於テハ當該町村ノ戶數割總額ノ十分ノ四以內ニ於ケル一定ノ金額ハ各納稅義務者ノ資產ノ狀況ヲ標準トシテ各自ニ之ヲ配當スルコトヲ要スルモノト解スルヲ相當トス而シテ右ノ趣旨ト異ナル方法ニ依リ爲シタル配當ハ違法ニシテ反證ナキ限ハ資產ノ狀況ニ相應セサルモノト認ムヘク戶數割ノ賦課ハ取消ヲ免レサルモノトス（大正一三、一二、二六）

●府縣稅戶數割規則施行第三條第一項第六號ハ收入豫算年額ニ依ルヘキヲ規定シタルモノニシテ計算方法ニ付テハ何等特定スルモノニアラス（大正一四、五、二四）

●戶數割賦課ノ基準タリ所得額ハ單ニ課稅ノ標準トシテ算出シタルモノニ止マリ市民ノ實際生活費ト一致スヘキモノニ非サルヲ以テ市ノ戶數割賦課ノ標準タル全所得額ヲ人口ニ平均シ一人當リ額カ生活費トシテ寡少ナリトスルモ此ノ事實ヲ以テ直ニ所得額ノ調査ニ錯誤アリト云フヲ得ス（大正一四、六、一六）

●後期分縣稅戶數割ノ賦課カ資力算定ニ違法アルモノナルトキハ該賦課ノ時ニ算定シタル資力ニ依リ賦課セラレタル同稅追徵分ノ賦課モ亦違法ナリ（大正一四、六、一八）

●府縣稅戶數割ノ賦課ヲ爲スニ當リ各納稅義務者ノ資產狀況ニ付具體的調査ヲ爲サス單ニ其ノ生活狀況ヲ達觀シ之ニ依リテ資產アル者ノ中ニ於テ資產狀況ヲ斟酌シテ課スヘキ額ヲ賦課スル者ト賦課セサル者トノ區別ヲ設ケ以テ戶數割ノ賦課額ヲ定ムルハ府縣稅戶數割規則第二條ノ規定ニ適合セル賦課ト云フヲ得サルカ故ニ違法ナリ

（大正一四、七、九）

●府縣税戸數割規則第三條ニ所謂資產ノ狀況トハ生活狀況ノ義ニ解スヘキモノニ非ス（大正一四、七、九）

●單ニ資產ノ形態ノ變更ニ過キサル山林伐採ノ所得ニ因ル一時的ノ納税額ヲ標準トシテ資產ノ狀況斟酌ニ因ル賦課額ヲ定ムルハ資產狀況ニ對應スル賦課ト認ムルコトヲ得ス（大正一五、一、二三）

●戸數割ノ賦課額決定スルモ未タ徵税傳令書ノ交付ヲ受ケサルモノニ付テハ行政訴訟ヲ提起スルコトヲ得ス（大正一五、二、一八）

●「資產ノ狀況ヲ斟酌シテ之ヲ算定スルコトヲ得」トハ各納税義務者ノ資力算定標準ノ一トシテ資產ノ狀況ヲモ採用スルコトヲ得ルノ趣旨ニシテ之ヲ採用シタル場合ニ於テハ當該町村ノ戸數割總額ノ法定割合以內ニ於ケル一定金額ハ各納税義務者ノ資產ノ狀況ヲ標準トシテ各自ニ之ヲ配當スルコトヲ要スルモノト解スヘキモノトス（大正一五、五、一三）

●資產ノ狀況ヲ斟酌シテ算定スルコトヲ得トハ各納税義務者ノ資力算定標準ノ一トシテ資產ノ狀況ヲ採用スルコトヲ得ルノ趣旨ニシテ之ヲ採用シタル場合ニ於テハ其ノ一定額ハ各納税義務者ノ資產ノ狀況ヲ標準トシテ各自ニ之ヲ配當スルコトヲ要スルモノト解スヘク資產ノ狀況良好ナル一部ノ納税義務者ニ對シテノミ之ヲ配當スルコトヲ許スノ趣旨ニ非サルヲ以テ戸數割規則ニ反シ違法ニシテ之ニ依リ爲シタル配當ハ反證ナキ限リ資產ノ狀況ニ相應セサルモノト認メサルヲ得ス（大正一五、五、一五）

●戸數割ノ標準タル土地ノ所得ニ付テハ公簿面ノ地目ト事實上ノ地目ト異ル場合ニハ事實上ノ地目ニ依リ其ノ所得額ヲ算定スヘキモノトス（大正一五、五、三一）

●銀行預金ハ名義人ノ預金ニ非スシテ他ノ者ノ預金ナリト認ムヘキ確證ナキ限リ之ヲ名義人ノ預金ト認ムヘキモノトス（大正一五、五、三）

●山林賣却代金ノ取立ニ要シタル訴訟費用ハ其ノ性質上山林收入ヲ生セシムル爲ニ必要ナルモノニ非サルカ故ニ所得稅法第十四條第一項第三號ノ所謂「必要ノ經費」ニ該當セス（大正一五、六、一二）

●必要ノ經費ニ算入スヘキ利息ハ借入資金ニ對シ現實ニ利息トシテ負擔シタル分ニ限ルヘク山林ニ對スル累年ノ經費金額ニ對シ或ル利率ヲ以テ算出シタル利息ハ算入セラルヘキモノニ非ス（大正一五、六、一二）

●山林收入カ數年ニ分屬シ之ニ關スル經費カ收入總額ニ共通ナルトキハ該經費總額ヲ各年ノ收入ニ案分シテ各年ノ收入ニ對スル經費ヲ算定スヘキモノトス（大正一五、六、一二）

●戶數割納稅義務者ノ住所地町村長カ同義務者ノ戶數割ヲ納ムル市町村以外ノ市町村ニ於ケル資產ノ狀況ヲモ斟酌シ戶數割ノ賦課ヲ爲スモ違法ニ非ス（大正一五、六、一五）

●郡長ノ俸給ト市長ノ俸給トハ俸給ノ負擔者ヲ異ニシ郡長ト市長トハ其任命權ノ所在竝ニ其職務ヲ異ニスルモノナルヲ以テ兩者ハ格別ニ前年一月一日ヨリ所得決定當時迄引續キ支給ヲ受ケタリヤ否ヤヲ決スヘキニシテ大正十四年八月十二日マテ郡長ノ俸給ヲ受ケ同日以後ハ市長ノ俸給ヲ受ケタル者ノ俸給ノ所得ハ所得稅法第十四條第一項第五號但書ニ依リ算出スヘキコト明カナリ次ニ郡長ヲ退官シタル翌月ヨリ始メテ支給ヲ受ケタル恩給モ亦同號但書ニ依リ算出スヘキコト明白ナリ（昭和二、五、一六）

第二十六條　第十一條第三號ノ規定ハ戶數割ニ之ヲ準用ス

○施行勅令

第三十條　北海道移住民ニシテ主トシテ耕作又ハ牧畜ノ事業ニ引續キ從事シ移住ノ日ヨリ三年ヲ經過セザル者ニ對シテハ戶數割ヲ賦課スルコトヲ得ズ

○施行規則

第二十七條　大正十五年法律第二十四號第二十六條ノ規定ニ依リ戶數割ヲ賦課スルヲ不適當トスル者ハ市町村ニ於テ之ヲ定ムベシ

本條ハ特別ノ事由ニ因リ戶數割ノ課稅ヲ不適當トスル者ニハ命令ノ定ムル處ニ依リ戶數割ヲ賦課セサルコトヲ得ル旨ヲ規定シタルモノナリ而シテ施行規則ニ於テ戶數割ヲ賦課スルヲ不適當トスル者ハ市町村ニ於テ定ムヘシトアルヲ以テ市町村ハ條例ヲ以テ特別ノ事情アル者、公私ノ救助ヲ受クル者又ハ學生、生徒等ニ對シ戶數割ヲ賦課セサルノ規定ヲ設ケ得ルモノトス

施行勅令第三十條ハ北海道移住民保護ノ爲メ戶數割ヲ免除スルヲ必要ト認メタルニ依ルモノトス而シテ本條ト同一規定ハ從來北海道地方費法中ニ規定シアリシヲ戶數割ハ北海道地方稅トシテ廢止セラルルト共ニ削除セラレタルモノナリ

【訓令通牒】

●**府縣稅戶數割規則ニ關スル件**（大正一〇、三、一〇、地方主稅兩局長通牒）

六　規則第十二條ニ依リ戶數割納付ノ資力ナキ特別ノ事情アル者ニ關シ賦課規則ニ規定ヲナス場合ニ於テハ一定ノ條件ヲ明記スル義ニ有之戶數割ヲ課稅セサル者ノ認定ヲ市町村會ノ議決ニ委任スルハ妥當ナラサルコト

第二十七條　戸數割ノ賦課ノ制限、納稅義務者ノ資產ノ狀況ニ依リ資力ヲ算定シテ賦課スヘキ額其ノ他納稅義務者ノ資力算定ニ關シテハ勅令ヲ以テ之ヲ定ム

本條ハ戸數割ノ賦課ニ關シ一定ノ制限ヲ設クルノ要アルコト及戸數割ノ賦課額中幾何ヲ納稅義務者ノ所得額ニ依リ資力ヲ算定シテ課スヘキヤ又幾何ヲ其ノ資產ノ狀況ニ依リ資力ヲ算定シテ課スヘキヤ又納稅義務者ノ所得額ノ算定方法ヲ勅令ニ於テ定ムヘキ旨ヲ規定シタルモノナリ所得額ノ算定ニ付テハ前ニ述ヘタルヲ以テ戸數割ノ賦課ノ制限及資產ノ狀況ニ依リ資力ヲ算定シテ賦課スヘキ額ニ付之ヲ述フヘシ

第一　賦課ノ制限

○施行勅令

第二十七條　戸數割ハ左ノ制限ヲ超ユルコトヲ得ズ

一　市ニ在リテハ其ノ總額當該年度ニ於ケル市稅豫算總額ノ百分ノ三十七

二　町村ニ在リテハ其ノ總額當該年度ニ於ケル町村稅豫算總額ノ百分ノ六十

特別ノ必要アル場合ニ於テハ內務大臣及大藏大臣ノ許可ヲ受ケ前項ニ規定スル制限ヲ超過シテ課稅スルコトヲ得

第二十八條　本令中市町村ニ對スル許可ノ職權ハ內務大臣及大藏大臣ノ定ムル所ニ依リ之ヲ府縣知事ニ委任スルコトヲ得

○施行規則

第二十八條　大正十五年勅令第三百三十九號第二十八條ノ規定ニ依リ左ニ揭グル事項ニ付テノ許可ノ職權ハ府縣知事ニ委任ス

一　同令第十條第二項ノ規定ニ依リ制限ヲ超過シ課稅スルコト

二　同令第十條第三項ノ規定ニ依リ同條第二項ノ制限ヲ超過シ同條第一項ノ制限率ノ百分ノ五十以內ニ於テ課稅スルコト

三　同令第二十七條第二項ノ規定ニ依リ同條第一項ノ制限ヲ超過シ市ニ於テ戶數割總額ガ當該年度ノ市稅豫算總額ノ百分ノ四十七以內ニ於テ課稅スルコト

四　同令第二十七條第二項ノ規定ニ依リ同條第一項ノ制限ヲ超過シ町村ニ於テ戶數

割總額カ當該年度ノ町村税豫算總額ノ百分ノ七十以內ニ於テ課税スルコト

一　制限外課税

他ノ地方税ニ一定ノ制限アル如ク戸數割ニ付テモ一定ノ制限アルモノトス、制限率ハ過般ノ地方税制整理ニ際シ市町村ニ與ヘラレタル義務敎育費國庫負擔等ノ財源ト其ノ奪ハレタル部分トヲ計算シ其ノ他市町村ノ財源ニ關シ考慮ヲ加ヘ市ニ在リテハ其ノ總額當該年度ニ於ケル市税豫算總額ノ百分ノ三十七、町村ニ在リテハ其ノ總額當該年度ニ於ケル町村税總額ノ百分ノ六十ト定メラレタルモノナリ然シ是ハ一應ノ制限ニシテ特別ノ必要アル場合ニ於テハ內藏兩大臣ノ許可ヲ受ケテ制限ヲ超過シテ課税シ得ルモノトス此ノ制限ヲ超過シテ課税ヲ爲サントスル場合ニ於テハ他ノ市町村税ハ如何ナル狀態ニアランコトヲ條件トスルヤ法令上規定ナキモ國税賦課税ハ少クトモ制限滿度迄賦課スルコトハ勿論ニシテ特別地税附加税及家屋税モ又制限滿度迄賦課シ居ルヲ適當トスルモノナリ戸數割制限外ノ許可ハ市町村税豫算總額ノ百分ノ三十七又ハ百分ノ六十ヲ超過スル部分ノ割合又ハ其ノ割合ニ依ル賦課ノ許可ニモアラス又戸數割賦課額中市町村豫算總額ノ右割合ヲ超過スル部分ノ課額又ハ其ノ課額ノ賦課ノ許可ニモアラスシテ戸數割カ市町村税豫算總額ノ百分ノ三十七又ハ百分ノ六十ノ割合ヲ超過スル場合ニ於ケル戸數割賦課其ノモノノ許可ト解スヘキモノナルヲ以テ課率ヲ增加セス自然增收ノ爲メ豫算ノ追加又ハ更正ヲ爲ス場合ニ於テモ更ニ許可ヲ要スヘキモノトス但シ他ノ市町村稅ニ於テ追加賦課ヲ爲シタル爲メ戶數割カ所定ノ制限割合ヲ超過セサルトキハ許可ヲ要セサルトス而シテ其ノ制限外課稅カ左ノ範圍內ナルトキハ施行勅令第二十八條ノ規定ニ依リ地方長官ニ委任サレタルヲ以テ其ノ許可ヲ受クルコトヲ要ス

(一)　市ニ在リテハ施行勅令第二十七條第一項ノ制限ヲ超過シ戶數割總額カ當該年度ノ市稅豫算總額ノ百分ノ四十七以內ニ於テ課稅スルコト

(二)　町村ニ在リテハ同第二十七條第一項ノ制限ヲ超過シ戶數割總額カ當該年度ノ町村稅豫算總額ノ百分ノ七十以內ニ於テ課稅スルコト

二　制限外課稅ノ許可稟請

戶數割カ制限外課稅トナリシ場合ニハ之ニ付キ許可ヲ受ケサレハ之ヲ包含スル豫算其ノモノカ執行力ヲ有セサルコトトナルヲ以テ當初豫算ニ於テ戶數割ノ制限外課稅トナルトキハ年度開始前ニ必ス許可ヲ受クル手續ヲ採ラサルヘカラス又追加豫算又ハ更正豫算ノ結果戶數割カ制限外課稅ト爲ルトキモ其ノ時々直ニ許可ヲ受ケサルヘカラス

戶數割制限外課稅ノ許可稟請ニ付テハ大體左ノ書類ヲ添附スヘヘキモノトス

1　許可稟請書

2　理由書

3　議決書

4　歳入一覽表

5　歳出一覽表

6　負債調書

7　制限外課税調書

戶數割ノ制限外課税ニ付注意スヘキ事項ハ左ノ如シ

(一)　町村財政上眞ニ必要アリトセハ法律上ハ何程ニテモ制限外課税ヲ爲シ得ルモ人ノ負擔ニハ自ラ限度アルヲ以テ負擔力ニ應シタル課税ヲ爲スハ勿論各税間負擔ノ均衡ヲ得シムルコト

(二)　各税附加税(反別割ノ併課ヲ含ム)特別地税附加税(反別割ノ併課ヲ含ム)ハ制限滿度ノ課税ヲ爲スコト

(三)　基本財産(特別基本財産)ノ蓄積又ハ積戾ハ其ノ財源ヲ指定寄附又ハ財產ヨリ生スル收入ニ求ムルモノヲ除クノ外之ヲ停止シ負擔輕減ノ資ニ充ツルヲ要スルモノトス

第二　資産狀況ニ依リ賦課スヘキ額

○施行勅令

第二十一條　戸數割總額中納稅義務者ノ資産ノ狀況ニ依リ資力ヲ算定シテ賦課スベキ額ハ戸數割總額ノ十分ノ二ヲ超ユルコトヲ得ズ

附　則（第六項）

戸數割總額中納稅義務者ノ資產ノ狀況ニ依リテ資力ヲ算定シ賦課スベキ額ハ特別ノ事情アル市町村ニ於テハ當分ノ間戸數割總額ノ十分ノ四迄ト爲スコトヲ得

資產ノ狀況ニ依リ資力ヲ算定シテ賦課スヘキ額ハ戸數割總額ノ十分ノ二ヲ超ユルコトヲ得サルモノトス而シテ此ノ十分ノ二ハ資產ノ狀況ニ依リ賦課スヘキ額ニ付其ノ最大限度ヲ定メタルニ過キサルモノトス而シテ此ノ十分ノ二ハ資産ノ狀況ニ依リ賦課スヘキ額ニ付其ノ最大限度ヲ定メタルニ過キサルヲ以テ市町村ハ戸數割ニ關スル條例中ニ此ノ割合ヲ戸數割總額ノ幾割ト爲スヘキヤヲ規定スルノ要アルモノトス而シテ又此ノ割合ハ隨時賦課ノ場合ニハ適用ナキモノニシテ要スルニ當初賦課ニ當リ資產狀況ニ依ル賦課カ各納稅義務者ノ負擔額ノ總和カ戸數割總額ノ十分ノ二ヲ超ユルコトヲ得サルコトヲ規定シタルモノト解スヘキモノトス故ニ隨時賦課ノ爲メ當該市町村ノ戸數割總額中資產ノ狀

況ニ依リ資力ヲ算定シテ賦課シタル額カ十分ノ二ノ割合ノ規定ニ違反シタル計算ノ現ルルモ妨ナキモノトス

資産ノ狀況ニ依リ資力ヲ算定シ賦課スル額ヲ戸數割總額ノ十分ノ二以內ニテハ從來ノ戸數割負擔ノ狀況ニ激變ヲ生スルカ如キ特別ノ事情アル市町村ハ當分ノ間其ノ割合ヲ十分ノ四迄トスルコトヲ得ルモノトス

【關係法令】

●市制 町村制

第百六十六條 第百四十六條 左ニ揭クル事件ハ內務大臣及大藏大臣ノ許可ヲ受クヘシ

二 特別税ヲ新設シ增額シ又ハ變更スル事

●市制町村制施行令

第六十條 市町村行政ニ關シ監督官廳ノ許可ヲ要スル事項中左ニ揭グルモノハ其ノ許可ヲ受クルコトヲ要セズ

六ノ二 特別税戸數割ヲ新設シ、增額シ又ハ變更スルコト及之ニ關スル條例ヲ設ケ又ハ改正スルコト

●北海道一級 二級町村制

第百十一條 第五十一條 左ニ揭クル事件ハ內務大臣及大藏大臣ノ許可ヲ受クルコトヲ要ス

…

二 特別税ヲ新設シ若クハ變更スルコト

●大正十四年內務 大藏省令

第二條　左ニ揭クル事件ハ其ノ許可ヲ受クルコトヲ要セス

【訓令通牒】

四ノ二　特別稅戶數割ヲ新設シ又ハ變更スルコト及之ニ關スル條例ヲ設ケ又ハ改正スルコト

五　戶數割ノ制限外課稅ヲ爲サントスル場合及戶數割ヲ賦課セサル市町村ニ於テ家屋稅附加稅ノ制限外課稅ヲ爲サントスル場合ニ於テハ各國稅附加稅及特別地稅附加稅ハ所定ノ制限率迄之ヲ賦課シタルコトヲ要スルコト

●戶數割ニ關スル件（昭和二、三、三一地方、主稅兩局長通牒）

六　戶數割ノ制限外課稅ヲ爲サントスル場合及戶數割ヲ賦課セサル市町村ニ於テ家屋稅附加稅ノ制限外課稅ヲ爲サントスル場合ニ於テハ基本財產（特別基本財產ヲモ含ム）ノ蓄積又ハ積戾ハ其ノ財源ヲ指定寄附又ハ財產ヨリ生スル收入ニ求ムルモノヲ除クノ外之ヲ停止シ負擔輕減ノ資ニ充ツルコト但シ追加賦課ノ爲制限外課稅ヲ爲サントスル場合ニ於テ從前議決ニ基キ既ニ蓄積ヲ施行シタルモノハ此ノ限ニ在ラサルコト

七　戶數割ノ制限外課稅ノ許可稟請及戶數割ヲ賦課セサル市町村ニ於ケル家屋稅附加稅ノ制限外課稅ノ許可稟請ニ付テハ昭和二年三月三十一日內務大藏省訓令第三三四號市町村其ノ他公共團體ニ於ケル課稅等ニ關スル議決ノ許可稟請ニ添附スヘキ書類調製樣式ノ件ニ準シ調製シタル書類及別紙第二號樣式ニ依ル調書ヲ添附スルコト

八　前項制限外課稅ノ許可稟請ニ際シテハ左記ノ廉ニ付特ニ注意スルコト

（イ）歲入一覽表及歲出一覽表ハ訓令所定ノ通調製シ不備ナキヲ期スルコト

（ロ）歲入ニ公債ヲ計上シタル場合ニ於テハ其ノ起債許可ノ稟請ヲ同時ニ提出セシムルコト若シ委任許可債ナ

ルトキハ許否ノ見込ヲ稟請書ニ附記スルコト

（ハ）歳出ニ國ノ事業ニ對スル寄附金ヲ計上シタル場合ニ於テ內務省ニ內申ヲ要スルモノナルトキハ其ノ內申書ヲ同時ニ提出スルコト

（ニ）歳出中相當多額ノ寄附金又ハ補助金ノ計上アル場合ニ於テハ其ノ內容及必要ナル事由ヲ稟請書ニ附記スルコト

（ホ）基本財産蓄積費ヲ豫算ニ計上シタル場合ニ於テハ蓄積ノ財源ヲ稟請書ニ明記スルコト仍ホ從前議決ニ基キ既ニ執行濟ノモノナルトキハ其ノ旨ヲ附記スルコト

（ヘ）戸數割ノ制限外課税ノ許可及戸數割ヲ課税セサル市町村ニ於ケル家屋税附加税ノ制限外課税ノ許可ハ賦課スヘキ豫算ノ總額ヲ許可スルモノナルヲ以テ假令課率ヲ增加セス自然增收ノ爲メ豫算ノ追加又ハ更正ヲ爲ス場合ニ於テモ苟モ當初許可ヲ受ケタル賦課スヘキ豫算總額ヲ超ユル場合ハ更ニ許可ヲ要スルコト但シ他ノ市町村税ニ於テ追加ヲ爲シ戸數割及家屋税附加税ノ額カ法定ノ制限割合ヲ超過セサルトキハ此ノ限ニ在ラサルコト

九　施行規則第二十八條ノ規定ニ依リ戸數割ノ制限外課税ノ許可ヲ爲シタルトキハ別紙第三號樣式ニ依ル報告書ヲ內務大臣ニ提出スルコト

第二號樣式

戸數割制限外課税參考表

種目	本年度	前年度

市町村稅豫算總額	圓	厘	圓	厘
戸數割稅額				
市町村稅豫算總額ニ對スル戸數割稅額ノ百分比				
制限額（稅總額ノ百分ノ三十七又ハ六十）				
戸數割納稅義務者一人當				
地租附加稅課率　宅地				
地租附加稅課率　其ノ他				
特別地稅附加稅課率				
營業收益稅附加稅課率				
「所得稅附加稅課率」				

備考

一　當初課稅ノ稟請ヲ爲サントスルトキハ前年度欄ニハ追加ヲ合算シタル豫算ニ依リ記入スルコト但シ昭和二年度ニ限リ營業收益稅附加稅課率ニ付テハ營業稅附加稅課率ヲ記載スルコト

一　同一年度內ニ於テ數度許可稟請ヲ爲サントスルトキハ二回目以後ニ於テハ稟請當時ノ現在ニ依リ相當欄ニ記入シ前年度欄ノ記載ヲ要セサルコト

一　戸數割ヲ賦課セサル市町村ニ於ケル家屋稅附加稅ノ制限外課稅ニ付テハ本樣式ニ準シ調書ヲ作製スルコト但シ納稅義務者一人當ハ之ヲ記載スルコトヲ要セス

第三號樣式

戸數割制限外課稅許可報告　昭和何年度　自何月至何月　何道府縣

稅目	市町村稅豫算總額	戸數割稅額	戸數割制限外課稅額	制限外課稅額ノ費途
戸數割	圓	圓	圓	土木費 教育費 衞生費 何々 圓
計				

許可件數　何件

許可團體數　何市（町村）

備考

一　本件報告ハ一年度分ヲ二期ニ分チ四月ヨリ九月迄ノ分ヲ十月末日迄ニ十月ヨリ三月迄ノ分ヲ四月末日迄ニ報告スルコト

二　市ノ分ト町村ノ分トハ各別表ニ之ヲ調製スルコト

三　「許可團體數」後半期分ニ在リテハ前半期ニ於テ許可シタル團體ト重複スルモノアルトキハ其ノ數ヲ附記スルコト

戸數割課否ノ分界

○施行勅令

第二十五條　戸數割ノ賦課期日後納税義務ノ發生シタルモノニ對スル賦課額ハ大正十五年法律第二十四號第二十四條乃至第二十七條及本令第二十一條（又ハ附則第六項）乃至前條ノ規定ニ依リテ定マリタル他ノ納税義務者ノ賦課額ニ比準シテ之ヲ定ム

第十五條第一項、第二項及第五項ノ規定ハ戸數割ノ賦課ニ之ヲ準用ス但シ戸數割ノ賦課後納税義務消滅スルモ其ノ賦課額ハ之ヲ變更セズ

戸數割ハ賦課期日現在ノ構戸者又ハ構戸ノ事實ナキモ獨立ノ生計ヲ營ム者ニ賦課スヘキモノナルコトハ前既ニ述ヘタル如シト雖モ賦課期日後新ニ納税義務ノ發生シタル者ニ對スル賦課額ハ其ノ市町村ニ於テ既ニ賦課シタル他ノ納税義務者ノ賦課額ニ比準シテ之ヲ定ムルモノトス即チ定期課税ノ場合ニ當該市町村ニテ採リタルト同一方法ニ依リ其ノ者ノ資力ヲ算定シ賦課額ヲ定ムルモノトス此ノ隨時課税ヲ爲ス場合ニ於テ新規納税義務者ノ賦課額ヲ定ムルニ市町村會ノ議決ヲ經ヘキモノトナルヤ又市町村長限リニ於テ之ヲ定メ得ルヤト云フニ戸數割ニ關スル條例中ニハ戸數割ノ課税標準

タル資力ノ算定上必要ナル事項ハ法令ニ規定ナキ限リ自ラ之ヲ規定セサルヘカラサルモノトス又資力算定ノ標準タル所得額ノ計算ニ付必要ナル事項及資產狀況ノ具體的標準モ亦之ヲ條例中ニ規定セサルヘカラサルモノトス而シテ市町村ニ於ケル戶數割條例ニ於テ資力算定方法ニ詳細ナル規定ヲ設ケ各人ノ賦課額ノ算定カ執行事務ノ範圍ニ止マルカ如キ場合ニハ定期タルト隨時タルトヲ問ハス各人ノ賦課額マテヲ之ヲ市町村會ノ議ニ付スルノ要ナキモノトス又戶數割條例中ニ資力算定方法ニ關シ明細ナル規定ノ設ケナキ市町村ニ於テハ市町村會ニ於テ各人ニ付其ノ資力ヲ算定スル外ナキモノトス故ニ之ノ場合ニ於テハ市町村長限リニ於テ其ノ隨時課稅ノ賦課額ヲ決定スルハ不適當ナルノミナラス市町村會カ其ノ權限ノ一部ヲ市町村長ニ委任スルコトハ之ヲ認メラレサルモノナルヲ以テ煩雜ノ嫌アルモ一々市町村會ノ議ヲ經ヘキモノトス

賦課額ノ計算ハ以上ノ如クニシテ之ヲ定ムルモノナルカ之ヲ納稅義務者ヨリ徵收スル場合ニ於テ全額ヲ徵收スルハ負擔ノ公平ヲ缺クヲ以テ月割ニ依リ徵收スルモノナリ

(一) 賦課期日後納稅義務ノ發生シタル者ニ對シテハ納稅義務發生ノ翌月ヨリ月割ニ依ルモノトス

(二) 賦課期日後納稅義務ノ消滅シタル者ニ對シテハ其ノ消滅シタル月マテ月割ヲ以テ賦課ス

(三) 甲ノ市町村ヨリ乙ノ市町村ニ轉住シタル場合ノ如ク甲ノ市町村ニ於テハ納稅義務消滅シ乙ノ

市町村ニ於テ納税義務發生シタルカ如キ場合ニ於テハ乙ノ市町村ニ於テハ甲ノ市町村ニ於テ賦課シタル部分ニ付テハ戶數割ノ賦課ヲ爲シ得サルモノトス故ニ甲市町村ニ於テ年税タル戶數割ノ課税ヲ受ケタルカ如キ場合ニ於テハ乙ノ市町村ニ於テハ其ノ年度間戶數割ノ賦課ハ爲シ得サルモノトス

(四)　戶數割ノ賦課後即チ徵税令書ヲ發布シタル場合ニ於テハ假令納税義務消滅スルモ戶數割ノ賦課額ハ變更セサルモノナリ

所得額ノ減損更訂

○施行規則

第二十六條　戶數割納税義務者第二十條第一項第五號及第六號ノ所得額二分ノ一以上ヲ減損シタルトキハ年度開始ノ日ノ屬スル年ノ翌年一月三十一日迄ニ戶數割ノ賦課額ノ更訂ヲ請求スルコトヲ得但シ第二十條第四項但書ニ該當スル者ハ賦課後十四日迄ニ賦課額ノ更訂ヲ請求スルコトヲ得

市町村前項ノ請求ヲ受ケタルトキハ其ノ者ノ當該所得額ヲ查覈シ其ノ二分ノ一以上ノ減損アルトキハ所得額ヲ更訂シ之ヲ基準トシテ更ニ其ノ者ノ資力ヲ算定シ其ノ者

ニ付テノミ戸數割ノ賦課ヲ減ズルコトヲ得

年度開始ノ日ノ屬スル年ノ翌年ニ戸數割ヲ賦課スル場合ニ於テハ前二項ノ規定ニ依リ更訂シタル所得額ニ依リ其ノ者ノ資力ヲ算定シ戸數割賦課後前二項ノ事實ヲ生ジタルトキハ其ノ者ニ付テノミ戸數割ノ賦課額ヲ減ズルコトヲ得

戸數割ノ賦課標準タル資力測定ノ所得額ハ施行規則第二十條ノ規定ニ依リ算定スルモノナルカ其ノ內同條第一項第五號及第六號ノ所得ニ付其ノ實蹟カ二分ノ一以上ヲ減損シタル場合ニ於テハ其ノ所得額ヲ更訂シ之ヲ基準トシテ更ニ資力ヲ測定シテ戸數割ヲ減スルコトヲ得ルモノトス(イ)更訂ヲ受クルモノハ前記ノ如ク豫算主義ヲ加味サレタル俸給其ノ他ノ給與ノ所得(第二十條第一項第五號)及總テノ營業、職業、土地家屋等ノ所得(同第六號)ニ付テノミニシテ非營業貸金等ノ所得(同第一號)山林ノ所得(同第二號)賞與ノ所得(同第三號)配當ノ所得(同第四號)ニ付テハ更訂セラレサルルモノトス(ロ)更訂ハ年度開始ノ日ノ屬スル年ノ翌年一月三十一日マテニ之ヲ請求スルコトヲ要スルモノニシテ此ノ期限ヲ經過スレハ更訂ヲ受クルコトヲ得サルモノナリ但シ第二十條第四項但書ニ該當スル者ハ賦課後十四日迄ニ更訂ヲ請求シ得ルモノトス、更訂ノ請求アリタルトキハ市町村ハ其ノ所得額ヲ査覈シ其ノ二分ノ一以上減損シタルトキハ更訂セサルヘカラス此ノ場合ノ所得算定方法左ノ如シ

（イ）所得算定ノ方法ハ當初決定ノ際ノ計算方法ニ依ルモノニシテ當初決定ノ際豫算又ハ前年實蹟ニ依リ算定シタルモノモ全部本年ノ實蹟ニ依ルモノトス

（ロ）施行規則第二十條第一項第五號及第六號ノ所得ハ全部之ヲ改算スルモノトス例ヘハ當初決定ノ際ニ土地ヲ所有セサル者カ其ノ後ニ於テ土地ヲ購入シタルカ如キ場合ニ於テハ其ノ所得ヲモ算入計算スルモノナリ

（ハ）二分ノ一以上ニ當ルヤ否ハ所得ノ種目毎ニ計算セスシテ施行規則第二十條第一項第五號及第六號ノ所得ノ合計ニ付テ判定スルモノトス而シテ此ノ對照ハ勤勞所得ノ控除及扶養家族ノ控除ヲ爲ササル金額ニ依リ爲スヘキモノトス即チ控除セサル金額カ二分ノ一未滿トナリシ場合ニハ其ノ所得ヲ先ツ更訂シ然ル後各種ノ控除ヲ爲スモノトス

（ニ）勤勞所得ノ控除ハ以上ノ方法ニ依リ算出シタル所得金額ヲ基トシテ更ニ計算スルモノトス扶養家族ノ控除ハ勤勞所得ノ控除シタル殘額ヲ基トシテ計算スルモノトス

（ホ）生計ヲ共ニスル同居者ノ所得ヲ合算シタル場合ニ於テ其ノ同居者カ別居シテ獨立ノ構戸者ト爲リタル場合ニモ更訂シ得ルモノトス

（ヘ）所得額ヲ査覈シ其ノ二分ノ一以上ノ減損アルトキハ其ノ所得額ヲ更訂シコノ所得額ヲ基準ト

シテ更ニ其ノ者ノ資力ヲ算定シ其ノ者ニ付テノミ戸數割ノ賦課ヲ減スルモノトス

（ト） 年度開始ノ日ノ屬スル年ノ翌年即チ一月以降ニ於テ戸數割ヲ賦課スル場合ニハ更訂シタル所得額ニ依リ其ノ者ノ資力ヲ算定シテ戸數割ヲ賦課スルモノトス其ノ場合ニ於テ戸數割賦課後所得額ノ減損處分ヲ爲シタルトキハ其ノ者ニ付テノミ戸數割ノ賦課額ヲ更訂スルモノトス

【關係法令】

●所得税法

第六十四條 第三種ノ所得ニ付納税義務アル者第十四條第一項第五號及第六號ノ所得額二分ノ一以上ヲ減損シタルトキハ政府ニ所得金額ノ更訂ノ請求ヲ爲スコトヲ得但シ翌年一月三十一日ヲ過キタルトキハ此ノ限ニ在ラス

所得金額決定後相續、贈與又ハ營業繼續ニ因リ所得金額ヲ減損シタル場合ニハ前項ノ規定ヲ適用セス

第六十五條 前條第一項ノ請求アリタルトキハ政府ハ所得金額ヲ査覈シ二分ノ一以上ノ減損アルトキハ之ヲ更訂ス

第六十六條 納税義務者第六十一條ノ決定又ハ前條ノ更訂處分ニ對シ不服アルトキハ訴願又ハ行政訴訟ヲ爲スコトヲ得

●所得税法施行規則

第六十條 納税義務者所得税法第六十四條ノ規定ニ依リ所得金額ノ更訂ノ請求ヲ爲サムトスルトキハ同時ニ所

得税法第十六條ノ規定ニ依ル控除ヲ申請スルコトヲ得
第十條及第十一條ノ規定ハ前項ノ申請ニ付之ヲ準用ス
第六十一條　所得税法第六十四條第一項ノ請求アリタル場合ニ於テ其ノ請求カ手續ニ違背シタルモノナルトキ又ハ税務署長ニ於テ所得額二分ノ一以上ノ減損ナシト認メタルトキハ之ヲ却下スヘシ
第六十二條　税務署長所得税法第六十五條ノ規定ニ依リ所得金額ヲ更訂シタルトキハ之ヲ納税義務者ニ通知スヘシ
第六十三條　所得金額ノ決定後同居者ニ異動アルモ所得税法第十五條第二項、第十六條第二項、第二十條第二項及第二十三條第二項ノ規定ノ適用ニ依リテ生シタル效果ハ之ヲ變更セス

第七節　雜則

第二十八條　北海道府縣以外ノ公共團體ニ對スル第七條ノ許可ノ職權ハ勅令ノ定ムル所ニ依リ之ヲ地方長官ニ委任スルコトヲ得

○大正十五年六月勅令第百四十三號
大正十五年法律第二十四號第二十八條ノ規定ニ依リ左ニ掲クル事項ニ付テノ許可ノ職權ハ北海道廳長官又ハ府縣知事ニ之ヲ委任ス
一　同法第七條第一項ノ規定ニ依リ制限ヲ超過シ課税スルコト

二　同法第七條第二項ノ規定ニ依リ同法第七條第一項ノ制限ヲ超過シ同法第三條乃至第五條ニ規定スル制限率又ハ制限額ノ百分ノ五十以内ニ於テ課税スルコト

本條ハ特別地税附加税ノ制限外課税ノ許可委任ノ範圍ヲ規定シタルモノナリ

特別地税附加税ハ單ニ地租附加税ニ代ルモノニ過キサルヲ以テ市町村ノ地租附加税ノ制限外課税ニ關シ許可委任ノ制アル以上ハ特別地税附加税ニ付テモ同一ニ取扱フヲ相當トスルヲ以テ本條ヲ設ケラレタルモノナリ而シテ勅令ノ内容ハ地方税制限法ノ委任勅令ト同樣ナルヲ以テ之カ説明ヲ省略ス

第三章　市町村特別税

◎市：町村：制（明治四四、四、六法律第六八・六九號）

第百九十七條　市：町村：税トシテ賦課スルコトヲ得ヘキモノ左ノ如シ

一　國税府縣税ノ附加税

二　特別税

（第二、三項　略）

特別税ハ別ニ税目ヲ起シテ課税スルノ必要アルトキ賦課徴收スルモノトス

本條ハ市町村税トシテ賦課シ得ヘキモノニ關スル規定ナリ卽チ市町村ニ於テハ國税及府縣税ニ對スル附加税ト特別税トヲ賦課シ得ヘキモノトセリ玆ニ附加税トハ國税又ハ府縣税ニ附加シテ課税スル市町村税ヲ謂ヒ特別税トハ附加税以外ニ於テ課税スル市町村税ヲ謂フモノナリ、附加税ニ付テハ既ニ述ヘタル所ナルヲ以テ玆ニハ其ノ特別税ニ付テノミ説明スヘシ特別税ハ別ニ税目ヲ起シテ課税スルノ必要アルトキニ賦課徴收スルモノト定メラレタリ『別ニ税目ヲ起シテ課税スルノ必要アルトキ』トハ附加税ノミヲ賦課スルニ依リ負擔ニ偏重偏輕ヲ來シ或ハ財源ノ缺乏ヲ告ケ或ハ又他ニ税源ノ餘力アルモノアル場合等ヲ指稱スルモノト解スヘキナリ特別税ヲ設定シ増額シ又ハ變更スルコトニ關シテハ市‥町村制第百六‥四十七條ニ依リ內務、大藏兩大臣ノ許可ヲ要スヘク又其ノ特別税ニ關スル事項ハ市‥町村條例ヲ以テ規定スヘキモノトス（市‥町村制第百‥‥二十九條）然レ共其ノ特別税ニ關シ許可ヲ要スル事項ハ市‥町村制第百六‥四十九條及市制町村制施行令第五十九條及第六十條ノ規定ニ依リテ或ル特定ノモノニ限リ其ノ許可ノ職權ヲ下級監督官廳ニ委任シ又ハ許可ヲ受ケシメサルコトトセリ特別税ニハ多樣多種アルモ戸數割以外ノ重ナルモノヲ列記スレハ左ノ如シ

一　段別割　土地ノ段別ヲ標準トシテ賦課スルモノトス各地目ニ賦課スルモノト特定ノ地目ニ限ルモノトアリ例ヘハ一般ノ經費支辨ノ爲メ各地目ニ課シ又ハ灌漑排水ニ要スル費途ノ爲メ田ニノミ課スルカ如シ荒地及埋築免租地ニ對シテモ收益アル場合ニハ賦課スルコトアリ

一　特別所得稅　所得千二百圓未滿ノ者ノ所得ヲ標準トシテ賦課スルモノナルモ社會政策上少額所得者ニ賦課スルハ適當ナルモノニアラス

一　不動產移轉稅　土地建物ノ賣買讓渡アリタル場合ニ其ノ價格ヲ標準トシテ賦課スルモノナリ建物ノ建築ニ對シテモ賦課スル場合アリ

一　建物建築稅　家屋ノ建築アリタルトキ其ノ價格ヲ標準トシテ賦課スルモノナリ但シ住宅難緩和又ハ住宅改良ノ目的ヲ以テスルモノヲ除ク例ナリ

一　電柱稅　電柱ヲ標準トシテ賦課スルモノナリ

一　牛馬稅　牛馬ヲ標準トシテ賦課スルモノナリ

一　畜犬稅　畜犬ヲ標準トシテ賦課スルモノナリ

一　煽風器稅　煽風器ノ數ヲ標準トシテ賦課スルモノナリ

一　石類稅　產地ヨリ切出ス石灰石其ノ他ノ石類ヲ標準トシテ賦課スルモノナリ

一　遊興税　遊興費額又ハ藝娼妓ノ花代ヲ標準トシテ賦課スルモノナリ

一　特別消費税　遊興費額ヲ標準トシテ賦課スルモノナリ

一　觀覽税　演劇其ノ他ノ觀覽料金ヲ標準トシテ賦課スルモノナリ

一　立木伐採税　立木ノ伐採ニ對シ其ノ價格又ハ數量ヲ標準トシテ賦課スルモノナリ

一　木材輸出税　山地ヨリ材木ヲ搬出スルモノニ對シ其ノ木材ノ數量ヲ標準トシテ賦課スルモノナリ

一　戸別割　官公舍等家屋税ヲ賦課セラレサル家屋ニ住居スル者ニ對シ家屋ノ坪數等ヲ標準トシテ賦課スルモノナリ

【關係法令】

◎市……町村制

第百……二十九條　使用料手數料及特別税ニ關スル事項ニ付テハ市……町村條例ヲ以テ之ヲ規定スヘシ

詐僞其ノ他ノ不正ノ行爲ニ依リ使用料ノ徴收ヲ免レ又ハ市……町村税ヲ逋脱シタル者ニ付テハ市……町村條例ヲ以テ其ノ徴收ヲ免レ又ハ逋脱シタル金額ノ三倍ニ相當スル金額（其ノ金額五圓未滿ナルトキハ五圓）以下ノ過料ヲ科スル規定ヲ設クルコトヲ得

前項ニ定ムルモノヲ除クノ外使用料、手數料及市……町村税ノ賦課徴收ニ關シテハ市……町村條例ヲ以テ五圓以下ノ過料ヲ

科スル規定ヲ設クルコトヲ得財産又ハ營造物ノ使用ニ關シ亦同シ

（以下省略）

第百六十五條　市…町村條例ヲ設ケ又ハ改正セムトスルトキハ内務大臣ノ許可ヲ受クヘシ

第百六…四十六條　左ニ掲クル事件ハ内務大臣及大藏大臣ノ許可ヲ受クヘシ

一　市…町村債ヲ起シ並起債ノ方法、利息ノ定率及償還ノ方法ヲ定メ又ハ之ヲ變更スル事但シ第百三…十二條第三項ノ借入金ハ此ノ限ニ在ラス

二　特別税ヲ新設シ増額シ又ハ變更スル事

三　間接國税ノ附加税ヲ賦課スル事

四　使用料ヲ新設シ増額シ又ハ變更スル事

第百六…四十七條　左ニ掲クル事件ハ府縣知事ノ許可ヲ受クヘシ

一　市…町村條例ヲ廢止スル事

（第二號乃至第九號省略）

六　均一ノ税率ニ依ラスシテ國税又ハ府縣税ノ附加税ヲ賦課スル事

七　第百二十…二條第一項第二項及第四項ノ規定ニ依ラスシテ數人又ハ市…町村ノ一部ニ費用ヲ負擔セシムル事

八　第百二十…四條ノ規定ニ依リ不均一ノ賦課ヲ爲シ又ハ數人若ハ市…町村ノ一部ニ對シ賦課ヲ爲ス事

九　第百二十…五條ノ準率ニ依ラスシテ夫役現品ヲ賦課スル事但シ急迫ノ場合ニ賦課スル夫役ニ付テハ此ノ限ニ在ラス

第百六…四十八條　監督官廳ノ許可ヲ要スル事件ニ付テハ監督官廳ハ許可申請ノ趣旨ニ反セスト認ムル範圍内ニ於テ更正シテ許可ヲ與フルコトヲ得

第百六四十九條　監督官廳ノ許可ヲ要スル事件ニ付テハ勅令ノ定ムル所ニ依リ其ノ許可ノ職權ヲ下級監督官廳ニ委任シ又ハ輕易ナル事件ニ限リ許可ヲ受ケシメサルコトヲ得

●市制町村制施行令

第五十九條　市町村行政ニ關シ主務大臣ノ許可ヲ要スル事項中左ニ掲グルモノハ府縣知事之ヲ許可スベシ

五　特別稅段別割ヲ新設シ、增額シ又ハ變更スルコト及之ニ關スル條例ヲ設ケ又ハ改正スルコト但シ大正九年勅令第二百八十二號又ハ大正十五年勅令第百四十三號ニ依リ府縣知事ニ於テ許可スル課稅ノ限度ヲ超エザルモノニ限ル

第六十條　市町村行政ニ關シ監督官廳ノ許可ヲ要スル事項中左ニ掲グルモノハ其ノ許可ヲ受クルコトヲ要セズ

五　延滯金、積立金穀等ニ關スル條例ヲ設ケ若ハ之ヲ改廢シ又ハ使用料、手數料、加入金、特別稅及委員ニ關スル條例ヲ廢止スルコト

六　府縣費ノ全部ノ分賦ヲ受クル市ニ於テ特別稅特別地稅又ハ大正十五年勅令第三百三十九號第十七條第一項ニ掲グル種類ト同種類ノ特別稅ノ賦課ニ關スル條例ヲ設ケ又ハ改正スルコト但シ特別稅特別地稅ニ付テハ大正十五年勅令第百四十三號ニ依リ府縣知事ニ於テ許可スル課稅ノ限度ヲ超ユルモノ及新ニ漁業ニ關シ特別稅ヲ賦課シ又ハ其ノ賦課率若ハ賦課方法ヲ變更スルモノニ付テハ此ノ限ニ在ラズ

六ノ二　特別稅戶數割ヲ新設シ、增額シ又ハ變更スルコト及之ニ關スル條例ヲ設ケ又ハ改正スルコト

注意　以下ニ掲クルモノノ外地方稅ニ關スル法律施行令第十七條ノ部（三〇八頁）ヲ參照セラルヘシ

【訓令通牒】

●地方稅ニ關スル法律命令ノ施行ニ關スル件　昭和二、三、三一發地第三號地方、主稅兩局長通牒）（地方稅ニ關ス

ル法律第十九條及第二十一條、同施行令第十七條及第十九條竝同施行規則第六條、第九條、第十一條、第十六條、第十七條及第十八條ノ訓令通牒ノ部參照）

●特別稅ノ課率ニ關スル件（大正元、一一、一六地第一四八九號地方、主稅兩局長通牒）

市區町村ノ特別稅（段別割制限外課稅ノ分ヲ除ク）ノ賦課年限無期又ハ數年度ニ亘リタルモノ及段別割制限外課稅（地租附加稅ト併課シ制限外トナル場合トモ）ノ年限五ケ年度以內繼續許可ノ條例ニ課率何程ト限定セルトキ或ル年度ニ於テ課率ヲ減額スルニハ條例改正ノ手續ヲ爲ササルヘカラサルモ右ハ徒ニ煩雜ノ手數ヲ要シ候次第ニ付自今條例ニハ課率ノ範圍ヲ規定シ每年度ノ稅率ハ其ノ範圍內ニ於テ市區町村會ノ議決ヲ以テ之ヲ定ムル旨規定セシメラレ可然尤モ左ノ如キ場合ハ特別稅ノ變更ニ屬シ條例改正ノ義許可ヲ受クヘキ義ニ有之候間右樣御了知相成度此段及通牒候也

一　段別割　或ル地目ノミ減額シ又ハ所定ノ課率ト步合ヲ異ニシテ各地目ノ課率ヲ減額スルトキ

一　其ノ他ノ特別稅　或種類ノミ減額シ又ハ賦課等差每ニ課率ヲ定メアルモノ其ノ步合ニ依ラスシテ課率ヲ減額スルトキ

●入湯稅ニ關スル件（大正一一、六、一五發地第五三號地方、主稅兩局長依命通牒）

大正十一年六月十五日內務省令第十三號ヲ以テ大正九年內務省令第十一號市稅區稅及町村稅指定ノ件中改正セラレ新ニ入湯稅ヲ加ヘラレ候處右入湯稅ノ許可ハ市區町村ニ於テ溫泉利用者ノ爲ニ特ニ設備ヲ要スルモ他ニ適當ノ財源ナク財政上已ムヲ得サル場合ニ限ラルル義ニ有之候條右御了知相成度

【行政實例】

注意　以下ニ揭クルモノノ外地方稅ニ關スル法律施行令第十七條ノ部（三〇八頁）ヲ參照セラルヘシ

●娼妓貸座敷ニハ賦金ヲ徴收スルモ市町村稅ヲ賦課スルコトヲ得サルモノトス（明治二六、八、一六）

●不均一課稅竝一部賦課ニ關シ其ノ狀態ノ變更ナキモノハ數年ニ涉リ許可ヲ受ケシムルモ妨ケナシ（明治二八、八、二〇）

●特別稅間接國稅附加稅ノ新設等年度ノ初ヨリ賦課徴收スルノ見込ヲ以テ稟請シタルモノニ對シ其ノ年度內ニ許可セラレタルモノハ假令其ノ許可カ年度開始後ニアリトスルモ其ノ年度ノ始ヨリ賦課徴收スルコトヲ得ヘキモノトス（明治二九、四、一）

●市町村特別稅ヲ當初均一ニ賦課スルコトヲ條件トシ許可セラレタルトキハ其ノ後均一ノ率ニ依ラスシテ賦課セントスルニハ更ニ許可ヲ受クヘキモノトス（明治三一、九、一〇）

●貸座敷業ニ對シテハ國稅營業稅ヲ賦課セサルモノトス（明治四一、四、一〇）

●市區町村ノ特別稅ニシテ法定ノ制限無キモノ及法定ノ制限アルモ課率制限內ナルモノハ歲出ノ必要ノ程度ヲ斟酌シ無期又ハ數年間繼續許可スルコト但シ臨時ノ費用多額ニシテ課稅ニ少カラサル影響ヲ及ホスモノニ付テハ此ノ限ニ在ラス（大正元、一〇、二〇）

●大正元年勅令第十八號第二條第七號ニ所謂明治十三年第十七號布告第一條及第三條ニ揭クル種類ト同種類ノ特別稅ノ賦課ハ市制第百二十九條ニ依リ市條例ヲ以テ之ヲ規定スルコトヲ要スルハ勿論ナルモ其條例モ亦許可ヲ受クルコトヲ要セス（大正二、三、四）

●市ニ於テ特別稅不動產取得稅ト縣稅雜種稅不動產取得稅附加稅ト併課スルハ然ルヘカラス縣稅雜種稅不動產取得稅ノ徴收期間ハ特別稅不動產取得稅ハ賦課ヲ停止スヘキナリ（大正八、四、五）

●從前町村ノ特別稅演劇興行稅ヲ許可セラレ縣稅雜種稅ト重複課稅ヲ認メラレタル例アルモ同一ノ行爲ニ對シ重複課稅ヲ爲スハ適當ナラサルヲ以テ今後ハ許可セラレサル義ニ有之既ニ許可ヲ得タル分モ機ヲ見テ漸次特別稅

ヲ廢止セシメラルヘキモノトス（大正九、二、六）

●酒造税法第三十五條ニ依リ麥酒以外ノ酒類ニ對シ市町村ハ絶對ニ課税ヲ爲スヲ得ス麥酒ニ對シテハ別ニ制限ノ規定ナキモ特別市町村税トシテ酒類中麥酒ノミ課税スルハ穩當ヲ缺ク嫌アリ詮議セラレサル見込ナリ（大正九二、二五）

●縣ノ牛馬税ヲ許可セラレタルニ付テハ縣下ノ町村ニ於テ從來特別税牛馬税ヲ賦課セル向ハ縣税ノ附加税トシテ賦課スルコトニ改メシムルモノトス（大正九、三、一七）

●住宅建築奬勵ノ爲新築貸家住宅ニ對スル市税免除ニ關シ左ノ規定ヲ爲スヲ妨ケス（大正九、九、一五）

一　市内ニ一人ニシテ十戸以上新築スル貸家住宅ニ對スル市税家屋税附加税ヲ免除ス

一　前項免除ハ大正十年三月三十一日迄ニ建築ニ著手シ同年六月三十日迄ニ落成シタルモノニ限ル

一　建築著手及落成ハ市長ノ認定ニ依ル

一　免除ノ期間ハ落成ノ日ヨリ向フ十年間トス

●電話使用者ニ對シ課税スルハ適當ナラス（大正一〇、三、〇三）

●法人ニ對シ戸數割ニ代ルヘキ特別税ヲ賦課スルコトハ詮議相成難シ（大正一五、八、一四）

第四章　都市計畫特別税

●都市計畫法（大正八、四、五法律第三六號）

第八條　公共團體ハ第四條又ハ第六條ノ費用ニ充ツル爲左ノ特別税ヲ賦課

スルコトヲ得但シ府縣費ヲ市ニ分賦スル場合ニ於テ市カ營業稅、雜種稅又ハ家屋稅ヲ賦課スルトキハ主務大臣ノ許可ヲ受ケ其ノ稅率ヲ定ムヘシ

一　地租割　地租百分ノ十二半以內

二　營業收益稅割　營業收益稅百分ノ二十二以內

三　營業稅、雜種稅又ハ家屋稅　各府縣稅十分ノ四以內

四　特別地稅　北海道及其ノ市町村ニ在リテハ地價千分ノ四以內、府縣及其ノ市町村ニ在リテハ地價千分ノ五以內、

五　其ノ他勅令ヲ以テ定ムルモノ

營業收益稅割ノ賦課ニ付テハ營業收益稅法第十條第二項ノ規定ニ依ル資本利子稅額ノ控除ヲ爲サザルモノヲ以テ營業收益稅額ト看做ス

特別地稅ノ賦課率ハ當該年度ノ豫算ニ於テ定メタル田畑ニ對スル地租割ノ賦課率ヲ以テ算定シタル地租割額ノ當該田畑ノ地價ニ對スル比率ヲ超

ユルコトヲ得ス

本條ハ都市計畫事業費支辨ノ爲特別ノ課税ヲ爲シ得ルコトヲ規定シタルモノナリ卽チ公共團體ハ都市計畫事業ヲ執行スルニ要スル費用及都市計畫委員會等ノ費用ヲ支辨スル爲特別税ヲ賦課シ得ルコトトセリ

第一項ハ都市計畫ニ關シ特別税トシテ賦課シ得ヘキ種類及其ノ制限ヲ定メタルモノナリ『左ノ特別税ヲ賦課スルコトヲ得』ト規定シタルヲ以テ此ノ課税ハ本法ニ於テハ附加税ニ非スシテ特別税ナリト謂ハサルヲ得ス然ルニ法律ニ列記セラレタル種類ノ大部分ノ課税ハ其ノ實質ハ附加税ナリ實質カ附加税ニ屬スルモノハ市制及町村制ニ於ケル所謂特別税ニ非サルヲ以テ其ノ課税ニ付テハ市町村條例ノ設定ヲ要セサルナリ然レ共府縣費ノ全部ノ分賦ヲ受ケタル市ニ於テ營業税、雜種税、家屋税ヲ賦課スル場合ハ其ノ市ニハ府縣税ナルモノナキヲ以テ市制及町村制ノ規定ニ依リ市町村條例ノ設定ヲ必要トス

第二項ハ地方税制限法第二條第二項ト又第三項ハ地方税ニ關スル法律第八條ト同様ノ精神ニ於テ規定セラレタルモノナリ

【關係法令】

●都市計畫法

第一條　本法ニ於テ都市計畫ト稱スルハ交通、衞生、保安、經濟等ニ關シ永久ニ公共ノ安寧ヲ維持シ又ハ福利ヲ增進スル爲ノ重要施設ノ計畫ニシテ市ノ區域內ニ於テ又ハ其ノ區域外ニ亙リ施行スヘキモノヲ謂フ

第二條　前條ニ規定スル市ハ勅令ヲ以テ之ヲ指定ス其ノ市ノ都市計畫區域ハ關係市町村及都市計畫委員會ノ意見ヲ聞キ主務大臣之ヲ決定シ內閣ノ認可ヲ受クヘシ

第三條　都市計畫、都市計畫事業及每年度執行スヘキ都市計畫事業ハ都市計畫委員會ノ議ヲ經テ主務大臣之ヲ決定シ內閣ノ認可ヲ受クヘシ

第四條　都市計畫ノ委員會ノ組織、權限及費用ニ關スル規定ハ勅令ヲ以テ之ヲ定ム

第六條　都市計畫事業ノ執行ニ要スル費用ハ行政官廳之ヲ執行スル場合ニ在リテハ國、公共團體ヲ統轄スル行政廳之ヲ執行スル場合ニ在リテハ其ノ公共團體、行政廳ニ非サル者之ヲ執行スル場合ニ在リテハ其ノ者ノ負擔トス

附　則

第二十九條　東京市區改正條例及東京市區改正土地建物處分規則ノ適用又ハ準用ヲ受ケタル市ハ第二條ノ規定ニ依リ指定セラレタルモノト看做ス

●都市計畫法施行令

第一條　都市計畫事業ハ都市計畫法第二條ノ規定ニ依リ指定スル市ヲ統轄スル行政廳之ヲ執行ス

第二條　前條ノ市ノ區域外ニ於テ又ハ區域外ニ亙リ都市計畫事業ヲ執行スル場合ニ於テ內務大臣區域外ニ於ケル事業カ主トシテ區域外ノ公共團體ノ利害ニ關スト認ムルトキハ前條ノ規定ニ拘ラス其ノ公共團體ヲ統轄スル行政廳ヲシテ區域外ニ於ケル事業ヲ執行セシムルコトヲ得

● 都市計畫法第二條ニ依リ市指定ノ件（大正一二、五、三〇勅令第二七六號）

都市計畫法第二條ノ規定ニ依リ市ヲ指定スルコト左ノ如シ

札幌市　小樽市　函館市　堺市
尼崎市　長崎市　新潟市　豐橋市
靜岡市　濱松市　岐阜市　仙臺市
金澤市　岡山市　廣島市　吳市
下關市　福岡市　門司市　小倉市
若松市（福岡縣）　大牟田市　八幡市　熊本市
鹿兒島市　富山市（大正一三、五、三〇勅令第一三五號ヲ以テ同年六月一日ヨリ施行）

附　則

本令ハ大正十二年七月一日ヨリ之ヲ施行ス

● 同上ノ件（大正一四、三、二八勅令第三二號）

都市計畫法第二條ノ規定ニ依リ市ヲ指定スルコト左ノ如シ

佐世保市　長岡市　津市　岡崎市
一宮市　清水市　大垣市　長野市
松本市　高岡市　和歌山市　高松市
丸龜市　高知市　大分市　西宮市（大正一五年三月勅令第十一號四月一日施行）
戸畑市（同上）

附　則

本令ハ大正十四年四月一日ヨリ之ヲ施行ス

【行政實例】

◉都市計畫法第八條第三號ハ營業稅、雜種稅、家屋稅ノ三稅共同時ニ賦課シ得ルモ一稅又ハ二稅ノミニテモ差支ナク又府縣稅トハ各稅目ノミノ稅額ナリト存ス（大正一五、四、五）

附錄其ノ一

地方稅課稅制限一覽

	制限標準	(A)道府縣稅制限率	(B)市町村稅制限率	(C)制限外課稅許可委任限度率	AトCトノ合計	摘要
地租　宅地	本稅一圓ニ付稅率	三四〇厘	二八〇厘	一七三・六厘	四五三・六厘	地方稅制限法一、五、六條大正九年勅令第二八二號
地租附加稅　其ノ他	同	八三〇	六六〇	四九九・二	一、〇六九・二	同一、五、六條　同
段別割	一段步ニ付稅率	一、〇〇〇	一、〇〇〇	六二〇	一、六二〇	同一、五、六條　同
營業收益稅附加稅	本稅一圓ニ付稅率	四一〇	六〇〇	三七二	九七二	同三、五、六條　同
所得稅附加稅	同	二四〇	七〇	四三・四	一一三・四	同三、五、六條
鑛業稅附加稅　鑛業稅	同	一〇〇	一〇〇	—	—	鑛業法八八條（制限外ノ課稅ヲ許サス）
鑛業稅附加稅　試掘鑛區稅	同	三〇	三〇	—	—	同八八條（同上）

加税（採掘鑛區税）	同	七〇	七〇	｜	｜	同八八條（同上）
砂鑛區税附加税	同	一〇〇	一〇〇	｜	｜	砂鑛區税法三條（同上）
取引所營業税附加税	同	一〇〇	一〇〇	｜	｜	取引所税法二二條（同上）
特別地税及同附加税 北海道	地價百圓ニ付税率	二、六〇〇	二、〇八〇（本税ノ八〇%）	一、二八九・六（本税ノ四九・六%）	三、三六九・六（本税ノ一二九・六%）	地方税法三、七、二八條、大正一五年勅令第一四三號
特別地税及同附加税 府縣	同	三、七〇〇	二、九六〇（本税ノ八〇%）	一、八三五・二（本税ノ四九・六%）	四、七九五・二（本税ノ一二九・六%）	同
家屋税及同附加税 戸數割施行地	本税一圓ニ付税率	賃貸價格ニ對スル率又ハ家屋賦課額ニ付許可ヲ受クルコトヲ要ス	五〇〇	三二〇	八二〇	同一三、同施行令八、一〇、一一、二八、同施行規則二八條
家屋税及同附加税 戸數割非施行地 所得税附加率ヲ課セサル市町村 率	市町村税總額ニ付税率	（同上）	三六%	｜	｜	同一三、同施行令八、一一條
家屋税及同附加税 戸數割非施行地 所得税附加率ヲ課セサル市町村 町村	同	（同上）	六〇%	｜	｜	同
家屋税及同附加税 戸數割非施行地 所得税附加税ヲ課スル市町村 市	同	（同上）	三〇%	｜	｜	同
家屋税及同附加税 戸數割非施行地 所得税附加税ヲ課スル市町村 町村	同	（同上）	五五%	｜	｜	同
營業税及同附加税	本税一圓ニ付税率	賦課方法ニ付許可ヲ受クルコトヲ要ス	八〇〇	附加税ノ制限外課税ノ許可ハ地方長官ノ職權ニ屬ス	｜	地方税法一八、同施行令一四、一六、同施行規則二條
雜種税及同附加税	市町村税總額ニ付税率	｜	八九%	（同上）	｜	同二一、同施行令二〇條

戸數割 市	同	—	三七%	一〇%	四七%	同同二〇、同施行令二七、二八、同施行規則二八條
戸數割 町村	同	—	六〇%	一〇%	七〇%	同
備考	市町村ニ於ケル所得稅附加稅ハ所得稅附加稅ノ賦課ノ許可ヲ受ケタル市町村ニ限ルモノトス					

附錄其ノ二

大正十五年度地方稅額調（豫算）

稅目	道府縣	市	町村	水利組合（土功）	合計
地租附加稅	七五、三四三、一五〇	五、〇 五、七一四	三九、三三七、五五二	二、二二七、六二四	一三一、九三四、〇四〇
國稅營業稅附加稅	二六、五〇五、三七七	二八、四三〇、〇九五	一三、八五〇、〇四一	—	六七、七八五、五一四
所得稅附加稅	五、七九二、三五三	一四、一三三、五〇一	八、三四四、二七四	—	二八、二六〇、一二八
戸數割及同附加稅	四八、三〇八、一四五	九、七八七、〇七八	一五五、四七四、五七一	—	二一三、五六九、七九四
家屋稅及同附加稅	九、六二九、九八五	一六、九八九、一八六	八、五三八、一六九	—	三五、一五七、三四〇
道府縣營業稅及同附加稅	九、一一四、七四一	三、一七七、一五五	五、五三八、五八一	—	一七、八三〇、四七七
雜種稅及同附加稅	五五、三五二、〇五四	一八、七七四、三六三	三一、七五一、五五三	—	一〇五、八七七、九六九
其ノ他ノ諸稅	九、七〇二、九三二	一九、一三一、二六三	六、八九三、二八八	一〇、〇八八、七一二	四五、九一六、一九五
計	二三九、七四八、七三八	一一五、五四六、三五五	二六八、七二八、〇二九	一二、三 六、三三六	六三六、三三一、四五七

附錄其ノ三

地方稅累年表

年度	道府縣	市	町村	計	一戸當	一人當
大正元	六九、八二七、三六二	三二、二九七、四六五円	八九、二〇六、九六六円	一八一、三三一、六九三円	一八、八五四厘	三、三五二厘
二	六七、六三五、四二〇	二一、四五七、三五一	八七、九〇〇、三七一	一七六、九九三、一四三	一七、七六八	三、一七
三	六七、九四二、七三六	二一、四六五、二〇七	八七、五四九、九一三	一七六、九五七、八五六	一七、二九四	三、〇四
四	六六、二七三、九七七	二一、三〇二、〇〇六	八六、九〇八、七〇六	一七四、四八四、六八九	一六、八九四	三、〇四六
五	六九、〇六七、八六三	二三、五七二、八八八	九一、五三九、〇四八	一八四、一一九、七九八	一七、二八八	三、一〇四
六	七九、七六五、八五二	二九、三八六、一三五	一〇一、七九五、四九九	二一〇、九四七、五〇四	二〇、六三〇	三、六三
七	一〇〇、九八二、六〇七	三八、四八五、九九三	一三三、六七一、六八七	二六五、一四〇、二八七	二五、一六三	四、五五
八	一四〇、五一四、九四七	五三、四七六、五六三	一八三、三一〇、六四八	三七七、三〇三、一五八	三四、八二八	六、二九二
九	一八三、八〇二、〇四三	七六、〇八〇、五六七	二六四、一四九、三四五	五二四、〇三一、九五九	五〇、三四三	一〇、〇九五
一〇	二一四、六一六、九〇三	九四、五一九、二一九	二七七、九一五、五八五	五八七、〇五一、七〇七	五二、三四八	一〇、四三九
一一	二三二、〇七九、〇九〇	一〇七、二一四、六五二	三〇三、八九二、六六八	六四三、一八六、四一〇	五七、三七八	一一、五〇六
一二	二三四、六九八、〇四五	八八、四七一、九七九	二六九、二四八、〇五〇	五九二、四一八、〇七四	五三、七九一	一〇、五八
一三	二三八、九〇六、六四七	一〇二、二八三、〇〇九	二六九、一一〇、〇九八	六一〇、二九九、七五四	五四、三八四	一〇、九〇五
一四	二一七、一六六、八五二	一〇四、五七六、五四四	二五四、九五三、八八六	五七六、六九七、二八二	五一、三九〇	一〇、三〇五
一五	二三〇、五九一、九四二	一一五、五四八、三五五	二六八、七二八、〇二九	六一四、八六八、三三六	五一、二三三	一〇、二九三

備考

1 大正十三年度迄ハ決算額、大正十四、五年度ハ豫算額ニ依ル

2 市町村分賦額ハ之ヲ除算シ夫役現品換算金ハ之ヲ包含セリ

3 大正十五年度分ノ一戸當及一人當ハ大正十四年ノ國勢調査ニ依ル世帶數及人口ニ依リ計算ス

逐條示解　**地方稅法　終**

昭和二年九月五日印刷
昭和二年九月十日發行

定價（並製金壹圓五拾錢
上製金壹圓八拾錢）

著作者　自治館編輯局

東京市神田區今川小路二丁目十一番地
右代表兼發行者　金田謙

東京市神田區今川小路二丁目十一番地
印刷所　自治館印刷所

東京市神田區今川小路二丁目十一番地
發行所　自治館
電話九段一五〇五番
振替東京一八九八七番

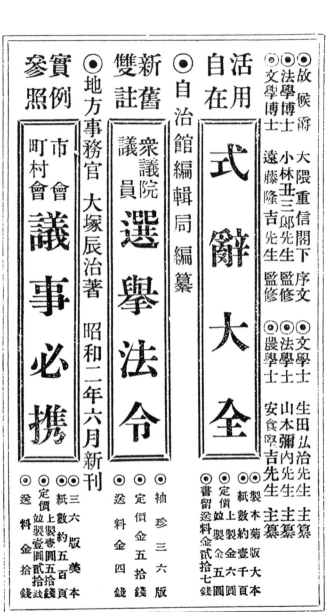

地方自治法研究復刊大系〔第251巻〕

逐條示解 地方税法〔昭和2年初版〕

日本立法資料全集 別巻 1061

2018(平成30)年8月25日　復刻版第1刷発行　7661-9:012-010-005

編　著　自 治 館 編 輯 局
発行者　今 井 貴
　　　　稲 葉 文 子
発行所　株 式 会 社 信 山 社

〒113-0033 東京都文京区本郷6-2-9-102東大正門前
Ⓣ03(3818)1019　Ⓕ03(3818)0344
来栖支店〒309-1625 茨城県笠間市来栖2345-1
Ⓣ0296-71-0215　Ⓕ0296-72-5410
笠間才木支店〒309-1611 笠間市笠間515-3
Ⓣ0296-71-9081　Ⓕ0296-71-9082

印刷所　ワ イ ズ 書 籍
製本所　カ ナ メ ブ ッ ク ス
用　紙　七 洋 紙 業

printed in Japan　分類 323.934 g 1061

ISBN978-4-7972-7661-9 C3332 ¥48000E

日本立法資料全集 別巻

地方自治法研究復刊大系

仏蘭西邑法 和蘭邑法 皇国郡区町村編制法 合巻〔明治11年8月発行〕／箕作麟祥 閲 大井憲太郎 譯／神田孝平 譯
郡区町村編制法 府県会規則 地方税規則 三法綱論〔明治11年9月発行〕／小笠原美治 編輯
郡吏議員必携三新法便覧〔明治12年2月発行〕／太田啓太郎 編輯
郡区町村編制 府県会規則 地方税規則 新法例纂〔明治12年3月発行〕／柳澤武運三 編輯
全国郡区役所位置 郡政必携 全〔明治12年9月発行〕／木村陸一郎 編輯
府県会規則大全 附 裁定録〔明治16年6月発行〕／朝倉達三 閲 若林友之 編輯
区町村会議要覧 全〔明治20年4月発行〕／阪田辨之助 編纂
英国地方制度 及 税法〔明治20年7月発行〕／良保両氏 合著 水野遵 翻訳
鼇頭傍訓 市制町村制註釈 及 理由書〔明治21年1月発行〕／山内正利 註釈
英国地方政治論〔明治21年2月発行〕／久米金彌 翻譯
市制町村制 附 理由書〔明治21年4月発行〕／博聞本社 編
傍訓 市町村制及説明〔明治21年5月発行〕／高木周次 編纂
鼇頭註釈 市町村制俗解 附 理由書 第2版〔明治21年5月発行〕／清水亮三 註解
市制町村制註釈 完 附 市制町村制理由 明治21年初版〔明治21年5月発行〕／山田正賢 著述
市町村制詳解 全 附 市町村制理由〔明治21年5月発行〕／日鼻豊作 著
市制町村制釈義〔明治21年5月発行〕／壁谷可六 上野太一郎 合著
市制町村制詳解 全 附 理由書〔明治21年5月発行〕／杉谷庸 訓點
町村制詳解 附 市制及町村制理由〔明治21年5月発行〕／磯部四郎 校閲 相澤富蔵 編述
傍訓 市制町村制 附 理由〔明治21年5月発行〕／鶴聲社 編
市制町村制 並 理由書〔明治21年7月発行〕／萬字堂 編
市制町村制正解 附 理由〔明治21年6月発行〕／芳川顯正 序文 片貝正晉 註解
市制町村制釈義 附 理由書〔明治21年6月発行〕／清岡公張 題字 樋山廣業 著述
市制町村制釈義 附 理由 第5版〔明治21年6月発行〕／建野郷三 題字 櫻井一久 著
市町村制註解 完〔明治21年6月発行〕／若林市太郎 編輯
市町村制釈義 全 附 市町村制理由〔明治21年7月発行〕／水越成章 著述
市制町村制義解 附 理由〔明治21年7月発行〕／三谷軌秀 馬袋鶴之助 著
傍訓 市制町村制註解 附 理由書〔明治21年8月発行〕／鱠江貞雄 註解
市制町村制註釈 附 市制町村制理由 3版増訂〔明治21年8月発行〕／坪谷善四郎 著
傍訓 市制町村制 附 理由書〔明治21年8月発行〕／同盟館 編
市町村制正解 明治21年第3版〔明治21年8月発行〕／片貝正晉 註釈
市制町村制註釈 完 附 市制町村制理由 第2版〔明治21年9月発行〕／山田正賢 著述
傍訓註釈 日本市制町村制 及 理由書 第4版〔明治21年9月発行〕／柳澤武運三 註解
鼇頭参照 市町村制註解 完 附 理由書及参考諸令〔明治21年9月発行〕／別所富貴 著述
市町村制問答詳解 附 理由書〔明治21年 9 月発行〕／福井淳 著
市制町村制註釈 附 市制町村制理由 4版増訂〔明治21年9月発行〕／坪谷善四郎 著
市制町村制 並 理由書 附 直接間接税類別 及 実施手続〔明治21年10月発行〕／高崎修助 著述
市町村制釈義 附 理由書 訂正再版〔明治21年10月発行〕／松木堅葉 訂正 福井淳 釈義
増訂 市制町村制註解 全 附 市制町村制理由挿入 第3版〔明治21年10月発行〕／吉井太 註解
鼇頭註釈 市町村制俗解 附 理由書 増補第5版〔明治21年10月発行〕／清水亮三 註解
市町村制施行取扱心得 上巻・下巻 合冊〔明治21年10月・22年2月発行〕／市岡正一 編纂
市制町村制傍訓 完 附 市制町村制理由 第4版〔明治21年10月発行〕／内山正如 著
鼇頭対照 市町村制解釈 附理由書及参考諸布達〔明治21年10月発行〕／伊藤寿 註釈
市制町村制俗解 明治21年第3版〔明治21年10月発行〕／春陽堂 編
市町村制正解 明治21年第4版〔明治21年10月発行〕／片貝正晉 註釈
市制町村制詳解 附 理由 第3版〔明治21年11月発行〕／今村長善 著
町村制実用 完〔明治21年11月発行〕／新田貞橘 鶴田嘉内 合著
町村制精解 完 附 理由書 及 問答録〔明治21年11月発行〕／中目孝太郎 磯谷群爾 註釈
市町村制問答詳解 附 理由 全〔明治22年1月発行〕／福井淳 著述
訂正増補 市町村制問答詳解 附 理由 及 追輯〔明治22年1月発行〕／福井淳 著
市町村制質問録〔明治22年1月発行〕／片貝正晉 編述
傍訓 市町村制 及 説明 第7版〔明治21年11月発行〕／高木周次 編纂
町村制要覧 全〔明治22年1月発行〕／浅井元 校閲 古谷省三郎 編纂
鼇頭 市制町村制 附 理由書〔明治22年1月発行〕／生稲道蔵 略解
鼇頭註釈 町村制 附 理由 全〔明治22年2月発行〕／八乙女盛次 校閲 片野続 編釈
市町村制実解〔明治22年2月発行〕／山田顯義 題字 石黒磐 著
町村制実用 全〔明治22年3月発行〕／小島鋼次郎 岸野武司 河毛三郎 合述
実用詳解 町村制 全〔明治22年3月発行〕／夏目洸蔵 編集
理由挿入 市町村制俗解 第3版増補訂正〔明治22年4月発行〕／上村秀昇 著
町村制市制全書 完〔明治22年4月発行〕／中嶋廣蔵 著
英国市制実見録 全〔明治22年5月発行〕／高橋達 著
実地応用 町村制質疑録〔明治22年5月発行〕／野田籐吉郎 校閲 國吉拓郎 著
実用 町村制市制事務提要〔明治22年5月発行〕／島村文耕 輯解
市町村条例指鍼 完〔明治22年5月発行〕／坪谷善四郎 著
参照比較 市町村制註釈 完 附 問答理由〔明治22年6月発行〕／山中兵吉 著述
市町村議員必携〔明治22年6月発行〕／川瀬周次 田中迪三 合著